第三版前言

供应链管理作为现代企业管理中的前沿领域，于20世纪90年代引入中国后，在实业界与学术界迅速成为关注焦点，并成为高校物流管理和工商管理专业的核心课程。2017年10月，国务院办公厅发布了《国务院办公厅关于积极推进供应链创新与应用的指导意见》，明确提出供应链创新与应用不仅是落实新发展理念的重要举措，也是供给侧结构性改革的重要抓手，更是引领全球化提升全球竞争力的重要载体。本教材紧密结合高等职业教育的实际需求，以培养具备实践能力的应用型技能人才为目标，以适应企业岗位需求为导向，精心编撰而成，不仅适用于高等职业院校中现代物流管理、电子商务、连锁经营与管理及工商管理等相关专业作为供应链管理课程的教材，也可作为上述及相关行业科研人员、教师及管理人员的参考读物。

本教材的设计支持基于岗位（岗）、课程（课）、竞赛（赛）、资格认证（证）、思想教育（思）以及创新思维培养（创）六个维度融合的模块化教学，并坚持“教、学、做”合一的教学理念，助力学生的全面发展。

1. 岗：校企合作，职业引领

在编写本教材的过程中，编者积极、主动地与企业管理人员进行交流与沟通，向其请教物流领域的相关知识和最新发展动态。同时，编者还深入物流一线，向基层员工了解供应链运营实际操作流程与技能要求，从而将理论知识与工作实践有机融合，实现“理实一体化”。本教材聚焦于岗位的核心能力，针对供应链运营中的关键环节，特别强化了需求管理、采购管理、运营管理以及物流管理这四大核心职业岗位的能力培养。通过这种方式，本教材为学生提供了更多的接触实际工作场景的机会，有效提升了他们的就业竞争力。

2. 课：模块丰富，易教易学

本教材的编写遵循了任务导向，引导学生先理解任务背景，然后学习必要的知识，最后通过实践来完成任务。这样的安排不仅有助于学生理解知识点，还能帮助他们将理论应用于实践，增强解决问题的能力。

模块化设计：每个教学模块（项目）被细分为若干个核心任务。这样的设计确保了每个教学模块（项目）既是独立的，又是整体中相互关联的一部分。这不仅便于教师根据教学进度灵活调整授课计划，也支持“一课多师”的模块化授课方式，充分发挥不同教师的专业特长，促进教学团队间的分工协作。

逻辑闭环：每个任务的设计都形成了一个完整的逻辑闭环，即从任务介绍到相关知识的学习再到具体的任务执行，确保了学习过程的连贯性和完整性。

易教易学：上述结构化的设计，使得教材不仅对学生友好，也方便了教师的教学。无论是对于初学者还是有一定基础的学生，都能够快速上手，并且在学习过程中逐步加深理解。

3.赛：以赛促学，以赛促教

为了帮助学生更好地理解和掌握供应链管理中的实际问题解决方法，本教材特别融入了供应链运营相关的行业挑战赛与技能竞赛题目。通过模拟供应链运营中的各种挑战与情境，促进学生在竞争环境中锻炼决策能力和团队协作技巧。这部分内容的设置，不仅为教师提供了丰富的教学素材，更使学生能够在实践中检验理论知识，培养应对复杂供应链挑战的能力，最终实现综合职业素养的全面提升。

4.证：对接标准，提升职业资格认证水平

为了确保教材的质量与实用性，我们特别邀请了多位参与制定1+X物流管理职业技能等级标准的专家及业内资深人士共同参与教材的编审工作。这些专家的加入不仅使教材内容更加贴近实际工作需求，也保证了教材与职业技能等级考核标准的高度一致性。此外，我们在每个任务下都设置了"1+X证书随堂测"模块，这些题目是从1+X物流管理职业技能等级考试题库中精心挑选的，涵盖了基础题和进阶题，旨在帮助学生及时巩固所学知识，熟悉考试题型。

本教材致力于为学生构建一个全方位、多层次的职业技能训练体系，不仅让他们在理论学习上有所收获，更在实际操作能力上得到显著提升，最终能够顺利通过相应的职业技能等级认证考试，获取权威的职业资格证书。

5.思：立德树人，润物无声

党的二十大报告强调："育人的根本在于立德。"基于此，本教材在编写过程中将立德树人作为一项重要任务，将思想教育与专业知识传授有机结合，力求在传授供应链管理专业知识的同时，培养学生的综合素质和社会责任感。为此，每个项目的学习目标中设立了"素养目标"，明确了学生在每一阶段应具备的道德品质、职业态度及社会责任感等方面的具体要求。通过这种方式，引导学生不仅要关注个人技能的提升，更要重视自身品德修养和社会价值观念的塑造。此外，每个项目结束时还设有"思政聚焦"模块，将创新精神、物流政策法规等内容恰当地融入其中，潜移默化地影响学生的思想意识与行为举止，帮助学生树立正确的世界观、人生观和价值观，努力培养德才兼备、全面发展的高素质人才。

6.创：配套国家资源库资源，创新课堂教学方式

随着信息技术的不断进步，现代教育手段日益多样化。本教材积极顺应这一趋势，充分利用多媒体和互联网资源，为师生打造了一个全新的学习平台，以创新的教学方式促进学生对供应链管理知识的理解与掌握。本教材不仅整合了丰富的多媒体资源，如二维动画、三维模型、视频教程、微课等，这些资源均源自作者们多年积累的原创课程资料，还与国家教育资源库进行了配套。教师可以借助这些现代化的教学工具，突破传统课堂的局限性，为学生提供多样化的学习体验，激发他们的学习兴趣与创新能力，为他们未来成为优秀的供应链管理人才奠定坚实的基础。

本教材由辽宁省交通高等专科学校张璠、辽宁省交通高等专科学校胡洋担任主

编，铁岭师范高等专科学校张俊松、辽宁农业职业技术学院于倩颖、盘锦职业技术学院韩祥祚担任副主编，江苏省现代供应链协会盛鑫、中国物流与采购联合会黄颖担任主审。

在编写过程中，编者参阅了同行专家的有关著作，并从网络中获取了部分案例，在此向这些资料的作者表示衷心的感谢。

由于编者的水平有限，书中可能存在疏漏与不当之处，敬请各位老师及广大读者批评指正。张璠邮箱：wealth_and_ability@126.com。

编 者

2024年10月

目 录

项目一　供应链基础

随着21世纪信息技术的迅猛发展，经济全球化的步伐加速，企业面临着前所未有的机遇与挑战。供应链管理作为现代企业管理的重要组成部分，其重要性愈发凸显。它不仅关乎企业的成本控制与效率提升，而且直接影响到企业的市场竞争力和客户满意度。本项目将重点阐述供应链与供应链管理相关知识，介绍供应链业务中涉及的组织、计划等运作内容，力求通过理论与实践相结合的方式，帮助学生掌握供应链管理业务和运作，以应对市场环境的变化，满足日益多元化的客户需求。

项目框架

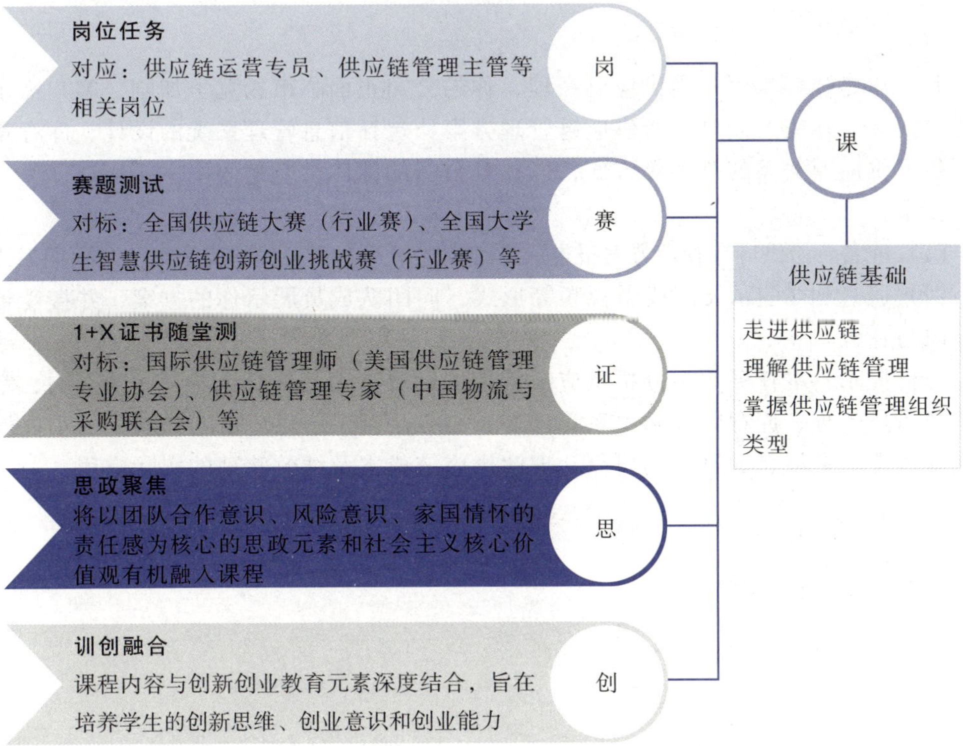

学习目标

知识目标	1.了解供应链产生的背景和发展历程，包括信息技术进步、全球化市场形成等因素对供应链发展的影响。 2.掌握供应链管理的基本概念、特征及其在现代企业管理中的作用。 3.理解供应链管理的三个层次：战略层次、计划层次和实施层次。 4.了解供应链组织管理的含义、设计原则、考虑的因素等
技能目标	1.能够运用供应链战略规划的知识来分析实际供应链案例。 2.掌握供应链运作实施的具体操作，包括信息管理、库存管理和关系管理。 3.学会评估供应链的绩效，并理解供应链成本管理的重要性。 4.掌握组织设计的原理，能够对现有组织进行分析
素养目标	1.培养学生对供应链管理中的信息技术应用的认识，提高其对信息时代企业运作的理解。 2.通过学习供应链管理，培养学生全局观和系统思维的能力。 3.强化学生对供应链中合作关系的理解，培养团队协作精神。 4.通过分析成功的供应链管理案例，培养学生的社会责任感和职业道德

任务一　走进供应链

【岗位任务】

假设你是强盛集团一名供应链经理，你的公司正面临市场竞争加剧、客户需求多样化等问题。你需要制订一套供应链管理方案，包括信息管理系统的设计、库存策略的调整、供应商关系的改善等方面，以提升公司的整体供应链效率。

要求：

（1）准备一份供应链管理方案报告，详细阐述上述各项工作的实施细节及预期效果。

（2）通过PPT演示文档或微视频等形式，向团队成员展示你的方案，并接受他们的提问与建议。

分析提示：本任务旨在分析供应链管理的发展历程及其对企业运作的影响，掌握供应链信息管理、库存管理和关系管理的核心方法，了解供应链运作计划的重要性及其实施步骤，最终，通过案例研究，理解供应链成本及绩效管理的实际应用。

【课堂知识】

一、供应链的产生与发展背景

1.市场环境的变化

自20世纪90年代以来，信息技术迅猛发展，其速度已经远远超出了我们以往任何时候的想象。由于科学技术的不断进步和世界经济的不断发展，以及全球化信息网络和全球化市场的形成，围绕新产品的市场竞争也日益激烈。全球高速信息网络打破了企业间竞争与合作的地域限制，使所有的信息都极易获得，从而使越来越多的人在越来越短的时间内掌握最新技术。这种发展趋势在21世纪还会进一步加强，与以往相比，21世纪的全球化竞争环境体系出现了以下几方面的特点：

（1）经济全球化趋势加强，企业竞争加剧。全球信息技术的发展，特别是互联网技术的飞速发展和广泛应用，使得经济全球化的进程加快，国家、地区间的市场壁垒逐步消除，任何地区的企业都可能面临国际性合作与竞争。企业利用先进的信息技术，可以突破时空限制，在全球范围内寻找合适的资源，选择最佳的合作伙伴，挖掘潜在的客户。然而，企业在获得全球范围内广泛机会的同时，也必然面对更多的挑战。市场壁垒的消除，使得竞争空间不断扩大，竞争对手遍布全球，竞争激烈程度也随之加剧。因此，无国界化企业经营的趋势越来越明显，整个市场的合作和竞争呈现出明显的国际化和一体化。

（2）对信息技术的发展和利用信息资源的要求不断提高。信息技术的高速发展打破了经济市场的时空限制，为国家、地区、企业间经济合作与发展提供了新的途径和条件。广泛应用的互联网技术使得各种信息资源能够很快在全球范围内有效地传递和共享。如计算机辅助设计与制造、柔性制造、自动存储和分拣、自动条形码识别等高新技术在全球范围得到快速广泛的应用。人们和企业之间可以超越时空地进行交流，任何一个企业都可以从互联网上得到自己想获得的各种信息资源。

（3）产品的创新和研发难度问题日益突出。新技术的快速发展提高了社会生产率，缩短了产品更新周期。例如，现代社会的移动电话、计算机设备几乎是一上市就已经过时，消费者都有些应接不暇，这使得越来越多的企业认识到研发新产品对企业市场竞争的重要性。几乎所有的企业都面临着研发新产品、淘汰旧产品的挑战。但是新产品的研发难度也越来越大，尤其是那些大型、结构复杂、技术含量高的产品。这些产品在研发过程中一般都需要各种先进的技术，涉及的领域也较为广泛，使得产品的研发不再是一家企业可以单独解决的问题。

（4）顾客地位不断上升，对产品的个性化、多样化要求越来越高。随着市场的不断开放，卖方市场已经转向买方市场，顾客地位不断上升并成为市场核心，一切企业的经营运作都必须以顾客为中心。而随着时代的发展、大众知识水平的提高和市场的纷繁变化，消费者的要求和期望也越来越高，价值观发生了显著的变化，需求结构层次向更高级发展。首先，消费者对产品的花色、规格型号、需求数量的要求呈现多样化、个性化，而且这种多样化、个性化要求具有很高的不确定性；其次，消费者对产品的功能、质量和可靠性的要求日益提高，而这种要求提高的标准又以不同用户的满意度为尺度。因此对于企业而言，最好的产品再也不是它们自己设计出来的，而是必须由消费者参与设计的。

2.企业模式的变化

科学技术的飞速进步和生产力的发展带来的新环境，使得消费者消费水平不断提高，企业之间的竞争不断加剧，市场的需求也日益多样化，不确定性大大加强。在全球市场的激烈竞争中，企业面对一个变化迅速且无法预测的买方市场，传统的生产管理模式已经很难使企业在多变的市场中获得竞争优势，因此企业需要改变经营模式以适应新的环境。

（1）纵向一体化管理模式。20世纪40年代至60年代，传统的企业管理模式是纵向一体化（Vertical Integration）的管理模式。纵向一体化又叫垂直一体化，是指企业将生产与原料供应，或者生产与产品销售联合在一起的战略形式，是企业在两个可能的方向上扩展现有经营业务的一种发展战略，是将公司的经营活动向后扩展到原材料供应或向前扩展到销售终端的一种战略体系，包括后向一体化战略和前向一体化战略，也就是将经营领域向深度发展的战略。

纵向一体化的目的是加强核心企业对原材料供应、产品制造、分销和销售全过程的控制，使企业能在市场竞争中掌握主动，从而增加各个业务阶段的利润。纵向一体化只能在相对稳定的市场环境中应用。进入20世纪90年代，随着科学技术的进步和全球化市场的形成，在企业面对的竞争越来越激烈、顾客需求不断变化的形势下，纵向一体化模式的种种弊端逐渐暴露出来。

① 增加了企业的投资负担。不管是投资建新的工厂，还是控股其他公司，都需要企业自己筹集必要的资金。这给企业带来许多不利之处。首先，企业必须花费人力、物力，设法在金融市场上筹集所需要的资金；其次，资金到位后，随即进入项目建设周期（建设一个工厂）。为了尽快完成基本建设任务，企业还要花费精力从事项目实施的监管工作，这样一来又消耗了大量的企业资源。由于项目有一个建设周期，在此期间，企业不仅不能安排生产，还要按期偿还贷款利息，因此，用于项目基本建设的时间越长，企业背负的利息负担越重。

② 承担丧失市场机会的风险。对于某些新建项目来说，由于其有一定的建设周期，往往会出现“项目建成之日，也就是项目下马之时”的现象。市场机会早已在项目建设过程中失去。这样的实例在我国有很多。从选择投资方向来看，决策者当时的决策可能是正确的，但就是因为花在生产系统基本建设上的时间太长，等到生产系统建成投产时，市场行情可能早已发生了变化，错过了进入市场的最佳时机而使企业遭受损失。因此，项目建设周期越长，企业承担的风险越高。

③ 迫使企业从事不擅长的业务活动。纵向一体化管理模式的实质是“大而全”“小而全”的翻版，这种企业把产品设计、计划、财务、会计、生产、人事、管理信息、设备维修等工作看作本企业必不可少的业务工作，许多管理人员往往花费过多的时间、精力和资源去从事辅助性的管理工作。结果是，辅助性的管理工作没有抓起来，关键性业务也无法开展，这样不仅使企业失去了竞争优势，而且增加了企业成本。例如，1996年，设在美国密歇根州的劳动力协会的一个顾问机构指出，通用汽车公司抱着纵向管理思想不放，公司自己生产70%的零部件，而福特公司只生产50%，克莱斯勒公司只生产30%。正是通用汽车公司的顽固做法，使得它不得不经受

来自多方面竞争的压力。通用汽车公司因为生产汽车零部件而耗去的劳动力费用高于其他两个公司，每生产一个动力系统，它就比福特公司多付440美元，比克莱斯勒公司多付600美元，在市场竞争中始终处于劣势。这种情况在我国也经常出现。某些企业由于缺乏技术和管理能力，不仅其成本比外购的成本高，而且产品质量低劣，最后影响到整个产品的性能和质量水平，一些老客户纷纷撤销订单，使企业蒙受不必要的损失。

④ 在每个业务领域都直接面临众多的竞争对手。采用纵向一体化管理模式的企业的另一个问题是，它必须在不同业务领域直接与不同的对手进行竞争。例如，有的制造商不仅生产产品，还拥有自己的运输公司。这样一来，该企业不仅要与制造业的对手竞争，还要与运输业的对手竞争。在企业资源、精力、经验都十分有限的情况下，四面出击的结果是可想而知的。事实上，即使是IBM这样的大公司，也不可能拥有进行所有业务活动所必需的能力。因此，自20世纪80年代末起，IBM就不再进行纵向发展，而是与其他企业建立广泛的合作关系，如与苹果公司合作开发软件，与西门子公司合作设计动态随机存储器等。

⑤ 大企业的行业风险。如果整个行业不景气，采用纵向一体化模式的企业不仅会在最终用户市场遭受损失，而且会在各个纵向发展的市场遭受损失。例如，某味精厂为了保证原材料供应，自己建了一个辅料厂。但后来味精市场饱和，该厂的味精销路不畅。结果不仅味精厂遭受损失，与之配套的辅料厂也举步维艰。

（2）横向一体化管理模式。由于纵向一体化管理模式的种种弊端，20世纪80年代后期很多企业开始寻找更好的管理模式——横向一体化（Horizontal Integration）。

横向一体化战略也叫水平一体化战略，是指为了扩大生产规模、降低成本，巩固企业的市场地位、提高企业竞争优势、增强企业实力而与同行业企业进行联合的一种战略。横向一体化战略的实质是资本向同一产业和部门内集中，目的是扩大规模、降低产品成本、巩固市场地位，即利用企业外部资源快速响应市场需求，本企业只抓最核心的东西：产品研发和市场拓展。至于生产，只抓关键零部件的制造，甚至全部委托其他企业加工。例如，福特公司的Festiva车就是由美国设计师设计，在日本的马自达公司生产发动机，由韩国的制造厂生产其他零件和进行装配，最后再在美国市场销售。制造商把零部件生产和整车装配都放在了企业外部，这样做的目的是利用其他企业的资源促使产品快速上马，避免自己投资带来的基础建设周期长等问题，赢得产品在低成本、高质量、早上市等诸多方面的竞争优势。通过采用横向一体化战略，企业可以有效地实现规模经济，快速获得互补性的资源和能力。此外，通过收购或合作的方式，企业可以有效地建立与客户之间的固定关系，遏制竞争对手的扩张意图，维持自身的竞争地位和竞争优势。

3.供应链管理产生的必然性

（1）21世纪的企业所面临的市场空间和形态都与以往不同。这种变化必然会给传统管理所形成的思维方式带来挑战。同时，信息、网络已经开始影响我们的生活，这必然会带来工作和生活方式的改变，其中最主要的就是消费需求的变化。在短缺经济时代，量的供给不足是主要矛盾，所以企业的管理模式主要以提高效率、最大限度地从数量上满足用户的需求为主要特征。现在，随着人们经济生活水平的提高，个性化需求越来越明显，一个企业靠一种产品打天下的时代已不复存在，多样化需求对企业管理的影响越来越大。谁都知道，只生产一种产品的组织最简单，而品种的增加必然会增大管理以及对资源获取的难度。企业快速满足用户需求的愿望往往受到资源获取的制约。从产品开发转入批量化生产的速度，再从批量化生产转向市场销售的速度，都需要新的资源来支持。但是这些资源的获取很难，尤其是知识，不是今天想得到，明天就能够获得的。获得知识需要时间，需要成本。另外，兼顾社会利益的压力也越来越大，如环保问题、可持续发展问题等，使企业既要考虑自己的经济利益，还要考虑社会效益，而有时候社会效益和企业经济利益是不相协调的。

（2）传统管理模式的主要特征及其在新环境下的不适应性。传统管理模式的主要特征可以从它的决策背景、管理制度等几个方面来看。传统管理模式是以规模化需求和区域性的卖方市场为决策背景的，通过规模效应降低成本，获得效益。在这种决策背景下，它所选择的生产方式，必然是少品种、大批量，采用刚性和专用的流水生产线，因为这种生产方式可以最大限度地提高效率、降低成本，其规模化效益是最好的。但是，它的致命弱点是适应品种变化的能力很差，一旦外界产生新的需求，原有的生产系统很难适应。从组织结构的特征来看，它是一种多级递阶控制的组织结构，管理的跨度小、层次多。管理层次的增加必然影响整个企业的响应速度。再从管理思想和管理制度的特征看，传统管理模式主要是一种集权式管理，以追求稳定和控制为主。也就是说，为了控制影响企业生产的资源，企业要么自己投资建设，要么投资控股，目的只有一个，就是要控制可能影响自己生产和经营的资源。要最大限度地控制这些资源，就必然走向集权式，因为只有集权式管理才能最大限度地实现企业对资源的控制。

（3）传统管理模式在新环境下显现的主要弊端。作为传统管理模式的“纵向一体化”模式增加了企业的投资负担，因为企业要想控制资源，通常的做法是自己筹集资金进行建设，然后自己进行经营和管理。按照这种思想去经营，肯定会增加投资负担。除此之外，企业还要承担丧失市场机会的风险。因为随着市场竞争的加剧，即使发现一个新的市场机会，但是由于企业要自己投资进行扩建或改建，这都需要时间（如基本建设周期），这段时间很可能就是企业丧失市场机会的风险期。“纵向一体化”模式还迫使企业去从事自己并不擅长的活动。这就是说，如果一个企业把核心业务和非核心业务都抓在自己手里，就不得不从事那些自己并不擅长的业务。例如，美国一家汽车制造厂拥有一个牧场，为它的汽车坐垫提供原料；美国的一个报业大王拥有一片森林，专为生产新闻用纸提供木材。这样一来，汽车制造厂要经营牧场，报业大王要经营林场，必须从事自己并不擅长的业务。不仅如此，还要在每个业务领域都直接面对众多的竞争对手。“纵向一体化”模式还有一个弊端，就是增大了企业的行业风险，在这种经营模式下，一旦企业主导产品被市场淘汰，为它配套的辅助性的上游企业也都跟着倒闭，因为它们是为上游企业配置的，没有社会上专业厂的产品有竞争力和生存力。

由以上分析可以看出，面对瞬息万变的市场，传统管理模式显然是适应不了的，于是就自然产生了对传统管理模式进行改革或者改造的客观需求。对于如何进行这种改革，目前有很多思想，供应链管理只是众多新思想中的一个代表。

供应链管理的基本思想就是把原来由企业自己生产的零部件外包出去，充分利用外部资源，跟这些企业形成一种水平关系，人们形象地称其为“横向一体化”。供应链管理跟我们通常所讲的一个组织内部的管理是不一样的。组织内部的管理体现为一种权力关系，即上级可以指挥下级，而供应链是具有独立法人地位的企业的合作链，企业无论大小都是平等的，因此供应链管理主要体现为如何加强合作、加强对资源的协调运作和提高管理水平。

典型的供应链上有一个起核心作用的企业。核心企业是供应链上信息流和物流的协调中心。它的下游是从销售商一直到用户，上游是供应商和供应商的供应商。它获得下游的需求信息，经过组合处理后再传向上游企业（供应商），其是一个信息流协调中心。其又是物流协调中心。零部件供应商将各种零部件传递过来，经过核心企业的装配或者其他形式的处理，再经由下游企业传递到用户。显然，信息流和物流必须有机地协调运作，才能使供应链真正获得竞争力；否则，供应链管理的整体效益就实现不了。

实践证明，供应链管理的效益很明显，可以给企业带来很多好处，如降低成本、改善客户服务、加快资金周转、提高市场占有率等。例如，其可以减少削价处理的损失，过去由于信息不协调，企业生产或订货批量决策带有盲目性，而且越往原材料这个方向移动，投入的批量越大，即理论上所讲的“需求放大效应”，这样就导致多余的货物只能降价处理。实施供应链管理之后，加强了信息和物流的协调，信息可以及时、准确地传递到合作企业，于是就降低了削价处理的损失。更重要的是，供应链上各节点的企业，不论大小都能够成为受欢迎的业务伙伴，增强了自己的生存能力。

二、供应链概述

1.供应链的含义

供应链是指商品到达消费者手中之前各相关者的连接或业务的衔接，是围绕核心企业，通过对信息流、物流、资金流的控制，从采购原材料开始，将其制成中间产品以及最终产品，最后由销售网络把产品送到消费者手中，将供应商、制造商、分销商、零售商，直到最终用户连成一个整体的功能网链结构。供应链管理的理念是从消费者的角度，通过企业间的协作，谋求供应链整体最佳。成功的供应链管理能够协调并整合供应链中所有的活动，最终成为无缝连接的一体化过程。

供应链的概念是从扩大生产概念发展来的，它将企业的生产活动进行了前伸和后延。日本丰田公司的精益协作方式中就将供应商的活动视为生产活动的有机组成部分而加以控制和协调。哈里森（Harrison）将供应链定义为：“供应链是执行采购原材料，将它们转换为中间产品和成品，并且将成品销售给用户的功能网链。”美国的史蒂文斯（Stevens）认为：“通过增值过程和分销渠道控制从供应商到用户的流程就是供应链，它开始于供应的原点，结束于消费的终点。”因此，供应链就是通过计划

（Plan）、获得（Obtain）、存储（Store）、分销（Distribute）、服务（Serve）等这样一些活动而在顾客和供应商之间形成的一种衔接（Interface），从而使企业能满足内外部顾客的需求。

《物流术语》（GB/T 18354—2021）中对供应链的定义：生产及流通过程中，围绕核心企业的核心产品或服务，由所涉及的原材料供应商、制造商、分销商、零售商直到最终用户等形成的网链结构。

我们可以把供应链描绘成一棵枝叶茂盛的大树，生产企业是树根，独家代理商是主干，分销商是树枝和树梢，满树的绿叶红花是最终用户。在根与主干、枝与主干的一个个节点，蕴藏着一次次的流通，遍体相通的脉络便是信息管理系统。

供应链上各企业之间的关系与生物学中的食物链类似。在"草—兔子—狼—狮子"这样一个简单的食物链中（为便于论述，假设在这一自然环境中只生存这四种生物），如果我们把兔子全部杀掉，那么草就会疯长起来，狼也会因兔子的灭绝而饿死，连最厉害的狮子也会因狼的死亡而慢慢饿死。可见，食物链中的各种生物之间是相互依存的，破坏食物链中的任何一种生物，势必导致这条食物链失去平衡，最终破坏人类赖以生存的生态环境。

同样的道理，在供应链"企业A—企业B—企业C"中，企业A是企业B的原材料供应商，企业C是企业B的产品销售商。如果企业B忽视了供应链中各要素的相互依存关系，而过分注重自身的内部发展，生产产品的能力不断提高，但如果企业A不能及时向它提供原材料，或者企业C的销售能力跟不上企业B产品生产能力的提高，那么我们可以得出这样的结论：企业B生产能力的发展不适应这条供应链的整体效率。

2.供应链的特点

从供应链的结构模型可以看出，供应链是一个网链结构，节点企业和节点企业之间是一种需求与供应的关系。供应链主要具有以下特征：

（1）复杂性。因为供应链节点企业组成的跨度（层次）不同，供应链是由多个、多类型甚至多国企业构成的，所以供应链结构模式比一般单个企业的结构模式更为复杂。

（2）动态性。因企业战略和适应市场需求变化的需要，供应链中的节点企业需要动态地更新，这就使得供应链具有明显的动态性。

（3）响应性。供应链的形成、存在、重构都是基于一定的市场需求而产生的，在供应链的运作过程中，用户的需求拉动是供应链中信息流、产品/服务流、资金流运作的驱动源。

（4）交叉性。节点企业可以是这个供应链的节点企业，同时又是另一个供应链的节点企业，众多的供应链形成交叉结构，增加了协调管理的难度。

3.供应链的结构

从图1-1可以看出，供应链由所有加盟的节点企业组成，其中一般有一个核心企业（可以是产品制造企业，也可以是大型零售企业，如美国的沃尔玛）。节点企业在需求信息的驱动下和信息共享的基础上，通过供应链的职能分工与合作（生产、分销、零售等），以资金流、物流和服务流为媒介实现整个供应链的不断增值。

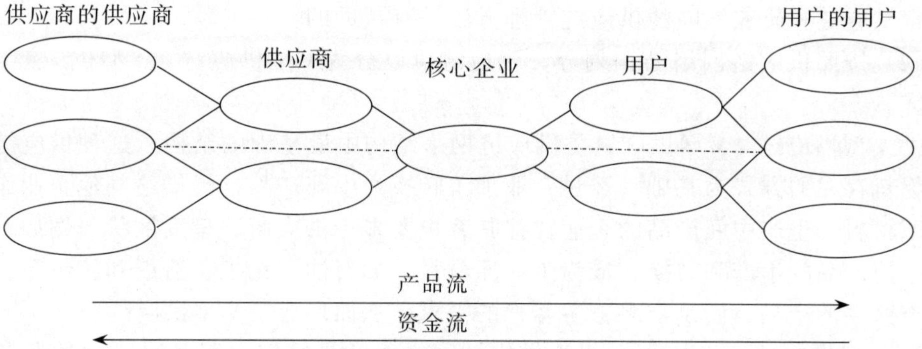

图1-1　供应链结构模型

4.供应链的类型

供应链可以分为内部供应链和外部供应链两类。内部供应链是指企业内部产品生产和流通过程中所涉及的采购部门、生产部门、仓储部门、销售部门等组成的供需网络。而外部供应链则是指企业外部的，与企业相关的产品生产和流通过程中涉及的原材料供应商、生产厂商、储运商、零售商以及最终消费者组成的供需网络。内部供应链和外部供应链共同组成了企业产品从原材料到成品再到消费者的供应链。可以说，内部供应链是外部供应链的缩小化。

例如，对于制造厂商来说，其采购部门就可被看作外部供应链中的供应商。它们的区别只在于外部供应链范围大，涉及的企业众多，企业间的协调更困难。

供应链产生和发展的历史虽然短暂，但由于它在企业经营中的重要地位和作用，以及它对提升企业竞争力的明显优势，其发展速度很快，已经形成了具有明显特点的供应链模式和结构。从不同的角度出发，按不同的标准，可以将供应链划分为不同的类型。

（1）根据供应链管理的研究对象及其范围，供应链可以分为三种类型，分别是企业供应链、产品供应链、基于供应链合作伙伴关系的供应链。

这里所说的供应链管理对象是指供应链所涉及的企业及其产品、企业的活动、参与的部门和人员。

① 企业供应链。它以某个企业为核心，以该企业的产品为主导，形成包括该企业的供应商、供应商的供应商及一切向后的关系，以及用户、用户的用户及一切向前的关系。这个核心企业在整个供应链中具有明显的主导地位和作用，对整个供应链的建立和组织起关键作用。

② 产品供应链。它是以某一特定产品或项目为中心，由特定产品或项目需求所拉动的包括与其相关的所有经济活动的供应链。产品供应链上的企业联系紧密，它们相互依存。供应链的效率取决于相关企业的合作程度，因此，基于信息技术的系统化管理是提高供应链运作效率的关键。

③ 基于供应链合作伙伴关系的供应链。供应链合作伙伴关系主要是针对这些职能成员间的合作进行管理。基于供应链合作伙伴关系的供应链一般通过契约协调双方或多方间的利益，实现物流、信息流、资金流的流动与交换。

上述三种供应链管理对象的区分是彼此相关的，在一些方面是相互重叠的，这对于考察供应链和研究不同的供应链管理方法是有帮助的。

（2）按照供应链网络结构划分，供应链可以分为V型供应链、A型供应链、T型供应链。

① V型供应链。V型供应链是供应链网络结构中最基础的结构。这种供应链以大批量物料存在的方式为基础，经过企业加工转换为中间产品，提供给其他企业作为它们的原材料。生产中间产品的企业往往其客户要多于供应商，呈发散状。例如，原料经过中间产品的生产和转换，成为工业原材料，如石油、化工、造纸和纺织等企业生产种类繁多的产品，满足众多下游客户的需求，从而形成了V型供应链。

微课 1-1

供应链的三种常见类型

② A型供应链。当核心企业为供应链网络上的最终用户服务时，它的业务本质上是由订单和客户驱动的。在制造、组装和总装时，会遇到一个与V型供应链相反的问题，即为了满足相对少数的客户需求和客户订单，需要从大量的供应商手中采购大量的物料。这是一种典型的汇聚性的供应链，即A型供应链。这种供应链需要加强供应商和制造商之间的合作，共同控制库存量。

③ T型供应链。介于上述两种模式之间，许多企业通常结成的是T型供应链。它们通常根据订单确定通用件，从与自己相似的供应商处采购大量的物料，通过制造标准化来降低订单的复杂程度，为大量终端客户和合作伙伴提供构件和套件。如医疗保健品、电子产品和食品、饮料等行业，以及为总装配提供零配件的企业（如为汽车、电子器械和飞机主机厂商提供零配件的企业）。

（3）根据供应链驱动力的来源，供应链可以分为推动式供应链、拉动式供应链和推拉结合式供应链。

①推动式供应链。推动式供应链的运作是以产品为中心，以生产制造商为驱动原点，这种传统的推动式供应链管理是以生产为中心，力图通过尽量提高生产率，降低单件产品成本来获得利润。通常，生产企业根据自己的MRPⅡ/ERP计划来安排从供应商处购买原材料，生产出产品，并将产品经过各种渠道，如分销商、批发商、零售商一直推至客户端。在这种供应链上，生产商对整个供应链起主导作用，是供应链上的核心或关键成员，而其他环节如流通领域的企业则处于被动地位，这种供应链的运作和实施相对容易。然而，由于生产商在供应链上远离客户，对客户的需求远不如流通领域的零售商和分销商了解得清楚，这种供应链上企业之间的集成度较低，反应速度慢，在缺乏对客户需求了解的情况下生产出的产品和驱动供应链运作的方向往往是无法匹配和满足客户需求的。

微课 1-2

MRP

同时，由于无法掌握供应链下游，特别是最末端的客户需求，一旦下游有微小的需求变化，反馈到上游时这种变化将被逐级放大，这种效应被称为牛鞭效应。为了对付这种牛鞭效应，在供应链的每个节点上都必须采取提高安全库存量的办法，需要储备较多的库存来应付需求变动，因此，整个供应链上的库存较高，响应客户需求变化较慢。传统的供应链管理几乎都属于推动式供应链管理，如图1-2所示。

微课 1-3

牛鞭效应

②拉动式供应链。拉动式供应链管理的理念是以顾客为中心，通过对市场和客户的实际需求以及对其需求的预测来拉动产品的生产和服务。因此，这种供应链的运作方式和管理被称为拉动式供应链管理。这种运作和管理需要整个供应链能够更快地

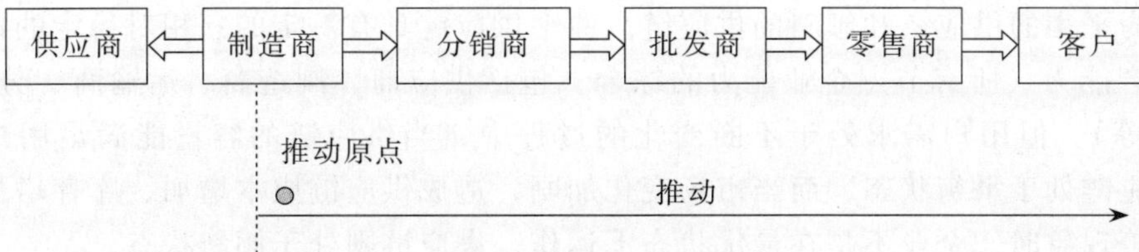

图1-2　推动式供应链

跟踪甚至超前于客户和市场的需求，来提高整个供应链上的产品和资金流通的效率，减少流通过程中不必要的浪费，降低成本，提高对市场的适应力。特别是对下游的流通和零售行业，更是要求供应链上的成员间有更强的信息共享、协同、响应和适应能力。例如，目前发达国家采用协同计划、预测和补货（CPFR）策略与系统来实现对供应链下游成员需求拉动的快速响应，使信息获取更及时，信息集成和共享度更高，数据交换更迅速，整个供应链上的库存总量更低，获利能力更强。拉动式供应链虽然整体绩效表现出色，但对供应链上企业的管理和信息化程度要求较高，对整个供应链的集成和协同运作的技术和基础设施要求也较高。

以计算机公司为例，其对计算机市场的预测和计算机的订单是企业一切业务活动的拉动原点，生产装配、采购等的计划安排和运作都是以它们为依据和基础进行的，这种典型的面向订单的生产运作可以明显地减少库存积压以及满足个性化和特殊配置需求，并加快资金周转。然而，这种供应链的运作和实施相对较难，其结构原理如图1-3所示。

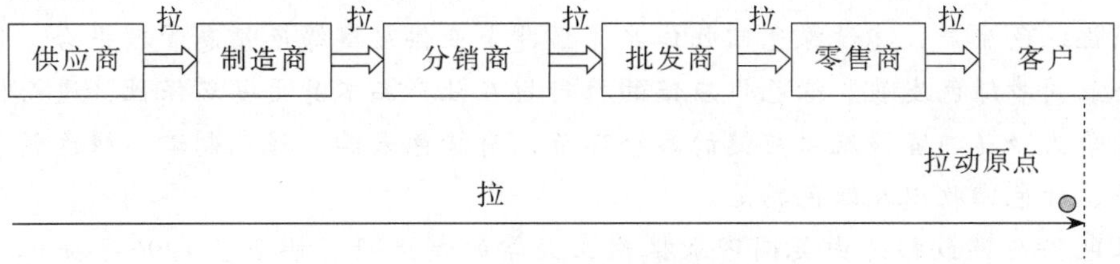

图1-3　拉动式供应链

③推拉结合式供应链。在一个企业内部，对于某些业务流程来说，有时推动式和拉动式方式共存。如戴尔计算机公司的PC生产线，既有推动式运作又有拉动式运作，其PC装配的起点就是推和拉的分界线，装配之前的所有流程都是推动式流程，而装配和其后的所有流程都是拉动式流程，完全取决于客户订单。这种推拉共存的运作对制定有关供应链设计的战略决策非常有用。例如，供应链管理中的延迟生产策略就很好地体现了这一点，通过对产品设计流程的改进，使推和拉的边界尽可能后延，便可有效地解决大规模生产与大规模个性定制之间的矛盾，在充分利用规模经济的同时实现大批量客户化生产。

（4）其他划分形式。供应链还可以根据不同的标准划分为以下几种类型：

①稳定的供应链和动态的供应链。根据供应链存在的稳定性划分，可以将供应链分为稳定的和动态的供应链。基于相对稳定、单一的市场需求而组成的供应链稳定性较强，而基于频繁变化、复杂的需求而组成的供应链动态性较高。在实际管理运作中，需要根据不断变化的需求，相应地改变供应链的组成。

②平衡的供应链和倾斜的供应链。根据供应链容量与用户需求的关系可以将供应

链划分为平衡的供应链和倾斜的供应链。一个供应链具有一定的、相对稳定的设备容量和生产能力（所有节点企业能力的综合，包括供应商、制造商、运输商、分销商、零售商等），但用户需求处于不断变化的过程中，当供应链的容量能满足用户需求时，供应链处于平衡状态，而当市场变化加剧，造成供应链成本增加、库存增加、浪费增加等现象时，企业不是在最优状态下运作，供应链则处于倾斜状态。

平衡的供应链可以实现各主要职能（采购/低采购成本、生产/规模效益、分销/低运输成本、市场/产品多样化和财务/资金运转快）之间的平衡。

③有效性供应链和反应性供应链。根据供应链的功能模式（物理功能和市场中介功能）可以把供应链划分为两种：有效性供应链（Efficient Supply Chain）和反应性供应链（Responsive Supply Chain）。有效性供应链主要体现供应链的物理功能，即以最低的成本将原材料转化为零部件、半成品、产品，以及降低供应链中的运输成本等；反应性供应链主要体现供应链的市场中介功能，即把产品分配到满足用户需求的市场，对未预知的需求作出快速反应等。

拓展阅读1-1

绿色供应链

绿色供应链是绿色制造理论与供应链管理技术结合的产物，侧重于供应链节点上企业的协调与协作。按照产品全生命周期理论，发挥引领带动作用，确立企业可持续的绿色供应链管理战略，实施绿色伙伴式供应商管理，优先纳入绿色工厂为合格供应商，强化绿色生产，建设绿色回收体系，搭建企业供应链绿色信息管理平台，带动上下游企业同步绿色发展。绿色供应链的推行旨在让产品本身更具环保性，进而提升市场的竞争力。其内容涉及供应链的各个环节，有绿色采购、绿色制造、绿色销售、绿色消费、绿色回收以及绿色物流。

绿色供应链最初是由美国密歇根州立大学的制造研究协会在1996年提出的，当时提出这个概念的目的，是基于对环境的影响，从资源优化利用的角度，来考虑制造业供应链的发展问题。也就是说，从产品的原材料采购期开始，就进行追踪和控制，使产品在设计研发阶段，就遵循环保的规定，从而减少产品在使用期和回收期给环境带来的危害。目前所谓的绿色供应链，则大多指进入21世纪后，欧盟所倡议的绿色产品所产生的供应链效应。欧盟先进国家看准供应链间环环相扣的利益关系，积极将一些环保诉求跳脱过去道德劝说的层面而开始立法，并且订立执行的日程，希望以欧盟庞大的商业市场作为后盾，带领全世界制造业进入一个对环境更友善的新纪元。最受人关注的是《废电子电机设备指令》（Waste Electrical and Electronic Equipment，WEEE）及《关于电子电气设备中限制使用某些有害物质指令》（Restriction of the Use of Certain Hazardous Substances in Electrical and Electronic Equipment，RoHS）等。欧盟于2002年11月通过WEEE及RoHS指令，并于2003年2月13日正式公告10大类电机电子设备之回收标准，并要求自2006年7月1日起10大类电子电机设备中不得含有铅（Lead）、镉（Cadmium）、汞（Mercury）、六价铬（Hexavalent chromium）、溴化耐燃剂（Polybrominated biphenyls，PBB；Polybrominated diphenylethers，PBDE）等六种物质。随着指令的正式公布，含有上述六种禁用物质及其化合物的各类电子电机产品均必须使用替代材质来代替被管制的材质，而此指标性的规定，已演变成全球性环保要求，也成为资讯电子产业基本技术门槛。

资料来源　顾蔚. 绿色金融百科知识［M］. 北京：中国经济出版社，2023.引文经节选、压缩及改编。

三、供应链的“四个流通”

供应链一般包括物资流通、商业流通、信息流通、资金流通四个流程。四个流程有各自不同的功能以及不同的流通方向。

1.物资流通

这个流程主要是物资（商品）的流通过程，是一个发送货物的流程。该流程的方向是由供货商经由厂家、批发与物流、零售商等指向消费者。由于长期以来企业理论都是围绕产品实物展开的，因此物资流通被人们广泛重视。许多物流理论都涉及如何在物资流通过程中在短时间内以低成本将货物送出去。

2.商业流通

这个流程主要是买卖的流通过程，是接受订货、签订合同等的商业流程。该流程是在供货商与消费者之间双向流动的。商业流通形式趋于多元化，既有传统的店铺销售、上门销售、邮购的形式，又有通过互联网等新兴媒体进行购物的电子商务形式。

3.信息流通

这个流程是商品及信息交易的过程。该流程的方向也是在供货商与消费者之间双向流动的。过去人们往往把重点放在看得到的实物上，因而信息流通一直被忽视。甚至有人认为，过去物流业落后与把资金过分投入物质流通而延误对信息的把握不无关系。

4.资金流通

这个流程就是货币的流通，为了保障企业的正常运作，必须确保资金的及时回收，否则企业就无法建立完善的经营体系。该流程的方向是由消费者经由零售商、批发商与物流商、厂家等，最终指向供货商。

小案例1-1

王朝公司绿色供应链的实施

作为中国葡萄酒行业的领军企业之一，中法合营王朝酒业有限公司始终将环境保护与可持续发展视为其企业战略的核心。面对葡萄酒生产过程中不可避免的废渣、废液、废水和废气等问题，王朝公司积极寻求解决方案，最终决定构建一个全面的绿色供应链体系，旨在减少对环境的影响，同时提高资源利用效率。

1.绿色采购策略

王朝公司在天津、河北、山东等地建立了总面积达3万亩的绿色葡萄种植基地。这些基地严格按照无公害、无污染、无病害的标准进行管理，确保原材料的质量。此外，为了减少原料运输过程中的碳排放，王朝公司在葡萄种植基地附近建立了现代化的发酵站，直接将新鲜采摘的葡萄转化为葡萄酒原料，从而保证每年至少3万吨的原料供应量。

2.绿色制造技术的应用

在生产环节，王朝公司引入了一系列先进的生产设备和技术，如气囊式压榨机、不锈钢低温发酵罐、Bertolase生产线以及环保型冷冻机。这些设备不仅提高了生产效率，降低了人力成本和能耗，同时也显著减少了生产过程中产生的污染物排放量。通过这样的技术创新，王朝公司在实现经济效益的同时，也为社会带来了积极的环境影响。

3.优化绿色交付流程

为了进一步降低物流环节对环境的影响，王朝公司采用了多种渠道相结合的方式来进行产品销售，包括通过网络平台和电视购物进行直销，以及在选择分销商时遵循就近原则。这种策略不仅有效地缩短了产品从工厂到消费者手中的距离，还大幅度减少了因长途运输而产生的能源消耗，符合绿色供应链管理的目标。

4.绿色供应链网络的升级

通过对采购、生产、供应等各个环节的持续改进，王朝公司成功地将其传统供应链升级为一个更加环保、高效的绿色供应链系统。这一转变不仅提升了产品的质量标准，减少了废弃物的产生，还帮助公司顺利通过了ISO 14000系列环境管理体系认证，大大提升了品牌的社会责任感形象，并促进了市场占有率的稳步提升。

综上，通过实施绿色供应链管理，王朝公司在实现经济效益的同时，也承担起了保护环境的责任，为行业树立了一个可持续发展的典范。

资料来源　杨兴凯. 电子商务概论［M］. 3版. 大连：东北财经大学出版社，2021.引文经节选、压缩及改编。

【任务实施】

1.准备工作

（1）学习并理解供应链管理的基础理论知识。

（2）收集供应链管理的成功案例。

（3）了解公司目前的供应链状况，包括信息流通、库存管理、供应商关系等方面存在的问题。

2.实施步骤

（1）信息管理系统的设计。设计一个适合公司实际情况的信息管理系统，确保信息能够在供应链的各个环节顺畅流动。利用信息技术，比如ERP系统，来提高信息处理的速度和准确性。

（2）库存策略的调整。根据市场需求预测调整库存水平，避免过多的库存占用资金。实施供应链库存管理，以降低库存成本，提高市场反应速度。

（3）供应商关系的改善。开展供应商关系管理，与关键供应商建立长期合作的伙伴关系。通过SRM系统来加强与供应商之间的沟通与协作。

（4）制订供应链运作计划。制订短期的供应链运作计划，并确保计划得到有效

随堂测 1-1

1+X证书

实施。对供应链的各个环节进行细致的规划，包括订单处理、生产调度、物流配送等。

（5）成本及绩效管理。设定供应链绩效指标，定期评估供应链的表现。采取措施降低成本，提升供应链的整体效率。

拓展阅读 1-2

以高质量供应链金融助推产业链供应链高质量发展

在中国物流与供应链金融峰会上的致辞中，中国物流与采购联合会会长何黎明提出了高质量供应链金融对产业链供应链发展的重要意义，并分享了相关建议。全球经济形势复杂多变，提升产业链供应链的韧性和安全性成为中国式现代化进程中的重要战略任务。供应链金融作为产融结合的关键方式，对于支持中小微企业发展、促进产业链供应链高效稳定运行发挥着重要作用。

2023年以来，中国经济在稳经济政策的推动下持续复苏，消费需求和社会投资均有所回升，制造业PMI持续处于扩张区间，显示出工业景气度的持续回升。然而，面对全球局势的不确定性和动荡变革期，如何提升产业链供应链的质量与安全成为新的课题。

供应链金融得到了中央和地方政府、金融机构及产业界的高度重视。据统计，2022年国家及各地出台了多项相关政策，鼓励发展供应链金融，创新产品供给。数字化技术的应用已成为供应链金融创新发展的重要方向，多方力量共同推动供应链金融向体系化、生态化、协同化发展。

何黎明会长针对高质量供应链金融的发展提出了以下几点建议：

1.普惠性原则

强调供应链金融应服务于民营经济和中小微企业，解决其资金流动问题，确保优惠政策的落地实施。

2.国家战略导向

重点支持高技术制造业、战略性新兴产业等领域的企业，提供便捷的金融服务。

3.科技与产业结合

金融机构和科技企业需深入产业场景，推进金融产品创新，产业端则需要提升数字化水平，实现供应链的数字化转型。

4.风险管理

重视供应链金融的系统性风险，建立以场景为基础的风险控制机制，保持供应链的稳定性和韧性。

何黎明会长呼吁金融机构、科技企业、产业企业和行业协会共同携手，构建高质量供应链金融生态圈，以金融的力量推动产业链供应链的高质量发展。他指出，供应链金融的发展离不开供应链本身的支持，而数字化供应链是智慧化供应链金融的基础。最后，他对唐山市特别是曹妃甸区在供应链金融领域的探索给予肯定，并希望此次峰会在推动区域经济发展中发挥积极作用。

资料来源　何黎明. 以高质量的供应链金融 助推产业链供应链高质量发展［EB/OL］.［2023-04-19］. http://www.chinawuliu.com.cn/lhhzq/202304/19/604177.shtml.引文经节选、压缩及改编。

任务二　理解供应链管理

【岗位任务】

强盛集团正处于快速发展的阶段，其供应链管理面临着诸多挑战，包括内部流程不流畅、信息孤岛现象严重以及无法快速响应市场变化等问题。为了提升供应链管理的效率和响应速度，强盛集团决定对其供应链管理组织进行重构，以支持其长远发展战略。

要求：

（1）设计一个符合该公司的供应链组织架构图。

（2）决定是采用集中式还是分散式的供应链管理团队。

分析提示：本任务旨在通过分析现有供应链组织的不足以及分析当前各组织之间的协作情况来设计一个符合企业战略目标、能够提高运营效率的供应链管理组织架构。同时，根据企业的规模和复杂性，决定是采用集中式还是分散式的供应链管理团队。

【课堂知识】

一、供应链管理的诞生及发展

企业间的竞争，在20世纪60年代主要体现在企业的生产成本上，70年代主要体现在其产品质量上，80年代以后则主要体现在其对市场、客户的响应时间上。对于现在的企业来说，市场机会稍纵即逝，留给企业用于抉择的时间极为有限。因此，缩短产品的开发、生产周期，在尽可能短的时间内满足客户要求，这种市场环境客观上极大地促进了供应链管理理论的诞生和发展。从企业自身的角度看，企业组织结构的变化，包括管理的扁平化等，以及企业运营规则的改变、质量观念与服务方式的变化，都使得企业需要从自身的角度进行改革，从而为供应链管理在微观上提供了产生、发展的动力。

供应链管理的应用大致分为三个阶段：萌芽阶段、形成阶段和成熟阶段。

1.萌芽阶段

20世纪80年代初到90年代初，企业内部的供应链信息能够迅速准确地在企业各部门之间传递，为完整的供应链系统奠定了基础。同时，企业也开始加强对员工的供应链管理培训。在这个阶段，大多数企业主要着眼于企业内部的供应链运作，尚未实现跨企业的供应链整体运作，供应链管理的绩效低下。因此，这个阶段的供应链管理处于初级阶段。

2.形成阶段

从20世纪90年代初开始，在第一阶段的企业内部供应链管理整合完成后，包括供应商和分销商在内的整条供应链开始进行整合。在ERP系统得到广泛应用的同时，供应链的运作也不断发展成熟。由于合作伙伴之间信息交流、相互联系的加强，企业之间建立以一个核心企业为依托的新的数据分享和决策支持方式渐成大势所趋。供应链成员相互协调，制订相关联的最佳销售和运营方案，公司决策和计划也朝着跨职能部门的一体化方向发展。

3.成熟阶段

进入21世纪之后，供应链管理的应用进入了成熟阶段。这一时期，以一家企业为核心的单一供应链管理往往不能覆盖企业的所有供求关系。实际上，一个企业往往生存在一个由众多供应商和分销商构成的网络之中，于是发展基于供应链网络的整体优化模式便自然而然地成为企业的必然选择。此外，基于因特网的供应链系统和电子商务系统彻底改变了供应链网络的原有商业模式。此阶段的供应链管理特别强调在计划和决策上的实时可视性、可预见性以及供应链流程管理和时间管理的能力。供应链上的可视性和可预见性能够合理地确定链上业务的优先级，优化定位所需资源，考虑可能的资源替代，评估风险和对下游价值链所造成的影响并给出应对策略；而供应链流程管理和时间管理的能力将使整个供应链最大限度地降低不测事件所造成的不良影响，或者合理利用该事件所创造的机会，对出现的问题进行快速响应、迅速调整和加以补救。

二、供应链管理概述

1.供应链管理的含义

计算机网络的发展进一步推动了制造业全球化、网络化的过程。虚拟制造、动态联盟等制造模式的出现，更加迫切地需要新的管理模式与之相适应。传统的企业组织中的采购（物资供应）、加工制造（生产）、销售等看似是一个整体，但实质上是缺乏系统性和综合性的企业运作模式，已经无法适应新的制造模式发展的需要；而那种大而全、小而全的企业自我封闭的管理体制，更无法适应网络化竞争的社会发展需要。因此，供应链的概念和传统的销售链是不同的，它已跨越了企业界限，从建立合作制造或战略伙伴关系的新思维出发，从产品生命线的源头开始，到产品消费市场，从全局和整体的角度考虑产品的竞争力，使供应链从一种运作性的竞争工具上升为一种管理性的方法体系，这就是供应链管理提出的实际背景。

供应链管理是一种集成的管理思想和方法，它在供应链中执行从供应商到最终用户的物流的计划和控制等职能。例如，伊文斯（Evens）认为：供应链管理是通过前馈的信息流和反馈的物料流及信息流，将供应商、制造商、分销商、零售商，直到最终用户连成一个整体的管理模式。菲利浦（Phillip）则认为：供应链管理不是供应商管理的别称，而是一种新的管理策略，它把不同企业集成起来以增加整个供应链的效率，注重企业之间的合作。最早人们把供应链管理的重点放在管理库存上，作为平衡有限的生产能力和适应用户需求变化的缓冲手段，它通过各种协调手段，寻求把产品迅速、可靠地送到用户手中所需要的费用与生产、库存管理费用之间的平衡点，从而确定最佳的库存投资额。因此，其主要的工作任务是管理库存和运输。现在的供应链管理则把供应链上的各个企业作为一个不可分割的整体，使供应链上各企业分担的采购、生产、分销和销售的职能协调发展。

《物流术语》（GB/T 18354—2021）将供应链管理定义为：从供应链整体目标出发，对供应链中采购、生产、销售各环节的商流、物流、信息流及资金流进行统一计划、组织、协调、控制的活动和过程。供应链管理最根本的目的就是增强企业核心竞争力，其首要目标是提高客户的满意程度，即做到将正确的产品或服务（Right Product or Service），按照合适的状态与包装（Right Condition and Packaging），以准确的数量（Right Quantity）和合理的成本费用（Right Cost），在恰当的时间（Right Time）送给指定的地方（Right Place）的确定的客户（Right Consumer）。

2.供应链管理的作用

（1）供应链管理能够有效地消除重复、浪费与不确定性，减少库存总量，创造竞争的成本优势。

（2）供应链管理能优化供应链上的成员组合，快速了解客户反应，创造竞争的时间和空间优势。

（3）供应链管理通过建立企业成员之间的战略合作伙伴关系，充分发挥供应链上企业的核心能力，创造竞争的整体优势。

3.供应链管理的特征

（1）“横向一体化”的管理思想。强调每个企业的核心竞争力，这也是当今人们谈论的共同话题。为此，要清楚地辨别本企业的核心业务，然后狠抓核心资源，以提高核心竞争力。

（2）非核心业务都采取外包的方式分散给业务伙伴，和业务伙伴结成战略联盟关系。

（3）供应链企业间形成的是一种合作性竞争。一是过去的竞争对手相互结盟，共同开发新技术，成果共享；二是将过去由本企业生产的非核心零部件外包给供应商，双方合作，共同参与竞争。这实际上也体现出核心竞争力的互补效应。

（4）以顾客满意度作为目标的服务化管理。对下游企业来讲，供应链上游企业的功能不是简单的物料提供，而是要用最低的成本提供最好的服务。

（5）供应链追求物流、信息流、资金流、工作流和组织流的集成。这几个“流”在企业日常经营中都会发生，但其过去是间歇性或者间断性的，因而影响企业间的协调，最终导致整体竞争力下降。供应链管理则强调这几个“流”必须集成起来，只有跨企业流程实现集成化，才能实现供应链企业协调运作的目标。

（6）借助信息技术实现目标管理。

（7）更加关注物流企业的参与。过去一谈到物流，好像就是搬运东西。在供应链管理环境下，物流的作用特别重要，因为缩短物流周期比缩短制造周期更关键。美国曾经做过一个统计，早餐用的麦片从生产厂到超级市场这一过程要花104天。而这104天里面真正用于生产的时间很短，大部分的时间用于分销、运输、仓储、再分销、再仓储。过去谈到快速响应市场时，大部分情况下都把注意力放在制造业上，似乎能够快速制造出来就能快速响应用户的需求。实际上，最终给用户的产品不是由一家企业单独完成的，而是从原材料开始一级一级制造并传递过来的，响应周期是多级的“链式周期”，而不是“点式周期”（即单个企业的制造周期）。因此，缩短物流周期所取得的效益往往更大。

4.供应链管理的意义

供应链优化的最终目的是满足客户需求，降低成本，实现利润，具体表现为：

（1）提高客户满意度。这是供应链管理与优化的最终目标，供应链管理和优化的一切方式方法，都是朝这个目标而努力的，这个目标同时也是企业赖以生存的根本。

（2）提高企业管理水平。供应链管理与优化的重要内容就是流程上的再造与设计，这对提高企业管理水平具有不可或缺的作用。同时，随着企业供应链流程的推进、实施和应用，企业管理的系统化和标准化将会有极大的改进，这些都有助于企业管理水平的提高。

（3）节约交易成本。结合电子商务整合供应链将大大降低供应链内各环节的交易成本，缩短交易时间。

（4）降低存货水平。通过扩展组织的边界，供应商能够随时掌握存货信息，组织生产，及时补充，因此企业已无必要维持较高的存货水平。

（5）降低采购成本，促进供应商管理。由于供应商能够方便地取得存货和采购信息，从事采购管理的人员等便可以从这种低价值的劳动中解脱出来，从事具有更高价值的工作。

（6）减少循环周期。通过供应链的自动化，预测的精确度将大幅度提高，这将使企业不仅能生产出需要的产品，而且能减少生产的时间，提高顾客满意度。

（7）收入和利润增加。通过组织边界的延伸，企业能履行合同、增加收入，以及维持进而增加市场份额。

（8）网络的扩张。供应链本身就代表着网络，一个企业建立了自己的供应链系

微课1-4

物流网络

统，本身就已经建立起了业务网络。

5.供应链管理的原则

（1）要根据不同群体的需求来划分市场面，以使供应链适应市场面的需求，并能够保证盈利。也就是说，要针对不同的市场需求群体，建立起相应的供应链系统。

（2）要按市场面进行物流网络的顾客化改造。由于市场上有不同的需求，因此就要对原来的整个网络尤其是物流系统进行重构，满足不同的顾客需求。

（3）根据市场的动态使整个供应链的需求计划成为一体。过去是各个企业做各自企业的计划，现在要求使整个供应链的需求计划能成为协调整个供应链的中心。

（4）产品多样化的最终构成尽量靠近用户，并且通过供应链实现快速响应。这就是延迟（Postponement）制造原则。过去从制造商那里出来的产品就是最终产品，用户多样化的需求迫使制造商不断增加花色品种。但是，如果是在制造商那里完成产品的多样化，再多能多到哪儿去？例如，美国一家涂料制造商的涂料在厂里生产、配色、分装完毕，然后送到分销商那里去零售。其为了满足客户需求开发了很多产品，但是后来发现，即使产品再多，还是有很多用户走到商店里转一圈就摇摇头出去了。为什么？因为还是找不到自己所希望的那种个性化的色彩。如果为了满足个性化用户的需求，制造商再生产一种新的产品，又会导致新的矛盾，因为除了这个用户之外就没有人喜欢这种产品了，多余的产品就形成了库存。供应链思想中的延迟制造原则，就是把产成品的形成尽量向用户端延伸。还是那个制造商，它和分销商合作，制造商只生产几种辅料和配料，然后大桶包装运到下游分销商，由分销商和零售商根据用户的需求随时配色，随时包装。制造商减少了品种、增大了批量、降低了库存，分销商得到了增值服务的利益，双方都受益。这就是供应链管理上的延迟制造。

（5）对供应链资源实施战略性的管理，减少物流和服务的成本比重。

（6）对整个供应链系统的信息支持平台实施整体开发战略，而不是从一个企业的角度建立信息系统，这是为了支持各个企业的多层次、分布式群体性决策，使企业能够清楚地了解整个供应链产品流、服务流和信息流的状态。

（7）有效的供应链绩效度量方法。这是一个难题，因为现在没有一套对整个供应链的绩效进行测度的非常有效的指标体系。把过去对单个企业的绩效评价指标用来衡量整个供应链，还是有差距的。

三、供应链管理的层次

供应链管理涵盖了企业的物流、信息流、资金流等众多方面。根据作出决策的频率和决策的影响时间，我们可以将供应链管理分为三个层次：供应链战略、供应链计划、供应链实施。

1.战略层次

供应链战略处理的是对公司有着长远影响的决策，通常与公司总体战略决策紧密联系，所以企业管理者应从公司总体设计的角度来构造供应链并指导供应链管理。

2.计划层次

供应链计划包括采购计划、生产计划、库存计划、运输计划等，涵盖从几周到几个月的供应链决策。

3.实施层次

供应链实施是指企业日常的供应链决策，如生产时序管理、车队管理和装卸货管理等。

拓展阅读1-3

智慧供应链

智慧供应链是一种将现代信息技术与供应链管理理论、方法和技术有机融合的综合集成系统。它以市场和消费者需求为导向，围绕“人、货、场”核心，依托大数据、人工智能等技术驱动，实现对选品、定价、库存、销售、物流、配送等环节的精准化管控，形成智能决策、智能运营和智能营销，最终达到成本、效益和用户体验的优化。

与传统供应链相比，智慧供应链具有明显的优势。在数字化程度上，智慧供应链依托物联网、AI、5G、区块链、机器人等数字科技赋能供应链，有效解决传统供应链数据不能开放和共享等问题，旨在对客户需求全过程精准分析和有效管理，并快速主动响应市场变化。在协同程度上，传统供应链协同程度不高，各环节相对独立，跨层级、跨企业、跨部门、跨系统的资源整合能力弱；而智慧供应链注重各环节之间的顺畅对接、密切协作和主动配合，从而实现多方互惠互利。在运作模式上，传统供应链以推式供应链为主，被动接受市场需求，库存周转率较高，容易产生滞销；智慧供应链以拉式供应链为主，主动响应用户需求，及时应对市场变化。

智慧供应链中常见的关键技术有：

1.物联网技术

物联网技术通过传感技术手段，如RFID、EPC等射频技术，自动识别并记录供应链各流程的信息，促进物流供应链的可视化。

2.大数据技术

大数据在智慧供应链中扮演中枢角色，用于采购管理、生产计划、运输流程优化、质检等环节的数据采集、整理分析和决策支持。

3.人工智能技术

AI能自动化完成供应链中的重复性任务，如物流调度、库存管理、需求预测等，提升供应链效率并优化决策过程。

4.数字孪生技术

该技术以物理实体数据为依托，构建虚拟空间映射模型，实现对货物运输过程的全程监控和实时反馈机制，提升物流供应链的可靠性和效率。

5.自动化技术

在仓储、物流等环节，通过自动化设备系统实现作业效率的提升和成本降低，是智慧供应链不可或缺的技术之一。

6.可视化技术

通过技术设备将产品以图片、视频等形式呈现，实现对产品的视觉控制，增强供应链的透明度和可控性。

7.感知技术

利用技术设备对产品进行智能感知，如面部识别、条码识别等，用于质量控制和货物识别，提升供应链的智能化水平。

资料来源 之江实验室. 探路智慧物流［M］. 北京：中国科学技术出版社，2022.引文经节选、压缩及改编。

四、供应链管理的内容

我们将供应链管理的内容分为两大部分：供应链战略规划和供应链运作实施。具体包含内容如下：

1.供应链战略规划

（1）供应链战略管理。供应链战略就是从企业战略的高度来对供应链进行全局性规划，它确定原材料的获取和运输，产品的制造或服务的提供，以及产品配送和售后服务的方式与特点。供应链战略突破了一般战略规划仅仅关注企业本身的局限，通过在整个供应链上进行规划，进而实现为企业获取竞争优势的目的。供应链战略管理所关注的重点不是企业向顾客提供的产品或服务本身给企业增加的竞争优势，而是产品或服务在企业内部和整个供应链中运动的流程所创造的市场价值给企业增加的竞争优势。

有效性供应链战略是指能够以最低成本将原材料转化为零部件、半成品、成品，以及降低供应链中的运输成本等的供应链战略。由于功能性产品的需求可以预测，生产该类产品的企业可以采取各种措施降低成本，在低成本的前提下妥善安排订单、完成生产和产品交付，使供应链存货最小化和生产效率最大化。因此，生产功能性产品的企业应该采用有效性供应链战略。反应性供应链战略是强调快速对需求作出反应的供应链战略，所对应的产品是创新性产品。这是因为创新性产品所面临的市场是非常不确定的，产品的生命周期也比较短，企业面临的重要问题是快速把握需求的变化并能够及时对变化作出有效反应。

（2）供应链组织管理。

① 供应链战略规划和建设。企业应具备一种理念或愿望来凝聚员工、激励员工，使员工真正把规划目标作为自己的目标。不断学习与创造，并通过参与制定战略规划，对组织产生归属感，进一步增强企业的凝聚力。

② 供应链制度化建设。加强和注重相关的企业制度化建设，建立有效的激励制度和健全的管理制度。激励制度包括企业的产权制度和与此相应的分配制度，它决定财富分配的原则，管理制度包括企业战略、运行、人力、财务等管理制度体系。

③ 供应链组织管理中的团队建设。通过团队协作使各个原本分散的个人和具有不同能力、不同个性的人结合起来，携手作战，组织成一个有共同目标、相互协调的整体。

④ 供应链组织管理中的人力资源管理。通过提高人力资源管理在组织管理中的战略地位，改变企业员工的行为，开发企业员工个体潜能和整体潜能，提升核心竞争力，实现供应链整体战略目标。

⑤ 供应链企业的文化建设。企业经营者需要卓有成效地调动广大员工为企业的生产与发展而团结奋战，营造与企业荣辱与共、同甘共苦的文化氛围。

（3）供应链物流网络规划。供应链网络构建是指对供应链中产品、信息等流动的结构进行科学合理的规划、设计、建设，包括节点布局、运输线路设计、容量配置等。其中，进行科学合理的前期规划与设计是供应链网络设计的重要基础，也是供应链网络高效运营的重要保证。我国目前物流基础设施应用效率不高、资源浪费严重等现象的一个重要原因就是在施工建设前未能进行科学的规划与设计，造成供给与需求脱节，最终导致社会资源的极大浪费。

① 物流网络设计。物流网络设计是供应链网络设计的基础，也是最为重要的内容，是实现货物快速、高效时空转移的前提。物流网络设计主要包括物流节点设计（包括节点数量的确定、位置的选择、容量的规划、服务市场分配等）和物流线路的设计（主要包括运输网络类型的确定、运输方式的选择、运输线路的优化等）。

② 信息网络设计。现代企业与传统企业的一个重要区别就是信息技术的广泛应用，其已经成为供应链成员之间进行沟通和协调的基本手段，是供应链网络有效运行的重要保障。供应链信息网络的设计主要包括网络技术的选择、设施设备的配置、不同成员企业间沟通协议的确定等内容。

③ 关系网络设计。关系网络设计即供应链组织网络设计，也就是供应链整个结构中上下游企业间相互协调的机制与制度、相互间关系的管理、不同企业在供应链中的角色确定等，以及企业（尤其是核心企业）在供应链环境下进行的组织结构设计等。

（4）供应链运作计划。供应链运作计划是指根据既定的供应链计划作出具体的实现客户订单的有关决策，其目的是以尽可能好的方式实施供应链战术计划。在这一阶段，公司分派订单给库存或生产部门，设定订单完成日期，生成仓库提货清单，指定订单交付模式，设定交货时间表及发出补货订单。由于供应链运作是短期决策，通常具有更小的需求不确定性，因此，运作决策的目的就是要利用这种不确定因素的减少，在供应链配置和计划政策的约束下取得最优性能。

供应链运作计划之所以重要，是因为有才能的人力资源的供应总是短缺的，这种短缺在将来会更加突出。供应链运作计划通常是短期的，详细的运作计划一般不超过1年。在战略计划制订以后，运作计划就用来指导日常的工作。

（5）供应链成本及绩效管理。供应链绩效是指供应链的整体运作效率，供应链绩效管理是对供应链业务流程的动态评价。一般来说，可以用两个特性指标来衡量：一是从质量、成本、服务、可靠性、订货提前期等方面来评价其性能；二是这个过程是如何对需求的变化和对没有预见到的供应链中断事件作出反应的。

2.供应链运作实施

（1）供应链信息管理。供应链信息管理就是要通过供应链中的信息系统，实现供应链的数据处理、信息处理、知识处理，使数据向信息转化、信息向知识转化，最后形成企业价值。

（2）供应链库存管理。供应链库存管理是指将库存管理置于供应链之中，以降低库存成本和提高企业市场反应能力为目的，从点到链、从链到面的库存管理方法。

供应链库存管理的特点：供应链库存管理的目标服从于整条供应链的目标，通过对整条供应链上的库存进行计划、组织、控制和协调，将各阶段库存控制在最小限度内，从而削减库存管理成本，减少资源闲置与浪费，使供应链上的整体库存成本降至最低。与传统库存管理相比，供应链库存管理不再是作为维持生产和销售的措施，而是作为一种供应链的平衡机制。通过供应链管理，消除企业管理中的薄弱环节，实现供应链的总体平衡。其特点主要表现为：

① 管理集成化。供应链管理将供应链上的所有节点看成一个有机的整体，以供应链流程为基础，物流、信息流、价值流、资金流、工作流贯穿供应链的全过程。因此，供应链管理是一种集成化管理。

② 资源范围扩大。在传统库存管理模式下，管理者只需要考虑企业内部资源的有效利用。导入供应链管理模式后，企业资源管理的范围扩大，要求管理者将整条供应链上各节点企业的资源全部纳入考虑范围，使供应链上的资源得到最佳利用。

③ 企业间关系伙伴化。供应链管理以最终客户为中心，将客户服务、客户满意与客户成功作为管理的出发点，并贯穿于供应链管理的全过程。由于企业主动关注整条供应链的管理，供应链上各成员企业间的伙伴关系得到加强，企业间由原先的竞争关系转变为“双赢”关系。供应链的形成使供应链上各企业间建立起战略合作关系，通过对市场的快速反应，共同致力于供应链总体库存的降低。因此，库存管理不再是保证企业正常生产经营的措施，而是使供应链管理平衡的机制。

（3）供应链关系管理。为使供应链中的企业能获得最大效益，需要在供应链上不同主体之间确定其供应链关系类型，有效地进行各种供应链关系管理。

① 供应商关系管理（Supplier Relationship Management，SRM）。供应商关系管理是一种以“扩展协议互助的伙伴关系、共同开拓和扩大市场份额、实现双赢”为导向的企业资源获取的系统工程。同时它又是以多种信息技术为支持和手段的一套先进的管理软件和技术。

② 客户关系管理（Customer Relationship Management，CRM）。客户关系管理是指企业在市场销售、推广、服务等一切与客户接触的过程中系统地、科学地收集、处理、传播及利用一切相关信息，了解客户需要，吸引客户，服务客户，形成以客户为中心的企业业务流程自动化并使之得以重组，从而更有效地提高客户满意度，增加客户忠诚度，提高企业效率，扩大市场份额，实现企业获利的最终目标。

③ 渠道关系管理。渠道关系是指一条渠道各成员之间的交往状态和合作深度，它强调的是组织与组织之间的关系（Inter-Organizational Relationship），而非组织内的关系（Intra-Organizational Relationship）。

小案例1-2

智慧供应链的应用案例

柯尔柏（Körber）是一家致力于提供全面供应链解决方案的国际公司，以其深厚的数字技术背景闻名。面对日益复杂的供应链挑战，柯尔柏推出了全新的软件解决方案，旨在帮助全球企业在巨大的供应链压力下实现仓库的数字化和自动化转型。柯尔柏供应链软件公司的首席技术官Sean Elliott指出，虽然数字化已成为大多数供应链管理者的关键战略，但许多企业在实际推进过程中遇到了障碍。柯尔柏通过持续的技术创新，力求为全球客户创造更多的价值。随着电子商务的迅猛发展和经济全球化的趋势，企业面临的供应链挑战愈发严峻。消费者期望不断提高、劳动力短缺以及对可持续性的需求增加，都对供应链管理提出了更高的要求。柯尔柏在2022年进一步推进其解决方案，以应对这些挑战。

解决方案如下：

1.云计算

作为Körber One平台战略的一部分，柯尔柏将继续推进其解决方案向云端迁移，旨在提升效率、可靠性和安全性。这包括：

（1）K.Motion仓库管理系统（WMS）：通过云端部署，提供更加灵活和可扩展的仓库管理体验。

（2）K.Sight CLASS：用于仓库建模和仿真的工具，帮助用户更好地理解和优化仓库布局。

（3）K.Motion Essentials：一系列扩展模块，增强数据分析能力和仓库可视性。

2.统一控制系统（UCS）

柯尔柏通过统一控制系统来整合和控制不同的工作模式，包括固定自动化、语音系统和第三方自动移动机器人（AMR）系统。UCS的推出将简化操作流程，提高工作效率。

3.基于运营的K.Sight CLASS

新功能将日常操作数据与WMS系统相连，提供实时的业务健康状况视图，帮助管理层作出更加明智的决策。这一工具能够帮助企业有效应对供应链中断、电商增长带来的挑战，并提升客户满意度。

柯尔柏的解决方案与众不同之处在于其“无与伦比的数字技术深度”。通过集成云计算、统一控制系统和增强的数据分析能力，柯尔柏不仅解决了当前供应链面临的难题，还为未来可能出现的新挑战做好了准备。通过柯尔柏的数字化转型方案，企业能够实现仓库管理的自动化和智能化，提高运营效率，减少人为错误，同时还能更好地适应市场变化。

资料来源　佚名. 柯尔柏：以无与伦比的数字技术深度，改革克服供应链难题［EB/OL］.［2022-03-21］. https：//tech.china.com/article/20220321/032022_1034480.html. 引文经节选、压缩及改编。

【任务实施】

1.准备工作

（1）收集现有供应链管理的相关资料，包括流程图、岗位职责说明等。

（2）对现有的供应链管理进行现状分析，识别存在的问题。

（3）调研同行业最佳实践，借鉴成功经验。

（4）确定项目团队成员及其职责。

（5）准备必要的信息技术工具和支持。

2.实施步骤

随堂测 1-2

1+X证书

（1）明确供应链战略定位，确定企业在供应链中的角色和竞争优势。

（2）设计供应链管理组织架构，选择集中式或分散式管理模型。

（3）制订供应链流程优化方案，包括消除不必要的环节、标准化和自动化工作。

（4）构建跨部门协作机制，确保信息畅通无阻。

拓展阅读 1-4

逆向供应链管理

逆向供应链是指为了从客户手中回收使用过的产品所必需的一系列活动，其目的是对回收品进行处置或者再利用。David Simchi-Levi 等对逆向供应链的定义为：从消费者手中回收产品并对回收的产品进行丢弃或再利用的一系列活动。在有些场合下，迫于环保或消费者的压力，公司不得不设立逆向供应链（如回收旧轮胎）。在另外一些场合下，有些公司则主动采取相关措施，将逆向供应链作为业务创新、降低运营成本的大好机会。

逆向供应链由五个关键部分构成：产品获得、逆向物流、检验和分类处理、再加工、分销和销售。逆向供应链不仅仅被动地受制于责任和法律，它也可以为企业创造价值。逆向供应链创造的价值主要体现在降低物料成本、增加企业效益，以及改善环境行为、塑造企业形象这两个方面。

传统模式下物料管理仅局限于企业内部物料，而忽视了企业外部废旧产品及物料的有效利用，造成大量可再用性资源的闲置和浪费。由于废旧产品的回购价格低、来源充足，对这些产品回购加工，可以大幅度降低企业的物料成本。为了改善企业的环境行为，提高企业在公众中的形象，许多企业纷纷采取逆向供应链。回收逆向物流是指将最终客户所持有废旧物品，或者不再需要的物品，或者一些用物流配送的专用器具（如托盘与集装箱等）回收到供应链上各节点企业的过程。

按物权对逆向供应链进行分类，主要有两类：

1.货权归零售商的备货形式逆向供应链

to B/to C 都需要解决上游异常时拦截返厂的需求，下游异常时补货赔偿或处理客诉的需求，以及解决自身作为零售主体尊重消费者权益的相关合理诉求；同时，逆向供应链还需要帮助零售商处理好选品、合理化批次补货/定期补货/随机补货的问题，缓解零售商库存压力和物流成本，进一步盘活现金流。

2.货权归厂家或经销商的逆向供应链

这种需要解决商家或厂家的送货批次及送货量，以及如何选品，差异化包装，差异化交付时效标准的优化，如何挽损及报废等问题，如果控制不好容易造成供应商商品损耗、增加合作成本及影响作业效率，甚至错失销售机会。

资料来源　霍建国，齐冠钧．大重构：全球产业链供应链变局［M］．北京：中信出版社，2022.引文经节选、压缩及改编。

任务三　掌握供应链管理组织类型

【岗位任务】

假设你是强盛集团的一名供应链经理，你的公司正面临市场竞争加剧、客户需求多样化等问题。你需要制订一套供应链管理方案，包括信息管理系统的设计、库存策略的调整、供应商关系的改善等方面，以提升公司的整体供应链效率。

要求：

（1）准备一份供应链管理方案报告，详细阐述上述各项工作的实施细节及预期效果。

（2）通过PPT演示文档或微视频等形式，向团队成员展示你的方案，并接受他们的提问与建议。

分析提示：本任务旨在分析供应链管理的发展历程及其对企业运作的影响，掌握供应链信息管理、库存管理和关系管理的核心方法，了解供应链运作计划的重要性及其实施步骤，最终，通过案例研究，理解供应链成本及绩效管理的实际应用。

【课堂知识】

一、供应链管理组织概述

供应链管理组织是指在满足一定的客户服务水平的条件下，为了使整个供应链系统成本达到最小，而把供应商、制造商、仓库、配送中心和渠道商等有效地组织在一起来进行产品制造、转运、分销及销售的管理机构。它不仅涉及对物流、信息流、资金流的控制，还包括对采购、外包、转化等过程的全部计划和管理活动以及全部物流管理活动。从本质来说，供应链管理组织是企业内部和企业之间的供给和需求管理的集成。

供应链管理组织的架构是一个复杂且不断变化的体系。传统企业的组织结构大多基于职能部门的专业化模式，实行按职能专业化处理企业业务流程的管理模式，存在多职能部门、多层次和严格的层级制度，在当今市场需求突变、经营模式发生变化的状况下，逐渐显现出不适应性。基于BPR（业务流程重组）的企业组织结构则打破了按职能设置部门的管理方式，以业务流程为中心重新设计企业管理过程。其内容包括企业是流程型组织，发挥流程经理的作用，职能部门也应存在，突出人力资源部门的重要性，以及发挥现代信息技术的支持作用。在供应链管理环境下，企业业务流程发生了变化。制造商与供应商之间的业务流程因借助互联网或EDI进行业务联系而省去了许多人工处理环节，企业内部业务流程也因信息技术的支持而可能改变工作顺序，支持业务流程的技术手段也因管理思想转变和信息技术应用而发生变化。

自20世纪90年代以来，信息技术迅猛发展，其速度已经远远超出了我们以往任何时候的想象。由于科学技术的不断进步和世界经济的不断发展，以及全球化信息网络和全球化市场的形成，围绕新产品的市场竞争也日益激烈。全球高速信息网络打破了企业间竞争与合作的地域限制，使所有的信息都极易获得，从而使越来越多的人在越来越短的时间内掌握最新技术。这种发展趋势在21世纪还会进一步加强。

1.供应链管理组织的特点

供应链管理是一种全新的管理思想方法。它的运作需要组织保障。新的组织发展，如网络组织、虚拟组织及学习型组织，为我们构建供应链管理的组织模式打下了良好的基础。

从整体上看，供应链管理组织呈现以下特点：

（1）精益化。精益化是主流趋势，是针对大规模生产型组织模式提出的，可以节约大量的人力、财力、物力，全面提高企业生产经营的效率和效益。精益化的核心在于精干。

（2）智能化。要具有极强的学习能力，能根据环境形势的要求不断扩大和更新原有“内存”，提高企业自身和整个供应链的生存竞争能力。

（3）敏捷化。它主要表现为企业具有敏锐的市场需求信息的捕捉力，并调动资源，以最快的速度满足市场需求的变化。具体表现为：组织结构更加灵活；组织调配资源的速度更加迅速。

（4）柔性化。组织柔性包括生产柔性、机器柔性、工艺柔性、人员柔性等。

2.供应链管理组织设计原则

（1）有效性原则。有效性原则是组织设计原则的核心，是衡量组织结构合理与否的基础。

（2）合理管理幅度原则。合理管理幅度原则是指一名管理者能够直接而有效管理其下属的可能人数和业务范围。

（3）职责与职权对等原则。职责与职权对等原则是指在一个组织中，管理者所拥有的权力应当与其所承担的责任相适应。

（4）协调原则。协调包括供应链管理组织各层次之间的纵向协调、供应链系统各职能要素之间和部门之间的横向协调。

（5）稳定性与适应性相结合原则。稳定性与适应性相结合原则是指组织结构及其形式既要有相对的稳定性，又要与环境相适应，随环境的重大变化而调整。

3.影响供应链组织结构选择的主要因素

很多可变因素能够独立或共同影响公司供应链组织的整体效率。有些因素来自公司，如公司自身的规模和结构、公司战略、物流的重要性和信息技术水平等。还有一些因素来自公司外部，如环境的不确定性和差异性问题。

（1）公司结构。物流职能结构必须与所支持的组织结构相一致。如果公司高度阶层化，物流组织结构也很可能如此。相反，一个分权化的、部门高度自治的公司，其物流活动也反映出同样的特点。例如，当公司通过组织再造和缩小规模改变其组织构成时，物流职能也必须适应这一改变。

（2）公司战略。不管公司战略的精确定义是什么，它对解释物流组织的结构和业绩间的关系都非常重要。例如，如果公司战略主要是成本导向型，一个围绕形式化和集权化的物流系统就会很有用。相反，如果公司采用“差异化战略”（也许是通过提供优质服务来实现），形式化和集权化会使顾客（或员工）疏远，这种损失会超过其成本优势。此时，一个分权化的、非正式的方式可能更有效。因此，公司战略会对物流产生某种影响，主要体现在存在于公司供应链上的公司间关系上。

（3）物流的重要性。物流活动对公司增值活动究竟有多大的重要性，也会反映在职能机构上。如果物流成本占公司总成本的很大比重，就有较多的物流决定因素，需要进行合理协调，将物流职能定位在接近高级管理层可能是确保合理协调的有效途径。相反，如果物流仅占公司增值活动的很小部分，设计满足其他需求（如顾客服务）的物流组织可能回报率更高。

（4）公司信息技术。公司经营程序得以很好地设计实施，信息技术起了很大作用。这个特点对于交易和信息集约化程度高的物流企业尤为重要。近年来信息技术容量呈几何增长，成本大幅度下降。持续进行的信息系统开发有利于不在物流部门内整合而是跨公司提供物流信息联系的组织。另外，迅速交换各种类型信息的能力不断增长，将进一步推动伙伴关系和供应链同盟的建立。实际上，一些公司已经发现其信息系统阻碍了它们利用市场机会的能力。例如，某些以特定国家经营为特点的欧洲公司已发现自身的许多商业体系和信息技术都不能适应被越来越多富有远见的公司采用的、更加泛欧洲的经营方式。整合当地完全不同的体系以达到高效率是相当困难的。

（5）环境的不确定性。环境的不确定性指结果的不可预测程度，对其测度必须掌握两个重要方面。第一是决策者对相关群体如竞争对手、供应商和顾客的行为和预期的能力。第二是这些行为和预期的范围。两者都会影响物流组织结构和公司内部关系。例如，德国大众（Volkswagen）原来是德国的一个小汽车制造商，现年产汽车400万辆，销售额80亿欧元。公司在20世纪70—80年代度过了效率和利润的危机期，那时海外竞争者凭借高度多样化的产品打入了该公司的传统市场，它们为顾客提供的产品具有更好的性价比。现在，该公司分为四个品牌（Volkswagen、Audi、Seat和Skoda）和一个商用汽车制造部，产品多样化，并在许多国家投资建厂。该公司的目标为：达到足以与任何制造商竞争的服务、成本和质量水平，在此基础上创建“顾客积极性”。物流帮助公司实现了以下目标：交货可靠度从1955年的50%多一点上升到1997年的85%，订单处理时间从平均6周下降到2周，成本大幅度下降。

管理层的梦想是将该公司发展成一个“呼吸的公司”，即生产由市场行为决定，与顾客需求共呼吸。这就需要一个非常灵活的工作组织、一个紧密整合协作的计划程序和一个新的实时订单处理系统。德国大众目前的物流组织是矩阵结构，即公司物流部门、生产计划部门，以及持续技术改进项目部门，其在各部门之间联系着物流职能。

（6）环境的差异性。环境的差异性指公司环境（如政府、市场、顾客和供应商等）的复杂程度。这种差异性可以反映在围绕组织的不同组成群体上（如最重要的顾客群）。另外，差异性可能或高或低，这取决于公司销售的不同产品或服务的数量或者公司经营的范围。如果环境差异性较低（即更加同质化），集权化组织更可能运用政策和标准程序等手段来激励公司。相反，如果差异性较高，必须更加灵活地作出决策，分权化物流组织结构能够更自然和更容易地完成。物流组织结构和其支持公司任务的能力之间的关系多元化而又复杂。许多因素影响着物流体系运营，可变因素发生变化会导致物流职能改变。因此，今年还是一个高度有效的物流组织也许明年就过时了。管理层的任务是了解公司内部及外部环境的改变，并按要求调整物流组织结构，不断为最终顾客增加价值。

密歇根州立大学的研究人员曾做过一项研究，表明规模是物流组织结构的一个非常重要的决定性因素。公司规模过大会出现下列问题：

① 管理跨度越大，物流职能的层次越多。

② 决策的制定越来越分权化，尤其是在顾客交货日期和仓库内成品数量方面。

③ 越来越有可能要求一个书面的物流任务和战略计划。

④ 机制整合倾向愈发明晰，并越来越倾向于物流战略的努力。

⑤ 拥有更多专家。

微课 1–5

采购管理组织设计

物流经理们应明白他们应在公司成长时熟练进行稳定的物流组织改组，实际上，如果由于合并、兼并和战略联盟而使公司规模剧烈扩大，对整个物流组织进行改组也是必要的。

二、供应链组织管理设计原理

供应链组织管理的设计是一个复杂且综合性的任务，旨在建立一个高效、协调和灵活的体系，以实现供应链的优化运作。从本质上讲，供应链组织管理设计是将企业内部和外部的各种资源、流程和活动进行整合和协调，以满足客户需求并实现企业的战略目标。它涵盖了从供应商到最终客户的整个价值传递过程，包括采购、生产、物流、销售等各个环节。

在设计过程中，需要考虑多个关键因素。首先，要明确供应链的战略定位，即确定企业在供应链中的角色和竞争优势。例如，企业是追求成本领先还是注重产品差异化。其次，要对供应链的流程进行深入分析和优化，消除不必要的环节和浪费，提高效率和响应速度。最后，要建立有效的沟通和协调机制，确保不同部门和环节之间能够顺畅地交流和协作。

此外，还需要考虑组织的结构和职责划分。是采用集中式管理还是分散式管理，或者是两者相结合的模式，取决于企业的规模、业务特点和管理风格。同时，要明确各个部门和岗位在供应链管理中的职责和权限，避免职责不清导致的效率低下和决策延误。

在技术层面，要充分利用现代信息技术，如大数据、人工智能、物联网等，实现供应链的可视化、智能化和自动化管理。通过实时获取和分析供应链数据，能够及时发现问题并作出准确的决策。

在物流企业的实践中，可应用的原理有很多，每一种专业活动都有它的特点。本节仅论述具有共性的基本原理。

1.物流企业管理的二重性

物流企业的经营管理，同其他企业的经营管理一样，是在一定的生产力水平下和一定的生产关系中进行的共同劳动，它既反映了共同劳动的客观要求和生产力性质，又关系到企业所有者、经营者和劳动者的利益要求，反映一定生产关系的性质，因而具有二重性。所谓二重性，就是指物流企业的经营管理，一方面同流通生产力相联系，表现为劳动者同一定的物质技术条件相结合，为组织社会商品流通进行共同劳动，由此产生的自然属性；另一方面同商品流通中一定的生产关系相联系，表现为企业内部人与人之间、部门与部门之间、企业与其他企业之间、企业与国家之间的经济关系及由此产生的社会属性。

2.全面计划管理

物流企业的全面计划管理是一项综合性的全面管理工作，它是通过计划把企业的各项工作全面地组织和协调起来。具体地讲，全面计划管理是在国家计划指导下，根据国家对企业的要求和市场的需求，在科学地调查、预测、决策的基础上通过系统分析、精确计算和综合平衡，为企业制订生产经营的长短期计划，并细分到各个部门、各个环节和每个人，用计划来指导企业生产经营的全部活动，并把它纳入计划轨道，组织与动员全体员工更有效地保证计划的实现，以提高物流企业的经济效益。物流企业全面计划管理的内容包括许多方面，其中基本的是商品共同调查、产需预测与经营决策、计划体系与计划指标体系的确立、制订计划的主要方法、计划管理的基础工作等五大方面。

3.目标管理

目标管理是指围绕确定目标和实现目标而开展一系列的管理活动，是企业运用“激励理论”和系统工程原理，充分调动和依靠全体职工的积极性和智慧，对确定和实现企业目标的计划、实施、检查和处理四个阶段的全部活动的管理。企业进行目标管理的过程，是一个围绕着确定目标和实现目标进行管理活动的系统过程，这个过程大致可以概括为一个中心、四个环节、八项工作。

（1）一个中心就是以目标为中心，统筹安排和考虑系统的全部工作。为此必须通过目标管理教育，加强目标意识和全局观念，将全体职工拧成一股绳，通力协作，以保证目标的顺利实现。

（2）四个环节是指目标制定、目标展开、目标实施和目标考评。其中，目标制定、目标展开是计划阶段的两个环节。目标展开是为了建立目标体系，使目标成为上下左右关联的网络（目标系统），以利于进行系统整体管理。对于目标实施结果的考评，主要是在企业的决策层进行。

（3）八项工作包括：

① 制定目标。内容包括：决策论证提出目标、选定主体确定目标领域、进行科学分析和确定目标值。

② 进行目标展开。围绕物流企业的总目标，其内部各层级都要设置自己的目标，即物流企业目标确定之后，还需设置部门目标、单位目标或个体目标。各级工作目标都是整体目标的一个组成部分，由若干个部门目标支持总目标，由数个单位目标或个体目标来支撑部门目标。这样，目标与目标间左右关联，上下一贯，彼此呼应，融会成为一个有机的整体，形成一个以物流企业整体目标为中心的目标网。

③ 制定保证物流企业目标实现的措施，亦称保证措施。在目标展开的过程中，各基层都要制定措施，形成保证总目标实现的措施体系。

④ 在实施过程中进行目标追踪，不断优化措施。

⑤ 对目标实施结果进行定期考核与评价。

⑥ 进行定期与不定期的目标管理诊断。

⑦ 制定激励措施以及对激励效果进行评价。

⑧ 总结提高。

4.全面质量管理

全面质量管理是企业为保证最经济地生产客户满意的产品而做的全部组织管理工作。全面质量管理的特点是全面性和科学性相结合。其全面性体现在对全面质量、全过程和全员的管理，其科学性体现在以科学的思想为指导，综合而灵活地运用科学方法。

全面质量管理的基本方法可以概括为一个过程、四个阶段、八个步骤。

（1）一个过程。企业管理是一个过程，企业在不同时间应完成不同工作任务。企业的每项生产经营活动，都有一个产生、形成、实施和验证的过程。

（2）四个阶段。根据管理是一个过程的理论，美国戴明博士把它运用到质量管理中来，总结出“计划（Plan）—执行（Do）—检查（Check）—处理（Action）”四个阶段的循环方式，简称PDCA循环，又称“戴明循环”。

（3）八个步骤。为了改进质量，PDCA循环中的四个阶段还可以具体分为八个步骤：①分析现状，找出存在的质量问题；②分析产生质量问题的各种原因及影响因素；③找出影响质量的主要因素；④针对影响质量的主要因素，提出计划，制定措施；⑤执行计划，落实措施；⑥检查计划的实施情况；⑦总结经验，巩固成绩，工作结果标准化；⑧提出尚未解决的问题，转入下一循环。

三、设计供应链组织需要考虑的因素

供应链管理组织的设计是一个复杂的过程，需要考虑公司的业务模式、行业特点、市场环境以及技术条件等因素。一个好的供应链管理组织结构应该能够支持企业战略目标的实现，同时提高运营效率，降低成本，并提升客户满意度。以下是设计供应链管理组织时需要考虑的一些关键要素：

1.明确的战略方向

首先，需要明确供应链战略如何支持整体企业战略。这涉及理解市场需求、竞争优势、成本结构等因素。

2.组织架构

集中式或分散式：根据企业的规模和复杂性，可以选择集中式的供应链管理团队或是分散于各个业务单元中的供应链团队。

跨职能团队：鼓励不同职能部门之间的协作，比如销售、生产、财务和IT等部门之间建立紧密的合作关系。

3.流程优化

端到端流程管理：确保从供应商到客户的每一个环节都有清晰的流程定义和责任人。

标准化与自动化：采用标准化作业程序并尽可能实现自动化，以提高效率和减少错误。

4.技术支持

信息系统集成：使用先进的信息技术，如ERP（企业资源计划）、SCM（供应链管理）软件、云计算、大数据分析等，来整合信息流，增强决策支持。

实时数据共享：确保供应链上下游伙伴之间可以快速准确地共享信息。

5.人才培养与发展

专业培训：为供应链团队成员提供持续的专业知识培训和发展机会。

多元化技能：鼓励团队成员掌握多种技能，以适应不断变化的工作要求。

6.合作伙伴关系

供应商管理：与关键供应商建立稳定的合作关系，共同寻求创新解决方案。

客户互动：加强与客户的沟通，收集反馈，快速响应市场变化。

7.风险管理

连续性计划：制订应急计划，以应对供应链中断的情况。

合规性监控：确保供应链运作符合法律法规的要求。

8.持续改进

绩效评估：定期评估供应链管理的绩效，识别改进的机会。

变革管理：对于发现的问题或改进点，采取行动进行调整，并管理好相关的变革过程。

设计供应链管理组织是一个动态的过程，需要不断地根据内外部环境的变化进行调整。成功的供应链管理不仅能够帮助企业更好地响应市场需求，还能增强其在全球竞争中的地位。

小案例1–3

深圳市朗华供应链服务有限公司供应链管理模式创新

朗华集团成立于2006年，注册资金1亿元人民币，是一家专注于供应链管理服务的综合性企业，致力于为中国创造和工业4.0计划提供支持。朗华在全球范围内拥有广泛的业务布局，服务范围覆盖中国主要城市及北美、南美、南亚、非洲等地。朗华以其在设备、手机等市场中的领先地位，持续多年保持行业领先，同时也在供应链金融方面取得了显著成绩。

在经济全球化背景下，供应链管理的重要性日益凸显。企业倾向于将非核心业务外包给专业服务商，以集中精力发展核心竞争力。朗华集团通过整合供应链资源，提供定制化的供应链管理解决方案，帮助客户降低运营成本、提高市场响应速度，并通过供应链金融手段解决融资难题。

朗华集团通过“供应链+”模式，构建了五大平台：供应链服务平台、外贸综合服务平台、民营金控平台、跨境电子商务平台、智慧物流园区。

1.虚拟生产层面

朗华通过管理整合代工厂商，优化仓储和运输资源，利用大数据和技术手段，推动传统制造业转型升级。

2.订单执行服务

朗华专注于提升流通领域的效率，通过整合资源提供全球采购与分销服务，利用可视化技术监控库存，确保供应链的高效运转。

3.智能物流层面

朗华通过优化物流活动，降低供应链成本，提高交易效率，利用智能物流平台整合资源，提升服务质量。

4.融资服务层面

朗华通过供应链与金融链的深度融合，提供融资服务，解决企业资金缺口，提高资金使用效率。

5.信息大数据层面

朗华利用大数据分析，打通供应链信息流，实现信息共享，提升供应链的整体运作效率。

朗华的创新之处在于其“一站式”供应链管理服务模式，不仅提供传统服务，还包括融资租赁等增值服务。朗华还积极利用新技术推动服务贸易模式创新，建立服务贸易统计体系，并通过平台化运营实现供应链的全局优化。对于物流、仓储等行业而言，朗华的模式有助于科学管理、高效调配资源。对于产业链上下游企业来说，朗华的平台联动模式能够促进产业间的协同发展，形成良性循环的经济生态圈。

资料来源　深圳市朗华供应链服务有限公司. 朗华供应链管理模式创新［EB/OL］.［2024-11-09］. http://www.chinawuliu.com.cn/xsyj/201611/09/316754.shtml.引文经节选、压缩及改编。

四、供应链组织管理创新

供应链组织管理创新主要体现在三个方面。

1.以过程为导向的组织管理创新

供应链组织正努力改变功能集合，积极开展以过程为导向的管理创新。21世纪组织的概念被设想为由三个因素组成：

（1）个性化的工作环境——以产生最大的绩效。

（2）管理艺术——管理创造价值。

（3）迅速准确的信息——实现组织一体化。

供应链将物流作为过程来管理的目的在于：所有的努力必须集中于服务（产品）增值，保障成本最低、产出最大、效率最高。

2.以战略为导向的组织管理创新

以战略管理为导向，要求物流组织从面向企业内部关系发展到面向企业同供货商以及用户的业务关系上。同时，需要把所有连接供需市场的活动作为相互联系的系统来看待，重点是从功能定位转向价值增值服务市场。以战略为导向的组织管理创新将分销市场、制造过程和采购活动联系起来，以实现服务的高水平、低成本，赢得竞争优势。

3.以虚拟为导向的组织管理创新

所谓“虚拟”，实质是不固定的和灵活的形式，将可以在一起工作的组织或成员组合起来，使它们所具有的单个核心能力结合在一起，以对物流服务供给者的未来产生重大的影响。这种可灵活处理的物流能力的理念在于，使用者可以在需要时立刻获得，然后在不再需要时随即抛弃。

在现代商品经济中，由于商品流通规模不断扩大，速度不断加快，市场瞬息万变，任何企业要想把商流、物流、信息流集于一身，不依靠社会日益细化的分工，不仅不可能搞好商品流通，甚至会使自己的经营完全失败。适应现代生产的发展，物流活动专业化、社会化的要求日趋明显，其表现之一是物流管理专门化。在企业经营管理中，物流活动成为专门职能之一，不仅企业内部设立专门统管物流的物流科、物流部，而且出现了独立于企业之外的实行社会化经营的物流子公司。表现之二是物流职能专业化。许多商品在工厂完成工艺之后，或在市场上成交之后，由包装公司派人包装、装卸企业派人装卸、运输公司组织运输、仓储企业组织储存等。

小案例1-4

宝象物流供应链创新与应用规划、实施及成效

云南宝象物流集团作为昆钢旗下的全资子公司，自2009年成立以来，积累了丰富的基础物流条件和优势，发展成为全国5A级物流企业、国家供应链创新与应用试点企业。宝象物流不仅具备强大的物流服务能力，还在大宗贸易、城市配送等领域实现了业务的拓展。以下总结了宝象物流在供应链服务能力和水平提升方面的主要做法及成效。

宝象物流的智慧供应链体系由天网和地网两部分组成。天网依托宝象的线上平台，通过物流连接供应链各场景，以物流带动供应链贸易，并通过云平台增加供应链上下游用户黏性。地网则依托宝象的园区网络布局，以昆明为中心，辐射云南全省及周边地区，建设面向南亚、东南亚的物流大通道。通过智慧物流赋能，宝象物流实现了供应链生态圈的构建。

自2015年起，宝象物流开始搭建智慧供应链云平台，结合线下物流网络资源，提供多样化的供应链服务。该平台以“敏捷、精准、可定制”为定位，以用户为核心，提供涵盖大宗交易、运输配送、仓储服务、供应链金融等多个领域的全链条式服务。平台内设九大功能模块，包括宝运、宝视、宝商、宝融、宝信、宝仓、宝销、宝园和宝通，分别对应不同的供应链应用场景。

宝象物流依托昆钢钢铁产业链的优势，为昆钢提供了从采购到销售的全链条一体化服务，推动昆钢钢铁产业供应链内循环。同时，宝象物流还将服务向外延伸，服务于多家知名企业和跨国公司，提供包括矿石供应链、橡胶跨境供应链等服务，构建了供应链生态圈。宝象物流的供应链创新实践获得了认可。通过供应链的创新，极大提升了昆钢的产业基本能力，形成了完整的钢铁产业链生态体系。宝象物流在转型升级过程中形成了从物流、运输、仓储到采购、销售、金融及配套增值的全链条一体化供应链服务模式。

资料来源　中物联采购与供应链管理专委会. 云南宝象物流周洁在线分享宝象智慧供应链实践经验［EB/OL］.［2024-08-09］. http：//www.chinawuliu.com.cn/zixun/202008/09/519561.shtml.引文经节选、压缩及改编。

【任务实施】

1.准备工作

（1）研究供应链管理的历史沿革，理解供应链管理的重要性。

（2）深入学习供应链管理的关键要素，如信息流、物流、资金流的管理方法。

（3）了解公司现有的供应链状况，包括信息处理能力、库存水平、与供应商及客户的关系等。

（4）分析行业内外优秀供应链管理案例，提炼成功经验。

2.实施步骤

（1）供应链信息管理。设计并实施一个高效的供应链信息系统，确保数据能够准确快速地在供应链各环节之间流通。采用先进的信息技术，如ERP系统，来提升信息处理的效率与准确性。

（2）供应链库存管理。根据市场需求预测，制定合理的库存策略，减少不必要的库存积压。应用供应链库存管理方法，如VMI（供应商管理库存）或JIT（准时制生产），来降低库存成本，提高市场响应速度。

（3）供应链关系管理：加强与供应商的合作关系，通过SRM（供应商关系管理）系统实现双方共赢；提升客户服务体验，借助CRM（客户关系管理）系统深入了解客户需求，提高客户满意度；优化渠道管理，建立稳固的渠道合作关系，提高市场覆盖率。

（4）供应链运作计划。制订详细的供应链运作计划，确保在供应链战术计划指导下高效执行。具体包括订单处理、生产调度、物流配送等方面的细致规划。

随堂测 1-3

1+X证书

（5）供应链成本及绩效管理。设置供应链绩效指标，如成本控制、服务质量、交货速度等，定期评估供应链表现。寻找降低成本的方法，同时保持供应链的灵活性，以快速应对市场需求变化。

拓展阅读 1-5

虚拟供应链

虚拟供应链是一种现代的企业合作模式，最早在1998年由英国桑德兰大学电子商务中心在一个名为“供应点”（Supplypoint）的研究项目中被提出。它可以被看作合作伙伴基于专门的信息服务中心提供的技术支持和服务而组建的动态供应链。虚拟供应链的结构一般是一种网状结构，其体系结构是以VSC信息服务中心的服务系统作为支撑，包括客户、供应商、制造商、承运商、分销商、零售商和其他合作伙伴等参与者。它具备如下特点：

1.动态性

虚拟供应链是动态的，其存在时间长短取决于市场对产品的需求是否依然存在。它由临时的组织和临时的资源和员工组成，能够根据市场需求的变化快速调整和重组。

2.临时性

虚拟供应链通常是为了满足特定的、暂时的需求而组建，并非长期稳定的结构。例如，邮购店铺在处理某一订货时，运输商可能会负责电话联络、订单处理和送货，而邮购店铺不亲自参与，此时邮购店铺就成为一个虚拟外壳。

3.信息化依赖

虚拟供应链必须依靠信息在企业内和企业间迅速的、有针对性的有效流动。这类信息应包括客户信息、实时计划和约定的规格等。尽管信息技术能把商业过程串联起来，但它仅仅是个工具，有效的信息管理和运用才是关键。

4.复杂性

在虚拟供应链中，采购与供应管理专员可能会面对非常复杂的问题，如成本分摊、利益互享、知识产权以及债务等问题。

虚拟供应链与传统供应链的主要区别在于其运作模式和资源整合方式不同。传统供应链通常是由实体企业组成的线性链条，从原材料采购到产品制造，再到分销和零售，各个环节相对独立且固定。这种模式依赖于物理设施和面对面的交易，信息流与物流通常是分离的，导致响应市场变化的速度较慢。相比之下，虚拟供应链利用信息技术和网络平台，打破地理限制，将供应链上的各个节点通过数字化连接起来，形成一个虚拟化的网络。虚拟供应链强调的是信息的实时共享和协作，使得供应链变得更加具有灵活性和动态性。它可以快速响应市场需求变化，支持定制化生产，并能有效降低库存成本。此外，虚拟供应链还能促进供应链成员之间的合作，通过云平台等工具实现远程协同工作，提高整体效率和响应速度。

资料来源　申尊焕，杨蓬勃. 数字货币的理论与实践［M］. 西安：西安电子科技大学出版社，2022.引文经节选、压缩及改编。

思政聚焦

健全提升产业链供应链韧性和安全水平制度

在当今全球化的经济环境下，产业链供应链的安全性和韧性已经成为衡量一个国家经济实力和抵御外部风险能力的重要标志。《中共中央关于进一步全面深化改革、推进中国式现代化的决定》中强调“健全提升产业链供应链韧性和安全水平制度”，并作出了系统全面部署，提出了健全重点产业链发展体制机制、全链条推进技术攻关、完善产业转移协作机制和完善战略性资源保障体系4项具体举措。我国的产业链供应链将在面对外部冲击时展现出更强的韧性，不仅能够更好地维护国家经济安全，还能为全球产业链的稳定作出贡献。这不仅是对我国制造业“大而不强、全而不精”现状的一次深刻反思，也是对未来发展方向的一次明确指引。只有不断增强产业链供应链的自主可控能力，才能在国际竞争中立于不败之地，推动中国式现代化的稳步前行。

这展示了在新的历史条件下，我国如何通过深化制度改革，加强自主创新，构建更加稳健的产业链供应链体系，从而实现经济社会高质量发展。这也是新时代中国特色社会主义建设的具体体现，展现了党和政府在面对复杂局面时的决心与智慧。

资料来源　新华社．健全提升产业链供应链韧性和安全水平制度需要把握哪些重点［EB/OL］.［2024-08-21］. https：//www.gov.cn/zhengce/202408/content_6969460.htm.引文经节选、压缩及改编。

综合测试

一、赛题测试

1.单项选择题

（1）供应链运作计划通常是短期的，详细的运作计划一般不超过（　　）。

A.3个月　　B.6个月　　C.1年　　D.2年

（2）供应链绩效管理是对供应链业务流程的（　　）。

A.静态评价　　B.动态评价　　C.一次性评价　　D.终结性评价

（3）在供应链库存管理中，库存管理不再是作为维持生产和销售的措施，而是作为一种（　　）。

A.生产机制　　B.销售机制　　C.平衡机制　　D.应急机制

2.多项选择题

（1）供应链信息管理的主要功能不包括（　　）。

A.数据处理　　B.信息处理　　C.知识处理　　D.客户关系管理

（2）供应链库存管理的特点有（　　）。

A.管理集成化　　B.资源范围扩大

C.企业间关系伙伴化　　D.企业间关系竞争化

（3）供应链管理的原则包括（　　）。

A.面向最终市场原则　　B.适应顾客个性化需求设计原则

C.一体化需求计划协调原则　　D.重视物流网络重构的原则

3.判断题

（1）供应链运作计划的重要性在于有才能的人力资源的供应总是短缺的。（　）

（2）供应链绩效管理仅从质量、成本、服务、可靠性、订货提前期等方面评价其性能。（　）

（3）供应链库存管理的目标服从于整条供应链的目标。（　）

二、训创融合

供应链企业调研分析

1.实训目的

通过本实训，学生将深入理解供应链管理的各个方面，包括供应链信息管理、库存管理以及关系管理。学生将掌握供应链运作计划的制订和实施技巧，并能够对供应链绩效进行有效的度量与管理。此外，还将学习如何利用信息技术支持供应链的多层分布式群体性决策。

2.实训方式

学生将以小组形式进行实训，每组5~6人。每个小组自主选择一个具体的企业或供应链案例，通过网络调研或实地考察的方式收集相关信息，并对选定案例的供应链管理现状进行分析。

3.实训内容及步骤

（1）选择供应链案例。选择一个特定的企业或供应链案例作为研究对象，可以是国内或国际的知名企业，也可以是本地中小企业。

（2）收集信息。使用互联网、图书馆资源、行业报告等多种渠道收集关于该案例的信息，重点关注该企业的供应链结构、运作模式、信息流、物流、资金流等方面的情况。

（3）分析现状。对收集到的信息进行整理分析，明确该企业在供应链管理方面存在的优势与不足。分析企业在供应链信息管理、库存管理和关系管理上的做法及效果。

（4）制定改进建议。基于现状分析，提出改进现有供应链管理的建议。建议应具体可行，并考虑到信息技术的应用，以支持供应链的高效运作。

（5）撰写报告。将整个分析过程、改进建议以及预期效果整理成书面报告。报告应包括摘要、目录、正文、参考文献等部分。

4.实训成果

每组需要提交一份完整的《供应链管理案例分析报告》，报告中应包含以下内容：

（1）案例简介：介绍所选企业的基本情况。

（2）供应链现状分析：详细描述企业的供应链结构和运作情况。

（3）问题诊断：指出企业在供应链管理中存在的主要问题。

（4）改进措施：针对诊断出的问题提出具体的改进建议。

（5）技术应用：分析信息技术在改进措施中的作用。

（6）结论：总结分析结果，并对改进建议的效果进行展望。

报告要求结构清晰，论据充分，逻辑严谨。

项目二　需求管理

在当今竞争激烈的市场环境中，需求管理已成为企业成功的关键要素之一。无论是工程项目的推进还是供应链的优化，清晰、精确的需求管理都是确保项目顺利进行、降低成本风险并提升客户满意度的基础。通过多元化的信息收集渠道，确保需求的真实性和时效性。以客户订单需求为导向，实现供需平衡，是维持企业健康运营的重要策略。同时，通过建立稳固的伙伴关系，共享信息，也能大大提升整体竞争力。本项目将深入探讨需求管理在企业中的实践应用，以及如何通过有效的供应链管理策略实现企业价值最大化。

项目框架

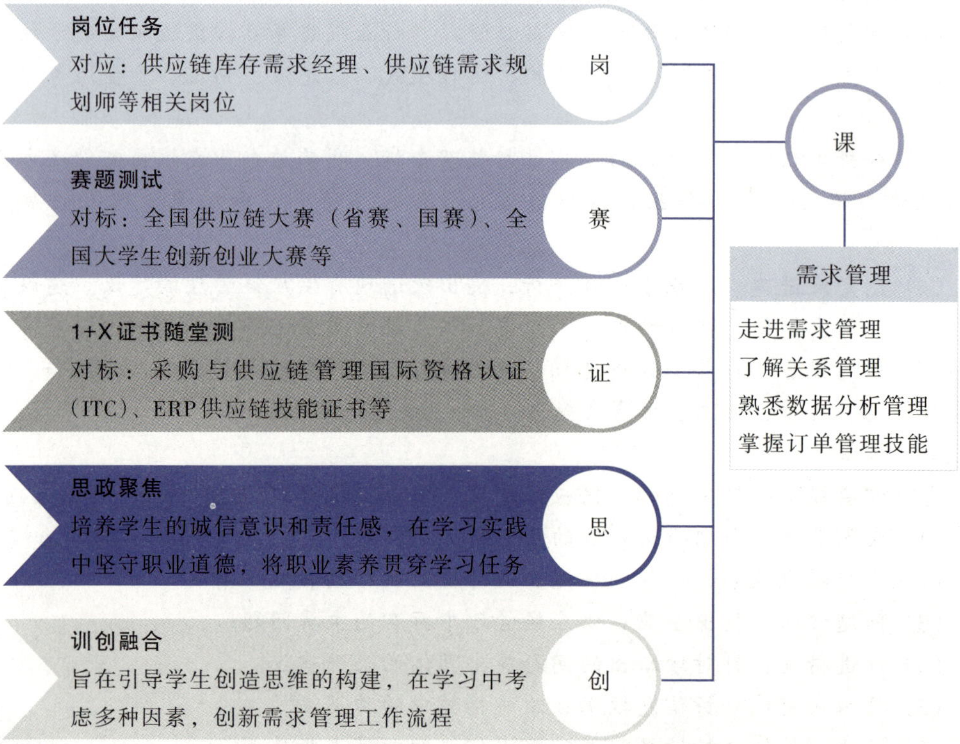

学习目标

知识目标	1.了解需求管理在供应链中的核心地位和作用。 2.熟悉客户订单分析的流程和关键要点，能够从订单中提取有价值的信息。 3.掌握各项目之间的相互关系和协同作用，以及它们对整个供应链的影响
技能目标	1.能够运用适当的方法进行供应链数据分析，并对分析结果进行评估和调整。 2.熟练进行客户订单分析、客户订单整理、客户订单审核、客户订单处理，共同实现需求管理目标。 3.掌握良好的沟通和协调能力，与供应链各环节的人员合作
素养目标	1.培养学生的诚信意识和责任感，在需求管理工作中坚守职业道德，确保数据真实可靠。 2.提升问题解决能力和决策能力，在复杂的需求管理情境中作出明智的选择。 3.引导学生关注可持续发展，在需求管理中考虑环境因素，推动企业绿色供应链建设。 4.树立全局观念和战略思维，从供应链整体的角度考虑需求管理问题，为企业的长期发展作出贡献

任务一　走进需求管理

【岗位任务】

作为一家以汽车制造业为主的生产型企业，公司为保障产品的顺利交付，所需原料及货物就必须及时送达。你的任务就是确保汽车零部件的稳定供应，满足生产计划，不出现生产线停工待料的情况。提高供应链的响应速度，以应对市场需求的变化。

要求：

（1）制订方案，能对市场需求变化作出快速响应，及时调整生产计划和供应链策略。

（2）准备PPT演示文稿，在方案确定后进行汇报，同时根据意见反馈进行修改。

分析提示：本任务旨在通过需求预测管理来保障原材料的供应，同时与核心供应商建立长期战略合作伙伴关系，降低库存水平，减少库存成本，进行风险评估和演练，提高应对风险的能力。

【课堂知识】

一、需求管理概述

1.需求管理含义和重要性

需求管理是工程团队在整个产品开发生命周期内计划、持续跟踪和交流需求变化的过程。它不仅仅是需求的收集，还涵盖了需求的识别、分析、优先级分配、跟踪以及在项目生命周期中的验证和变更管理工作。需求管理具有至关重要的意义。首先，清晰、简洁且无差错的需求能够帮助工程团队尽早检测出错误，降低项目成本和风险。不明确的需求定义会导致范围蔓延、项目延迟、成本超支以及产品质量低下等问题，无法满足客户需求和安全要求。其次，需求管理有助于管理成本、时间和资源，提升整个项目的成功率。通过有效的需求管理，工程团队可以控制项目范围，在产品开发生命周期中提供指导，确保成功达成产品开发目标。此外，在当今复杂的产品开发环境中，如物联网产品中代码行数增加、软件增多且连通性扩大，需求管理能够克服其中的复杂性和相互依赖性，简化产品开发并加快部署。

2.需求管理的常见方法

（1）通过尽可能多的渠道收集需求。这个过程要包含所有相关的渠道，比如新老用户、管理人员、业务分析师和其他的参与人员。尤其要关注那些会真正使用系统的用户，因为在系统性能和用户界面方面，他们会提供最可用的信息。

可以通过用户非正式的评价或吐槽、对预设问题的反应、与管理人员的头脑风暴、观察用户所处的环境、从用户角度了解工作流程等方式获取需求。

（2）确定需求优先级。当项目成熟时，要把需求文档化，并把所有信息保持在最新状态，来保证其在测试和验证时可追溯。

需求的优先级整理，能确保团队发现缺失、矛盾或者是重复。清晰的需求结构有助于测试管理期间更容易地决定执行哪些操作，包括指定相关的测试用例。

按层级关系把需求组织在树状图中，是掌握需求优先级及其依赖关系的最佳途径。

（3）尽可能邀请所有相关人员参与评审，并达成共识。一旦需求整理完毕，与所有相关人员开会评审是必要的，并且尽可能确保项目成员都参与进来。在整个应用生命周期中，要确保系统的开发灵活处理，以减少成本为优先，尽早交付。

二、供应链环境下的需求管理

1.供应链环境下需求管理概述

供应链环境下的需求管理是以供应链的末端客户和市场的需求为核心，了解和掌握各种需求的来源和变化，在预先计划下有效地利用各种资源，协调和控制这些需求，实现供应链上的供需平衡。其本质是在整个供应链中提升企业多方面的能力，并且通过客户获得生产信息，协调与产品流、服务流、信息流和资金流相关的活动，最终结果是为最终用户和消费者创造更多价值。例如，对于计算机制造业来说，在计算机技术日新月异、计算机价格直线下跌的时代，库存管理关乎计算机制造企业的生命线，产品库存给企业造成的压力也越来越大。只有根据客户的具体需求，而不是根据市场预测制订生产计划，以需定产，计算机制造公司才能在库存上占有优势，进而保持良好的财务状况。

2.供应链环境下需求管理的目标

（1）提高供应链效益。其旨在通过有效的需求管理，降低整体供应链的运营成本，如优化各个环节的成本需求，包括供应商的价格要求、生产成本、分销商的价格敏感度等。

（2）增强供应链竞争力。满足不同环节的服务需求，包括供应商的售后服务要求、分销商的物流服务要求等，从而提供符合需求的服务。

（3）实现协同和优化。准确识别、深入分析和有效管理需求，实现供应链中各个环节的协同和优化，确保供应链能够按照需求进行运作。

3.供应链环境下需求管理的原则

（1）准确识别需求。这是需求管理的第一步，也是关键的一步。通过市场调研、与供应商沟通、与分销商合作等措施，从各个环节和方面准确把握需求，如市场需求、供应商需求、分销商需求等。

（2）深入分析需求。从时间、成本、质量、服务等多个角度进行需求分析，确定供应链管理中需要关注的重点和优先级。

（3）有效管理需求。其具体包括需求计划、需求跟踪和需求反馈等方面。根据需求的分析结果制订具体明确的需求计划，实时、准确地跟踪需求执行情况，并及时收集需求反馈进行改进。

4.供应链环境下需求管理常见方法

（1）快速反应（QR）。这一概念最初由美国零售商、服装制造商和纺织品供应商共同提出，旨在构建一个全面的业务策略。QR的核心目标是通过缩短从原材料获取到产品最终销售的整个流程时间，来减少供应链各环节的库存量，从而极大提升整个供应链的运作效率。它减少了以往基于预测需求而大量储备存货的传统做法，转而强调供应链应以一种从一端装运到另一端的连续方式，灵活响应市场的实际需求。实施QR包括六个关键步骤。

（2）协作预测。供应链中的各个环节进行协作预测，预测结果将会准确得多。精确的预测可以使供应链更好地响应并有效地服务于顾客。例如，一家家得宝门店（以销售油漆为主）通过对顾客订货的预测来采购底漆和染料，然后根据顾客的实际需求进行油漆的最后调色。家得宝公司正是通过对未来需求的预测追溯到供应链的上游，油漆生产企业同样需要进行需求预测以确定它们的产量和库存水平。

（3）供应商管理库存（VMI）。通过供应链成员之间的合作和协调，以系统、集成的管理思想对供应链的库存进行管理，使供应链系统能够同步优化运行。在这种库存控制策略下，允许供应方对需求方的库存策略、订货策略进行计划和管理，在已经达成一致的目标框架下由供应方来管理库存和决定每一种产品的库存水平。例如，我国最早的电子商务网站卓越网就是一个很好的案例。卓越网主营图书、音像、游戏软件以及礼品类产品，其商业库存模式是全场库存，通过在库房中维持足够的库存来保证配送流畅。

5.供应链环境下需求管理的挑战

（1）需求风险。市场需求的变化和波动性使得企业难以精确预测客户需求，从而可能导致生产计划与实际需求不匹配。季节性需求变化、突发事件、竞争对手的行动以及消费者偏好的改变，都可能在短时间内引发需求的剧烈波动。企业在制订供应链计划、管理库存和安排生产时会面临极大困难。如果不能准确预测和应对客户需求的波动，可能会造成库存堆积或产能过剩。

（2）供给风险。企业常常依赖多个供应商，而其中一个或多个供应商遭遇问题，如质量问题、交货延误、产能限制等，都可能对整个供应链造成影响。全球供应链的复杂性增加了供应商的选择和合作伙伴的管理难度，使得企业更容易受到单一供应源的影响。这种风险可能导致生产中断，交付延误，甚至使客户流失。

（3）过程风险。在全球供应链管理过程中，诸如生产、物流、质量控制等环节都暗藏风险。例如，生产设备出现故障或生产线被迫停工，都可能耽误生产进度，增加生产成本。物流环节中的运输延误、货物损坏，可能导致交付不及时，影响客户满意度。质量控制不善可能导致产品缺陷，引发召回和维修，损害品牌声誉。

（4）环境风险。外部环境的不确定因素，例如自然灾害、政治动荡和法规调整等，都会为全球供应链带来环境风险。自然灾害，如地震、洪水、台风等，可能对生产设施和运输通道造成破坏，导致供应链中断。政治和法规的变化，如贸易限制、关税调整，可能对跨国供应链造成影响，使得物流成本增加，供应链运作受阻。

小案例2-1

电脑行业需求链管理模式创新 助力经济社会高质量发展

戴尔公司是全球知名的电脑制造商，以其独特的直销模式和高效的供应链管理而著称。在供应链需求管理方面，戴尔公司一直处于行业领先地位。戴尔采用直销模式，直接与客户进行沟通和交易。这种模式使得戴尔能够更好地了解客户需求，及时调整生产计划和库存水平。客户可以通过戴尔的官方网站、电话或电子邮件等途径定制自己所需的电脑配置，戴尔根据客户订单进行生产和配送。

随着经济发展和公众对技术的追求，电脑已经成为生活必需品，用户无论对CPU、GPU，还是对内存、处理能力、屏幕分辨率、刷新率等，要求都在不断提高，这就带来了很多市场机会。此外，由于居家办公和在线教育常态化，这些新兴生活方式有力地拉动了PC市场需求。戴尔将自己的需求预测信息及时分享给供应商，让供应商能够提前做好生产准备。同时，戴尔对供应商的交货期、质量、价格等方面进行严格考核，确保供应商能够按时、按质、按量提供所需的零部件和原材料。戴尔建立了先进的信息管理系统，实现了供应链各环节之间的信息共享和协同工作。客户订单、生产计划、库存状态、供应商信息等都可以在系统中实时查询和更新，使得各部门能够及时了解需求变化，作出快速响应。直销模式和个性化定制服务满足了客户的多样化需求，提高了客户满意度。快速的交货期和良好的售后服务也为戴尔赢得了客户的信任和口碑。

准时制生产和需求预测的准确性使得戴尔的库存保持在较低水平，降低了库存成本，信息系统的支持和供应商的紧密合作提高了供应链的响应速度和效率，缩短了生产周期和物流时间。

戴尔供应链通过风险评估、供应商调查或审核、纠正行动和能力培养四个要素，推动供应链的持续改进和发展；帮助供应链合作伙伴设定年度以及中长期的减排目标，并提供资源、主题项目和培训来培养供应商关键技能，帮助供应商定位及消除环境隐患，践行环境承诺。当前，中国供应链蓬勃发展，中国本地企业正积极参与到全球竞争和供应链体系中。戴尔也在积极推动本地企业围绕供应链不断地提升自身的供应、生产、管理、数字化能力，更好地实现碳达峰、碳中和目标。

资料来源　杜燕飞．戴尔王利军：构筑可持续绿色供应链 助力经济社会高质量发展［EB/OL］．［2024-08-21］．http：//finance.people.com.cn/n1/2022/0825/c1004-32511227.html.引文经节选 压缩及改编。

三、需求管理的实施步骤

供应链需求管理是一个复杂但至关重要的过程，它涉及对市场需求的准确识别、深入分析以及有效的管理实施。以下是基于搜索结果的供应链需求管理的具体实施步骤：

1.需求的识别

需求的识别是需求管理的第一个步骤，也是非常关键的一步。在这个阶段，企业需要全面了解供应链中各环节的需求，包括市场需求、供应商需求、分销商需求等。这可以通过市场调研、与供应商沟通和与分销商合作等方式来实现。

（1）市场调研：通过调研市场，了解产品或服务的需求量、价格敏感度、消费者偏好等信息，从而准确把握市场需求。

（2）与供应商沟通：与供应商保持良好的沟通，了解其对产品或服务的需求，包括质量要求、交货时间、定价等，从而满足供应商的需求。

（3）与分销商合作：与分销商进行密切合作，了解它们的需求，包括产品需求、运输需求等，从而满足分销商的需求。

2.需求的分析

需求的分析是识别需求后的重要步骤。通过对需求的深入分析，可以确定供应链管理中需要关注的重点和优先级。分析可以从时间、成本、质量、服务等多个角度进行。

（1）时间需求。了解不同环节的时间需求，包括供应商的交货时间、生产周期、分销商的送货时间等。通过分析时间需求，可以合理安排供应链中各个环节的工作时间，缩短整体供应链的运营时间。

（2）成本需求。了解不同环节的成本需求，包括供应商的价格要求、生产成本、分销商的价格敏感度等。通过分析成本需求，可以优化供应链中各个环节的成本，降低整体供应链的运营成本。

（3）质量需求。了解不同环节的质量需求，包括供应商的质量控制要求、产品的质量标准、分销商的质量要求等。通过分析质量需求，可以加强供应链中各个环节的质量管理，提高产品或服务的质量。

（4）服务需求。了解不同环节的服务需求，包括供应商的售后服务要求、分销商的物流服务要求等。通过分析服务需求，可以提供符合需求的服务，增强供应链的竞争力。

3. 需求的管理

需求的管理是将需求转化为实际行动的过程。这包括需求计划、需求跟踪和需求反馈等方面。需求计划是根据需求的分析结果，制订供应链的需求计划，包括采购计划、生产计划、物流计划等。需求跟踪是跟踪供应链中各个环节的需求执行情况，及时发现问题和偏差，并采取相应的调整措施。需求反馈是收集供应链中各个环节的反馈，包括供应商的满意度、分销商的满意度等，并根据反馈结果进行改进。

（1）需求计划。根据需求的分析结果，制订供应链的需求计划，包括采购计划、生产计划、物流计划等。需求计划需要具体明确，涵盖各个环节和方面，确保供应链能够按照需求进行运作。

（2）需求跟踪。跟踪供应链中各个环节的需求执行情况，及时发现问题和偏差，并采取相应的调整措施。需求跟踪需要实时、准确，可以通过信息系统、物流追踪等手段进行。

（3）需求反馈。收集供应链中各个环节的需求反馈，包括供应商的满意度、分销商的满意度等，并根据反馈结果进行改进。

【任务实施】

1. 准备工作

（1）与团队密切合作，及时了解市场需求变化。

（2）与供应商签订合同，明确双方的权利和义务，对供应商进行绩效评估。

（3）根据销售情况和需求预测，及时调整库存水平。

（4）建立成本控制小组，负责制定成本控制策略和措施。

2. 实施步骤

（1）需求识别。这是关键的第一步。通过市场调研了解市场需求，包括产品需求量、价格敏感度和消费者偏好等；与供应商沟通，掌握其质量、交货时间和定价等需求；与分销商合作，明晰它们的产品和运输等需求。

（2）需求分析。从时间、成本、质量、服务等角度进行。分析不同环节的时间需求以合理安排工作时间；了解成本需求以优化各环节成本；把握质量需求以加强质量管理；明确服务需求以增强竞争力。

随堂测2-1

1+X证书

（3）需求管理。包括需求计划、需求跟踪和需求反馈。依据分析结果制订采购、生产、物流等需求计划；通过信息系统等手段跟踪各环节需求执行情况并及时调整；收集各环节需求反馈并进行改进。

拓展阅读 2-1

零售业加速数智化转型 探索精细化供应链管理

零售业作为商品流通的终端环节，是消费拉动经济增长的重要着力点。伴随大数据、移动支付等技术趋向成熟，尤其是人工智能技术的突飞猛进，零售业正加速向数字化、智慧化趋深。

数据显示，2023年我国社会消费品零售总额47.15万亿元，需求日益增加，同比增长7.2%，网上零售额15.42万亿元，同比增长11%，连续11年成为全球第一大网络零售市场。其中，实物商品网络零售额占社会消费品零售总额的比重增至27.6%。无人便利店、智能售货柜随处可见；智慧仓储、智能物流正持续提升商品流转效率，数字技术不断催生零售新业态、新模式涌现，“人”“货”“场”方方面面的整体性重构效应持续显现。

零售行业是经济发展的晴雨表，深刻影响着消费市场的发展趋势。在新一轮技术变革的当下，零售行业应对市场需求加速向新而行。日前，物美集团创始人张文中在“中国流通产业变革与创新暨物美30年”发布会上表示：“企业坚持用科技改造转化升级传统零售产业的梦想，坚持以消费者为中心，在多点DMALL的赋能下，拥抱最新数字化、智能化技术，接地气地开展创新，更好地为人民服务。”

据悉，自1994年12月物美商城在北京开业以来，率先在零售业内实现了IT技术的应用；2001年，开启供应链管理的信息化应用探索；2014年前后，推出了多点DMALL+物美的商业模式……在此基础上，物美在当天会上宣布将逐步取消传统的档期优惠，通过精细化的成本控制和供应链管理，实现商品价格的长期稳定。首批将有超500种商品被纳入“天天低价”商品的行列，涵盖了消费者日常所需的食品、日用品、家居用品等多个品类。

此外，多点DMALL总裁张峰表示，企业推出的全新“AI智能导购”服务利用人工智能技术，能够根据消费者的购物习惯和需求，提供个性化的商品推荐和购物建议，为消费者带来更加便捷、智能的购物体验。

资料来源　焦磊，张泊洋. 零售业加速数智化转型 探索精细化供应链管理［EB/OL］.［2024-06-01］. https://www.cir.cn/R_JiaDianJiaJu/88/PingBanDianShiDeFaZhanQuShi.html. 引文经节选、压缩及改编。

任务二　了解关系管理

【岗位任务】

作为一名电子产品制造企业的采购主管，你需要与供应商建立长期稳定的合作关系，确保关键零部件的稳定供应，满足生产需求，降低采购成本，提高产品的市场竞争力，提高供应链的响应速度，及时满足客户需求。

要求：

（1）对现有供应商进行全面评估，包括产品质量、交货期、价格、服务等方面。

（2）准备演示文稿，汇报你的供应链关系管理方案，对提出的问题进行答疑。

分析提示：本任务旨在通过关系管理的学习和应用，能够有效地管理供应链关系，提高供应链的稳定性和效率，降低成本，增强市场竞争力。

【课堂知识】

一、供应链关系管理概述

1.供应链关系管理的含义

供应链合作伙伴关系（Supply Chain Partnership，SCP），一般是指在供应链内部两个或两个以上独立的成员之间形成的一种协调关系，以保证实现某个特定的目标或效益。建立供应链合作伙伴关系的目的在于通过提高信息共享水平，减少整个供应链产品的库存总量、降低成本和提高整个供应链的运作绩效。

随着市场需求不确定性的增强，合作各方要尽可能削弱需求不确定性的影响和风险。供应链合作伙伴关系绝不应该仅考虑企业之间的交易价格本身，还有很多方面值得双方关注。比如，制造商总是期望其供应商完善服务，搞好技术创新，实现产品的优化设计等。供应链合作伙伴关系存在着潜在效益，往往在SCP建立后3年左右甚至更长的时间才能转化成实际利润或效益。企业只有着眼于供应链管理的整体竞争优势的提高和长期的市场战略并能忍耐一定时间，才能从供应链合作伙伴关系中获得更大效益。

常见的供应链关系有两种：

（1）交易关系。交易关系是企业间最常见也是最基本的关系。它仅仅描述了一种业务层面的关系，在这样的关系中，企业只会关心自己的利益，而不会关注其他方的状况。在交易关系中，价格是企业之间考虑的焦点，一方的盈利往往是以另一方的损失为代价，交易的各方不会寻求获取其他方的帮助，市场因素通常在交易关系中对定价起关键作用。每个交易都按照它独自的方式运作，很少或没有任何合作，并且信息在企业之间不能得到很好的共享。因此，交易型关系很不灵活，需要对质量控制进行大量的投资以确保质量合格。而且，供应商倾向于提供最少的服务，客户往往会受到由于供应中断所带来的损失。

（2）伙伴关系。伙伴关系是指一种长期互惠的商务关系，供应链的双方或者多方之间签订协议，详细规定运营需求和条件，促进双方各部门间、组织间的成功交流以及确定衡量绩效的标准、高层次的相互义务等。它是供应链管理的精髓，没有合作就谈不上供应链管理。像通用电气、雀巢等大的制造商，沃尔玛、家乐福等有掌控权的零售商，以及大型批发商都在寻求整个供应链管理新的合作模式，其战略视野正从单一的组织转向多组织的伙伴关系。因此，本着整个供应链利益最大化的目标，供应链成员之间建立合作伙伴关系是供应链管理的重点。

2.建立供应链合作伙伴关系的意义及作用

（1）建立供应链合作伙伴关系的意义。

① 减少不确定因素，降低库存。合作伙伴所面对的供需关系上的不确定因素可以通过相互之间的合作消除。通过合作，共享需求与供给信息，能够减少许多不确定因素。

② 快速响应市场。集中力量于自身的核心竞争优势，能充分发挥各方的优势，并能迅速开展新产品的设计和制造，从而使新产品响应市场的时间明显缩短。

③ 加强企业的核心竞争力。以战略合作关系为基础的供应链管理，能发挥企业的核心竞争优势，获得有利的竞争地位。

④ 用户满意度提高。制造商帮助供应商更新生产和配送设备，加大对技术改造的投入，提高产品和服务的质量，提高用户满意度。

（2）建立供应链合作伙伴关系的作用。通过供应链关系管理，供应链成员之间选择合适的伙伴关系，可以有效地降低供应链成本，降低库存水平，加强信息共享，保持战略伙伴之间的一致性，改善相互之间的交流状况，从而使得供应链的所有成员都能获得双赢，并最终提升整个供应链的竞争力。

二、客户关系管理

1.客户关系管理的含义

客户关系管理（Customer Relationship Management，CRM）起源于美国20世纪80年代初提出的“接触管理”，它专门收集整理客户与公司联系的所有信息。到20世纪90年代初期则演变成包括电话服务中心及其支持资料分析的客户关怀（Customer Care），客户关怀活动包含在客户购买前、购买后的客户体验的全部过程中。经过多年的不断发展，客户关系管理不断演变、发展并趋向成熟，最终形成了一套完整的管理理论体系。

客户关系管理是通过计算机管理企业与客户之间的关系，以实现客户价值最大化的方法。其核心思想是将客户（包括最终客户、分销商和合作伙伴）作为最重要的企业资源，通过深入的客户分析和完善的客户服务来满足客户的需求，建立稳定、庞大的客户资源群体，进一步提升客户资源的价值量以实现企业的最佳经济效益。

客户关系管理的基本思想和方法由来已久，但随着网络经济、知识经济的迅猛发展和全球市场竞争的日益激烈，人们在大量研究和实践的基础上对网络经济时代的客户关系管理又赋予了新的内涵。它们主要是：

（1）客户是企业发展最重要的资源之一。

（2）客户关怀是CRM的中心。

（3）对企业与客户的关系进行全面管理。

对于客户关系管理的定义有不同的版本，但是都认为客户关系管理有助于实现企业价值最大化。这里我们认为客户关系管理是一种以客户为中心的管理思想和经验理念，它是现代企业经营战略的重要组成部分。它采用现代信息技术来获取客户信息，以此来分析客户需求特征、行为偏好，从而制定出有针对性的市场战略，维系、稳固、发展和客户之间的关系，培养客户的长期忠诚，最终实现企业价值最大化和客户价值最大化的动态均衡。

2.客户关系管理的内容

在市场经济条件下，任何企业都依赖其客户而存在，只有客户不断购买企业的产品或服务，企业才能不断发展。供应链管理对客户的定义也同样要求供应链中所有成员都能够把工作重心放在满足最终使用者的需求上。因此，客户关系管理的主要内容就是客户服务管理、客户满意度管理以及客户价值管理。

（1）客户服务管理。客户服务是指在一定的时间和地点，以恰当方式为客户提供其所需要的产品和服务，满足其个性化需求，提高客户价值的整个活动过程。

（2）客户满意度管理。客户满意度是指客户在购买企业产品和服务时的满意程度，是客户对产品或服务的质量以及效用的评价与客户个人的期望比较后得出的满意程度。它取决于可感知的效果与客户期望之间的差距，如果可感知的效果大于客户期望，客户则表现出非常满意；如果可感知的效果小于客户期望，客户则表现出不满意；如果可感知的效果等于客户期望，客户则表现出满意。客户满意度已经成为衡量客户服务水平的重要指标，较高的客户满意度可以使客户产生依赖和喜爱，从而提高客户忠诚度。它构成了企业获利的潜力，客户满意的程度越高，顾客的忠诚度就越高，从而企业获利的潜力也就越大。

① 机会区。该区域的产品/服务对决定整体客户满意度不太重要，且服务方的表现也比较差，是一个易受忽略的区域，但如果经过共同努力挖掘，还是可以找到提升客户满意度的机会点。

② 改进区。该区域的产品/服务对决定整体客户满意度非常重要，但供应链上游企业在这方面的表现比较差，通过改善该区域的表现，供应链上游企业可以在较大程度上提升客户满意度，因此需要重点关注。

③ 维持区。该区域的产品/服务对决定整体客户满意度同样不是很重要，上游供应商在这方面的表现已经很好，只需要保持下去即可，即便努力提高该区域产品/服务的表现也无法对整体客户满意度产生重要影响。

④ 优势区。该区域的产品/服务对决定整体客户满意度非常重要，上游供应商在这方面的表现也非常好，需要保持并发展这些优势。

（3）客户价值管理。客户价值一般具有两层含义：一层是企业为客户创造的价值，它是基于客户的视角；另一层是客户提供给企业的价值，它是基于企业的视角。客户对企业的价值，从长远来看取决于客户自身价值增值的能力，因此企业与客户的关系会从竞争关系转变为战略伙伴关系。

① 客户视角下的客户价值管理。从客户的角度来看，顾客价值是客户从产品/服务提供中所期望获得的所有效用的总和，它是从客户自身的角度对企业所提供的产品的属性效能和服务的价值的感知和评价。当客户与供应商进行交易时，客户对产品的可得性、运作绩效、服务的可靠性等方面抱有某种期望。当效果大于期望值时，客户就会忠诚；当效果等于期望值时，客户就会满意；当效果小于期望值时，客户就会抱怨。企业只有不断地为客户创造价值，提供高于客户期望的产品/服务才能使客户满意。从供应链的角度来说，客户期望的含义十分复杂，因为，客户通常是指由多个功能部门和个体组成的商业机构。客户机构中的不同工作人员对产品/服务绩效衡量标准的优先次序有不同的理解，即他们对这些标准有着不同的期望。供应链要满足客户的期望，就必须对这些期望的形成过程和为什么许多供应商不能满足客户的期望等问题进行深入的研究。

② 企业视角下的客户价值管理。从企业的视角来看，客户价值指的是客户为企业长期发展所带来的价值源泉。它是指企业在与客户保持买卖关系的过程中，客户对企业生命周期的贡献。在供应链管理环境下，企业的绩效不再只是市场份额，还有顾客的忠诚度、最优回报率、需求响应性等。企业的利润和成长基本上是由顾客的忠诚导致的，顾客的忠诚会导致客户保留、重复光顾，并且介绍、引导其他客户，因此供应链上游企业就需要提供满足客户需求的服务设计和服务指导，从而使客户满意并保持和企业长期的合作关系，为企业长期发展提供价值。

三、渠道关系管理

1.渠道关系管理的含义

渠道关系是指一条渠道各成员之间的交往状态和合作深度，它强调的是组织与组织之间的关系而非组织内的关系。渠道关系管理是渠道成员之间相互承认的某种特殊地位，以信任和承诺为基础，关系各方视彼此为伙伴，共同为改善产品品质及降低管理成本而努力。渠道关系的实质是渠道成员为保持持续竞争优势和超额利润，上游和下游企业努力建立的联盟。

一个完整的供应链渠道里面的成员通常包括生产商、批发商、零售商、辅助商和最终的消费者。

2.渠道关系管理的类型

根据渠道成员之间的影响方式以及密切程度，渠道关系一般可以分为松散型、管理型、产权型和契约型。

（1）松散型渠道关系。松散型渠道关系是指整个渠道由各个相互独立的成员组成，没有哪一个成员拥有足以支配其他成员的能力，每一个成员只关心自身的最大利益，共同执行分销功能。松散型渠道关系增强了企业的市场灵活性，为企业提供了创新动力，同时也为广大的中小企业进入市场提供了一个现实可行的选择。

（2）管理型渠道关系。管理型渠道关系是指由一个或少数几个实力强大、具有良好品牌声望的大企业依靠自身的影响力，通过强有力的管理将众多的分销商聚集在一起而形成的渠道关系。管理型渠道关系使整个渠道系统有了一个核心，成员之间的关系相对稳定，利益协调性较好，能够更好地实现资源的共享。

（3）产权型渠道关系。所谓产权型渠道关系，是指企业通过建立自己的销售分公司、办事处或实施产供销一体化战略而形成的渠道关系。产权型渠道关系使公司对渠道的控制力加强，同时制造商可以摆脱大型零售商的控制，使各种经营策略一体化，并能及时地监控市场需求的变化。

（4）契约型渠道关系。契约型渠道关系是指在商品流通过程中，参与商品分销的各渠道成员通过不同形式的契约来确定彼此的分工协作与权利义务关系而形成的一种渠道关系。契约型渠道关系的建立相对比较容易，对社会资源的配置也比较合理，并且灵活性较强。

上述四种普遍存在的渠道关系各有利弊，企业可以根据自身的实际情况和发展目标进行选择。在实际中还存在一些混合的渠道关系，如产权型和契约型的混合，即销售分公司加特许经营的形式等，这些混合的渠道关系可以使企业兼具两种渠道关系的优点，获得更好的分销效果。

随着市场的不断完善和发展，市场一体化趋势不断加强，渠道之间的合作也变得越来越重要，从而出现了一种更加高级的渠道关系——伙伴型渠道关系。

伙伴型渠道关系是指制造商与其渠道成员之间的一种进一层的新型渠道关系，它强调的是制造商与其渠道成员之间持续的相互支持，其宗旨是努力建成更加积极主动的渠道团队、渠道网络或者渠道伙伴联盟。

伙伴型渠道关系就是生产企业为了提高渠道的运作质量和效率，在保证渠道双赢局面的情况下，从团队的角度来理解和运作渠道成员之间的关系。生产企业确保零售企业获得足够的利润和自身需求（如社会地位的提升、荣誉等）的满足，同时要求零售企业向生产企业作出巩固和扩大销售、提高顾客满意度的承诺。生产企业以协作、双赢、沟通为基点来加强对销售渠道的控制力，为零售企业、消费者提供更具价值的全方位服务，最终确保整体营销战略目标的实现。伙伴型渠道关系的特征决定了它具有充分的竞争价值和旺盛的生命力。

四、供应商关系管理

1.供应商关系管理的含义

供应商关系管理（Supplier Relationship Management，SRM）是一种致力于实现与供应商建立和维持长久、紧密伙伴关系的管理思想和软件技术的解决方案，是旨在改善企业与供应商之间关系的新型管理机制。一方面，它实施于企业采购业务相关的领域，目标是通过与供应商建立长期、紧密的业务关系，并通过对双方资源和竞争优势的整合来共同开拓市场，扩大市场需求和份额，降低产品前期的高额成本，实现双赢；另一方面，它又是以多种信息技术为支持和手段的一套先进的管理软件和技术，它将先进的电子商务、数据挖掘、协同技术等信息技术紧密集成在一起，为企业产品的策略性设计、资源的策略性获取、合同的有效洽谈、产品内容的统一管理等过程提供了一个优化的解决方案。

作为供应链整体环节的起点，供应商是整个供应链中不可缺少的一部分，与供应商建立良好的关系是保持竞争优势的重要条件，同时也是企业战略的重要组成部分。

在传统的企业关系中，竞争往往多于合作。一个企业往往与多个供应商之间保持一种简单的、短期的交易关系，通过讨价还价，或者在供应商之间分配采购数量来控制供应商，利用供应商之间的竞争，尽可能以较低的价格获得更好的产品。因此，买卖双方之间表现为一种非合作性的竞争关系。供应链管理模式的出现及经济全球化、企业经营全球化、竞争的高度化，使企业在提高产品质量、降低产品成本、快速响应全球市场需求变化方面面临来自市场层面持续不断的压力，因此传统的买卖双方的关系已经不能适应企业的发展，企业必须快速地选择正确的供应商，建立战略性的供应商关系，并且要和能够协助企业达成共同商业目标的供应商密切合作。

2.供应商关系的几种类型

（1）按供应商矩阵分类法划分。根据供应商矩阵分类法，可以将供应商分为伙伴型、优先型、重点型、商业型四种形式。供应商矩阵分类法是依据供应商对本单位的重要性和本单位对供应商的重要性进行矩阵分析，并据此对供应商进行分类的一种方法。

伙伴型供应商：在供应商矩阵分类中，如果供应商认为本企业的采购业务对它们来说非常重要，供应商自身又有很强的产品开发能力等，同时该采购业务对企业本身也很重要，那么这些与采购业务对应的供应商就是伙伴型供应商。

优先型供应商：如果供应商认为本企业的采购业务对它们来说非常重要，但该项采购业务对本企业不是非常重要，这样的供应商无疑有利于本企业，是本企业的优先型供应商。

重点型供应商：如果供应商认为本企业的采购业务对它们来说无关紧要，但该项采购业务对本企业是十分重要的，这样的供应商就是需要改进提高的重点型供应商。

商业型供应商：那些对于供应商和本企业来说均不是很重要的采购业务，相应的供应商可以很轻易地选择更换，那么这些采购业务对应的供应商就是普通的商业型供应商。

（2）按照“二八原则”划分。根据“二八原则”，将采购物品分为重点采购品（占采购价值80%的20%的采购品）和普通采购品（占采购价值20%的80%的采购品），相应地，可以将供应商依据“二八原则”分类，划分为重点供应商和普通供应商，即占80%的采购金额的20%的供应商为重点供应商，而其余只占20%的采购金额的80%的供应商为普通供应商。

对于重点供应商投入80%的时间和精力进行管理与改进，这些供应商提供的物品为企业战略物品或需要集中采购的物品，如汽车厂需要采购的发动机和变速器，电视机厂需要采购的彩色显像管等。对于普通供应商则只需要投入20%的时间和精力跟踪其交货，因为这类供应商所提供的物品对企业的运作成本、质量和生产的影响较小，如办公用品、维修备件、标准件等。

（3）按与供应商的紧密程度划分。按与供应商的紧密程度划分，可分为短期目标型供应商、长期目标型供应商和渗透型供应商。

短期目标型供应商：与供应商之间仅是简单的交易关系，各自关注的是自己如何获得短期利益，而不是通过改进工作获得双赢。当交易完成后双方关系终止，除了采购人员，其他部门的人员一般不参与双方之间的业务活动。

长期目标型供应商：双方的工作重点是从长远利益出发，建立合作关系，不断改进产品质量与服务质量，共同降低成本，提高双方的竞争力，其合作的范围遍及公司内的多个部门。

渗透型供应商：其管理思想是把对方公司当成自己公司的延伸，成为自己的一部分。

3.供应商关系管理的重要性

在21世纪，随着资源在全球化范围内调配、企业间业务联盟的进一步发展、供应链业务紧密连接趋势越来越强等，企业与供应商之间的关系变得越来越重要，当企业发现彼此的贡献可以融合成一种新能力和产生综合效益时，顾客的忠诚度得以重新建立起来，这隐含着与供应商共享合作与创新。与供应商合作创造市场价值，是业务合作中的重要一环，就像与客户之间的伙伴关系一样，与供应链上供应商之间的关系也将转变为企业间彼此合作的伙伴关系。长期以来，企业作为个体经济角色，一直处于一种冷漠孤独、与客户相互争斗的“自然状态”，但随着经济全球化进程的加速，互联网在全球范围内的蓬勃发展以及推广应用，这一时代开始分崩离析，取而代之的是供应链上的成员为了市场价值而彼此联手合作的潮流。

对于许多企业而言，其与供应商之间的伙伴关系已然成为它们获取资源、传送供应链上的产品与服务的主要模式。至少有三个强烈的理由支持这种模式：

（1）效率与规模经济。人们渐渐发现，供应商可以通过与同业建立伙伴关系，运用科技的力量合力削减成本与改善效率，这在零售业中尤其盛行。例如，J.C.Penny把其存货控制和产品补充系统与其他供应商整合在一起，这样供应链上的企业可以利用其各自的能力与资源，节省重叠的成本。不论是想通过科技让整个供给过程更为精简，还是想达到研发上的规模经济，供应商之间结成伙伴关系的最重要的理由是，追求更佳的生产效率。就这点而言，与许多供应商-客户之间伙伴关系的促成因素如出一辙，伙伴关系是为追求更佳的生产效率而建立的。

（2）新市场价值。在某些产业中，供应链上的企业之间的伙伴关系进入了一个更新的层次——结合力量创造更大的市场价值。也就是说，企业之间结合彼此的核心能力，研发出新的产品或推出新的方案，在更高层次上，这种核心能力的结合甚至会扭转整个产业的方向。从日常运营层面来看，经由合作共同创造的新的市场价值，为结为伙伴关系的厂商带来了强而有力的竞争优势。例如，苹果电脑、IBM与摩托罗拉之间合作共同创造Power PC以及其他产品。

（3）客户需求。改变和创新整个产业策略最强而有力的理由在于满足客户的期望与需求。企业之间的携手合作渐渐成为客户的基本要求与期盼，特别是在高科技产业中这种合作尤为突出。这是由于客户所寻找的不仅仅是能提供产品与服务的供应商，而且要求供应商能切入整个供给项目并有能力与他人共谋合作，客户还要求强力的伙伴关系为它们带来完整的解决方案，以及提供最优良的产品和服务。有效的供应商关系管理系统能够帮助企业增进与供应商的交流并与其建立起更有效的合作，同时也能够帮助企业改进生产流程控制，作出更完善的供应商分析，优化企业的供应商选择决策。

SRM能够优化与供应商的关系，帮助企业针对供应商的性质及其对企业的战略价值进行分类，评出不同的等级，从而采取不同的对待方式；扩展、加强与重要供应商的关系，与其合作，共享计划、产品设计和规范信息，并在运作方式上进行改进，只要有利，甚至可以采取外包的方式；建立竞争优势，主动帮助企业建立、改进与供应商之间的战略同盟，不是被动地与供应商打交道，而是主动地引导、改变和管理它们之间的合作关系与业务模式；在保证产品质量的前提下，SRM能够帮助企业通过降低供应链与运营成本来提升企业的利润。

五、选择合适的供应链合作伙伴

对合作伙伴的评价选择是供应链合作关系运行的基础。合作伙伴的业绩对制造企业的影响越来越大，在产品质量、交货、提前期、库存水平、产品设计等方面都影响着制造商的成功与否。传统的供应关系已不再适应激烈的全球竞争和产品需求日新月异的环境，为了实现低成本、高质量、柔性生产、快速反应的目标，企业的业务重构就必须包括对合作伙伴的评价选择。对于企业来说，对合作伙伴的评价选择是多目标的，包含许多可见和不可见的多层次因素。

1.集成化供应链管理环境下合作伙伴的类型

在集成化供应链管理环境下，供应链合作关系的运作需要减少供应源的数量（短期成本最小化的需要，但是供应链合作关系并不意味着单一的供应源），相互的联结变得更专有（紧密合作的需要），并且制造商会在全球市场范围内寻找最杰出的合作伙伴。这样可以把合作伙伴分为两个层次：重要合作伙伴和次要合作伙伴。重要合作伙伴是少而精的、与制造商关系密切的合作伙伴；而次要合作伙伴是相对多的、与制造商关系不很密切的合作伙伴。供应链合作关系的变化主要影响重要合作伙伴，而对次要合作伙伴的影响较小。

根据合作伙伴在供应链中的增值作用和竞争实力，可将合作伙伴分成不同的类别，分类矩阵如图2-1所示。

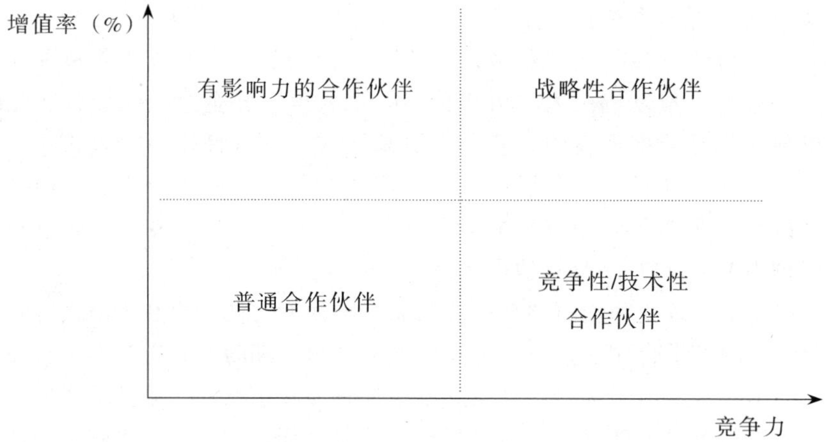

图2-1 合作伙伴分类矩阵

纵轴代表的是合作伙伴在供应链中的增值作用，对于一个合作伙伴来说，如果它不能对增值作出贡献，那么它对供应链中的其他企业就没有吸引力。横轴代表某个合作伙伴与其他合作伙伴之间的区别，主要是设计能力、特殊工艺能力、柔性、项目管理能力等方面的竞争力的区别。在实际运作中，应根据不同的目标选择不同类型的合作伙伴。

对于长期需求而言，要求合作伙伴能保持较高的竞争力和增值率，因此最好选择战略性合作伙伴；对于短期或某一短暂市场需求而言，只需选择普通合作伙伴满足需求即可，以保证成本最小化；对于中期需求而言，可根据竞争力和增值率对供应链的重要程度的不同，选择不同类型的合作伙伴（有影响力的或竞争性/技术性合作伙伴）。

2.选择合作伙伴考虑的主要因素

从相关调查数据以及通过与一些企业管理人员的交谈中发现，我国企业评价选择合作伙伴时存在较多问题：企业在选择合作伙伴时，主观的成分过多，有时往往根据企业的印象来确定合作伙伴，选择时往往还存在一些个人的成分；选择的标准不全面，目前企业的选择标准多集中在企业的产品质量、价格、柔性、交货准时性、提前期和批量等方面，没有形成一个全面的综合评价指标体系，不能对企业作出全面、具体、客观的评价。

3.合作伙伴选择的方法

选择合作伙伴，是企业对输入物资的品质、期限、数量与价格的总体进行选择的起点与归宿。选择合作伙伴的方法较多，一般要根据供应单位的数量、对供应单位的了解程度以及对物资需要的时间是否紧迫等要求来确定。目前国内外较常用的方法如下：

（1）直观判断法。直观判断法是根据征询和调查所得的资料并结合人的分析判断，对合作伙伴进行评价的一种方法。这种方法主要是倾听和采纳有经验的采购人员的意见，或者直接由采购人员凭经验作出判断，常用于选择企业非主要原材料的合作伙伴。

（2）招标法。当订购数量大、合作伙伴竞争激烈时，可采用招标法来选择适当的合作伙伴。它是由企业提出招标条件，各招标合作伙伴进行竞标，然后由企业决标，与提出最有利条件的合作伙伴签订合同或协议。招标法可以是公开招标，也可以是指定竞标。公开招标对投标者的资格不予限制；指定竞标则由企业预先选择若干个可能的合作伙伴，再进行竞标和决标。招标方法竞争性强，企业能在更广泛的范围内选择适当的合作伙伴，以获得供应条件有利的、价格合适的、适用的物资。但招标法手续较繁杂，时间长，不能适应紧急订购的需要；订购机动性差，有时订购者对投标者了解不够，双方未能充分协商，造成货不对路或不能按时到货。

（3）协商选择法。在供货方较多、企业难以抉择时，也可以采用协商选择的方法，即由企业先选出供应条件较为有利的几个合作伙伴，同它们分别进行协商，再确定最终的合作伙伴。与招标法相比，协商选择法由于供需双方能充分协商，在物资质量、交货日期和售后服务等方面较有保证。但由于选择范围有限，不一定能得到价格最合理、供应条件最有利的供应来源。在采购时间紧迫、投标单位少、竞争程度小、订购物资规格和技术条件复杂时，协商选择法比招标法更为合适。

（4）采购成本比较法。对质量和交货期都能满足要求的合作伙伴，则需要通过计算采购成本来进行比较分析。采购成本一般包括售价、采购费用、运输费用等各项支出。采购成本比较法是通过计算分析各个不同合作伙伴的采购成本，选择采购成本较低的合作伙伴的一种方法。

（5）ABC成本法。鲁德霍夫（Roodhooft）和科林斯（Jozef Konings）在1996年提出基于活动的成本分析法（Activity Based Costing Approach），即ABC成本法。其通过计算合作伙伴的总成本来选择合作伙伴。这个成本模型用于分析企业因采购活动而产生的直接和间接成本的大小。

（6）层次分析法。层次分析法是20世纪70年代由著名运筹学家赛惕（T.L.Satty）提出的，韦伯（Weber）等提出将此方法用于合作伙伴的选择。它的基本原理是：根据具有递阶结构的目标、子目标（准则）、约束条件、部门等来评价方案，采用两两比较的方法确定判断矩阵，然后把判断矩阵的最大特征相对应的特征向量的分量作为相应的系数，最后综合给出各方案的权重（优先程度）。由于该方法让评价者对照相对重要性函数表，给出因素两两比较的重要性等级，因而可靠性高、误差小；其不足之处是遇到因素众多、规模较大的情况时，该方法容易出现问题，如判断矩阵难以满足一致性要求，往往难以进一步对其分组。它作为一种定性和定量相结合的工具，目前已在许多领域得到了广泛的应用。

另外，蒂默曼（Timmerman）提出的合作伙伴评价分类法（Categorical Method），温德（Wind）、罗宾森（Robinson）、格雷戈瑞（Gregory）提出的标重法（Weighted Point Plan）等都可以用于合作伙伴的选择，但应用在供应链环境下，还需要考虑具体的情形，才能有效地进行合作伙伴的评价和选择。

（7）神经网络算法。人工神经网络（Artificial Neural Network，ANN）是20世纪80年代后期迅速发展起来的一门新兴学科，ANN可以模拟人脑的某些智能行为，如知觉、灵感和形象思维等，具有自学习、自适应和非线性动态处理等特征。

小案例2-2

从全球连锁看可持续供应链管理战略

星巴克（Starbucks）作为全球知名的咖啡连锁品牌，在客户关系管理方面一直表现出色。其致力于为顾客提供高品质的咖啡饮品和舒适的消费环境，通过不断创新和个性化的服务，赢得了广大消费者的喜爱和忠诚。

星巴克从咖啡豆的采购、烘焙到咖啡的制作，都严格把控质量。店内环境舒适温馨，员工服务热情周到，让顾客在享受咖啡的同时，也能感受到家一般的温暖。星巴克推出了个性化的饮品定制服务，顾客可以根据自己的口味喜好选择不同的咖啡豆、奶品、甜度等，满足了不同顾客的个性化需求。通过会员制度，记录顾客的消费习惯和偏好，为顾客提供更加贴心的服务。例如，当会员再次光顾时，员工可以根据其历史订单推荐适合的饮品。星巴克注重与顾客建立情感连接，通过举办各种活动和社区互动，增强顾客的参与感和归属感。星巴克经常举办咖啡品鉴会、艺术展览等活动，邀请顾客参与，让顾客更好地了解咖啡文化和品牌故事。星巴克还推出了移动应用程序，顾客可以通过手机下单、支付、查询积分等，方便快捷。利用大数据分析顾客的消费行为和偏好，为精准营销提供依据。例如，根据顾客的购买历史向其推送个性化的优惠信息和新品推荐。优质的产品和服务以及个性化的体验，使得星巴克的客户满意度一直保持在较高水平。顾客愿意多次光顾，并向他人推荐星巴克。会员制度和情感连接策略，培养了顾客的忠诚度。星巴克的会员数量庞大，且会员的消费频率和消费金额都较高。良好的客户关系管理促进了星巴克的业务增长，其在全球范围内不断开设新门店，市场份额持续扩大。

星巴克通过优质产品与服务、个性化体验、情感连接和数字化创新等客户关系管理策略，成功地赢得了顾客的喜爱和忠诚，实现了业务的稳定增长。这个案例为其他企业提供了宝贵的借鉴经验，即在竞争激烈的市场环境中，企业要注重与顾客建立良好的关系，通过不断创新和个性化的服务，满足顾客的需求，提高客户满意度和忠诚度。

资料来源　奕翔. 服务型企业可持续供应链管理战略：星巴克案例研究［J］. 今日财富，2024（3）.引文经节选、压缩及改编。

【任务实施】

1.准备工作

（1）与团队密切合作，确定供应链关系管理的具体任务目标。

（2）各部门协同合作，确保供应链关系管理通畅，保障任务的顺利实施。

（3）评估客户关系、供应商关系、伙伴关系等供应链关系所带来的潜在利益与风险。

（4）加强与供应商的沟通和协作，共同应对市场变化和风险。

2.实施步骤

（1）供应商关系管理。对供应商进行分类管理，采取不同的合作策略。对潜在供应商进行实地考察和评估，了解其生产能力、质量管理体系、技术水平等情况。选择符合企业要求的供应商，并与其建立长期合作关系。

（2）渠道关系管理。了解目标市场的特点、需求和竞争态势，确定适合的渠道类型和策略。分析不同渠道的优势和劣势，为选择合作伙伴提供依据。明确渠道目标与定位，确定企业在渠道中的角色，明确渠道管理的目标和期望结果。

（3）客户关系管理。建立客户需求收集机制，通过市场调研、客户反馈等方式了解客户的需求和期望。与客户保持密切沟通，及时反馈产品和服务的改进情况，满足客户的个性化需求。建立客户满意度评估指标体系，定期对客户进行满意度调查。

随堂测2-2

1+X证书

（4）供应链合作伙伴选择与评估。明确合作伙伴的选择标准，包括业务能力、信誉度、合作意愿等。选择符合企业要求的合作伙伴，并与其签订合作协议，明确双方的权利和义务。建立与合作伙伴的沟通机制，定期召开合作伙伴会议，分享信息、交流经验。建立合作伙伴风险预警机制，及时发现和解决合作过程中的问题，降低合作风险。

拓展阅读2-2

苹果的供应链关系管理

苹果公司是全球知名的科技企业，以创新的产品设计和卓越的用户体验著称。其成功离不开高效的供应链关系管理。苹果对供应商的选择极为严格，要求供应商具备先进的技术、高质量的生产能力和可靠的交付能力。对于芯片供应商，苹果会进行深入的技术评估和质量检测，确保其产品符合苹果的高标准要求。苹果与供应商建立深度合作关系，共同进行产品研发和创新。供应商可以在苹果的产品设计阶段提前参与，了解产品需求和技术规格，从而更好地为苹果提供定制化的零部件和解决方案。苹果与富士康等代工厂紧密合作，共同优化生产流程，提高生产效率和产品质量。苹果对供应链的质量管理非常严格，建立了完善的质量控制体系。对供应商的生产过程进行严格监控，定期进行质量检查和审核。如果发现质量问题，会立即要求供应商进行整改，并采取相应的惩罚措施。

苹果建立了全球高效的物流网络，确保产品能够及时、准确地送达客户手中。其与物流供应商密切合作，优化物流路线和运输方式，降低物流成本。苹果采用空运和海运相结合的方式，根据产品的紧急程度和成本效益选择最合适的运输方式。苹果在供应链管理中注重可持续发展，要求供应商遵守环保和社会责任标准。推动供应商采用可再生能源、减少废弃物排放、提高员工福利等。苹果会要求供应商在生产过程中使用清洁能源，并对供应商的环保表现进行评估和监督。严格的供应商选择和质量管理，确保了苹果产品的高质量和可靠性，赢得了消费者的信任和好评。深度合作与协同，使得苹果能够整合供应商的先进技术和创新能力，不断推出具有竞争力的新产品。高效的物流管理和协同合作，提高了供应链的响应速度和效率，降低了成本，增强了企业的竞争力。注重可持续发展，提升了苹果的企业形象和品牌价值，同时也为社会和环境作出了贡献。

苹果公司的供应链关系管理案例为其他企业提供了宝贵的经验。通过严格的供应商选择、深度合作与协同、严格的质量管理、高效的物流管理和可持续发展理念，苹果成功打造了一条高效、可靠、创新的供应链，为企业的持续发展奠定了坚实基础。

资料来源　童家彪．L公司关系营销策略研究［D］．广州：广州大学，2023.引文经节选、压缩及改编。

任务三 熟悉数据分析管理

【岗位任务】

某家连锁超市销售各类食品、日用品等商品，其供应链涵盖了供应商、配送中心和门店等环节。现在需要根据客户的购买习惯和需求对数据分类，通过数据分析提高供应链效率。

要求：

（1）分组，根据案例的特点，整合供应链数据，完成供应链数据分析。

（2）团队成员展示案例分析成果，收集反馈，完善任务成果。

分析提示：通过分析，准确预测不同商品在不同时间段的需求。了解行业特点，及时调整需求预测，避免库存积压或缺货。根据客户需求调整商品种类分布，以更好地满足客户个性化需求。

【课堂知识】

一、数据分析管理概述

1.数据分析管理的定义及范围

数据分析管理是一个综合性的过程，旨在有效地收集、组织、存储和分析数据，以提取有价值的洞察力并支持决策制定。它涵盖了数据的整个生命周期，从数据的产生到最终的使用和处置。

在数据收集方面，组织需要明确收集哪些数据以及如何收集。例如，评价供方时，可能需要收集其过程能力、测量系统不确定性等相关数据。同时，要明确由谁在何时何处通过何种渠道和方法收集数据，确保收集到的数据真实、准确且便于使用。

数据分析管理还包括对数据的组织和存储。这涉及选择合适的存储系统，如关系型数据库或 NoSQL 数据库，以确保数据的安全和高效访问。同时，要建立数据治理机制，定义数据标准，确保数据的一致性和准确性，处理缺失值、异常值等问题，提升数据质量。

在分析数据方面，数据分析管理涵盖了多种分析类型。描述性分析用于描述发生了什么以及现在正在发生什么，通过识别趋势和模式来描述当前状态。例如，在商业智能中，描述性分析可以帮助企业了解销售趋势、库存水平等。诊断性分析则深入探究为什么会发生某些情况，通过对数据的进一步分析发现深层的原因。预测性分析将统计建模、预测和机器学习等技术应用于数据，预测未来的结果。规范性分析则推荐可实现预期结果的特定解决方案。

2.数据分析管理的重要性

数据分析管理在现代企业中具有至关重要的地位。首先，它能够为企业提供全面、准确的信息，帮助企业管理者作出明智的决策。通过对大量数据的分析，企业可以了解市场趋势、客户需求、竞争对手情况等，从而制订出更加有效的战略和计划。

其次，数据分析管理可以提高企业的运营效率。通过对企业内部数据的分析，如生产数据、销售数据、财务数据等，企业可以发现流程中的瓶颈和问题，优化流程，降低成本，提高生产效率和产品质量。

此外，数据分析管理还可以帮助企业预测未来的趋势和风险。通过对历史数据和当前数据的分析，结合预测模型和机器学习算法，企业可以预测市场需求的变化、销售趋势、风险事件的发生概率等，提前做好准备，降低风险，把握机遇。

3.数据分析管理的方法和技术

数据分析师使用多种方法和技术来进行数据分析管理。回归分析是一种常用的方法，用于评估变量之间的关系，例如社交媒体支出如何影响销售。蒙特卡罗模拟则用于模拟由于随机变量的干预而无法轻易预测的过程中不同结果的概率，常用于风险分析。因子分析可以将海量数据集缩减为更小、更易于管理的数据集，同时发现隐藏模式。群组分析和聚类分析用于将数据集分解为具有共同特征的组或群，揭示数据中的结构。时间序列分析可用于识别随时间变化的趋势和周期，如每周的销售数字，常用于经济和销售预测。情感分析则使用自然语言处理等工具理解数据中表达的情感。

微课 2-1

人工智能在仓配管理中的应用有哪些?

微课 2-2

人工智能在运输管理中的应用有哪些?

在数据分析管理过程中，还会使用到各种工具和平台。例如，Python、R、Tableau、SAS 等专业工具可以提高数据分析的效率和准确性。同时，企业也可以利用大数据分析工具，如 Apache Hadoop、MongoDB、Apache Spark 等，处理大规模数据。

4. 数据分析管理的未来发展趋势

随着技术的不断发展，数据分析管理也在不断演进。未来，数据分析管理将更加智能化和自动化。机器学习和人工智能技术将在数据分析中发挥更大的作用，其能自动识别数据中的模式和趋势，提供更加准确的预测和建议。

同时，数据分析管理将更加注重数据的实时性和动态性。随着数据采集频率的不断加快，企业需要能够实时处理和分析数据，以便及时作出决策。

此外，数据分析管理将更加注重数据的安全性和隐私保护。随着数据泄露事件的不断发生，企业需要加强对数据的安全管理，采取加密、权限管理等措施，保护企业和用户的隐私。

二、数据分析的类型

供应链数据分析在现代企业管理中具有至关重要的作用。它能够为企业提供多方面的价值，助力企业在激烈的市场竞争中脱颖而出。首先，通过对市场数据的分析，企业可以精准地了解市场需求。在库存管理方面，数据分析可以帮助企业实现库存的优化配置。通过分析库存周转率、销售速度等指标，确定合理的库存水平。对于物流效率的提升，数据分析同样功不可没。通过对物流数据的分析，企业可以优化运输路线，选择合适的运输方式，降低运输成本和时间。其次，数据分析还可以帮助企业实时监控物流过程中的风险，如运输延误、货物损坏等，及时采取应对措施，确保物流的顺畅进行。最后，供应链数据分析能够帮助企业降低成本。通过对采购成本、库存成本、物流成本等方面的分析，企业可以找到成本优化的空间。

1. 描述性统计分析

描述性统计分析是供应链数据分析中最基础的方法之一。通过计算平均值、中位数、众数等统计量，可以快速了解供应链数据的集中趋势。同时，数据可视化也是描述性统计分析的重要手段，使用表格、图形等方式可以直观地展示数据分布、趋势和关联性。

2. 时间序列分析

时间序列分析在供应链管理中有着广泛的应用。趋势分析可以帮助企业了解供应链数据随时间的变化趋势，从而预测未来的发展方向。季节性分析则能够识别供应链数据中的季节性变化，为库存管理提供重要参考。

3. 回归分析

线性回归是回归分析中的一种常见方法，它可以分析供应链数据中变量之间的关系，预测因变量。对于非线性关系，非线性回归可以更好地处理。它能够捕捉到数据中的复杂关系，提高预测准确性。在物流成本与运输距离的关系中，可能存在非线性关系，通过非线性回归可以更准确地预测物流成本。

4. 聚类分析

聚类分析将供应链数据中的对象进行分组，以便识别相似性和差异。在客户细分方面，企业可以根据客户的购买行为、消费金额等特征进行聚类，将客户分为不同的群体，如高价值客户、中等价值客户和低价值客户。针对不同的客户群体，企业可以制定不同的营销策略。在供应商分类方面，通过聚类分析可以将供应商按照供货质量、交货时间、价格等因素进行分类，以便企业更好地管理供应商，选择合适的供应商进行合作。

5.关联规则挖掘

关联规则挖掘可以发现供应链数据中的关联关系。在推荐系统中，通过分析客户的购买历史发现，某些商品经常一起购买，企业可以据此向客户推荐相关商品，提高销售额。在库存优化方面，关联规则挖掘可以帮助企业确定哪些商品应该一起存储，以提高库存管理效率。

6.预测分析

预测分析使用机器学习算法，如神经网络、支持向量机等，对供应链数据进行预测。在需求预测方面，机器学习算法可以根据历史销售数据、市场趋势、季节因素等进行综合分析，提高需求预测的准确性。对于库存预测，机器学习算法可以根据销售速度、补货周期、库存水平等因素进行预测，帮助企业合理安排库存，避免库存积压或缺货。

7.优化算法

优化算法利用线性规划、整数规划等寻找最佳供应链配置。在运输路径优化方面，企业可以通过线性规划确定最佳的运输路线，以降低运输成本和减少运输时间。在库存优化方面，整数规划可以帮助企业确定合理的库存水平，避免库存过多或过少。

8.风险管理分析

风险管理分析在供应链管理中至关重要。通过分析供应链中的风险因素，如供应商稳定性、运输可靠性等，企业可以进行风险评估，制订应急计划。同时，通过对运输可靠性的分析，企业可以选择更可靠的运输方式和合作伙伴，降低运输风险。

9.文本分析

文本分析是指对供应链相关的文本数据如新闻报道、社交媒体等进行分析。在市场趋势分析方面，通过分析行业新闻和市场评论，企业可以了解市场的动态和趋势，及时调整生产和营销策略。在客户反馈分析方面，企业可以通过分析客户在社交媒体上的评价和反馈，了解客户的需求和不满，及时改进产品和服务。

10.大数据分析

大数据分析利用大数据技术，如 Hadoop、Spark 等，处理大规模供应链数据。在实时监控方面，企业可以通过大数据技术实时采集和分析供应链中的各种数据，如库存水平、销售数据、物流状态等，及时发现问题并采取措施。在预测分析方面，大数据分析可以处理海量数据，提高预测的准确性和可靠性。

三、数据分析基本流程

数据分析在企业管理中具有至关重要的地位。首先，它能够极大地优化业务流程。通过对供应链中各个环节的数据进行收集与整理，企业可以清晰地了解每个环节的运行情况，找出流程中的瓶颈和低效环节。其次，供应链数据分析有助于降低成本。根据费希纳定律，80% 的库存价值来自 20% 的物料，通过数据分析，企业可以对库存进行分类管理，对占较高价值的 20% 物料采取精细化管理，对剩余 80% 物料采取宽松化管理，避免过度管理造成成本浪费。同时，在采购成本控制方面，通过对采购过程中的成本进行分析，企业可以寻找降低成本的方法和途径。最后，供应链数据分析能够提升效率。在生产环节，通过数据分析可以合理安排生产计划，优化生产排程，提高生产效率。实时采集生产数据，监控生产过程中的异常情况，及时调整生产策略。数据分析的基本流程包括以下几个步骤：

1.数据采集

在当今复杂多变的供应链环境中，准确而高效的数据获取是进行深入分析和决策的关键。不同格式的数据文件以及网页表格中蕴含着丰富的供应链信息，而合理利用各种工具进行读取操作，可以为供应链数据分析打开便捷之门。

CSV（Comma-Separated Values）文件以其简单易读的文本格式成为数据存储和交换的常用选择。在供应链中，交易记录、库存清单等数据常常以 CSV 格式保存。通过使用 Python 中的 Pandas 库的 read_csv（）函数，可以轻松地将 CSV 文件中的数据导入数据分析环境中。这使得分析师能够快速对这些数据进行整理、筛选和分析，以了解供应链中的流量、趋势等关键信息。

Excel（包括 XLS 和 XLSX 格式）表格在供应链管理中广泛应用，无论是财务报表、生产计划还是销售数据，都可能以 Excel 格式呈现。Pandas 的 read_excel（）函数为读取 Excel 文件提供了便利。它可以准确地提取表格中的数据，并将其转换为易于处理的数据框架。通过对这些数据的分析，供应链管理者可以更好地掌握成本、库存水平以及销售业绩等重要指标，从而作出更明智的决策。

JSON（JavaScript Object Notation）格式具有灵活性和可扩展性，适于存储复杂的层次结构数据。在供应链中，例如物流路径信息、产品属性等可能以 JSON 格式存储。Pandas 的 read_json（）函数允许我们将 JSON 数据转换为结构化的数据表格，方便进行数据分析和可视化。这有助于深入了解供应链中的各个环节之间的关系和动态变化。

HTML 网页中的表格常常包含着有价值的供应链信息，如市场价格、竞争对手的产品信息等。Pandas 的 read_html（）函数可以从 HTML 页面中提取表格数据，这为供应链分析师提供了一种获取外部市场动态信息的有效途径。通过定期读取相关网页上的表格数据，可以及时了解市场趋势、价格波动等情况，为供应链的定价策略、采购决策等的制定提供参考依据。

虽然 Python 的 Pandas 库不能直接读取 Word 和 PDF 文件，但借助第三方库可以实现对这两种格式文件的读取操作。在供应链中，合同文件、报告文档等可能以 Word 或 PDF 格式存在。通过合适的第三方库，可以提取其中的关键数据，如合同中的交货条款、报告中的市场分析和预测等。这为供应链决策提供了更全面的信息支持，确保决策的准确性和可靠性。

总之，了解和掌握不同格式文件以及 HTML 表格的读取方法，对于供应链数据分析至关重要。通过合理利用这些数据获取路径，可以整合多源数据，深入挖掘供应链中的潜在信息，为优化供应链管理、提高效率和降低成本提供有力的支持。

2.数据存储

在供应链数据分析中，数据采集只是第一步，如何妥善存储这些数据对于后续的分析和决策至关重要。Word、Excel 和 JSON 是常见的数据存储路径，各有其特点和适用场景。

Word 通常不是首选的数据存储工具，但在某些特定情况下可以发挥作用。其存储路径可以是本地硬盘、网络共享文件夹或云存储服务。在供应链数据分析中，Word 可以用于记录数据采集的过程、方法和注意事项，以及对数据的初步描述和分析结论。然而，Word 对于大量结构化数据的存储和处理能力有限，它更适合存储文本描述性的信息，而不是大量的数字和表格数据。

Excel 是供应链数据分析中常用的存储工具之一。其存储路径也可以是本地、网络或云端。Excel 可以方便地存储和管理供应链中的各种数据，如采购订单数据、库存数据、销售数据等。通过表格的形式，可以清晰地展示数据的结构和内容，并且可以使用公式和函数进行数据计算和分析。在存储路径选择上，本地存储可以提供更快的访问速度，但存在数据丢失的风险。网络共享文件夹可以方便团队成员协作，但需要注意数据安全和权限管理。云存储服务则提供了数据备份和随时随地访问的便利，但可能需要考虑数据隐私和网络连接的稳定性。

JSON 作为一种轻量级的数据交换格式，在供应链数据分析中也有广泛的应用。其存储路径可以是服务器、数据库或者云存储平台。JSON 格式的数据具有结构清晰、易于解析和传输的特点。在供应链系统中，JSON 可以用于存储和交换各种数据，如产品信息、订单状态、物流轨迹等。与 Word 和 Excel 相比，JSON 更适合存储和处理大量的结构化数据，并且可以方便地与编程语言结合进行数据分析和处理。但是，对于不熟悉编程的用户来说，直接编辑和查看 JSON 文件可能会有一定的难度。

在选择供应链数据分析数据的存储路径时，需要考虑以下几个因素：数据量和结构：如果数据量较大且结构复杂，Excel 和 JSON 可能更适合；如果数据主要是文本描述性的，Word 可能更适合。数据访问需求：如果需要频繁访问和编辑数据，本地存储或网络共享文件夹可能更方便；如果需要随时随地访问数据，云存储服务可能是更好的选择。数据安全和隐私：对于敏感数据，需要选择安全可靠的存储路径，并采取适当的加密和权限管理措施。团队协作需求：如果需要团队成员共同协作处理数据，网络共享文件夹或云存储服务可以方便数据的共享和同步。技术能力和资源：如果团队具备编程能力，JSON 格式的数据可以更好地与数据分析工具结合；如果技术资源有限，Excel 可能更容易上手和使用。

3.数据预处理

当数据集中存在少量缺失值且这些缺失值对整体数据影响较小时，可以考虑直接删除包含缺失值的记录。对于一些关键数据的缺失，可以采用手工填补的方式。自动填补是一种常用的方法，可以使用均值、中位数或众数来填充数值型数据的缺失值。对于非数值型数据，可以使用最频繁出现的值进行填充。

检测离群点的方法有很多，统计学方法是其中一种常见的方法。在供应链数据中，如运输费用数据，如果某个运输订单的费用远远超出其他订单的费用范围，就可能是离群点。对于离群点的处理，需要根据产生的原因采取不同的处理手段。如果离群点是由于数据记录错误导致的，可以进行数据修正或删除该记录。如果离群点是由于特殊情况产生的，如紧急运输导致费用增加，可以对其进行特殊标记并在分析时单独考虑。

可以通过比较数据的关键属性来检测重复数据。可以使用滑动窗口对比的方法，将数据按照一定的顺序排列，然后通过滑动窗口逐段对比，找出重复的数据。对于重复数据，可以根据具体情况进行删除或合并处理。如果重复数据是完全相同的，可以直接删除多余的记录。如果重复数据存在一些差异，可以根据具体情况进行合并处理，保留最完整或最准确的记录。

在不均衡数据集中，某些类别的数据数量远远少于其他类别，这会影响机器学习模型的性能。过采样和欠采样是两种常用的处理方法。过采样是通过增加少数类样本的数量来平衡数据集。欠采样是通过减少多数类样本的数量来平衡数据集。在库存数据中，如果某些产品的库存数量远远多于其他产品，可以随机删除一些库存记录较多的产品数据，以平衡数据集。

将非数值型转换为数值型的方法有很多，其中独热编码是一种常用的方法。对于分类数据，如供应商类型、产品类别等，可以使用独热编码将其转换为数值型数据。在进行类型转换时，需要注意一些问题。首先，独热编码会增加数据的维度，可能会导致计算复杂度增加。因此，在使用独热编码时，需要考虑数据的规模和计算资源。其次，不同的编码方法可能会对分析结果产生影响，需要根据具体情况选择合适的编码方式。

归一化处理：归一化处理是为了确保数据在相同的尺度上，避免不同特征的量纲差异对模型性能产生影响。常用的归一化方法有 Min-Max 归一化和 Z-Score 归一化。Min-Max 归一化将数据缩放到［0，1］区间，公式为：

$$X_{normalized} = \frac{X - X_{min}}{X_{max} - X_{min}}$$

在供应链数据中，如库存数量，可以使用 Min-Max 归一化将其缩放到［0，1］区间，以便更好地进行分析。Z-Score 归一化将数据转换为均值为 0，标准差为 1 的分布，公式为：

$$X_{normalized} = \frac{X - \mu}{\sigma}$$

其中 X 是数据的均值，μ 是数据的标准差。对于订单金额等数据，可以使用 Z-Score 归一化进行处理。

在供应链数据分析中，数据预处理是至关重要的环节，而数据规约作为其中的关键步骤，对于提高数据分析的效率和准确性起着举足轻重的作用。供应链数据通常具有量大、复杂、多源等特点。未经处理的数据可能包含大量冗余信息和噪声，这不仅会增加数据分析的时间和成本，还可能影响分析结果的准确性。数据规约通过对数据进行简化和压缩，在不影响数据完整性和分析结果的前提下，能够有效地减少数据量，提高数据分析的效率。

数据规约是供应链数据分析中不可或缺的环节。通过合理地运用数据规约方法，可以有效地减少数据量，提高数据分析的效率和准确性。在实施数据规约时，需要根据数据的特点和分析需求，选择合适的方法，并进行严格的评估，以确保数据规约的效果。只有这样，才能为供应链管理提供更加准确、高效的决策支持。

4.数据分析

供应链数据分析在现代企业运营中起着至关重要的作用。首先，它是优化供应链管理的关键工具。通过对供应链各个环节的数据进行统计和分析，企业能够全面了解供应链的运作情况，找出潜在的问题和瓶颈，从而有针对性地进行改进。其次，供应链数据分析有助于降低成本。根据数据统计和分析结果，企业可以找出不必要的成本支出，如过高的采购成本、不合理的物流费用等，并采取相应的措施进行优化。再次，提高效率是供应链数据分析的重要目的。通过对销售数据、生产数据等的分析，企业可以更好地协调各部门之间的工作，实现跨部门团队运作。最后，供应链数据分析对企业竞争力有着重大影响。在当今激烈的市场竞争中，企业只有通过精准的数据分析，才能更好地满足客户需求，提高产品质量，降低成本，提高效率，从而在市场中脱颖而出。

对于收集到的数据，可以进行数据加载与粗略查看，需要处理丢失的数据，处理数据中的偏商值；对数据中的特征值进行合并、连接，通过数据转换获取符合的值；之后对数据进行标准化或者归一化处理。

依据场景以及数据的特点使用分类或者预测，基于sklearn库使用回归分析、决策树、贝叶斯网络、支持向量机，或基于 keras 进行神经网络的建模，根据数据结果，结合实际情况，开发相应的流程（亲和图、头脑风暴等），用这些信息给出主观解释；使用分布分析、交叉分析、分组分拆、结构分拆等得出客观的结论

四、数据分析常用工具

1.Excel

全球性及广泛应用：Excel 作为全球主流数据分析工具，几乎在所有行业和各类组织中都有广泛的应用。据统计，每月活跃用户数以亿计，其使用人数与全球说英语的人数相当。无论是制造业、零售业还是服务业，无论是大型企业还是小型公司，都在日常工作中频繁使用 Excel 来处理各种业务数据。

简单易上手：Excel 的最大特点之一就是容易学习和掌握。对于初学者来说，只需要简单学习一下就能快速掌握在表格中输入信息、进行统计汇总等基本功能。而且 Excel 中的公式也不复杂，比如使用频率很高的“Vlookup”公式，一般人只需要练习几次就能理解其中的逻辑，灵活掌握使用技巧。

高度兼容性：Excel 非常灵活，具有高度的兼容性。其他系统软件都支持 Excel 数据格式，可以在系统中导出数据，保存为用Excel 可以打开的文件格式。各个 ERP 系统厂商之间的文件可能不兼容，但是对于 Excel 都保持高度兼容性。甚至有厂商把系统的界面设计得与 Excel 相仿，为用户提供更好的使用体验。

职场加分项：熟练掌握 Excel 对于求职者来说是一项加分项。在企业中，能快速高效地完成数据分析任务，定会助力职场发展。

在数据量不大的情况下，Excel 更加灵活便捷。业务部门经常要看一些定制化的数据报表，对于更多人来说，学习 Excel 比掌握 Power BI 或 SQL 数据库等技术容易许多。例如，可以使用 Excel 中的 SUMIF 函数实现对供应链进度追踪表中不同时间

段入库量的计算，满足业务部门对数据的分析需求。

2.SPS

SPS（Supplier Process Standardization）即供应商过程标准化，是一种通过规范供应商的生产过程，提高产品质量和生产效率的管理方法。SPS 强调供应商与制造商之间的协同合作，具有灵活性、可持续性和成本效益高等优点。在物流行业中，SPS 可以帮助企业提高供应链协同效率、降低运营成本、提升服务质量和客户满意度。随着全球化和电子商务的快速发展，SPS 在物流领域的应用前景更加广阔。

微课 2-3

人工智能在物流领域的应用

SPS 推进策略制定：在分析现状时发现，现有物流运作流程存在冗余环节，物流信息系统建设不完善，物流团队人员素质参差不齐。为了解决这些问题，应制定推进策略，包括降低成本、提高效率和提升客户满意度；通过优化物流运作流程，消除冗余环节；加强物流信息系统建设，实现信息共享；加强培训，提升人员素质。

信息系统建设及优化方案：对现有物流信息系统进行全面评估，明确存在的问题和瓶颈。根据评估结果确定改进方向，如提升系统性能、优化操作流程、增强系统安全性等。关注物流行业最新的信息技术发展趋势，引入先进技术，如物联网、大数据、人工智能等。进行信息系统整合，将不同来源、不同功能的信息系统进行整合，实现数据共享和交换。建立协同管理机制，确保各部门在信息系统使用过程中能够紧密合作。

运营流程优化及实施计划：全面梳理物流运营中的各个环节，明确存在的问题和瓶颈。以提高效率、降低成本、提升客户满意度为目标，对关键运营流程进行优化设计，如引入自动化、智能化技术，优化人员配置等。针对梳理出的问题制定具体的改进措施，明确实施时间节点，确保按计划推进。建立持续改进机制，定期收集和分析运营数据，针对新出现的问题制定改进措施。

人员培训和能力提升方案设计：分析不同岗位和职级员工在物流 SPS 推进过程中所需的知识和技能，明确培训需求。设定明确的培训目标，包括知识掌握、技能提升和业绩达成等方面。设计完整的课程体系，包括必修课、选修课和实践课程等。选用合适的教材，确保培训内容的准确性和实用性。通过考试、问卷调查、实际操作等方式对员工的培训效果进行评估，及时调整培训内容和方式。

3.D3JS

D3JS 具有强大的可视化功能，选择 D3JS 进行数据分析时，需要从多个方面进行调研考察。首先，要考虑是否能满足业务需求，比如在供应链管理中，是否能够清晰地显示产品数据、库存数据等的变化趋势。其次，要关注数据库的更新频率，以确保能够及时跟上技术发展的步伐。社区活跃度也是一个重要因素，活跃的社区可以提供丰富的案例和解决方案，帮助开发者快速解决问题。最后，还要考虑与现有主框架的兼容性，以便更好地整合到现有系统中。

在使用 D3JS 时，可以根据不同的情况选择不同的方法。如果需要快速实现图表制作，可以利用现成的例子进行修改和调整。也可以将多个例子进行混合，创造出独特的可视化效果。对于有一定开发能力的团队，可以进行自主开发，根据具体的业务需求定制可视化图表。例如，可以使用 D3JS 绘制供应链中的库存变化条形图、产品销售散点图等，直观地展示数据。

4.Power BI

微软 Power BI 是一款强大的数据分析和报告工具，广泛应用于企业中。它可以将复杂的数据转化为直观的图表和报表，帮助企业管理层快速了解业务状况。Power BI 支持多种数据源的连接，包括数据库、Excel 文件、云服务等，方便企业整合各种数据。

Power BI 能够将企业日常经营过程中产生的数据或者预先制作好的报告用柱状图、折线图、漏斗图等可视化的方式表现出来，让业务人员识别重要信息。它还提供数据分析挖掘功能，通过钻取、联动、跳转等功能，能够根据指标维度去查看进一步信息，找到问题的根源。在供应链管理中，Power BI 可以支持需求预测、库存管理、运输管理等工作，帮助企业优化供应链流程，降低成本，提高效率。此外，Power BI 具备协作共享功能，团队成员可以在同一个平台上查看报表，提高工作效率；还可以发布到云端，方便团队共享分析结果。

小案例 2-3

大数据时代：华为风险管理与竞争情报融合之策

在当今国际经贸对抗的大环境下，中美贸易摩擦持续升级，国家层面的技术创新竞争使得企业面临的供应链风险大幅提升。而大数据的崛起，既为企业带来了新的机遇，也带来了前所未有的挑战。在这个风云变幻的时代，华为作为标杆企业，其在供应链风险管理与竞争情报融合方面的成功实践，为众多企业提供了宝贵的借鉴。

大数据改变了供应链风险管理模式，使其更加全面、及时和准确。通过对海量数据的收集和分析，企业可以实时监测供应链的各个环节，及时发现潜在的风险因素。华为的供应链中断风险事件，充分验证了大数据下供应链风险管理与竞争情报融合的重要性。在面对美国的制裁和打压时，华为凭借其强大的供应链风险管理和竞争情报体系，迅速作出反应，采取了一系列有效的应对措施。华为提前储备了关键零部件，加大了自主研发的力度，同时积极拓展国内外市场，降低了对单一市场的依赖。这些措施的背后，离不开华为对供应链风险的精准识别和对竞争情报的高效利用。

为了实现大数据下供应链风险管理与竞争情报的融合，华为构建了一套完善的融合模型。这个模型基于战略、组织、制度、技术和资源五要素的共同保障。在战略层面，华为将供应链风险管理与竞争情报融合纳入企业的整体战略规划中，明确了融合的目标和方向。在组织层面，华为建立了专门的供应链风险管理和竞争情报团队，负责协调和推进融合工作。在制度层面，华为制定了一系列完善的规章制度，确保融合工作的规范化和制度化。在技术层面，华为投入大量资源，研发了先进的大数据分析和竞争情报收集技术，为融合工作提供了技术支持。在资源层面，华为整合了内部和外部的各种资源，为融合工作提供了充足的保障。

“不谋万世者，不足谋一时；不谋全局者，不足谋一域。”在国际经贸对抗的大环境下，企业要树立长远的发展眼光，从全局的角度出发，积极推进供应链风险管理与竞争情报的融合。只有这样，企业才能在激烈的市场竞争中立于不败之地，为国家的经济发展和技术创新作出更大的贡献。

资料来源　宋新平，刘馥宁，申真，等．大数据下企业供应链风险管理与竞争情报融合模型构建——以华为公司为例［J］．情报杂志，2024（6）．引文经节选、压缩及改编。

【任务实施】

1.准备工作

（1）掌握供应链数据的类别，针对任务特征进行数据分类。

（2）深入学习供应链中的数据要素，掌握供应链数据的来源和价值。

（3）通过供应链数据可视化，直观地展示供应链数据变化。

（4）根据案例条件，利用数据分析方法，完成需求管理的数据分析。

2.实施步骤

（1）从各个数据源收集相关数据，并进行整合和清洗，确保数据的质量和一致性。建立数据仓库或数据库，存储和管理供应链数据，方便后续的分析和查询。

（2）选择合适的数据分析方法和工具，根据历史销售数据和其他影响因素建立需求预测模型。对模型进行验证和优化，通过比较预测结果与实际销售数据，调整模型参数，提高预测准确性。

（3）根据需求预测结果，制定库存管理、采购计划、促销策略等决策。考虑不同的风险因素和不确定性，制订应急预案，以应对市场变化和突发事件。

随堂测 2-3

1+X证书

（4）在任务实施过程中监测销售数据和库存水平，与需求预测进行对比，及时发现偏差并采取调整措施。定期评估需求管理的效果，总结经验教训，不断改进需求预测模型和管理策略。

拓展阅读 2-3

基于数据分析的物资采购决策与供应链优化研究

1.供应链的可视化和监控

（1）数据可视化。数据可视化是供应链可视化和监控的重要手段之一。通过可视化的工具和技术，可以将大量的供应链数据以直观、易懂的方式展示出来，使供应链管理者能够一目了然地了解供应链的状态和性能。比如，可以使用图表、仪表盘、地图等形式来展示供应链的订单量、库存水平、交货准时率、运输时间等关键性指标，从而帮助管理者快速地发现问题和运营的瓶颈，并采取相应的措施加以解决。

（2）关键绩效指标（Key Performance Indicators，KPIs）在供应链监控中起到重要的作用。通过选择和设定适当的KPIs，供应链管理者能够衡量和评估供应链的绩效表现，及时发现问题，并加以解决。常见的供应链KPIs包括库存周转率、订单交付准时率、订货周期、缺货率等。通过数据分析和可视化效果，这些指标可以被监测和跟踪，以评估供应链的效率、准时性和可靠性。

2.供应链网络的优化

（1）数据分析可以用于供应链网络的设计和布局。通过分析供应链中的数据，包括供应商、生产工厂、仓储设施和销售点等相关信息，可以优化供应链网络的结构和布局。数据分析可以帮助管理者确定最佳的物流节点和仓储设施的位置，最大限度地降低运输成本、减少库存水平，并确保及时交付商品，提高顾客的满意度。通过综合考虑供应链各个环节的数据，如供应商的交货时间、生产工厂的产能、销售点的需求等，能够优化供应链的网络设计，提高运输效率和响应速度。

（2）数据分析可用于运输和配送路径的优化。通过分析历史运输数据、交通拥堵情况、运输成本等相关信息，能够优化运输和配送路径，降低运输成本、缩短运输时间，提高交货的准时率。数据分析能够利用物流优化模型和算法，对运输路线进行规划和优化，考虑交通状况、货物容量、运输工具的利用率等因素，从而确定最佳的路径和最佳的运输策略。

3.供应链风险管理

（1）数据分析可以用于风险预测和模拟分析。通过收集和分析供应链中的相关数据，包括供应商的信息、市场趋势、天气状况等，决策者能够识别潜在的供应链风险因素。利用数据分析技术，决策者可以建立风险模型和预测模型，对供应链中的不确定因素进行分析和预测。比如，通过数据分析可以预测供应商交货延迟的可能性，市场需求的波动情况，以及自然灾害对物流运输的影响等，这样企业能够提前识别潜在的风险，为及时、适当的应对措施提供依据。

（2）数据分析可以帮助企业制定风险应对措施。基于对供应链风险的分析和预测，企业可以制订相应的风险管理计划和应对策略。通过数据分析，可以识别供应链中的薄弱环节和高风险区域，并采取措施加强监测和控制。

资料来源　潘奕霖．基于数据分析的物资采购决策与供应链优化研究［J］．中国产经，2023（19）．引文经节选、压缩及改编。

任务四　掌握订单管理技能

【岗位任务】

ABC机械制造公司是一家专注于生产高端工业机械设备的企业，产品涵盖数控机床、自动化生产线设备等。公司在行业内拥有良好的声誉和广泛的客户群体，产品远销国内外市场。根据企业特征选定合理的客户订单处理流程，为客户提供优质的售前、售中、售后服务。

要求：

（1）依据订单的优先顺位、种类、数量，以及订单接收、审核、生产、发货等流程，编写一份合理的客户订单处理流程

（2）参照小组编制的订单处理流程制作汇报PPT演示文档，汇报过程中收集反馈信息，并完善客户订单处理流程的修订。

分析提示：收集订单处理过程中的各种数据，对客户订单进行分类分析，了解不同类型订单的特点和需求，为制定有针对性的管理策略提供依据。去除不必要的环节和烦琐的手续，优化流程，提高效率。确保信息畅通，分享经验和教训，共同提高订单处理水平。

【课堂知识】

在当今数字化的商业世界中，订单管理扮演着至关重要的角色。无论是大型电商平台，还是小型的线上店铺，高效的订单管理都是成功的关键之一。

一、订单管理的定义与主要环节

1.订单管理的定义

订单管理是指对客户订单从产生到完成的整个过程进行跟踪、协调和控制的一系列活动。它涵盖了订单接收、处理、发货、配送以及售后服务等各个环节。其重要性不言而喻。首先，良好的订单管理能够确保客户的需求得到及时的满足。当客户下单后，他们期望尽快收到商品或服务。高效的订单处理流程可以缩短订单履行时间，提高客户满意度。其次，准确的订单管理有助于减少错误和纠纷。通过对订单信息的仔细核对和跟踪，可以避免发错货、漏发货等问题，降低客户投诉的风险。最后，有效的订单管理能够为企业提供有价值的数据分析。通过分析订单数据，企业可以了解客户需求、销售趋势等信息，从而制定更精准的营销策略和库存管理策略。

2.订单管理的主要环节

（1）订单接收。当客户在电商平台上下单后，订单信息会立即传输到企业的订单管理系统中。此时，系统需要对订单信息进行验证，确保订单的完整性和准确性。同时，企业需要及时向客户发送订单确认信息，让客户知道他们的订单已经被成功接收。

微课 2-4
退货处理

微课 2-5
物品退货的原因

（2）订单处理。订单处理是订单管理的核心环节。在这个阶段，企业需要根据订单信息进行库存检查、商品拣选、包装等操作。如果库存不足，需要及时进行补货或与客户沟通协商解决方案。同时，订单处理人员需要确保商品的质量和数量符合要求，避免出现次品或短装的情况。

（3）发货与配送。订单处理完成后，企业需要尽快安排发货。选择合适的物流合作伙伴至关重要，它们能够提供快速、可靠的配送服务。在发货过程中，企业需要及时更新订单状态，让客户能够随时了解订单的配送进度。同时，企业还需要对物流过程进行跟踪，确保商品能够安全、准时地送达客户手中。

（4）售后服务。即使订单已经完成，售后服务仍然是订单管理的重要组成部分。如果客户对商品不满意或出现质量问题，企业需要及时响应客户的投诉，提供退换货服务或其他解决方案。良好的售后服务可以提高客户的忠诚度，为企业带来更多的回头客。

（5）订单量波动。电商行业的订单量往往会受到季节、促销活动等因素的影响，出现较大的波动。这给订单管理带来了很大的挑战。为了应对订单量波动，企业可以采用灵活的库存管理策略，提前做好库存准备。同时，企业还可以优化订单处理流程，提高处理效率，以应对订单高峰。

（6）物流配送问题。物流配送是订单管理中容易出现问题的环节。延迟配送、货物损坏、丢失等情况时有发生。为了解决这些问题，企业可以选择信誉良好的物流合作伙伴，建立完善的物流跟踪系统，及时处理物流异常情况。此外，企业还可以提供多种配送方式，让客户根据自己的需求选择合适的配送方式。

（7）数据安全与隐私保护。订单管理涉及大量的客户信息，如姓名、地址、联系方式等。保护客户数据的安全是企业的重要责任。企业需要建立严格的数据安全管理制度，采用加密技术、访问控制等措施，确保客户数据的安全。同时，企业还需要遵守相关的法律法规，保护客户的隐私权益。

订单管理是电商运营的核心，它关系到企业的客户满意度、运营效率和竞争力。企业需要重视订单管理，不断优化订单管理流程，提高订单管理水平，以适应日益激烈的市场竞争。

二、订单的分类与分级

在需求管理中，客户订单可以从不同角度进行分类和分级，这有助于更高效地管理订单和满足客户需求。

1.客户订单的分类

（1）按产品类型分类。①标准产品订单。客户订购的是企业常规生产和销售的产品，这类订单通常具有较为固定的规格、型号和交付周期。②定制产品订单。客户根据自身特殊需求定制的产品订单，其规格、设计或功能等方面与标准产品有所不同。定制产品订单往往需要更长的生产周期和更多的沟通协调。

（2）按订单来源分类。①线上订单。这是通过企业的电子商务平台、移动应用等在线渠道提交的订单。这类订单通常具有数据化程度高、处理速度快的特点。②线下订单。这是通过传统的销售渠道，如门店、电话、传真等方式提交的订单。线下订单可能需要更多的人工干预，如进行数据录入和处理。

（3）按订单周期分类。①一次性订单。客户只在特定时间点下达一次的订单，没有重复性。②重复性订单。客户定期或不定期重复下达的订单，如企业与一些长期合作客户之间的订单。

2.客户订单的分级

（1）优先级分级。通过综合考虑客户因素、订单特点和企业内部情况，可以制定出一套科学合理的客户订单优先级分级体系，提高订单处理效率，满足客户需求，同时也有助于优化企业的资源配置和运营管理。①高优先级订单。这是由于客户的紧急需求、重要项目或特殊情况等原因，需要优先处理和交付的订单。这类订单通常会给予特殊的标记，以确保在整个供应链流程中得到最快的响应。②中优先级订单。具有一定的重要性，但不需要像高优先级订单那样紧急处理。可以按照正常的订单处理流程进行，但可能会在资源分配上给予一定的优先考虑。③低优先级订单。相对不那么紧急或重要的订单，可以在资源允许的情况下进行处理；在订单积压或资源紧张时，可能会被延迟处理。

（2）价值分级。①高价值订单。订单金额较大或者对企业利润贡献较高的订单。这类订单可能会享受更优质的服务，如更快的物流配送、更严格的质量控制等。②中价值订单。价值处于中等水平的订单，按照常规的服务标准进行处理。③低价值订单。订单金额较小或者利润贡献较低的订单。在处理过程中可能会更加注重成本控制，但也不能忽视客户的基本需求。

通过对客户订单进行分类和分级，可以更好地组织和管理订单处理流程，合理分配资源，提高客户满意度，同时也有助于优化供应链的整体运作效率。

三、订单处理流程

1.有库存订单管理流程

库存在企业运营中起着至关重要的作用。首先，它能够确保及时交货。当客户下达订单后，如果企业有库存，就可以迅速响应，及时发货，满足客户的需求。例如，某电商平台通过优化订单处理流程，采用智能分拣系统和自动化仓库管理系统，大大提高了订单处理速度，确保了准时交货。这不仅提高了客户满意度，还增强了企业的竞争力。其次，有库存订单管理有助于降低成本。合理的库存水平可以避免缺货和生产中断，降低因缺货导致的销售损失和紧急采购成本。同时，通过有效的库存管理，可以提高库存周转率，减少库存积压，降低库存持有成本。根据相关数据，提高库存周转率可以减少库存积压，提高资金使用效率，从而有利于订单准时交付。最后，有库存订单管理还可以提高企业的运营效率。通过实时监控库存情况，及时调整库存量，确保库存水平合理。支持多种订单输入方式，如在线下单、电话下单、微信下单等，确保订单信息准确无误。采用智能算法进行订单分配，提高配送效率。对配送过程中的异常情况进行实时监控，及时发现并处理问题，确保订单顺利完成。

有库存订单管理对企业运营至关重要，它能够确保及时交货、降低成本、提高运营效率，为企业的可持续发展提供有力保障。

（1）订单接收与确认。当客户下达订单后，企业需要通过多种渠道及时接收订单，如在线平台、电话、邮件等。接收订单后，库存管理人员要对订单进行初步审核，包括核对商品信息、数量、价格等，确保订单的真实性。

（2）库存状况确认。库存管理人员需要在确认订单后立即检查库存状况。这一过程不仅要考虑库存数量，还要关注在途库存。通过库存管理系统实时获取库存数据，确保数据的准确性和及时性。同时，定期检查库存情况，如每日、每周或每月进行盘点，确保库存数据与实际相符。根据特定需求，还可以自定义查询条件，获取特定商品的库存信息

（3）订单处理与跟踪。在确认库存能够满足订单需求后，需要制订订单处理计划，确定拣货人员、时间、地点和数量。根据商品的位置进行拣货，可采用固定位置拣货、随机拣货、分类拣货或复合拣货等策略，根据实际情况进行选择。拣货完成后进行复核，确保商品品种、数量与订单一致，防止错发或漏发。然后选择合适的包装材料，如纸箱、气泡垫、填充物等，按照商品特性和运输要求进行包装，并在包装上贴上发货标签，注明客户信息、发货地址等。制作发货单据，记录发货信息，如订单号、商品明细、发货日期等。将商品交付给物流公司后，要实时跟踪订单进度，为客户提供在线查询功能，实时了解订单配送状态和预计送达时间。对配送过程中出现的异常情况，如延误、丢失等，及时与客户沟通并采取相应措施解决。

（4）订单结算与归档。当客户收到商品并确认无误后，进行订单结算。结算方式可以有现金结算、信用卡结算、在线支付、分期付款等。核对结算金额，开具发票，并将相关资料进行归档保存。

2.无库存订单管理流程

在供应链需求管理中，无库存订单管理具有至关重要的意义。首先，无库存订单管

理能够极大地提高效率。传统的库存管理模式往往需要大量的人力和时间来进行库存盘点、货物存储和搬运等工作。而在无库存订单管理模式下，企业可以根据客户的实际需求进行生产和采购，避免了库存积压和浪费，从而减少了不必要的操作环节，提高了整个供应链的运作效率。其次，无库存订单管理有助于降低成本。库存不仅占用大量的资金，还会产生仓储费用、管理费用以及可能的货物损耗等成本。通过无库存订单管理，企业可以将库存成本降至最低。据统计，采用零库存管理模式的企业能够降低 20%~30% 的库存成本。同时，无库存订单管理还可以减少因市场变化导致的库存积压风险，避免货物贬值和损失。最后，无库存订单管理能够提升客户满意度。在快速变化的市场环境中，客户对产品的交付速度和个性化需求越来越高。无库存订单管理模式可以使企业更加灵活地响应客户需求，快速生产和交付客户所需的产品。此外，无库存订单管理还可以确保产品的新鲜度和质量，提高客户对企业的信任度和忠诚度。

无库存订单管理在供应链需求管理中具有重要的意义，它能够提高效率、降低成本、提升客户满意度，为企业的可持续发展提供有力支持。

（1）订单接收与确认。当企业接收到无库存订单时，首先需要对订单信息进行仔细核对，包括客户名称、联系方式、产品规格、数量、交付日期等关键信息。可以通过自动化的订单管理系统，对订单进行实时录入和跟踪，确保信息准确无误。同时，与客户进行及时沟通，确认订单的紧急程度和特殊要求。

（2）供应商沟通与协调。在确认无库存订单后，企业需要立即与供应商进行沟通协调，向供应商提供准确的产品需求信息，包括规格、数量、交付时间等。与供应商共同确定供货时间和方式，确保原材料能够及时供应。例如，可以采用供应商管理库存（VMI）方式，让供应商实时了解企业的库存情况，提前做好供货准备。同时，建立长期稳定的合作关系，与供应商共同优化供应链，提高供货效率。

（3）生产计划调整。根据无库存订单情况，企业需要及时调整生产计划，对生产任务进行重新排程，优先安排无库存订单的生产。可以采用灵活的生产方式，如准时制生产（JIT），根据客户需求进行生产，避免库存积压。同时，对生产资源进行合理调配，确保生产设备和人力能够满足生产需求。例如，在订单高峰期，可以通过加班、招聘临时工等方式增加生产能力。

（4）物流配送安排。合理安排物流配送是确保无库存订单及时送达客户手中的关键。选择可靠的物流合作伙伴，确保货物能够安全、快速地运输。根据订单的紧急程度和客户要求，选择合适的运输方式，如快递、陆运、海运等。同时，对物流过程进行实时跟踪，及时向客户反馈货物的运输情况。

（5）客户反馈与处理。及时收集客户反馈，对无库存订单的处理情况进行评估和改进。建立客户反馈渠道，如电话、邮件、在线客服等，方便客户提出问题和建议。对客户反馈的问题进行及时处理，如货物损坏、延迟交付等。同时，对客户反馈的意见进行分析，总结经验教训，不断优化无库存订单管理流程。

小案例2-4

一站式全渠道销售协同物流供应链订单处理

百世供应链在全国拥有418个云仓，这个强大的网络让其根据品牌方的销售预测，为客户提供前置分仓方案成为可能。对于快消品客户，每日的预测订单超过日常销售单量的数十倍，分仓是十分有必要的。对超出预测的订单临时激增，受疫情影响的部分区域运营封闭，百世供应链也都准备了详细的针对性应急预案。经过多年的经验积累，促销前的分仓准备和促销中的快速应对已成为百世供应链从容应对大促的"必杀技"。

仓储数字化运营与快递智能化管理的相互协同，为"次日达"奠定了坚实的基础。在2022年的"双十一"大促期间，百世云仓的日清单率达到97.25%，发货准确率接近100%，次日达订单占比43.5%。值得一提的是，定制化配送运营管理产品——百世云配的正式上线功不可没，它为全国超过18 000家门店及平台提供服装大促备货和换季退换货服务，对于线上线下一体化的品牌方而言，实现了云仓与门店、门店与门店间的及时调配，令提货及时率达到100%，以保证"次日达"。

走进百世集团位于广东的里水仓，满眼望去都是货架、流水线，还有多穿立体库、圆盘分拣机等科技化设备。在大促期间，每天只需300名员工，就能处理12万份订单。而10年前，这个仓库在大促期间每天有1 000多人，但订单处理量却只有10万单。这是科技驱动的力量。相关数据显示，目前百世60%以上的订单都是由智能派单系统、组车拣选完成。由于智能分拣、仓储自动化设备全面投入使用，相比去年同期，百世仓配操作人员减少25%，仓配交接效率提升4.2倍。但在大促期间，全网单日处理订单峰值却高达666万单，单仓单日处理订单峰值为68万单。更令人欣喜的是，快递运营管理系统与区块链技术应用结合实现了100%无纸化揽收，向云仓的绿色低碳运营又迈进了一步。

"大促期间所收集的运营数据为我们洞察市场格局、消费趋势、行业走势及客户痛点等，提供了不可多得的视角，同时，也检验了我们自身的应对和反应能力。百世供应链一直致力于为客户提供值得信赖的数智化供应链解决方案，应该说，这些运营数据为我们进一步的解决方案奠定了坚实的基础。"魏永强表示。

资料来源　百世集团.双十一期间保障1.37亿订单实现次日达，百世集团是如何做到的？[EB/OL]．[2022-11-16]．http：//www.chinawuliu.com.cn/zixun/202211/16/592627.shtml.引文经节选，压缩及改编。

【任务实施】

1.准备工作

（1）通过数据分析，找出影响订单处理效率和客户满意度的关键因素。

（2）了解不同类型订单的特点和需求，为制定有针对性的管理策略提供依据。

（3）加强部门之间的团队协作，建立有效的沟通机制和协调机制。

（4）确保信息畅通，共同解决订单处理过程中出现的问题。

2.实施步骤

（1）收集订单处理过程中的各种数据，如订单处理时间、生产周期、物流时间等。通过数据分析，找出影响订单处理效率和客户满意度的关键因素。

（2）对订单处理流程进行全面梳理，去除不必要的环节和烦琐的手续，优化流程，提高效率。利用数据分析工具，对客户订单进行分类分析，了解不同类型订单的特点和需求，为制定有针对性的管理策略提供依据。

（3）加强销售、生产、质量、物流等部门之间的团队协作，建立有效的沟通机制和协调机制。确保信息畅通，共同解决订单处理过程中出现的问题。

随堂测2-4

1+X证书

（4）通过讨论和意见反馈，建立订单处理的改进机制，评估订单处理流程和服务质量，找出存在的问题和改进的空间。鼓励员工提出创新想法和改进建议，积极尝试新的管理方法和技术手段，不断提升订单处理的效率和客户满意度。

拓展阅读2-4

国产汽车巨头的卓越供应链管理

全球工业化进程，特别是汽车产业的快速发展，标志着人类社会的显著进步。汽车产业，因其高度复杂性和精密要求，被视为工业化的顶点，同时也是全球经济的关键支柱。作为世界最大的汽车市场，中国在该产业的发展中占据着举足轻重的地位，吸引了众多国际和国内汽车品牌的竞争布局。当前，中国汽车市场竞争激烈，制造商不断推出新型汽车争夺市场份额。在汽车产业竞争格局的快速演变中，如何提升汽车品牌研发能力，确保企业能够一路长红自然成为车企发展战略的重中之重。一汽-大众汽车公司创建于1991年，是中国最具成就的合资车企之一，30余年风雨前行，在轿车市场上稳居领导地位，连续多年蝉联国产轿车销量第一名。在不断变化的市场环境下，要求公司加强技术储备、优化研发以应对外部环境的变化和挑战，促进持续发展和创新，同时也要求在内部管理上寻求突破。

首先，一汽-大众汽车在供应商管理方面极为严格且高效。其与各地的优质供应商建立了长期稳定的合作关系。在新车型的开发过程中，一汽-大众汽车会与关键零部件供应商紧密合作，提前规划生产需求，确保供应商能够按时提供高质量的零部件。

其次，在物流管理方面，一汽-大众汽车构建了强大而高效的物流网络。其采用先进的物流技术和管理方法，确保零部件和成品车辆能够快速、准确地运输到各个生产基地和销售市场。同时，一汽-大众汽车还建立了智能化的物流仓储系统，实现对库存的实时监控和管理，提高库存周转率。

再次，一汽-大众汽车非常注重供应链的可持续发展。其积极推动绿色供应链建设，要求供应商遵守严格的环保标准，减少对环境的影响。例如，在零部件的生产过程中，鼓励供应商采用环保材料和节能生产工艺。

最后，一汽-大众汽车还致力于提高供应链的社会责任意识，确保供应商在劳动权益、安全生产等方面符合国际标准。

一汽-大众汽车通过先进的信息技术实现了供应链的可视化和协同管理。其建立了统一的供应链管理平台，将供应商、生产基地、销售渠道等各个环节连接起来，实现信息的实时共享和协同决策。通过严格的供应商管理、高效的物流运作、可持续发展的理念以及先进的信息技术应用，一汽-大众汽车成功打造了一条具有强大竞争力的供应链，为企业的持续发展奠定了坚实基础。

资料来源　吴俊锋．一汽-大众研发战略研究［D］．长春：吉林大学，2024.引文经节选、压缩及改编。

思政聚焦

中国一汽：践行社会责任 彰显使命担当

经济增长、民生热点向来是全国两会上最受关注的话题。2024年政府工作报告中回顾了上一年度在增强城乡区域发展、扎实推进乡村全面振兴、切实保障和改善民生等相关工作方面取得的成效，并对新一年工作作出重要部署。聚焦重点任务，中国一汽始终心怀“国之大者”，持续支持脱贫地区发展促进乡村振兴、积极开展社会公益活动服务民生事业，以实际行动践行社会责任、增进民生福祉，为促进社会和谐发展贡献中国一汽力量。

2023年，中国一汽按照“175”工作思路，扎实推进定点帮扶和对口援藏工作，牢牢守住不发生规模性返贫底线，不断促进帮扶地区农业农村现代化取得新进展。

在人才振兴方面，中国一汽支持凤山县学校建设，结合社会公益开展“红旗梦想自强班”等项目，改善了援扶地区教学环境，助学圆梦，助力教育事业发展；持续开展培训示范、挂职干部专题授课，将企业经验向援扶地区传递，助力各类人才能力提升；持续开展“双向挂职”，组织帮扶地区干部到企业观摩交流，深度了解项目管理、数智化等管理经验，进一步激发干事创业活力，促进基层干部能力提升。

在生态振兴方面，中国一汽改善人居环境，推进村容村貌改善，使432名村民受益；保障村民健康，建设人畜分离牧业园区，确保900余名群众健康福祉；方便群众出行，实施道路硬化，直接惠及246名群众，助力群众生活质量提升。在左贡县开展乡村振兴示范点建设，实施道路硬化、风貌改造等，改善农牧民群众生产生活水平。

在组织振兴方面，中国一汽挂职干部履职尽责抓党建促振兴；推进集团内6家单位与帮扶县开展党建结对共建，多措并举促进帮扶地区发展；帮助培育新型农业经营主体，开展党支部领办合作社项目，为村集体增收，助力乡村基层组织提升。

在社区发展方面，关注银发一族，开展“红映初心 旗享银龄”服务老年人项目，通过提供助医设备支持以及其他民生服务，为长春汽开区的老年人提升生活幸福感。

砥砺奋进70载，初心使命、家国情怀与长子担当，已根植于中国一汽的血脉深处。面向未来，中国一汽将继续坚持不懈地推动乡村振兴，满怀激情地投身社会公益，在中国特色社会主义伟大事业中谱写崭新篇章。

资料来源　中国一汽．践行社会责任 彰显使命担当［EB/OL］．［2024-03-08］．http：//jl.people.com.cn/n2/2024/0308/c349771-40768870.html.引文经节选、压缩及改编。

综合测试

一、赛题测试

1.单项选择题

（1）在供应链需求管理中，（　　）不是主要的任务。

A.准确预测需求　B.优化库存水平　C.降低生产成本　D.协调生产与配送

（2）以下（　　）在供应链需求管理中最常用于需求预测。

A.主观判断法　B.移动平均法　C.指数平滑法　D.以上都是

（3）供应链需求管理的核心目标是（　　）。

A.提高客户满意度　B.降低库存成本

C.优化供应链效率　D.以上都是

2.多项选择题

（1）以下（　　）可用于供应链需求预测。

A.时间序列分析　B.回归分析　C.德尔菲法　D.移动平均法

（2）以下（　　）可能导致需求预测不准确。

A.突发事件（如自然灾害、疫情等）　B.技术创新带来的市场变化

C.消费者偏好的快速转变　D.数据质量问题

（3）以下（　　）可用于评估客户订单的绩效。

A.订单满足率　B.订单准时交付率

C.订单响应时间　D.订单利润率

3.判断题

（1）需求预测越准确，库存计划就越容易制订。（　　）

（2）客户订单分析只需要关注订单数量，无须考虑订单金额和交货期等因素。（　　）

（3）需求预测只能基于历史销售数据进行。（　　）

二、训创融合

供应链需求管理整改方案

1.实训目的

通过本实训，使学生深入了解供应链需求管理的重要性和存在的问题，掌握整改方案的制定方法和实施步骤。培养学生分析问题、解决问题的能力，提升学生的团队协作和沟通能力。通过实际操作，让学生熟悉供应链需求管理的工具和技术，提升学生的实践能力。增强学生对供应链管理领域的认识和理解，为未来从事相关工作打下坚实的基础。

2.实训方式

将学生分成小组，进行小组讨论和合作，共同制订整改方案。通过分析实际的供应链需求管理案例，引导学生发现问题、分析问题，并提出整改方案。组织学生到企业进行实地调研，了解企业的供应链需求管理现状，收集实际数据和信息，形成最终整改方案。

3.实训内容及步骤

（1）通过学习供应链需求管理的基本概念、重要性和流程，梳理整改方案的制订方法和原则，小组成员分配角色和工作任务。

（2）分组分析实际的供应链需求管理案例，找出案例中存在的问题，并进行深入分析，提出初步的整改方案。

（3）选择一家校企合作企业进行实地调研，了解企业的供应链需求管理现状，包括需求预测、库存管理、订单处理等方面，收集企业的实际数据和信息。

（4）结合案例分析和实地调研的结果，制订详细的整改方案，明确整改的目标、措施和时间表，进行小组内部的讨论和完善。

（5）针对整改方案进行模拟实验，分析模拟结果，对整改方案进行优化。考虑实际实施过程中可能遇到的问题和风险，制定相应的应对措施，再次进行小组讨论和完善。

（6）每个小组进行成果展示，介绍整改方案的内容和实施效果，邀请教师或专家代表进行点评和提问，学生进行答辩和交流。

4.实训成果

（1）整改方案报告：每个小组提交一份详细的整改方案报告，包括问题分析、整改目标、措施、时间表、风险评估等内容。

（2）软件模拟结果分析报告：每个小组提交一份软件模拟结果分析报告，包括模拟过程、结果展示、效果分析、改进建议等内容。

（3）答辩PPT演示文档：每个小组制作一份答辩PPT演示文档，用于成果展示和答辩。

（4）个人实训总结：每个学生提交一份个人实训总结，包括实训收获、体会、建议等内容。

通过以上实训计划，学生可以全面了解供应链需求管理的整改方案制订和实施过程，提高自己的实践能力和综合素质。

项目三　采购管理

在当今快速变化的商业环境中，供应链采购管理不仅是企业运营的基石，更是竞争优势的关键。本项目将深入探讨供应链采购管理的核心概念、策略和最佳实践。我们将从供应链的宏观视角出发，细致分析采购流程的每一个环节，从采购订单管理、供应商选择到招投标管理。通过案例研究和实际数据，我们将揭示如何通过精细化管理降低成本、提高效率，并确保供应链的弹性和可持续性。通过对本项目内容的全面学习，学生能够掌握在不断变化的市场环境中保持供应链灵活性和竞争力的关键策略，了解供应链采购环节给企业带来的长期利益增长和市场优势。

项目框架

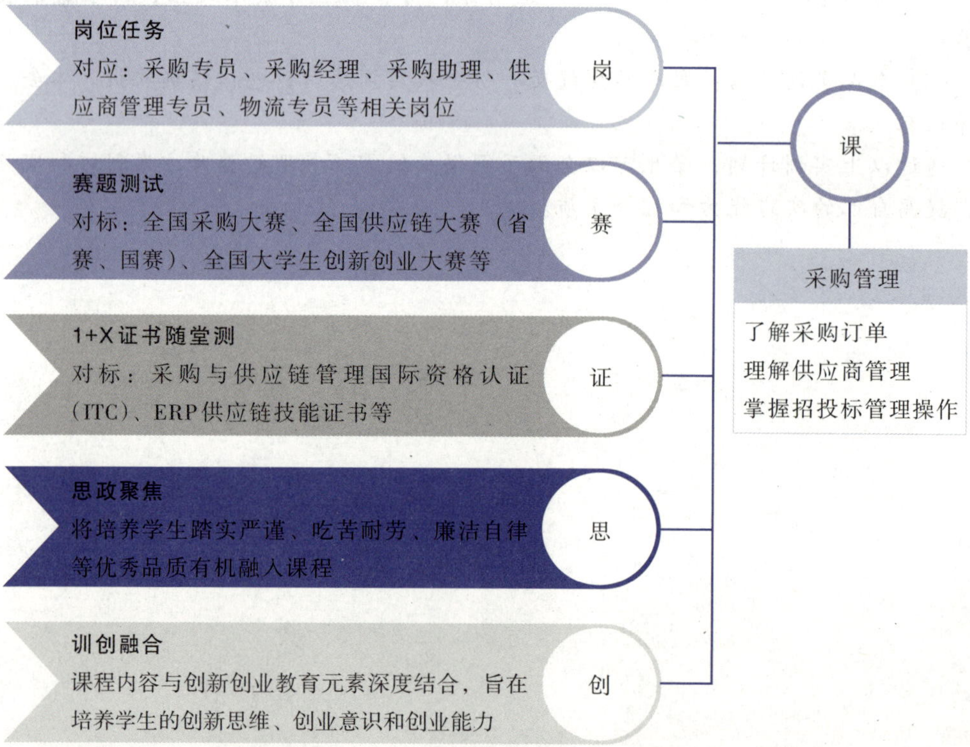

学习目标

知识目标	1.理解采购管理的重要性及其在供应链中的作用。 2.掌握采购流程的关键步骤，包括采购申请、选择供应商、价格谈判等。 3.学习如何执行有效的供应商管理，包括评估、选择和绩效监控。 4.熟悉招投标过程，从需求分析到合同谈判的各个环节
技能目标	1.能够根据企业需求制订科学的采购计划和预算。 2.掌握评估和选择供应商的技能，包括资质审核和绩效评估。 3.能够独立处理采购过程中的异常情况，包括质量问题和供应链中断。 4.学会编写和审核招标文件，组织投标评审，以及进行合同谈判
素养目标	1.培养细致入微的工作态度，确保采购订单的准确性和完整性。 2.提高沟通协调能力，有效与供应商及企业内部各部门合作。 3.强化法律意识和风险管理能力，确保采购活动的合规性。 4.培养持续改进和创新的意识，不断优化采购流程和策略

任务一 了解采购订单

【岗位任务】

强盛集团近期接到一笔大额订单，为此需采购大量原材料和零部件满足生产需求。作为采购负责人，你负责整个采购过程的管理，确保公司按时、按质、按量完成生产任务。

要求：

（1）准备一份采购订单管理方案报告，详细阐述上述各项工作的实施细节及预期效果。

（2）通过PPT演示文档或微视频等形式，向团队成员展示你的方案，并接受他们的提问与建议。

分析提示：本任务旨在学习供应链的采购订单管理，首先，需要深入理解采购与采购管理的定义和重要性，明确采购的一般流程以及传统采购模式存在的问题。其次，要熟练掌握采购订单审核处理的各个环节，包括订单接收、审核、供应商确认等，确保订单的准确性和合规性。这是保障采购工作顺利进行的关键环节，也是避免潜在风险的重要手段。

【课堂知识】

一、采购与采购管理

1.采购与采购管理的定义

（1）采购。一般来说，采购包含两层基本含义：一层为“采”，即选择，从许多对象中选择若干个；另一层为“购”，即取得，包括购买、运输、仓储、收货等环节，通过商品交易的手段把所选对象从对方手中转移到自己手中。因此，采购就是通过交易从资源市场获取资源的过程。在这个过程中，要实现将资源的物质实体从供应商手中转移到自己手中。一方面，其是一个商流过程，主要通过商品交易、等价交换来实现商品所有权的转移。另一方面，其是一个物流过程，主要通过运输、储存、包装、装卸、流通加工等手段来实现商品空间位置和时间位置转换的完整结合，缺一不可。只有这两个方面都完全实现了，采购过程才算完成。狭义上，采购是公司购买货物和服务的行为；广义上，采购是一个企业取得货物和服务的过程。采购包含如下要点：采购是一种交易行为；采购的实现必须具备一定的条件；采购过程是一个选择的过程；采购的目的是满足自身的需求；采购的过程是商流、物流、信息流的有机统一。采购是一项具体的业务活动，是作业活动，一般由采购员承担具体的采购任务。

（2）采购管理。所谓采购管理，就是指为保障物资供应而对采购进货活动进行的管理活动。采购管理是对整个企业采购活动的计划、组织、指挥、协调和控制等管理活动，对采购过程中物流运动的各个环节状态进行严密的跟踪、监督，实现对企业采购活动执行过程的科学管理。我们可以将采购管理的职能划分为三类，即保障供应、供应链及信息管理。企业采购管理的目的是保证供应，满足生产经营的需要。采购管理是企业管理系统的一个重要子系统，是企业战略管理的重要组成部分，一般由企业的中高层管理人员负责。

微课3-1

采购工作到底有多难

2.采购的重要性

（1）满足制造产品的需求。保障企业正常生产和经营，降低缺货风险。很显然，物资供应是生产的前提条件，生产所需要的原材料、设备和工具都要由物资采购来提供，没有采购就没有生产条件，没有物资供应就不可能进行生产。企业生产部门对采购的基本要求不仅仅是数量，还有质量、性能与时间的要求。采购部门为了满足这个需求，往往会采取早采购、多采购的办法来应对，这样会造成过量的库存和过多地占用流动资金。

（2）保证物资质量的基础。采购供应物资的质量好坏直接决定了企业生产产品的质量高低。能不能生产出合格的产品，取决于物资采购所提供的原材料以及设备工具的质量好坏。

（3）企业成本控制的源头。采购的成本包括采购费用、购买费用、进货费用、仓储费用、流动资金占用费用以及管理费用等。采购的成本太高，将会大大降低生产的经济效益，甚至造成亏损，致使企业生产和经营陷入困境。在制造业中，企业的采购资金占最终产品销售额的40%～60%，这意味着在采购成本上减少不大的比例，就会对利润产生不小的影响，其增加利润的效果要远远大于在其他方面采取的措施。

（4）企业战略的重要角色。在过去，采购是一项不起眼的工作，很少有总经理分管采购作业。一方面是由于对采购的重要性认识不足，另一方面是社会经济的发展进程还没有达到这一步。然而，采购是企业和资源市场的关系接口，是企业外部供应链的操作点。只有通过物资采购部门人员与供应商的接触和业务交流，才能把企业与供应商们联结起来，形成一种相互支持、相互配合的关系。待条件成熟以后，可以组织成一种供应链关系，从而使企业在管理方面、效益方面都登上一个崭新的台阶。

3.采购的一般流程

微课3-2

一般采购流程

采购管理科学化，首先需要规范采购作业的行为模式。如果按照采购人员个人的工作习惯随意操作，那么采购的质量就难以保证。所以，任何企业都需要规范采购的一般流程，消除采购中的“三不”现象（即不管是否为企业所需，不做市场调查和咨询，不问价格高低、质量好坏），以保证工作质量，堵住资金流失的漏洞。通常的采购流程由以下7个步骤组成：

（1）采购申请。必须严格按生产或客户的需要，以及现有库存量，对品种、数量、安全库存量等因素作科学的计算后才能提出，并且要有审核制度，防止随意和盲目采购。

（2）选择供应商。在买方市场中，由于供大于求，市场上往往有多家供应商可供选择，此时买方处于有利地位，可以货比多家，还可以提出一些服务条件，所以，选好供应商是企业降低采购成本的主攻方向。应该尽可能地列出包含所有供应商的清单，采用科学的方法挑选合适的供应商。

（3）价格谈判。价格一直是采购中的敏感问题，价格由市场供需情况而定，价格谈判是采购员的一项重要任务，谈判也是一项重要技能。从长远来看，需要指出：

① 价格由市场供需矛盾决定，任何一方都不可能随意要价。

② 采购不仅仅要关注单一的价格问题，还有质量问题、交货时间与批量问题、包装与运输方式问题、售后服务问题等。需要综合权衡利弊，绝不能为了在价格上占点小便宜，而给其他方面带来损失。

（4）签发采购订单。采购订单相当于合同文本，具有法律效力。签发采购订单必须十分仔细，每项条款都要认真填写，关键处的用词要反复推敲，表述要简洁，含义要明确。对于采购的每项物品的规格、数量、价格、质量标准、交货时间与地点、包装标准、运输方式、检验形式、索赔条件与标准等都应该一一审定。

（5）跟踪订单。采购订单的签发并不是采购工作的结束，必须对订单的执行情况进行跟踪，防止发生对方违约的事件，保证货物按时进库和供应。对订单实施跟踪还可以随时掌握货物的动向，万一发生意外事件，可及时采取措施，避免不必要的损失，将损失降到最低水平。

（6）接收货物。接收货物时，收货部门必须马上组织人员对货物进行验收。验收是按订单上的条款进行的，应该逐条仔细查对。除此以外，还要查对货损情况，如货损超标，要查明原因，分清责任，为提出索赔提供证据。货物验收完毕才能签字认可。

（7）支付货款、核对发票。支付以前必须查对支付发票与验收的货物清单是否一致，确认没有差错后才能签字付款。

一般说来，企业按照上述的采购步骤不会发生大的失误。当然，要提高采购水平与质量，在采购环节发掘更大的利润源泉，还有许多事情要做，其中，供应商管理是最具挑战性的一项工作。

二、供应链环境下的采购

1.供应链环境下采购管理的原理和特点

供应链采购是指供应链内部的采购，即供应链内部的需求企业向供应商企业采购订货，供应商企业将货物供应给需求企业。

微课3-3
采购分类

供应链采购与传统采购相比，物资供需关系没变，采购的概念没变，但是，由于供应链各个企业之间是一种战略合作关系，采购是在友好合作的环境中进行的，因此采购的观念和采购的操作都发生了很大变化，见表3-1。

表3-1 供应链采购与传统采购的区别

项目	供应链采购	传统采购
基本性质	基于需求的采购	基于库存的采购
	供应方主动型、需求方无采购操作的采购模式	需求方主动型、需求方全采购操作的采购模式
	合作型采购	对抗型采购
采购环境	友好合作环境	对抗竞争环境
信息关系	信息联通、信息共享	信息不通、信息保密
库存关系	供应方掌握库存，需求方可以不设仓库、零库存	需求方掌握库存，需求方设立仓库、高库存
进货方式	供应方小批量、多频次连续补充货物	大批量、少频次进货
双方关系	供需双方关系友好，责任共担、利益共享、协调性配合	供需双方关系敌对，责任自负、利益独享、互斥性竞争
货检工作	免检	严格检查

由表3-1可以看出，供应链采购具有以下特点：

（1）供应链采购是一种基于需求的采购，需要多少就采购多少，什么时候需要就什么时候采购，采购回来的货物直接送需求点进入消费。传统采购则是基于库存的采购，采购回来的货物直接入库，等待消费。供应链采购是一种供应商主动型采购。由于供应链的需求者的需求信息随时传送给供应商，所以供应商能够随时掌握用户需求信息，能够根据需求状况、变化趋势，及时调整生产计划，及时补充货物，主动跟踪用户需求，适时、适量地满足用户需要。由于双方是一种友好合作的利益共同体，如果需求方的产品质量不好、销售不出去的话，供应商自己也会遭受损失。因此，需求方完全不用操心采购的事情，只要到时支付货款就行了。供应链采购看起来好像是供应商的事情而不是需求方的事情了。供应链采购是一种合作型采购，双方为了能在市场上占有一席之地，获取更大的经济效益，分别从不同的角度互相配合，各尽其力，所以在采购上也是互相协调配合，提高采购的工作效率，最大限度地降低采购成本，保证供应。

（2）供应链采购环境是一种友好合作的环境，而传统采购环境是一种利益互斥、对抗竞争的环境。这是两种采购制度的根本区别。采购环境的不同，导致了观念上、操作上的不同。供应链采购的根本特征，就是基于一种友好合作的采购环境，这是它的根本特点，也是它最大的优点。

（3）供应链采购的一个重要特点就是供应链企业之间实现了信息联通、信息共享。供应商能随时掌握用户的需求信息，掌握用户需求变化的情况，能够根据用户需求情况和需求变化情况主动调整自己的生产计划和送货计划。供应链各个企业可以通过计算机网络进行信息沟通和业务活动，这样，足不出户就可以很方便地利用计算机网络协调活动，进行业务处理，如发送订单、发送发货单、支付货款等。当然要做到信息联通、信息共享，首先要求每个企业内部的业务数据要信息化、电子化，没有企业内部的信息网络，也就不可能实现企业之间的数据传递和数据共享。

（4）供应链采购是由供应商管理用户的库存，用户没有库存，即零库存。这样做的好处是用户可以大大节省费用，降低成本，专心地做好其他工作；供应商掌握库存自主权，可以根据需求变动情况，适时地调整生产计划和送货计划，既可以避免盲目生产造成的浪费，又可以避免库存积压带来的风险。这种机制把供应商的责任与利益相联系，加强了供应商的责任感，使其自觉提高了用户服务水平；提高了供应链的工作效率，提高了企业的经济效益，提高了供应链的整体效益。

（5）供应链采购是由供应商负责送货，而且是连续小批量、多频次送货。送货的目的是直接满足需求，需要多少就送多少，什么时候需要就什么时候送，不多送，也不早送。这样可以大大降低库存量和库存费用；保证满足需要，不缺货；可以根据需求的变化，随时调整生产计划，不多生产，不早生产，因而节省了原材料费用和加工费用；同时由于紧紧跟踪市场需求的变化，所以能够灵活适应市场变化，避免库存风险。

（6）供应链采购活动中，买卖双方是一种友好合作的战略伙伴关系，相互协调、相互配合、相互支持，所以有利于各个方面工作的顺利开展，提高工作效率，实现双赢。

（7）传统采购由于是一种对抗关系，卖方常常以次充好，低价高卖，缺斤少两，甚至伪劣假冒，因此买方进行货检的力度大，工作量大，成本高。而供应链采购由于供应商自己的责任与利益相连，所以自我约束，保证质量，因而可以免检，这样就节约了费用，降低了成本。

2.供应链管理环境下的准时化采购

微课 3-4

JIT

供应链管理环境下的采购模式与传统采购模式的不同之处在于其采用订单驱动的方式。准时化采购（JIT）系统以订单驱动，通过看板，采用拉动方式，将供、产、销紧密地衔接起来，使物资储备、成品库存和在制品大为减少，提高了生产效率。一般认为，JIT系统是当代最理想和最有前途的生产管理系统。

（1）准时化采购模式的含义。准时化采购是一种先进的采购模式。它的基本思想是：在恰当的时间、恰当的地点，以恰当的数量、恰当的质量提供恰当的物品。它是从准时生产发展而来的，是为了消除库存和不必要的浪费而进行持续性改进。要进行准时生产必须有准时的供应，因此准时采购是准时生产管理模式的必然要求。它和传统的采购模式在质量控制、供需关系、供应商数量、交货期管理等方面有许多不同，其中供应商选择（数量与关系）、质量控制是其核心内容。

准时化采购包括供应商的支持与合作以及制造过程、货物运输等一系列内容。准时化采购不但可以减少库存，还可以加快库存周转、缩短提前期、提高货物的质量、获得满意的交货等。

（2）准时化采购对供应链管理的意义。供应链环境下的采购采用订单驱动的方式。订单驱动使供应与需求双方都围绕订单运作，也就实现了准时化、同步化运作。要实现同步化运作，采购方式就必须是并行的，当采购部门产生一个订单时，供应商即开始着手物品的准备工作。与此同时，采购部门编制详细的采购计划，制造部门也进入生产的准备过程，当采购部门把详细的采购单提供给供应商时，供应商就能很快地将物资在较短的时间内交给用户。当用户需求发生改变时，制造订单又驱动采购订单发生改变，如果没有准时化采购，供应链企业很难适应这种多变的市场需求，因此，准时化采购增加了供应链的柔性和敏捷性。

综上所述，准时化采购策略体现了供应链管理的协调性、同步性和集成性，供应链管理需要准时化采购来保证供应链的整体同步化运作。

3.准时化采购的特点

从表3-2可以看出，准时化采购和传统采购方式有许多不同之处，其主要表现在如下几个方面。

表3-2　准时化采购与传统采购的区别

项目	准时化采购	传统采购
采购批量	小批量，送货频率高	大批量，送货频率低
供应商的选择	长期合作，单源供货	短期合作，多源供货
供应商评价	质量、交货期、价格	价格、质量、交货期
检查工作	逐渐减少，最后消除	收货、点货、质量验收
协商内容	长期合作关系、质量和合理价格	获得最低价格
运输	准时送货，买方负责安排	较低的成本，卖方负责安排
文书工作	文书工作量小，需要的是有能力改变交货时间和质量	文书工作量大，改变交货期和质量的采购单多
产品说明	供应商革新，强调性能，宽松要求	买方关心设计，供应商没有创新
包装	小，标准化容器包装	普通包装，没有特别说明
信息交换	快速、可靠	一般要求

（1）采用较少的供应商，甚至单源供应。传统的采购模式一般是多源采购，供应商的数量相对较多。从理论上讲，采取单源供应比多源供应好。一方面，对供应商的

管理比较方便，而且可以使供应商获得内部规模效益和长期订货，从而使购买原材料和外购件的价格降低，有利于降低采购成本；另一方面，单源供应可以使制造商成为供应商的一个非常重要的客户，因而加强了制造商与供应商之间的相互依赖关系，有利于供需之间建立长期稳定的合作关系，质量上比较容易保证。但是，采取单源供应也有风险，比如供应商可能因意外原因中断交货。另外，采取单源供应，企业不能得到竞争性的采购价格，对供应商的依赖性过大等。

(2) 合理选择供应商。由于JIT采购采取单源供应，因而对供应商的合理选择就显得尤为重要。可以说，能否选择到合格的供应商是JIT采购能否成功实施的关键。合格的供应商应具有较好的技术、设备条件和较高的管理水平，可以保障采购的原材料和外购件的质量，保证准时按量供货。在传统的采购模式中，供应商是通过价格竞争来选择的，供应商与用户的关系是短期合作的关系，当发现供应商不合适时，可以通过市场竞标的方式重新选择供应商。但在JIT采购模式中，由于供应商和用户是长期的合作关系，供应商的合作能力将影响到企业的长期经济利益，因此，对供应商的要求就比较高。在选择供应商时，需要对供应商按照一定标准进行综合评价，这些标准应包括产品质量、交货期、价格、技术能力、应变能力、批量柔性、交货期与价格的均衡、价格与批量的均衡、地理位置等，而不像传统采购那样主要依靠价格标准。在大多数情况下，其他标准较好的供应商，其价格可能也是较低的，即使不是这样，双方建立起互利互惠的合作关系后，企业可以帮助供应商找出降低成本的方法，从而使价格降低。更进一步，当双方建立了良好的合作关系后，很多工作可以简化以至于消除，如订货、修改订货、点数统计、品质检验等，从而减少浪费，降低成本。

(3) 采取小批量采购的策略。小批量采购是JIT采购的一个基本特征。JIT采购和传统采购模式的一个重要不同之处在于准时生产减小了批量，甚至实现“一个流生产”。因此，采购物资也应采用小批量办法。从另一个角度看，由于企业生产对原材料和外购件的需求是不确定的，而JIT采购旨在消除原材料和外购件库存，为了保证准时、按质按量供应所需的原材料和外购件，采购必然是小批量的。但是，小批量采购必然增加运输次数和运输成本，对于供应商来说，这点是很为难的事情，特别是当某些供应商距离较远的情况下，实施JIT采购的难度就很大。通常情况下，解决这一问题的方法主要有四种：一是供应商在地理位置上靠近制造商，如日本汽车制造商扩展到哪里，其供应商就跟到哪里；二是供应商在制造商附近建立临时仓库，实质上，这只是将负担转嫁给了供应商，而未从根本上解决问题；三是由一个专门的承包运输商或第三方物流企业负责送货，按照事先达成的协议，收集分布在不同地方的供应商的小批量物料，准时按量送到制造商的生产线上；四是让一个供应商负责供应多种原材料和外购件。

(4) 交货的准时性。JIT采购的一个重要特点是要求交货准时，这是实施准时化生产的前提条件。交货准时取决于供应商的生产与运输条件。作为供应商来说，要使交货准时，可以从以下几个方面着手：不断改善企业的生产条件，提高生产的连续性和稳定性，减少由于生产过程的不稳定导致的延迟交货或误点现象；作为准时化供应链管理的一部分，供应商同样应采用准时化的生产管理模式，以提高生产过程的准时性；为了提高交货准时性，运输问题不可忽视，在物流管理中，运输问题是一个很重要的问题，它决定准时交货的可能性，因此，用户企业和供应企业都应着重考虑好这一方面的问题，并进行有效的计划和管理，使运输过程准确无误。

（5）信息高度共享。JIT采购要求供应与需求双方信息高度共享，保证供应与需求信息的准确性和实时性。由于双方的战略合作关系，企业在生产计划、库存、质量等各方面的信息都可以及时进行交流，以便出现问题时能够及时处理。

只有供需双方进行可靠而快速的双向信息交流，才能保证所需的原材料和外购件的准时按量供应。同时，充分的信息交换可以增强供应商的应变能力。所以，实施JIT采购，就要求供应商和制造商之间进行有效的信息交流。信息内容包括生产作业计划、产品设计、工程数据、质量、成本、交货期等。全球知名的沃尔玛公司和宝洁公司合作后，双方成立了一个协作团队，共同控制商品的质量。双方以结盟的方式，通过计算机实现数据共享。宝洁公司借助数据库，除迅速知道沃尔玛物流中心所需的商品情况外，还能及时了解自己的产品在沃尔玛各店铺的销售量、库存量和价格等，这不仅能使宝洁公司及时制订出符合市场需求的生产和研发计划，同时也能对沃尔玛的库存做到连续补货，沃尔玛只需要决定商品的进货数量就可以了。

4.准时化采购的基本原则

在供应链管理模式下，准时化采购工作的基本原则就是要做到五个恰当：恰当的数量、恰当的质量和时间、恰当的地点、恰当的价格、恰当的来源。

（1）恰当的数量。在传统采购模式下，采购的目的很简单，就是补充库存，即为库存而采购。在供应链管理模式下，采购活动是以订单驱动方式进行的，制造订单是在用户需求订单的驱动下产生的，然后制造订单驱动采购订单，采购订单再驱动供应商。这种准时化的订单驱动模式，使供应链系统得以准时响应用户的需求。订单驱动使供需双方都围绕订单运作，也就实现了准时化、同步化运作，从而降低了库存成本，提高了物流速度和库存周转率。

（2）恰当的质量和时间。质量与交货期是采购一方要考虑的重要因素。在传统采购模式下，要有效控制质量和交货期只能通过事后把关的办法，因为采购一方很难参与供应商的生产组织过程和有关质量控制活动，相互的工作是不透明的，往往通过国际、国家标准等进行检查验收。而供应链管理模式是系统性、协调性、集成性、同步性的，外部资源管理是实现供应链管理上述思想的一个重要步骤——企业集成。

（3）恰当的地点。在选择产品交货地点时，应考虑到各种因素，如价格、时间、产品种类等。

（4）恰当的价格。物资价格的确定是采购的重要环节。可以通过集中招投标、优先考虑长期供应商等方式保证物资的价格恰当、合理。

（5）恰当的来源。在传统采购模式下，供应与需求之间的关系是临时的，没有更多的时间用来做长期性的预测与计划工作。而在供应链管理模式下，供应与需求的关系从简单的买卖关系向双方建立战略合作伙伴关系转变。

5.实施准时化采购的条件和方法

（1）实施准时化采购的条件。准时化采购和传统采购有显著差别，要实施准时化采购，必须具备一些条件。

① 选择最佳的供应商，并对供应商进行有效的管理，是准时化采购成功的基石。

② 供应商与用户紧密合作是准时化采购成功的关键。

（2）实施准时化采购的方法。

① 创建准时化采购团队。世界一流企业的专业采购人员有三个责任：寻找货源、商定价格、发展与供应商的协作关系并不断改进。因此，专业化的高素质采购队伍对实施准时化采购至关重要。

② 制订计划，确保准时化采购策略有计划、有步骤地实施。要制定采购策略，改进当前的采购方式，减少供应商的数量，正确评价供应商，向供应商发放单证等。在这个过程中，要与供应商一起商定准时化采购的目标和有关措施，保持经常性的信息沟通。

③ 精选少数供应商，建立伙伴关系。选择供应商应从这几个方面考虑：产品质量、供货情况、应变能力、地理位置、企业规模、财务状况、技术能力、价格、与其他供应商的可替代性等。

④ 进行试点工作。先从某种产品或某条生产线开始，进行零部件或原材料的准时化供应试点。在试点过程中，取得企业各个部门的支持是很重要的，特别是生产部门的支持。通过试点，总结经验，为正式实施准时化采购打下基础。

⑤ 搞好供应商的培训，确定共同目标。准时化采购是供需双方共同的业务活动，单靠采购部门的努力是不够的，需要供应商的配合。只有供应商也对准时化采购的策略和运作方法有了一定的认识和理解，才能获得供应商的支持和配合，因此需要对供应商进行教育培训。通过培训，大家的目标取得一致，相互之间就能够很好地协调，做好采购的准时化工作。

⑥ 向供应商颁发产品免检合格证书。准时化采购和传统采购方式的不同之处在于买方不需要对采购产品进行较多的检验程序。要做到这一点，需要供应商提供100%的合格产品，当其做到这一点时，即发给其免检合格证书。

⑦ 实现配合准时化生产的交货方式。准时化采购的最终目标是实现企业的生产准时化，为此，要实现从预测的交货方式向准时化适时交货方式转变。

⑧ 继续改进，扩大成果。准时化采购是一个不断完善和改进的过程，需要在实施过程中不断总结经验教训，从降低运输成本、提高交货的准确性和产品的质量、降低供应商库存等各个方面进行改进，不断提高准时化采购的运作绩效。

6.准时化采购实践分析

为了对准时化采购的目的、意义和其他相关因素有一个初步的了解，美国加利福尼亚州立大学的研究生做了一次对汽车、电子、机械等企业的经营者准时化采购效果的问卷调查，共调查了67家美国公司。这些公司有大有小，其中包括著名的3COM公司、惠普公司、苹果公司等。这些公司有的是制造商，有的是分销商，有的是服务业企业，调查的对象为公司的采购与物料管理经理。调查报告的有关内容分别见表3-3至表3-6。

表 3-3　准时化采购成功的关键因素

问题	肯定回答（%）
和供应商的相互关系	51.5
管理的措施	31.8
适当的计划	30.3
部门协调	25.8
进货质量	19.7
长期的合同协议	16.7
采购的物品类型	13.6
特殊的政策与管理	10.6

表 3-4　准时化采购解决的问题

问题	肯定回答（%）
空间减少	44.8
成本减少	34.5
改进用户服务	34.5
及时交货	34.5
缺货减少	17.2
节约资金	17.2
提前期缩短	10.3

表 3-5　实施准时化采购的困难因素

问题	肯定回答（%）
缺乏供应商的支持	23.6
部门之间协调性差	20.0
缺乏对供应商的激励	18.2
采购物品的质量差	16.4
进货物品质量差	12.7
特殊政策与惯例	7.1

表 3-6　与供应商有关的准时化采购问题

问题	肯定回答（%）
很难找到好的供应商	35.6
供应商不可靠	31.1
供应商太远	26.7
供应商太多	24.4
供应商不想频繁交货	17.8

从以上调查报告的内容不难得出以下几个方面的结论：

（1）准时化采购成功的关键是与供应商的关系，而最难的问题也是缺乏供应商的支持。供应链管理所倡导的战略伙伴关系为实施准时化采购提供了基础性条件，因此在供应链环境下实施准时化采购比传统管理模式下实施准时化采购更加有现实意义和可能性。

（2）很难找到“好”的合作伙伴是影响准时化采购的第二个重要因素，如何选择合适的供应商就成了影响准时化采购的重要条件。在传统采购模式下，企业之间的关系不稳定，具有风险性，影响了合作目标的实现。在供应链管理模式下企业之间是协作型战略伙伴关系，因此为准时化采购奠定了基础。

（3）缺乏对供应商的激励是准时化采购的另一个影响因素。要成功地实施准时化采购，必须建立一套有效的供应商激励机制，使供应商和用户一起分享准时化采购的好处。

（4）企业的内部管理和各部门之间的紧密配合对准时化采购有着很重要的影响，准时化采购不单是采购部门的事情，企业的各部门都应为实施准时化采购创造有利的条件，为实施准时化采购共同努力。

小案例3-1

中通服供应链管理有限公司：订单管理系统

中通服供应链管理有限公司于2015年7月1日注册成立，是中国通信服务股份有限公司（股票代码552.HK）旗下专业从事供应链管理服务的控股子公司。2020年公司引入4家战略投资者，实现注资9亿元，完成国有企业混合所有制改革，持续完善法人治理结构和市场化运营机制，推进企业高质量发展。

订单管理系统以项目为管理维度，订单为源头和主线，统一管理所有客户订单的业务调度分发、费用核算、全流程可视，打造纵向、横向业务管控中枢，实现订单集中管理，指令一点出发，端到端信息一点汇聚，配送可视化，物资端到端管理。

订单管理系统主要分成六大主要模块：

（1）项目管理：以合同为核心管理项目、合同、客户、执行主体、结算等信息。

（2）订单管理：承接客户单据，管理单据之间的对应连接关系。翻译客户物流指令，拆分合并物流指令单，对订单分发模块输出标准物流指令。

（3）物料管理：承接客户物料，管理供应链公司物料成套和对应规则，并在翻译客户订单时，将客户物料翻译成供应链物料。

（4）指令下发：将物流指令指派给下游系统，并获取下游系统的执行反馈。

（5）用户模块：内部用户账号共享供应链主数据，外部用户自行添加并关联客商主数据，通过组织和角色管理用户操作和查看权限。

（6）数据展示：跨系统多维度展示物流全过程数据，可定制字段。

通过建设订单管理系统（OMS），供应链公司对各业务订单集中统一标准管理，以将业务流程全过程数字化管控为目标，自主建设订单管理系统，实现系统互通、订单互联、物料可视多维度能力提升，重塑5G物资统一配送标准化运营管理流程，满足物流信息项目可视及业务全过程数字化管控。

资料来源　中通服供应链管理有限公司．订单管理系统［EB/OL］．［2024-08-08］．http：//www.chinawuliu.com.cn/xsyj/202403/08/627581.shtml.引文经节选、压缩及改编。

【任务实施】

1.准备工作

（1）组建采购团队，包括采购人员、质量检验人员、财务人员等。

（2）收集相关供应商的信息，建立供应商数据库。

（3）熟悉公司的采购政策和流程，以及相关的法律法规。

（4）准备采购所需的各种文件和表格，如采购申请表、采购订单、验收单等。

2.实施步骤

（1）采购与采购管理。分析公司的生产需求，制订详细的采购计划。按照采购流程，选择合适的供应商，并进行价格谈判。签订采购合同，明确双方的权利和义务。对采购过程进行监控，确保采购活动符合公司的要求。

（2）采购订单审核处理。接收采购订单，对订单内容进行初步审核。组织相关部门对订单进行详细审核，包括内容审核、预算审核、合规性审核、合同条款审核、技术和质量审核以及法律审核等。与供应商进行沟通，确认订单内容。完成供应商确认流程，确保供应商接受订单并准备执行。

（3）采购订单的跟进。定期跟踪订单执行进度，与供应商保持沟通，及时解决出现的问题。对采购物品进行质量检查，确保质量符合要求。监控成本与预算，确保采购费用在控制范围内。确认交货情况，及时办理验收手续。

随堂测3-1

1+X证书

（4）采购订单的异常处理。建立异常监控机制，及时识别订单执行中的异常情况。对异常情况进行分类和评估，确定处理方案。与供应商协商解决异常问题，确保订单能够继续执行。跟踪异常问题的解决进度，及时反馈处理结果。总结经验教训，优化采购流程和管理措施，预防类似异常情况的再次发生。

拓展阅读3-1

ERP系统下的采购管理

ERP系统运行将产生生产订单和采购订单，生产订单是生产作业管理的依据，也是组织生产、进行生产调度的依据。采购订单与生产订单的作用相似，是ERP系统采购管理的重要依据之一。制造企业的生产起点在于采购结束。生产必须经过采购，获取所需要的各种材料和外购件，采购管理与生产管理在ERP系统下具有很大的相似性，这两类订单的执行、跟踪和考核过程相似。但是，其也存在本质的不同，首先是订单的可控性存在明显的差异，采购任务的完成，不仅取决于企业内部的采购部门，还取决于材料供应商和物流公司等多方的主观与客观因素，因此，采购提前期不仅较长，而且可控性差，生产的周期在很大程度上受采购提前的影响。

资料来源 刘秋生. ERP系统原理与应用［M］. 南京：东南大学出版社，2021.引文经节选、压缩及改编。

任务二　理解供应商管理

【岗位任务】

假设你是强盛集团的采购经理，最近公司决定推出一款新的智能手机，你需要从众多供应商中筛选出最适合的供应商，以提供所需的电子组件、金属外壳和包装材料。

要求：

(1) 准备一份供应商选择的方案报告，详细阐述上述各项工作的实施细节及预期效果。

(2) 通过PPT演示文档或微视频等形式，向团队成员展示你的方案，并接受他们的提问与建议。

分析提示：本任务旨在学习供应链中的供应商管理，在供应商选择与评估方面，需要综合考虑供应商的技术水平、产品质量、供应能力、价格和地理位置等因素进行综合评估，以确定最适合的合作伙伴。同时，在供应商关系管理方面，应思考如何与供应商建立和维护长期合作关系，包括互惠的价格谈判和技术支持等，以确保供应链的稳定性和可靠性。

【课堂知识】

供应商管理是整个采购体系的核心，既会影响采购部门的业绩，也会左右其他部门的部门业绩。因此，供应商管理在采购活动中起着十分重要的作用。供应商的有效管理对采购商的稳定发展是非常重要的。供应商的资质，决定了供应商的服务质量，供应商供应的物料，在一定程度上决定了采购商产品的制造成本、产品的品质以及产品制造时间。供应商管理主要涉及供应商的选择与评估、供应商关系管理以及与供应商建立战略合作关系。

一、供应商管理的含义

供应商是指为采购商提供原材料、辅料、设备及其他资源的商事主体。按照不同的生产环节，供应商既可以是生产性的企业，也可以是流通性的企业。从主体性质来分，供应商既可以是企业，也可以是个人。总之，只要是能为采购商合法供应物资或服务的企业或个人都可以成为采购商的供应商。供应商管理是指通过对信息流、物流、资金流等环节的控制，将采购商、供应商、供应商的供应商连成一个有机整体的科学管理模式。

二、供应商管理的意义

供应商是整个供应链的源头。从采购商角度来看，采购商只有拥有优秀的上游供应商为其提供生产物料，才能保障生产秩序的正常进行。供应商供应的物料在产品质量、交货期、价格等方面直接影响采购商生产产品的质量和价格。从供应链的角度看，供应商提供的物料能否满足客户对质量、价格和产品多样性等的要求，最终决定了采购商产品的市场竞争力以及在市场上占有的份额，也对供应链上各节点的核心竞争力具有十分关键的作用。供应商管理的重要作用具体体现在以下方面：

1.供应商的管理效果直接影响采购商的库存和生产秩序

以前，采购商往往大批量不定时地采购物料。这种旧的采购模式缺乏科学性：一方面，采购商的库存大量增加，使库存成本增加，占用了采购商的大量资金；另一方面，可能导致出现缺料问题，影响正常生产。一个企业的仓库在空间规模上是有限的，对每种物料的储存区域是有明确分类的。如果采购人员不顾生产计划的需求大批量采购某种物料，就会造成大量的物料库存，这同时也占用了其他物料的存放空间。一旦生产急需库存不足或没有库存的物料时，由于供应周期和价格等因素，采购人员无法及时采购物料满足生产需求，则会造成缺料停产的状况。然而，通过与供应商之间的合作，采购商实现小批量和准时制的采购方式，不仅可以降低库存量，而且可以减少缺货现象，提高服务水平。

2.采购商可以通过供应商获取外部市场信息

采购人员可以通过供应商收集外部市场信息，包括但不限于物料价格、替代供应商、新工艺技术等资料。这些信息对采购商的新产品开发决策是非常重要的。新工艺技术和新材料的最新资料，可以在采购商研发新产品的过程中发挥重要的参考作用。替代供应商等资料可以帮助采购商选择替代供应商，降低采购成本。

3.科学管理供应商能够为采购商创造利润

采购成本在采购商生产成本中占有很大的份额，采购额占销售额的40%～60%。

因此，进行有效的供应商管理，能为企业节约大量的成本。供应商管理对企业绩效提升具有很大作用。从这个意义上讲，供应商的有效管理能为采购商增加利润。较小幅度地降低采购成本可能极大地提升采购商的利润。相反，如果要利用销售额来获得同等的利润，采购商需要有更大的销售量。大部分采购商非常重视销售，却忽视了采购管理，特别是供应商管理。其实，供应商的有效管理也是采购商的新“利润源泉”。

微课3-5

供应商开发

三、供应商的开发

一般来说，供应商开发的内容包括供应市场的竞争分析、合格供应商的寻找、评估潜在供应商、询报价、合同谈判以及最终供应商的确定。在开发供应商的过程中，首先应当对市场进行竞争分析，了解市场是什么样的，是垄断市场还是竞争市场，产业发展趋势如何，以及各大供应商的市场占有率和产品定位等。

下一个步骤就是寻找潜在供应商了。经过对市场的仔细分析，可以通过各种公开信息和公开的渠道得到供应商的联系方式。在这个步骤中，最重要的是对供应商作出初步的筛选。建议使用统一标准的供应商情况登记表来管理供应商提供的信息，这些信息应包括供应商的注册地、注册资金、主要股东结构、生产场地、设备、人员、主要产品、主要客户、生产能力等。通过分析这些信息，可以评估其工艺能力、供应的稳定性、资源的可靠性，以及其综合竞争能力。在这些供应商中，剔除明显不适合进一步合作的供应商后，就能得出一个供应商考察名录。

接着，要安排对供应商的实地考察，这一步骤至关重要。在审核团队方面，必要时可以邀请质量部门和工艺工程师一起参与，他们在带来专业的知识与经验的同时，共同审核的经历也有助于公司内部的沟通和协调。在实地考察中，应该使用统一的评分卡进行评估，并着重对其管理体系进行审核，如作业指导书、质量记录等，要求面面俱到，不能遗漏。比较重要的有以下项目：

（1）销售合同评审，要求销售部门对每个合同加以评估，并确认是否可按时完成。

（2）供应商管理，要求建立许可供应商清单，并要有有效的控制程序。

（3）培训管理，对关键岗位人员有完善的培训考核制度，并有详细的记录。

（4）设备管理，对设备的维护调整有完善的控制制度，并有完整记录。

（5）计量管理，仪器的计量要有完整的传递体系，这是非常重要的。

在考察中要及时与团队成员沟通，在总结会议中，总结供应商的优点和不足之处，并听取供应商的解释。如果供应商有改进意向，可要求供应商提供改进措施报告，以做进一步评估。在供应商审核完成后，对合格的供应商发出询价文件，一般包括图纸和规格、样品、数量、大致的采购周期、要求的交付日期等细节，并要求供应商在指定的日期内完成报价。在收到报价后，要对其条款仔细分析，对其中的疑问要彻底解决，而且要求用书面方式进行记录，包括传真、电子邮件等。

后续工作是报价分析，报价中包含大量的信息，如果可能的话，要求供应商进行成本清单报价，要求其列出材料成本、人工费用、管理费用等，并将利润率明示。比较不同供应商的报价，对其合理性有初步的了解。在价格谈判之前，一定要有充分的准备，设定合理的目标价格。对于小批量产品，其谈判的核心是交货期，要求其具备快速的反应能力；对于流水线、连续生产的产品，其核心是价格，但一定要保证供应商有合理的利润空间。同时，价格谈判是一个持续的过程，每个供应商都有其对应的学习曲线，在供货一段时间后，其成本会持续下降。最终与表现优秀的供应商达成策略联盟，协助供应商提出改进方案，以最大限度地节约成本。

实际上，每个供应商都是所在领域的专家，多听取供应商的建议往往会有意外的收获。曾有供应商主动推荐替代的原材料，如用韩国的钢材代替瑞士的钢材，其成本节约高达50%，而且性能完全满足要求，这是单纯依靠谈判所无法达到的降价幅度。通过策略联盟，参与设计，供应商可以有效帮助采购商降低成本。

还有非常重要的一个方面是隐性成本。采购周期、库存、运输等都是看不见的成本，要把有条件的供应商纳入适时送货系统，尽量减少存货，降低公司的总成本。

四、供应商选择与评估

从采购商的角度来看，科学管理供应商，不仅可以使采购商获得优质稳定的原材料、辅料以及生产设备等生产物料，而且供应商在产品质量、交货、价格等方面的表现直接影响到采购商所生产产品的质量和价格。从整个供应链的角度来看，供应商提供的原材料能否满足最终用户对价格、品质和技术等的需求，决定了采购商产品的市场竞争力。

如何加强与供应商之间的联系，不断降低采购成本、提高采购效率是每个企业都十分关注的问题。通过供应商管理，提高供应商与采购商的合作层次，采供双方建立战略合作伙伴关系，是采购商进行供应商管理的最终目的。

供应商选择是供应链管理的一个重要决策，一个好的供应商拥有制造高质量产品的加工技术，拥有足够的生产能力，能够在获得利润的同时提供有竞争力的产品。当前，市场上同一种产品的供应商越来越多，供应商的多样性使得选择变得更为复杂，需要一个规范的程序来操作。

1.供应链管理下供应商选择的步骤

（1）成立供应商评估和选择小组。供应商选择绝不是采购员个人的事，而是一个集体的决策，需要企业各部门有关人员共同参与讨论、共同决定，获得各个部门的认可，包括采购部门的决策者和其他部门的决策影响者。

供应商的选择涉及企业的生产、技术、计划、财务、物流、市场等部门。对于技术要求高、重要的采购项目来说，特别需要设立跨职能部门的供应商选择小组。供应商选择小组应由各部门有关人员组成，包括研究与开发部、技术支持部、采购部、物流管理部、市场部、计划部等。

（2）确定全部供应商名单。通过供应商信息数据库，以及采购人员、销售人员或行业杂志、网站等媒介渠道了解市场上能提供所需物品的所有供应商，列出名单。

（3）列出评估指标并确定权重。确定代表供应商服务水平的有关因素，据此确定评估指标。评估指标和权重对于不同行业和产品的供应商来说是不尽相同的。

（4）逐项评估每个供应商的履行能力。为了保证评估的可靠性，应该对供应商进行调查。在调查时，一方面听取供应商提供的情况，另一方面尽量对供应商进行实地考察。考察小组由各部门有关人员组成，技术部门进行技术考察，对企业的设备、技术人员进行分析，考虑将来质量是否能够有保证，以及是否能够跟上企业所需技术的发展步伐，满足企业生产变动的要求；生产部门考察生产制造系统，了解人员素质、设备配置水平、生产能力、生产稳定性等；财务部门进行财务考核，了解供应商历史背景和发展前景，审计供应商被并购、收购的可能性，了解供应商的经营状况、信用状况，分析价格是否合理，以及能否获得优先权。

（5）综合评分并确定供应商。在综合考虑多方面的重要因素之后，给每个供应商打出综合评分，选择出合格的供应商。

2.供应商选择的评估要素

对供应商进行评估的最基本的指标应该包括以下几项：技术水平、产品质量、供应能力、价格、地理位置、可靠性、售后服务等。

（1）技术水平是指供应商提供商品的技术参数是否能够达到要求，包括供应商是否拥有制造或供应所需产品的技术队伍，是否具有产品开发和改进项目的能力，能否帮助改进产品等，这些问题都很重要。选择具有高技术水平的供应商，对企业的长远发展是有好处的。

（2）供应商提供的产品质量是否可靠，是一个很重要的评估指标。供应商的产品要能够达到产品说明书的要求，并保持持续性和稳定性，就必须拥有一个良好的质量体系。对供应商提供的产品除了在工厂内进行质量检验以外，还要考虑实际使用效果，即调查产品在实际环境中使用的质量情况。

（3）供应能力即供应商的生产能力，企业需要确定供应商是否具备相当的生产规模与发展潜力，这意味着供应商的制造设备必须能够在数量上达到一定的规模，才能够保证供应所需数量的产品。

（4）供应商应该提供有竞争力的价格。这并不意味着必须是最低的价格，这个价格是考虑了要求供应商按照所需的时间提供所需数量、质量和服务后确定的。供应商还应该有能力向购买方提供改进产品成本的方案。

（5）供应商的地理位置对库存有相当大的影响，如果物品单价较高，需求量又大，选择距离近的供应商有利于管理。购买方总是期望供应商能离自己近一些，或至少要求供应商在当地建立库存。地理位置近，送货时间就短，意味着紧急缺货时就可以快速送到。

（6）可靠性是指供应商的信誉。要选择一家有较高声誉的、经营稳定的、财务状况良好的供应商。同时，双方应该相互信任，讲究信誉，并能把这种关系保持下去。

（7）供应商必须能够提供良好的售后服务。如果采购商需要可替代元器件，或者某些技术支持，好的供应商应该能够提供这些产品和服务。

除了以上各点以外，有时还有一些其他因素需要考虑，如供货提前期、交货准确率、快速响应能力，以及彼此的互惠经营、供应商是否愿意为购买方建立库存等。

3.供应商评估的方法

对供应商的评估与选择是一个多对象、多因素的综合评价问题，它们的基本思路是相似的，即首先对各个评估指标确定权重，可以用数字1～10的某个数值表示，可以是小数（可以是0～1的一个数值，并且规定全部权重之和为1）；其次对每个评估指标评分；再用所得分数乘以该指标的权重，进行综合处理后得到一个总分；最后根据每个供应商的总得分进行排序、比较和选择。

例如，某种物品可以由三家供应商提供，表3-7列出了全部评估数值和供应商总分。

表 3-7　　供应商评估表

评估指标（1）	指标权重（2）	评估数值（3）		
		A供应商	B供应商	C供应商
技术水平	8	7	8	5
价格	7	7	6	8
地理位置	2	3	6	9
可靠性	6	4	7	8
售后服务	3	4	6	7
（2）×（3）后累加		147	178	183

表3-7的例子虽然简单，但如果企业在采购前适当地考虑这些问题，就可以大大降低采购的失误率。

由于各项指标的重要程度是不同的，所以需要确定权重，这是一项既需要经验又需要技术的工作。

4.供应商选择的原则

要建立一个全面的供应商综合评价指标体系，对供应商作出全面、具体、客观的评价，这需要综合考虑供应商的业绩、设备管理、人力资源开发、质量控制、成本控制、技术开发、用户满意度、交货协议等可能影响供应链合作关系的因素。

（1）系统全面性原则：全面、系统评价体系的建立和使用。

（2）简明科学性原则：供应商评价和选择步骤、选择过程要简明化、透明化、制度化和科学化。

（3）稳定可比性原则：评估体系应稳定运作、标准统一，减少主观因素。

（4）灵活可操作性原则：不同行业、企业、产品需求以及不同环境下的供应商评价是不一样的，应保持一定的灵活可操作性。

（5）门当户对原则：供应商的规模与层次和采购商相当。

（6）半数比例原则：购买数量不超过供应商产能的50%。

（7）供应源数量控制原则：同类物料的供应商数量为2～3家，有主次供应商之分。

（8）供应链战略原则：与重要供应商发展供应链战略合作关系。

（9）学习更新原则：评估的指标、标杆对比的对象以及评估的工具与技术都需要不断更新。

五、供应商管理实施

供应商管理早在20世纪40年代就受到发达国家的重视，在后来的发展过程中，随着经济环境的变化，不断地出现新的内容，现在的供应商管理已经有了优秀的理论和实践成果。从传统的供应商管理发展到供应链供应商管理，企业在供应商管理方面有了很大的进步。

1.现代企业供应商管理在战略方面要考虑的问题

(1)设计一种能最大限度地降低风险的合理的供应结构。

(2)与供应商建立一种能促使供应商不断降低成本、提高质量的长期合作关系。

(3)采用能使总成本最小的采购方法。

2.供应商管理的五个具体目标

(1)获得符合企业质量和数量要求的产品或服务。

(2)以最低的成本获得产品或服务。

(3)确保供应商能提供最优的服务和及时的送货。

(4)发展和维持良好的合作关系。

(5)开发潜在的供应商。

3.传统供应商管理和现代供应商管理比较

优秀的企业将供应商管理提高到战略的高度。传统供应商管理和现代供应商管理的区别见表3-8。

表3-8 传统供应商管理和现代供应商管理的区别

项目	传统供应商管理	现代供应商管理
供应商数目	较多	较少
供应商关系	短期、买卖关系	长期、合作伙伴关系
企业与供应商的沟通	仅限于采购部与供应商销售部之间	双方各个部门沟通
信息交流	仅限于订货、收货信息	多项信息共享
价格谈判	尽可能低的价格	互惠的价格，双赢
供应商选择	凭采购员经验	完善的程序
供应商对企业的支持	无	提出建议
企业对供应商的支持	无	技术支持

4.供应商分类

供应商分类是指在供应市场上，采购企业依据采购物品的金额、采购商品的重要性及供应商对采购方的重视程度和信赖度等因素，将供应商划分为若干个不同的群体。供应商分类是对不同供应商进行分别管理的首要环节，只有在对供应商进行细分的基础上，采购企业才能依据供应商的不同类别实施恰当的供应商管理策略。任何一个企业都不应该用同一模式去管理所有的被采购物资和供应商。为了将供应商管理的有限精力在不同供应商间合理分配，加强管理的针对性，提高管理的效率，采购企业应根据自身特点将供应商进行分类，并依据类别进行切实的关系管理。

(1)按照合作关系的深浅分为五种，即短期目标型、长期目标型、渗透型、联盟型、纵向集成型。

① 短期目标型。其最主要的特征是双方之间的关系是交易关系，即买卖关系。双方所做的努力只停留在短期的交易合同上。

② 长期目标型。与供应商保持长期的关系是有好处的，双方有可能为了共同利

益而改进各自的工作，建立起超越买卖关系的合作。长期目标型的特征是建立一种合作伙伴关系，双方的工作重点是从长远利益出发，相互配合，不断改进产品质量与服务质量，共同降低成本，提高供应链的竞争力。

③ 渗透型。这种形式是在长期目标型的基础上发展起来的。其指导思想是把对方公司视为自己公司的延伸，为了能够参与对方的业务活动及保证双方利益的一致性，有时会在产权关系上采取适当的措施，如相互投资、参股等。同时，在组织上也采取相应的措施，双方派员参与对方的有关业务活动。这样做的优点是可以更好地了解对方的情况，供应商可以了解自己的产品在对方各环节中是如何起作用的，容易发现改进的方向，而采购方也可以知道供应商的产品是如何制造的，对此可以提出相应的改进要求。

④ 联盟型。联盟型是从供应链的角度提出的。它的特点是从更长的纵向链条上管理成员之间的关系，难度提高了，要求也更高。由于成员增加，往往需要一个处于供应链上核心地位的企业出面协调成员之间的关系，这个企业相当于“盟主”。

⑤ 纵向集成型。这种形式被认为是最复杂的关系类型，即把供应链上的成员整合起来，像一个企业一样，但各成员又是完全独立的企业，决策权属于自己。在这种关系中，要求每个企业在充分了解供应链的目标、要求，以及充分掌握信息的条件下，能自觉作出有利于供应链整体利益的决策。

（2）按照二元分类法将供应商分为产品型供应商和服务型供应商。

产品型供应商是指在产品设计、生产及价格等方面具有突出优势的供应商，而服务型供应商是指在产品质量、售后服务、交货及信息沟通上具有突出优势的供应商。对同样作为制造商的买方来说，二元分类法能体现供应商间最本质的区别，同时管理成本也较低。产品型供应商提供的产品在设计上具有较高的可靠性、实用性以及创新性，能提供柔性程度高的产品以配合不同下游制造企业在不同生产及市场情况下的需要。最为关键的是，产品型供应商所提供的产品在价格上具有相当大的竞争力。研究表明，价格是企业采购时最关注的指标，因此产品型供应商的竞争优势在于其提供的价格相对较低，且产品特性突出，因而符合制造商或终端客户的需求。

一般而言，成本领先以及标新立异是产品型供应商的竞争战略。服务型供应商与产品型供应商不同，其最大的优势在于产品质量高，符合对产品质量要求严格的买方的需求，同时其在保养、维护等售后服务上令买方更为满意。为提高买方的满意度，服务型供应商在交货时间上更加配合买方需要，如提供JIT或VMI等价值增值活动。同时，服务型供应商与买方建立高效、准确的信息沟通渠道，及时了解买方的需求变化并对其作出快速反应。产品型供应商与服务型供应商之间并不存在对抗性的非此即彼的选择压力，不同的供应商能在买方价值链的不同接触点上产生相应的正向作用。例如，在汽车制造业中，发动机、离合器等关键构件对于制造商来说具有重要意义，出于产品质量的考虑，制造商对供应商的选择主要是基于质量。由于其单位价值较高，制造商为降低持有成本会要求供应商尽量采取JIT供货方式。但对于汽车内饰等构件，制造商一般会选择能提供价格相对较低且产品设计具有实用性及创新性的供应商，它们能帮助制造商降低整车成本，并且新颖实用的内饰也能增加整车风格的独特性，从而提高顾客价值。

买方对供应商就产品型、服务型进行分类的目的是实施针对性的管理（或合作）策略，以此提高双方的绩效并降低管理成本。针对不同类型的供应商，买方应采取不同的管理策略。买方对产品型供应商的管理重点主要集中在：

① 帮助供应商提高产品质量或共同设计生产流程，制定模块化标准使其提供标准化程度更高的产品，以适应买方制造工艺的需要。

② 与供应商一起设计、改进物流系统，尽可能提高供应商在物流方面的绩效表现。

③ 建立与供应商间的良好信息沟通渠道，及时交换双方对于产品的使用信息，并提高信息传递的精确度，缩短信息反馈时间。

买方对服务型供应商的管理重点主要集中在：

① 帮助供应商分析其供应链流程或生产工艺，在保证产品质量基本不变的前提下削减成本。

② 及时将使用及需求信息反馈给供应商，与其共同就产品改进、新产品开发进行合作，提高其产品新颖性和柔性。

③ 及时沟通需求信息，加长需求信息提前通知时间，以弥补由于工艺、计划等因素造成的供应商数量柔性不足的劣势。

5. 供应商分类管理策略

根据采购内容把供应商分为不同种类，采取不同策略。

对于制造业企业来说，原材料或零部件的采购最为频繁，对这类供应商的日常管理就显得十分重要。

对于设备类物品而言，虽然购买次数不多，但一次性投资大，影响企业长期生产。在设备的维修方面，需要与供应商建立良好的沟通与合作关系，所以选择能提供优质服务的供应商尤为重要。

微课 3-6

供应商管理之绩效考核

办公用品采购量占企业采购总量的比重虽然不大，资金也不多，但其是公司运营成本的重要组成部分，影响着公司的利润。一般尽可能选择少数供应商，保持长期合作关系，并获得批量优惠，以节约企业管理费用。

关于物流服务采购，随着公司业务的扩大，专业分工越来越细，物流的运输职能越来越倾向于利用外部资源，由第三方物流公司来承担。对于这类服务性的公司，需要做大量的沟通与协调工作。

小案例 3-2

浙江省邮电工程建设有限公司：总包供应链 SRM 平台

浙江省邮电工程建设有限公司始建于1959年，是国有上市企业中国通信服务股份有限公司的全资子公司。近年来随着工程项目数量和规模的快速增长，寻源时效性要求也越来越高，采购人员的寻源工作量增加了一倍。其中EPC总包项目中的设备材料采购占比可以达到70%以上，有时甚至超过90%。在这种背景下传统采购业务流程面临诸多难题。

供应链SRM平台是管理采购寻源和供应商全生命周期的系统，旨在通过信息化工具实现需求发布和寻源管理，优化供应链中的信息流、物流和资金流，建立合作共赢的伙伴关系，降低企业采购成本和时间成本，增加客户的价值，提高企业的采购效率和效益。

针对这些问题，信息化专班和平台开发设计人员进行了充分调研沟通，制订了相关解决方案，分阶段满足管理者和使用者的不同需求，在开发实施过程中多轮快速迭代，逐步修改完善。针对性的解决方案主要包含：

通过平台实现清单的导入和汇总统计，比价助手支持价格、金额、供货时间、综合评分等排序方式。

对供应商统一管理，不同地区不同部门的供应商都有权限在平台报价。各个采购员随时都可以对供应商进行评价和打分。

通过内部积累和外部第三方平台获取协议价、单项价、历史价、信息价、市场参考价等多种信息，为采购决策提供依据。

招标、资格审查、报价、专家评分、定价审批各环节都在平台上留痕，随时可查询。

针对市场销售人员，浙邮总包供应链SRM系统可以提供报价参考、供应商资源和解决方案，可以更有效地控制项目中标率和利润率。针对项目管理人员，系统可以帮助他动态跟踪寻源、采购、付款进度，减少成本超支和进度超期的风险。对于设计人员，SRM系统可以辅助他来选择产品参数和技术标准，制订采购计划，按进度调配资源。对于采购实施人员，系统可以实现各类审批决策、需求评估、合同管理和成本进度管理。对于现场施工人员，系统可以展示各类资源的调度情况，如果发现与合同或计划不符，他可以及时反馈到系统上，督促供应商完成工作内容。

资料来源　浙江省邮电工程建设有限公司．总包供应链SRM平台［EB/OL］．［2024-07-03］．http：//www.chinawuliu.com.cn/xsyj/202407/03/634465.shtml.引文经节选、压缩及改编。

【任务实施】

1.准备工作

（1）组建项目团队：组织跨部门团队，包括采购、技术、质量和生产部门的代表。确定团队成员的角色和责任，确保每个人都有明确的职责。

（2）市场研究与数据收集：收集行业报告、市场分析和竞争对手信息。对潜在供应商进行初步研究，收集其基本信息、历史表现和信誉评价。

（3）评估标准与工具准备：制定详细的供应商评估标准，包括质量、价格、交货期、技术能力和服务等方面。准备评估工具和模板，如评分卡、供应商调查问卷等。

2.实施步骤

（1）供应商邀请与筛选：根据准备工作中收集的信息，邀请符合条件的供应商参与竞标。通过初步筛选，排除不符合基本要求的供应商。

（2）深入评估与实地考察：对筛选后的供应商进行深入了解，包括技术水平、生产能力和管理体系等方面。安排实地考察，使用统一的评分卡进行现场评估。

（3）价格谈判与合同签订：与候选供应商进行价格谈判，争取最优惠的条件。讨

随堂测 3-2

1+X证书

论并确定合作细节，如质量保证、交货期和服务支持等。签订正式合同，明确双方的权利和义务。

（4）持续监控与关系维护：建立供应商绩效监控系统，定期评估供应商的表现。保持与供应商的沟通，及时解决合作过程中出现的问题。根据市场变化和公司战略调整，不断优化供应商名单和管理策略。

拓展阅读 3-2

选择供应商的途径

最好选择已有良好合作关系的供应商。如果没有合适的供应商，则应从下面几个渠道开发供应商。

1. 展会

参加展会的成本较高，要参加一些专业性强、实力雄厚和服务瓶颈小的展会，可以带回来很多有用的资料，并找到合适的供应商。

2. 网络

在一些行业网站中，如中国纺织网、中国铝业网等，有大量的供应商资源；在很多开发区管委会的网页里也有很多供应商信息。网络供应商的资信情况良莠不齐，需要投入大量的人力、物力和时间来甄别信息的真伪。因此要加强风险意识，尽量进行实地考察后再最终选定供应商。

3. 专业中介公司

可以把产品一次性地发包给专业中介公司（即采购外包商）去采购，虽然其收费比自己主导采购要高一点，但这样可提高效率。

此外，还可以查黄页、请客户推荐和从供应商那里收集信息等。但无论如何，都要到供应商处进行实地考察。

资料来源　孙国忠，滕静涛，杨华．国际贸易实务［M］．5版．北京：机械工业出版社，2022．引文经节选、压缩及改编。

任务三　掌握招投标管理操作

【岗位任务】

强盛集团近期接到一笔大订单，需要在短时间内采购大量原材料。为了确保订单能够按时交付，公司决定通过供应商招标的方式，选择合适的供应商。公司的采购部门负责整个招标过程，包括供应商资格审查、招标文件编写、投标评审以及最终的合同谈判和签订。作为公司采购部门的负责人，你需要主导此次供应商招标过程。

要求：

（1）准备一份招标的方案报告，详细阐述上述各项工作的实施细节及预期效果。

（2）通过PPT演示文稿或微视频等形式，向团队成员展示你的方案，并接受他们的提问与建议。

分析提示：本任务旨在学习供应链的招投标管理，在招标过程中，首先，需要编写招标文件，其中包括对供应商的具体要求、招标程序以及评标标准等内容。其次，组织投标评审，根据评标标准对各投标供应商进行评审。最后，与中标供应商进行合同谈判，确保双方利益得到保障。

微课 3-7

招标采购

【课堂知识】

在供应链管理中，招投标是一个正式的过程，用于选择供应商或承包商来提供商品、服务或执行特定项目。这个过程通常涉及多个步骤，旨在通过竞争性的方式确定最佳合作伙伴，以确保供应链的高效性、成本效益和质量。

一、采购招投标的定义

供应链管理中的招投标是指企业（招标方）根据自身的采购需求，通过公开或半公开的方式，邀请符合条件的供应商（投标方）提交包含价格、技术方案、服务承诺等内容的投标文件，并根据一定的评审标准和程序，从中选择最优的供应商进行合作的过程。

招投标过程强调公平、公正、公开的原则，旨在促进供应商之间的竞争，为招标方提供多种选择，并通过综合评估选出最适合其需求的合作伙伴。通过这种方式，企业可以优化资源配置，降低采购成本，提高采购效率，并确保供应链的可靠性和稳定性。

在招投标过程中，招标方需要明确采购需求、制定招标文件、发布招标公告、组织投标评审等；而投标方则需要根据招标文件要求准备投标文件，并在规定时间内提交。评审过程通常包括对投标文件的技术性、经济性、可行性等方面进行综合评价，以选出最符合招标方需求的供应商。

二、采购招投标的目的

采购招投标的目的可以从多个维度进行阐述，这些目的共同构成了招投标在采购活动中的重要性和必要性。采购招投标的目的有：

1.确保公平竞争

在采购招投标中，第一部分即“确保公平竞争”是招投标制度的核心目标之一。这一目标的实现对于维护市场秩序、促进经济健康发展具有重要意义。主要包括以下几点：

（1）扩大供应商选择范围和增加竞争活力。

① 扩大选择范围：通过公开发布招标信息，采购方能够吸引来自不同地区、不同行业、不同规模的潜在供应商参与竞争。这种广泛的参与性为采购方提供了更多的选择机会，有助于发现更具性价比的供应商。

② 增加竞争活力：更多的供应商参与竞争意味着更多的创新和更优的解决方案。供应商为了中标，会不断提升自身的技术实力和服务水平，从而推动整个行业的进步和发展。

（2）促进竞争。

① 价格竞争：招投标制度下的价格竞争是显而易见的。供应商为了争取中标，会根据自身的成本和市场情况制定合理的报价。这种价格竞争有助于采购方降低采购成本，提高采购效率。

② 质量与服务竞争：除了价格竞争外，招投标还促进了供应商在产品和服务质量方面的竞争。采购方在评审过程中会综合考虑供应商的技术能力、质量管理体系、售后服务等因素，从而选择出质量可靠、服务优质的供应商。

③ 技术创新竞争：在招投标过程中，供应商为了中标往往会展示其最新的技术成果和创新产品。这种技术创新竞争有助于推动整个行业的技术进步和产业升级。

（3）防止不正当竞争。

① 规范行为：招投标制度要求所有参与方必须遵守相关法律法规和招标文件的规定，不得采取任何不正当手段谋取中标。这种规范性要求有助于维护市场的公平竞争秩序。

② 打击腐败：招投标过程中的腐败行为会严重破坏市场的公平竞争环境，因此，招投标制度建立了严格的监督和惩罚机制，对违法违规行为进行严厉打击，确保招投标活动的公正性和透明度。

（4）提升市场效率。

① 优化资源配置：通过招投标制度，市场能够更有效地配置资源。优秀的供应商能够获得更多的市场份额和订单，从而有更多的机会进行技术创新和扩大生产规模；而表现不佳的供应商则会被市场淘汰或督促其改进。

② 提高采购效率：招投标制度下的采购活动更加规范、透明和高效。采购方可以通过比较不同供应商的报价和方案，快速选择出最合适的供应商进行合作，从而缩短采购周期并提高采购效率。

综上所述，“确保公平竞争”是采购招投标制度的重要目标之一。通过扩大供应商选择范围、增加竞争活力、促进竞争、防止不正当竞争以及提升市场效率等手段，招投标制度能够有效地维护市场的公平竞争秩序并推动经济的健康发展。

2.降低采购成本

（1）促进价格竞争。

① 多家供应商参与：招投标制度通过公开招标信息，吸引多家供应商参与竞争。这种竞争机制使得供应商在报价时更加谨慎，充分考虑自身成本和市场价格，从而降低了采购方需要支付的价格。

② 价格比较与谈判：在评审过程中，采购方可以对不同供应商的报价进行比较，选择性价比最高的供应商。同时，由于存在多家供应商竞争，采购方在谈判中也处于更有利的位置，可以进一步争取到更优惠的价格。

（2）优化资源配置。

① 资源有效利用：招投标制度通过市场竞争机制，使资源能够流向最有效率、最有能力的供应商手中。这种优化资源配置的方式，不仅提高了资源的利用效率，还降低了整个社会的生产成本。

② 减少浪费：在招投标过程中，采购方会明确采购项目的需求、标准和条件，避免了因需求不明确或标准不统一而导致的资源浪费。同时，供应商也会根据采购方的要求，提供符合标准的产品和服务，减少了因质量问题而产生的返工和维修成本。

（3）提高采购效率。

① 缩短采购周期：招投标制度规范了采购流程，明确了各方的责任和义务，减少了采购过程中的烦琐环节和不必要的等待时间。这使得采购方能够更快地获得所需的产品和服务，提高了采购效率。

② 降低管理成本：通过招投标制度，采购方可以集中采购、批量采购，减少了

采购次数和采购成本。同时，由于采购过程更加规范、透明，也降低了采购方在采购过程中的管理成本和风险。

（4）增强议价能力。

① 信息透明：招投标制度要求采购方公开招标信息、评审标准和结果等，使得供应商在投标前能够充分了解采购方的需求和标准。这种信息透明的方式增强了采购方的议价能力，因为供应商在投标时会更加谨慎地考虑自己的报价和条件。

② 竞争压力：多家供应商参与竞争使得每个供应商都面临着巨大的竞争压力。为了赢得订单，供应商会尽可能地提供更具竞争力的报价和条件。这种竞争压力促使供应商不断优化自身的成本结构和生产效率，从而降低了采购成本。

综上所述，采购招投标制度通过促进价格竞争、优化资源配置、提高采购效率和增强议价能力等多种方式，有效地降低了采购成本。这使得采购方能够以更低的价格获得更高质量的产品和服务，提高了企业的竞争力和盈利能力。

3.防止不正当竞争

招投标中防止不正当竞争，是确保招投标活动公平、公正、公开的重要环节。主要有以下几点：

（1）立法与制度保障。

① 法律法规：国家通过制定《中华人民共和国招标投标法》及其配套法规，为招投标活动提供了明确的法律框架。这些法律法规明确规定了招投标的基本原则、程序、参与方的权利与义务以及不正当竞争行为的法律责任。

② 制度设计：招投标制度通过一系列制度安排，如公开招标、资格预审、评审标准公开、评标委员会独立评审等，确保了招投标活动的透明度和公正性，减少了不正当竞争的空间。

（2）不正当竞争行为的表现。

不正当竞争行为在招投标中主要表现为以下几种形式：

① 串通投标：投标者之间或投标者与招标者之间通过私下协商，串通报价或排斥其他竞争对手，以达到操纵中标结果的目的。

② 虚假投标：投标者提供虚假的企业资质、业绩、财务状况等信息，以获取中标资格。

③ 行贿受贿：投标者通过向招标者、评审专家等行贿，以获取不正当利益。

④ 泄露标底：招标者、评审专家等将标底等关键信息泄露给特定投标者，使其获得竞争优势。

（3）防止不正当竞争的措施。

① 加强宣传教育：加大对招投标法律法规的宣传力度，提高参与方的法律意识和诚信意识，使其自觉遵守法律法规和招投标规则。

② 严格资格预审：对投标者的资质、业绩、信誉等进行严格审查，确保参与投标的单位具备相应的能力和条件。

③ 公开透明：招投标活动应全程公开透明，包括招标信息的发布、投标文件的提交、评审标准的公开以及中标结果的公示等，接受社会监督。

④ 加强监督检查：建立健全的监督检查机制，对招投标活动进行全程监督，及

时发现并纠正不正当竞争行为。同时，对发现的违法行为进行严厉查处并曝光。

⑤ 建立诚信体系：建立参与招投标活动的各方主体的诚信档案，对存在不良行为记录的单位或个人进行限制或禁止参与招投标活动。

（4）技术手段的应用。随着信息技术的发展，招投标活动也逐步实现了电子化、信息化。依托电子招投标平台等技术手段，可以进一步提高招投标活动的透明度和公正性，减少人为干预和不正当竞争的可能性。例如，电子招投标平台可以实现投标文件的在线提交、评审专家的随机抽取、评审过程的在线记录等功能，确保评审过程的公正性和可追溯性。

综上所述，招投标中关于防止不正当竞争的内容涵盖了立法与制度保障、不正当竞争行为的表现、防止不正当竞争的措施以及技术手段的应用等多个方面。这些措施和手段的实施，有助于维护招投标活动的公开、公平、公正原则，促进市场经济的健康发展。

4.提升市场效率

招投标在提升市场效率方面扮演着至关重要的角色。主要包括以下几方面：

（1）引入市场竞争机制。招投标制度通过公开、公平、公正的竞争机制，吸引众多供应商或承包商参与竞争。这种竞争机制打破了原有的市场垄断或寡头局面，使得更多的市场主体有机会参与到项目的竞争中来。这种广泛的参与不仅增加了市场的活跃度，还促进了市场的竞争，从而提高了市场的整体效率。

（2）优化资源配置。招投标制度有助于优化资源的配置。在招投标过程中，采购方会根据项目的需求和自身的预算，选择性价比最高的供应商或承包商。这种选择过程基于对市场信息的全面了解和对比，确保了资源能够流向最有效率、最能够满足项目需求的市场主体手中。这样一来，资源的利用效率得到了显著提高，同时也减少了资源的浪费。

（3）促进技术创新和管理提升。招投标制度为供应商或承包商提供了展示自身实力和技术水平的平台。为了在竞争中脱颖而出，供应商或承包商往往会加大研发投入，提高产品或服务的技术含量和附加值。同时，他们还会不断优化自身的管理流程和服务体系，以提高项目执行的效率和质量。这种技术创新和管理提升的过程，不仅提高了单个企业的竞争力，还推动了整个行业的进步和发展。

（4）降低交易成本。招投标制度通过明确的规则和程序，降低了交易过程中的信息不对称和不确定性。采购方可以通过公开招标的方式，一次性接触到多个潜在的供应商或承包商，从而节省了寻找合适合作伙伴的时间和成本。同时，供应商或承包商在参与招投标的过程中，也能够清晰地了解采购方的需求和标准，减少了后续谈判和协商的成本。这种降低交易成本的效果，有助于提升市场的整体运行效率。

（5）加强市场监管和规范化。招投标制度还加强了市场监管和规范化。在招投标过程中，监管部门会对参与者的资质、行为等进行严格审查和监督，确保招投标活动的公开、公正和透明。同时，招投标制度还规定了明确的程序和规则，要求参与者必须遵守相关法律法规和制度要求。这种市场监管和规范化的过程，有助于维护市场的秩序和稳定，提高市场的整体效率。

5.促进供应商关系管理

（1）建立长期合作伙伴关系。通过招投标筛选出表现优异的供应商后，企业可以与这些供应商建立长期的战略合作伙伴关系，这不仅有助于稳定供应链，还可以通过持续的合作不断优化产品和服务的质量，进而实现企业与供应商的共同发展。

（2）供应商绩效管理。企业应在招投标后定期评估供应商的绩效，包括交货准时率、产品质量、服务响应速度等，持续的评估有助于发现供应商的不足之处并推动其改进，而对表现优异的供应商给予奖励或更大的合作机会，可以激励供应商持续提高服务质量和效率。

（3）风险管理与供应商关系。与多个供应商建立合作关系可以有效分散风险，避免因单一供应商的意外情况对企业供应链造成严重影响，同时，通过紧密的关系建立应急预案，能够在突发事件中快速响应，确保供应链的连续性。

（4）沟通与协作。建立良好的供应商关系需要透明的沟通渠道，企业应及时与供应商沟通需求变化、市场动态等信息，确保供应商能够及时调整生产计划，同时，企业可以与供应商合作分享市场趋势、技术创新和管理经验，帮助供应商改进生产工艺和管理流程。

（5）创新与合作。与供应商建立紧密的合作关系，有助于双方在产品开发和技术创新方面的合作，供应商可以根据企业的需求定制产品或服务，而企业也可以在新产品开发中得到供应商的技术支持，共同推动创新与发展。

（6）供应商忠诚度。通过公平公正的招投标过程以及后续的良好合作，企业可以提高供应商的忠诚度，忠诚的供应商更愿意在企业面临困难时提供支持，并可能在原材料短缺或市场波动时优先保障企业的供货需求。

（7）供应商发展。企业可以通过技术支持、培训等方式帮助供应商提升能力，这不仅有助于供应商的发展，也提升了其为企业服务的水平。此外，企业在必要时还可以通过预付款或提供融资渠道的方式帮助供应商渡过资金难关，确保供应链的稳定性。

（8）应对市场变化。在面对市场变化时，紧密的供应商关系使企业和供应商能够更快速地调整策略，供应商可以根据市场需求变化迅速调整产能，而企业也可以通过灵活的订单安排来应对市场波动，并在市场环境发生重大变化时，通过战略合作共同应对挑战。

三、招投标的实施

招投标活动的实施流程如图3-1所示。

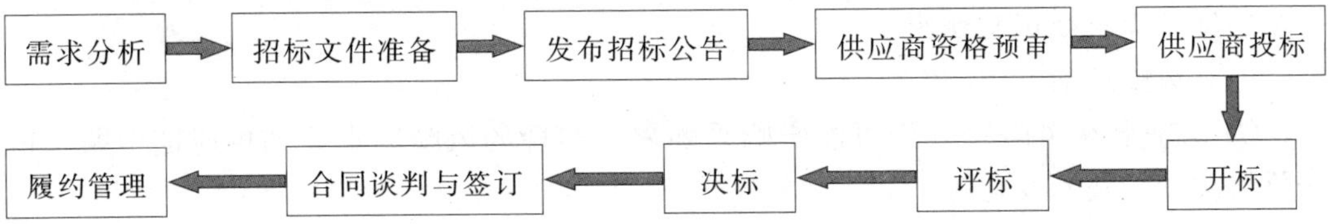

图3-1 招投标的流程

1.需求分析

需求分析是招投标过程中的第一步，涉及对采购需求的详细识别和定义，以确保

微课3-8

采购需求分析——推倒分析法

后续招投标活动能够顺利进行。需求分析是招投标过程中的关键环节，通过明确采购需求、进行市场调研、编制需求说明书和进行内部协调等步骤，企业能够确保招标过程的顺利进行，并为选择最合适的供应商奠定坚实基础。有效的需求分析不仅有助于获取高质量的产品或服务，还能够优化采购成本，提高供应链管理的整体效率。需求分析的详细步骤包括：

（1）明确采购需求。

① 定义需求内容：首先，企业需要准确界定所需采购的产品或服务的类型、规格、数量和质量标准。例如，在采购原材料时，需明确原材料的化学成分、物理特性、规格尺寸等。

② 设定性能要求：除了基础规格外，还需确定产品或服务的性能要求，包括耐用性、安全性、可靠性等。例如，采购机械设备时，需设定设备的工作负荷、运行速度等性能指标。

③ 明确交货时间：确定产品或服务的交货时间，以确保供应商能在规定的时间内交付。交货时间对生产计划和供应链管理至关重要。

（2）市场调研。

① 了解市场情况：通过市场调研，了解市场上供应商的情况，包括其技术能力、价格水平、市场份额等。这有助于企业了解可选的供应商范围及其竞争力。

② 收集供应商信息：收集潜在供应商的资质信息、产品样本、历史业绩等，以便后续选择合适的供应商进行招标。

③ 研究行业趋势：了解行业内的最新发展趋势、技术创新、价格波动等，以便对需求进行合理的调整和优化。

（3）制定需求规格说明。

① 编制需求说明书：根据明确的需求内容，编制详细的需求说明书。说明书应包括技术规格、质量标准、测试要求、适用条件等，并确保其内容清晰、准确。

② 确定评估标准：制定评估标准，以便在招标过程中对供应商的投标进行评估。评估标准应包括技术方案、价格、交货期、服务等方面。

（4）内部协调。

① 跨部门沟通：与企业内部的相关部门（如生产、技术、质量管理、财务等）进行沟通，确保需求的全面性和准确性。不同部门可能对采购需求有不同的要求和意见，需要进行协调和整合。

② 需求确认：在编制需求说明书前，确保各相关部门对需求内容达成一致，以避免后续的需求变更和纠纷。

（5）风险评估。

① 识别潜在风险：分析可能影响采购需求实现的风险因素，如供应链中断、市场价格波动、技术变化等。

② 制定应对策略：针对识别出的风险，制定相应的应对策略和预案，确保在招投标和供应链运行过程中能够有效应对潜在问题。

（6）需求调整与优化。

① 审查和优化：根据市场调研和内部反馈，审查并优化需求规格。确保需求规

微课 3-9

采购经理工作内容和职责

格既符合实际需要，又能吸引足够的供应商参与投标。

② 调整方案：如有必要，调整需求方案以适应市场变化或技术进步，确保招标过程的有效性和合理性。

2.招标文件准备

这是供应链管理中招投标过程中的关键环节之一，它为整个招投标过程提供了详细的指导和标准。招标文件准备是招投标过程中的关键步骤，涉及招标文件的编制、审查、发布和管理等环节。一个完整、清晰、准确的招标文件能够确保招标过程的顺利进行，并为供应商提供明确的投标指导，进而帮助企业选择最合适的供应商。通过有效的招标文件准备，企业可以提高招投标的效率和效果，优化采购流程。主要包括以下几个部分：

（1）招标文件的组成。招标文件的组成如图 3-2 所示。

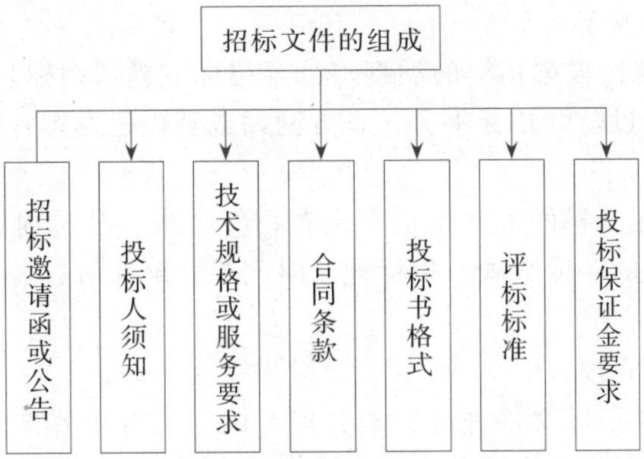

图3-2　招标文件的组成

① 招标邀请函或公告：用于通知潜在供应商参与招标的正式邀请或公告，通常包含招标项目的基本信息、投标要求、截止日期等。

② 投标人须知：明确投标人的资格要求、投标程序、投标文件的提交要求、评标标准及其他相关事项。

③ 技术规格或服务要求：详细描述所需产品或服务的技术要求、性能标准、质量标准、测试要求等。这部分应明确产品或服务的所有技术细节，以确保供应商能够准确理解需求。

④ 合同条款：规定合同的基本条款和条件，包括合同的范围、价格、交货期、付款方式、违约责任、保密条款、争议解决等。这些条款确保双方的权利和义务明确。

⑤ 投标书格式：规定供应商提交投标书的格式和内容要求，包括技术方案、报价单、企业资质证明等，以便于评标时比较。

⑥ 评标标准：明确评标的标准和方法，包括技术评分、价格评分、服务评分等。评标标准应与需求说明书中的要求一致，以确保公平、公正的评标过程。

⑦ 投标保证金要求：规定投标保证金的金额、缴纳方式及退还条件。投标保证金用于保证供应商认真履行投标承诺，并在招标过程中作为诚信保证。

（2）编制招标文件的步骤。

① 需求分析整合：根据需求分析的结果，将相关需求信息整理成招标文件中

的技术规格和服务要求部分。确保所有的需求细节和标准都准确无误地反映在文件中。

② 法律和合规性审查：确保招标文件中的合同条款符合相关法律法规和行业标准，避免因合同条款不当而产生法律纠纷或合规问题。

③ 模板和格式设计：制定招标文件的模板和格式，确保文档的结构清晰、内容一致。模板应包括封面、目录、正文等部分，确保信息的完整性和条理性。

④ 内部审查和确认：招标文件编制完成后，需要经过内部审核和确认，确保文件内容准确无误，符合企业的需求和标准。内部审查通常涉及法律、财务和采购部门等相关人员的审核。

⑤ 修订和完善：根据内部审查的反馈意见，对招标文件进行必要的修订和完善。确保文件内容经过充分审查，避免遗漏或错误。

（3）招标文件的发布。

① 选择发布渠道：根据招标的类型（公开招标或邀请招标），选择合适的发布渠道。公开招标通常通过公共招标平台、官方网站或公告栏发布；邀请招标则直接发送给特定的供应商。

② 发布公告：在选择的发布渠道上发布招标公告，公告内容应包括招标项目的基本信息、招标文件的获取方式、投标截止时间等。确保所有潜在的供应商能够及时获取招标信息。

（4）招标文件的管理。

① 文档控制：对招标文件进行版本管理，确保所有相关方使用的都是最新版本的文件。对招标文件进行变更和补充，应及时通知所有参与招标的供应商。

② 供应商咨询：在招标文件发布后，供应商可能会对招标文件中的某些内容提出疑问。企业需设立专门的咨询渠道，解答供应商的疑问，并及时发布答疑通知。

（5）招标文件的修订与补充。

① 答疑及补充：在招标过程中，企业根据供应商的咨询和反馈，可能会对招标文件进行修订与补充。修订与补充的内容应以书面形式通知所有已参与的供应商，以确保公平公正。

② 补充文件：如有必要，发布补充招标文件，详细说明修订与补充的内容，并明确新的要求或变更的细节。

（6）确保招标文件的公正性。

① 公平性：招标文件应明确招标过程中的公平性和公正性，确保所有供应商在相同的条件下参与投标。

② 透明性：招标文件的编制和发布应尽量透明，以避免任何不正当行为或信息不对称，维护招投标的公平性。

3.发布招标公告

发布招标公告是招投标过程中的一个关键环节，它直接关系到招标信息的传播范围和供应商的参与度。通过精心编制和合理发布招标公告，企业可以吸引到符合条件的优质供应商参与投标。在这一环节中应确保公开、公正和透明，从而为后续的招投标工作奠定坚实的基础。主要包括以下几个方面：

（1）确定发布方式。

① 公开招标：公开招标是指面向市场公开发布招标信息，任何符合条件的供应商都可以参与。公开招标通常通过公共招标平台、政府采购网站、企业官方网站、报纸或行业杂志等渠道发布招标公告，确保广泛传播和最大程度地吸引潜在供应商。

② 邀请招标：邀请招标是指企业直接向特定的供应商发出投标邀请。这种方式通常用于采购金额较大或涉及保密性强的项目，企业会根据供应商的资质、以往合作经验等因素，选择可信赖的供应商发送招标邀请。邀请招标的公告通常不会公开发布，而是通过电子邮件、信函或企业内部通知方式传达。

（2）编制招标公告。

① 项目基本信息：招标公告应明确说明招标项目的名称、招标编号、采购物资或服务的描述、数量、规格、质量要求等。这部分内容应清晰明了，确保供应商能够快速了解项目的基本情况。

② 投标人资格要求：明确投标人需具备的资格条件，如注册资本、行业资质、技术能力、以往业绩等。投标人资格要求应与项目的复杂性和规模相匹配，确保参与投标的供应商具有履约能力。

③ 获取招标文件的途径和方式：详细说明供应商获取招标文件的途径和方式，如是否需要在线注册、文件购买费用、领取地点或下载网址等。此信息有助于供应商及时获取招标文件并准备投标。

④ 投标文件提交要求：包括投标文件的提交方式（电子或纸质）、提交地点、截止时间、文件份数等。投标文件的提交要求必须明确，以确保供应商能够按规定格式和时间提交文件。

⑤ 开标事宜：明确开标的具体时间、地点和方式。开标时间通常设定在投标截止时间之后的合理时间内，以确保有足够的时间对所有投标文件进行开标和记录。

⑥ 投标保证金信息：如需要，公告中应说明投标保证金的金额、缴纳方式、退还条件等。投标保证金通常用于确保供应商的投标诚意，防止无效投标或不履约情况的发生。

⑦ 联系方式与咨询渠道：提供招标人的联系方式，包括联系人、电话、电子邮箱等，以便供应商在投标过程中能够及时获得必要的澄清和指导。

（3）招标公告的发布时机。

① 合理的发布时间：选择一个合理的时机发布招标公告非常重要。公告的发布时间应避免与其他重大活动或节假日冲突，以确保供应商有足够的时间了解招标信息和准备投标文件。

② 公告周期：公告发布的周期应符合相关法律法规或行业标准。通常，公告周期为20~30天，具体时间可根据项目的复杂性和规模适当调整，以确保供应商有足够的时间响应招标。

（4）招标公告的推广。

① 广泛传播：通过多种渠道广泛传播招标公告，确保潜在供应商能够获取到招标信息。除传统的公告渠道外，还可以利用社交媒体、行业论坛、邮件营销等手段进

行推广，扩大信息覆盖面。

② 定向推广：对于邀请招标或特定领域的项目，企业可以进行定向推广，将招标信息直接传达给目标供应商。这可以提高投标的针对性和有效性。

（5）公告发布后的管理。

① 跟踪供应商反馈：在公告发布后，企业应跟踪供应商的反馈，了解供应商对招标项目的兴趣和疑问，并及时作出回应。这有助于提高投标响应率和质量。

② 公告修订与补充：在公告发布期间，如果发现公告内容需要修订或补充，企业应及时发布公告补充文件，并通知所有潜在投标人，以确保信息的准确性和完整性。

（6）确保公告的透明性和公平性。

① 透明性：招标公告的发布应遵循透明、公正的原则，确保所有潜在供应商在相同条件下获取信息。这有助于维护招投标过程的公平性，避免信息不对称。

② 公平性：公告内容应明确公平竞争的规则，避免任何形式的歧视或不当限制，确保所有符合条件的供应商都有平等参与的机会。

（7）法律与合规性审查。

① 遵循法律法规：招标公告的编制和发布应严格遵守相关法律法规的要求，确保招标过程的合法性，特别是在政府采购或大型项目招标中，需特别注意合规性。

② 审查与批准：在发布公告前，企业应对公告内容进行审查，确保其符合内部规章制度和法律要求。必要时，公告内容需要经过法律顾问或合规部门的审核和批准。

4.供应商资格预审

在收到投标申请后，企业需要对供应商进行资格预审。供应商资格预审是供应链管理中招投标环节的重要步骤之一。它的主要目的是通过对潜在供应商进行资格审核和筛选，确保只有具备相应资质、能力和信誉的供应商才能够进入正式投标阶段。这一环节涉及评估供应商的财务状况、生产能力、技术水平、质量管理体系等，确保参与投标的供应商符合最低要求。这一环节可以有效提高招标的效率，降低选择不合格供应商的风险，并保证采购项目的顺利进行。

（1）资格预审的目的。

① 确保供应商的合格性：资格预审的首要目的是验证潜在供应商是否具备履行合同所需的资质、技术能力和财务实力。通过资格预审，企业可以排除那些不具备必要条件的供应商，减少后续招标过程中的风险。

② 提高招标效率：资格预审通过初步筛选减少了投标供应商的数量，使正式招标阶段能够集中资源和精力在合格的供应商上，从而提高评标的效率和效果。

③ 降低采购风险：资格预审有助于识别和排除可能存在信誉问题、财务状况不佳或履约能力不足的供应商，降低采购过程中可能面临的各种风险。

（2）资格预审的步骤。

① 确定预审标准：在进行资格预审之前，企业需要制定明确的预审标准。这些标准应包括供应商的资质、技术能力、财务状况、行业经验、以往业绩、管理体系、质量保证能力、环境管理能力、社会责任等方面的要求。

② 发布资格预审通知：企业发布资格预审通知，向潜在供应商说明预审的目的、范围、标准和要求，以及供应商需要提交的资料和预审文件。预审通知的发布渠道应确保覆盖所有潜在合格的供应商。

③ 供应商提交预审文件：潜在供应商根据资格预审通知的要求，提交相关文件和资料。这些文件通常包括营业执照、财务报表、资质证书、技术方案、以往业绩报告、客户推荐信等。

④ 审查供应商文件：企业内部的资格预审小组对供应商提交的文件进行审查。审查内容包括供应商的资质、技术能力、财务状况、履约记录等，确保供应商具备必要的履约能力和信誉。

⑤ 现场考察（如适用）：对于一些重要的项目或关键供应商，企业可能会组织现场考察，实地验证供应商的生产能力、技术水平、管理体系、质量控制能力等。这有助于更准确地评估供应商的实际情况。

⑥ 评分与排序：根据预先设定的预审标准和评分方法，对供应商进行评分和排序。评分的内容通常包括供应商的资质、技术能力、财务实力、管理水平、以往业绩、质量保证能力等方面。

⑦ 选择合格供应商名单：根据评分结果，确定并公布通过资格预审的供应商名单。这些供应商将被邀请参与后续的正式招标过程。企业应确保选择的供应商数量足以维持竞争，但同时也不宜过多，以免增加评标的复杂性。

（3）预审标准的设定。

① 法律和资质要求：供应商必须具备履行合同所需的法律资格和行业资质。例如，建筑行业的承包商需要具备相关的建筑资质证书和施工许可证。

② 技术能力：供应商需具备满足项目技术要求的能力，包括研发能力、生产设备、技术人员资质、质量管理体系等。这些能力必须能够支持项目的顺利实施和产品或服务的高质量交付。

③ 财务状况：供应商的财务状况是判断其长期稳定性的关键因素。通常会要求供应商提供最近几年的财务报表、银行信用证明等，评估其是否具备足够的资金实力来支持项目的执行。

④ 履约记录：通过考察供应商以往的项目履约情况，可以判断其在项目执行中的可靠性。这包括按时交付、质量保证、售后服务等方面的表现。

⑤ 企业信誉：供应商的行业声誉、客户反馈、奖项和荣誉等，也是资格预审的重要考虑因素。良好的企业信誉通常表明供应商在市场中具有较高的认可度和信任度。

⑥ 社会责任和合规性：供应商在环境保护、劳动权益、社会责任等方面的表现也是预审的重要指标。这些方面的表现不仅影响供应商的市场形象，还可能对企业的社会责任履行产生影响。

（4）资格预审的结果与通知。

① 通知预审结果：资格预审结束后，企业应正式通知参与预审的供应商预审结果。对于通过预审的供应商，发出正式的投标邀请；对于未通过预审的供应商，给予明确的说明和反馈。

② 反馈与申诉机制：企业应建立反馈与申诉机制，允许未通过资格预审的供应商提出申诉，并提供合理的解释或再评估机会。这有助于维护招标过程的透明性和公正性，避免引发不必要的争议。

（5）供应商数据库的建立与维护。

① 建立供应商数据库：通过资格预审，企业可以建立和完善供应商数据库，将通过预审的合格供应商信息录入系统。这些信息包括供应商的基本信息、资质证书、技术能力、财务状况等。

② 持续更新与维护：供应商资格不是一成不变的，企业应定期更新和维护供应商数据库。通过对供应商的持续评估和监控，及时更新其资质和能力信息，确保数据库中的供应商始终符合企业的要求。

③ 供应商绩效评估：在项目执行过程中，企业应对供应商的表现进行评估，并将评估结果记录在供应商数据库中。这些评估结果将为未来招标的资格预审和供应商选择提供重要依据。

（6）法律合规与透明性。

① 确保合规性：资格预审的过程应严格遵守相关法律法规，特别是在政府采购或大型企业招标中，需要确保资格预审过程的合法性和合规性。

② 维护透明性和公平性：资格预审的标准和程序应公开透明，所有参与的供应商应在平等的条件下接受审查。通过严格的内部控制和监督，确保预审过程的公正性，避免任何形式的偏袒或腐败。

5.供应商投标

供应商投标是供应链管理中招投标环节中的第五步，在此阶段，符合资格的供应商根据招标文件的要求提交投标文件。投标文件通常包括技术方案、报价单、企业资质证明、履约承诺等。供应商在投标过程中应严格按照招标文件的要求准备材料，确保信息的完整性和准确性。此步骤直接影响到供应商能否成功竞标并获得合同，因此对企业和供应商双方来说都至关重要。

（1）投标文件的准备。

① 详细阅读招标文件：供应商首先需要仔细阅读并理解招标文件中的所有要求，包括技术规格、合同条款、评标标准等。确保对招标项目的需求有全面的了解，以便在投标文件中准确回应。

② 技术方案编制：根据招标文件中的技术规格，供应商需要编制详细的技术方案。这包括产品的设计、制造工艺、质量控制措施等，展示供应商如何满足招标项目的技术需求。

③ 报价单准备：报价单是投标文件的重要组成部分，供应商需要根据项目需求、成本结构和市场情况，制定合理的报价策略。报价单通常包括材料成本、人工成本、运输费用、税费等详细项目信息。

④ 企业资质文件：供应商需要提交企业的相关资质证明文件，如营业执照、ISO认证、财务报表、以往业绩等，以证明企业的信誉、财务状况和技术能力。这些文件有助于投标人展示其履约能力和竞争优势。

⑤ 项目实施计划：供应商通常还需要提供项目的实施计划，详细说明项目的进

度安排、资源配置、风险管理措施等。实施计划能够展示供应商对项目执行的能力和信心。

⑥ 合同条款的回应：如果招标文件中包含了合同条款，供应商应逐条回应这些条款，说明是否同意或提出修改意见。供应商的合同条款回应通常反映其法律和商业立场。

微课3-10

采购询价技巧

（2）内部审核与批准。

① 内部审核流程：在提交投标文件之前，供应商通常会进行内部审核，确保投标文件的完整性、准确性和符合性。审核流程可能涉及技术、财务、法律等多个部门，确保所有内容都经过仔细审查。

② 管理层审批：在内部审核通过后，投标文件需要得到管理层或项目负责人的最终审批。这一环节确保投标策略和内容与企业的总体目标一致，并且获得了高层的支持。

（3）投标文件的提交。

① 按时提交：投标文件的提交必须严格按照招标文件中规定的截止时间进行。迟交的投标文件通常会被拒绝，导致供应商失去竞标机会。因此，按时提交是供应商投标过程中的一项重要纪律。

② 提交方式：投标文件的提交方式通常分为电子提交和纸质提交两种。电子提交需要通过指定的在线投标平台上传投标文件，而纸质提交则需要将投标文件装订成册，并密封后提交到指定的地点。无论是哪种方式，供应商都应遵循招标文件中的具体规定，确保文件格式和提交过程符合要求。

③ 保密性要求：在提交投标文件时，供应商应遵守保密性要求，确保文件的内容不会泄露给其他竞标者或无关人员。保密措施包括密封文件、加密电子文件、限制访问权限等。

6.开标

开标是供应链管理中招投标环节中的第六步，标志着投标文件的正式揭晓。开标过程通常是公开透明的，旨在确保所有投标文件都能在公正的环境下进行评审。此环节的主要目的是对所有参与投标的供应商的报价、技术方案等进行公开展示，以便后续的评标工作能够顺利进行。

（1）开标的时间和地点。

① 确定开标时间：开标时间通常在投标截止后立即进行，以确保投标文件的有效性和保密性。开标时间应提前在招标文件中明确告知所有投标人，以便其能够合理安排参与开标的人员。

② 开标地点：开标通常在招标人指定的地点进行，可能是企业会议室、招标代理机构的场所或通过线上平台进行。开标地点的选择应考虑到投标人的参与便利性和过程的公正性。

（2）开标的准备工作。

① 场地准备：在开标前，招标人应做好开标场地的准备，包括安排好座位、设置投标文件展示区域、准备录音录像设备等。开标现场的布置应能够确保所有参与者都能清楚看到和听到开标过程。

② 保密性检查：开标前，招标人需要对投标文件的密封状态进行检查，确保文件在开标前没有被拆封或篡改。任何不符合密封要求的投标文件都可能会被视为无效。

（3）开标程序。

① 宣布开标开始：在规定的开标时间，主持人宣布开标正式开始，并简要介绍开标程序和规则。通常主持人由招标企业人员或企业授权的代表担任，确保开标过程的公正性和透明度。

② 投标文件的拆封：按照投标人提交文件的顺序，依次拆封投标文件。每份投标文件的拆封应当在所有参会人员的见证下进行，确保文件的内容未被修改或遗失。

③ 投标内容的公开宣读：拆封后，主持人或指定的工作人员需要对每份投标文件中的关键内容进行公开宣读。这些内容通常包括投标报价、技术方案的核心内容、付款条件等。宣读时，应尽量避免泄露供应商的机密信息，但要确保重要信息的透明度。

④ 记录与确认：在宣读过程中，所有的投标信息应由指定的记录员详细记录在案，并由投标人代表和招标人代表签字确认。这份记录将作为后续评标的依据。

（4）开标的公正性与透明性。

① 公正性原则：开标过程必须严格遵循公正性原则，确保所有投标人处于平等的竞争环境中。任何企图操纵或影响开标结果的行为都应被严格禁止，并可导致相关人员的法律责任。

② 透明性原则：开标应尽可能透明化，确保所有参与者能够清晰了解整个过程。这通常通过公开宣读、全程录像、公开记录等方式实现，以防止任何形式的暗箱操作。

（5）开标会议的参与者。

① 招标人代表：通常包括采购部门的负责人、项目管理人员、财务人员等，他们负责主持和监督开标过程，确保其符合相关规定。

② 投标人代表：各投标供应商通常会派遣代表参与开标会议，以监督开标的公平性，并记录自己的投标文件被宣读的情况。投标人代表的参与也有助于投标人对开标结果的透明性和公正性有更深的信任。

③ 公证人或第三方监督：在一些大型或公共项目中，可能会有公证人或独立第三方机构参与开标过程，以监督并确保开标的合法性和公正性。

（6）开标后的处理。

① 记录和归档：开标结束后，所有投标文件的记录应立即归档保存，确保在后续评标过程中有据可查。这些文件的保存期限通常依照相关法律规定，至少保留数年，以备审查或争议时使用。

② 初步审查：在开标结束后，招标人通常会对所有投标文件进行初步审查，检查文件的完整性、合规性以及是否符合招标文件的基本要求。任何不合格的投标文件可能会被直接淘汰，进入后续评标程序的文件则需进一步审查。

③ 评标准备：开标后，进入评标阶段，招标人将组织评标委员会，根据既定的

评标标准，对所有符合条件的投标文件进行详细评审。

（7）开标结果的通知。

① 即时通知：在开标会议结束时，招标人可能会立即通知所有参与者开标的基本结果，如参与投标的公司名单、投标金额等。这通常是对开标过程的简要总结。

② 正式通知：开标结果的正式通知通常在评标结束后发出，包括中标结果、评分情况和合同授予信息等。这些信息将以书面形式通知所有投标人，并在相关平台上公开发布，确保整个招标过程的透明度和公平性。

7.评标

评标是供应链管理中招投标流程中的第七步，评标环节是招投标过程中的关键阶段。评标委员会根据预设的评标标准，对所有投标文件进行详细评审，综合考虑技术、价格、服务等多方面因素。评标过程中需要对每个投标方案进行综合评价，确保选出的供应商能够满足企业的需求。

（1）评标委员会的组建。

① 委员会成员组成：评标委员会通常由招标方的相关部门代表、技术专家、财务专家、法律顾问等组成。成员的选取应确保专业性和公正性，以覆盖项目的各个关键领域。

② 职责分工：评标委员会成员各自负责不同的评审内容，例如技术方案评审、报价评审、合同条款评审等。明确的职责分工有助于确保评标过程的高效和专业。

③ 利益冲突排除：为确保评标的公正性，所有评标委员会成员都需要签署利益冲突声明，承诺在评标过程中保持中立，避免任何可能影响评标结果的个人或商业利益冲突。

（2）评标标准的制定。

① 综合评分标准：评标标准通常根据项目的实际需求制定，包括技术能力、价格合理性、项目经验、企业资质、服务承诺等方面。每个标准项都会被赋予一定的权重，以体现其在整个项目中的重要性。

② 技术评审标准：技术能力评审通常包括对投标人技术方案的适用性、创新性、可行性以及其对项目需求的满足程度进行评分。技术标准的评分往往在评标中占较大比例，因为技术方案的优劣直接影响项目能否成功实施。

③ 价格评审标准：价格是评标的重要因素之一，但不是唯一的决定因素。评标委员会会考虑报价的合理性和市场竞争力，而非单纯选择最低报价，以避免“低价低质”问题。

④ 合规性审查：合规性审查是对投标文件是否符合招标文件要求的初步筛查，包括文件的完整性、条款的接受度、法律要求的满足程度等。这一审查通常是评标的基础步骤。

（3）评标过程。

① 初步审查：评标开始时，评标委员会首先对所有投标文件进行初步审查，剔除不符合招标文件基本要求的投标。这一步确保了只有合格的投标文件才能进入后续的详细评审环节。

② 详细评审：在初步审查合格的基础上，评标委员会会对投标文件进行逐项评分。详细评审包括技术评审、价格评审和商务条件评审，评审内容涵盖技术方案的可行性、报价的合理性、合同条款的合理性等。

③ 专家打分：评标委员会的每位成员根据预定的评分标准独立打分，避免相互影响。评分的公正性和独立性对最终评标结果至关重要。打分完成后，所有分数将进行汇总并加权，以得出各投标人的最终评分。

④ 评分汇总与分析：评标委员会将所有评委的打分汇总并计算平均分。这个过程通常由评标委员会主席或专人负责，并通过软件或手动计算完成。最终的评分结果会作为中标候选人的评选依据。

（4）评标的公正性与透明性。

① 严格的保密措施：评标过程中的所有资料和评分结果应严格保密，防止任何形式的泄露。评标委员会成员在评标期间不得与投标人接触，避免影响评标结果。

② 透明的程序：尽管评标过程本身是保密的，但评标的程序和标准应公开透明，确保所有投标人了解评分的依据和程序的公正。最终结果的公布也应以透明的方式进行，接受投标人的质询和监督。

（5）评标的结果与决策。

① 评标报告的撰写：评标结束后，评标委员会会撰写详细的评标报告。报告中包括每一投标人的评分细节、优缺点分析、推荐中标候选人的理由等。这份报告将提交给招标方的高层决策人员作为最终决策的依据。

② 中标候选人的推荐：根据评分结果，评标委员会将推荐1~3名中标候选人，列明各候选人的优劣势。最终的中标人通常由招标方根据评标委员会的建议，并结合项目的实际需求和战略考量作出决策。

③ 最终决策与通知：招标方在参考评标委员会的建议后，最终确定中标供应商，并以正式书面形式通知所有参与投标的供应商。未中标的供应商有权要求了解自己未中标的原因，招标方应提供相关解释，确保整个过程的透明性和公正性。

（6）争议处理与法律保障。

① 处理投标人异议：在中标结果公布后，未中标的投标人有权提出异议。如果出现争议，招标方应按照既定的程序进行调查和处理，必要时可以引入第三方仲裁机构介入。

② 法律审查：评标过程和结果应符合相关法律法规，招标方应确保评标过程的合法性，以防止因程序瑕疵引发法律纠纷。评标委员会成员在整个过程中也需要遵守相关的法律要求，避免个人法律风险。

8.决标

决标是供应链管理中招投标流程的第八步，这个环节的核心在于最终确定中标供应商，并为项目的成功实施奠定基础。决标的过程既涉及对评标结果的最终审定，也包括合同签订前的准备工作。

（1）决标概述。

① 决标的定义与目的：决标是指在评标委员会提出的评审结果基础上，经过进一步的讨论和分析，最终确定中标供应商的过程。决标的目的是选择最符合项目需求

和企业战略目标的供应商，并为后续合同签订和项目实施做好准备。

② 决标的重要性：决标不仅决定了供应商的选择，也标志着招标工作的一个关键转折点。成功的决标能确保项目的高效执行，并为企业的长期发展提供保障。

（2）决标的程序与步骤。

① 评标结果的复核：在正式决标前，招标方通常会对评标委员会提交的评标报告进行复核。复核的内容包括评审过程的公正性、评分的准确性，以及推荐中标候选人的合理性。

② 决策会议的召开：企业的高层管理团队或董事会通常会召开决策会议，讨论评标结果。会议中，评标委员会会对推荐中标人的优劣势进行详细说明，高层管理者则会结合企业战略、项目需求等因素作出最终决定。

③ 最终中标人的确定：在充分讨论和分析后，企业的高层管理者会作出最终的中标决定。这一决定通常基于评标结果，但也可能考虑其他战略因素，如供应商的长期合作潜力、市场地位等。

④ 内部审批流程：在确定中标人后，企业通常需要经过内部审批流程，如董事会批准或法律部门审核，以确保决标的合法性和合规性。审批通过后，决标结果才会正式生效。

（3）决标的考虑因素。

① 项目需求与战略匹配：在决标过程中，企业需要考虑供应商的技术能力、交付能力与项目需求的匹配程度，同时评估其与企业长期战略目标的契合度。

② 价格与成本效益：虽然价格是一个重要的决策因素，但并不是唯一的决定因素。企业还会考虑供应商的整体成本效益，包括项目生命周期内的总成本、服务质量、售后支持等因素。

③ 供应商的信誉与能力：供应商的信誉、历史业绩、财务状况等都会对决标结果产生影响。企业希望选择那些不仅能完成当前项目，还能在未来长期合作中提供稳定支持的供应商。

④ 法律与合规性：在决标过程中，企业必须确保所选供应商符合所有相关的法律法规和合规要求，以防止在项目执行过程中出现法律风险。

（4）决标结果的处理。

① 中标通知的发出：一旦中标供应商确定，招标方将向其发出正式的中标通知书。通知书中通常包括项目的主要条款、合同签订日期、项目启动时间等信息。

② 未中标供应商的通知：对于未中标的供应商，招标方通常会发送感谢信，并简要说明未中标的原因。这一做法不仅体现了招标方的专业素养，也有助于维护与供应商的良好关系。

③ 合同谈判与签订：在中标通知发出后，招标方与中标供应商会进入合同谈判阶段。合同的条款应明确项目的范围、交付标准、付款条件、违约责任等。谈判达成一致后，双方正式签署合同，标志着项目的正式启动。

（5）决标后的管理与监督。

① 项目启动与执行：合同签订后，项目正式启动。此时，供应商和招标方需要制订详细的项目执行计划，并按计划进行项目管理和进度控制，确保项目按时、按质

完成。

② 风险管理与控制：在项目执行过程中，招标方应对供应商的履约情况进行持续监控，识别潜在风险并采取相应措施进行控制。及时的风险管理能够有效防止项目的延误或失败。

③ 绩效评估与反馈：在项目完成后，企业应对供应商的表现进行全面评估，包括其技术能力、交付质量、合作态度等。这些评估结果将作为未来供应商选择和管理的重要依据。

（6）决标的公正性与透明性。

① 过程记录与存档：决标过程中的所有决策记录、会议记录、审批文件等应妥善保管并存档。这不仅有助于确保决标过程的公正性和透明性，还为未来的内部审计或法律审查提供依据。

② 接受监督与审计：决标过程应接受内部审计部门或第三方的监督，确保整个过程符合相关的法律法规和企业内部的控制标准。透明的决标过程有助于树立企业的诚信形象，增强供应商的信任度。

9.合同谈判与签订

合同谈判与签订是供应链管理中招投标流程的第九步，这一环节对项目的执行和成功起着至关重要的作用。合同不仅明确了双方的权利和义务，还为项目的顺利实施提供了法律保障。以下是对合同谈判与签订环节的详细阐述。

（1）合同谈判概述。

① 合同谈判的定义与目的：合同谈判是指在中标结果确定后，招标方与中标供应商就合同的具体条款和条件进行详细讨论与协商的过程。其目的是确保双方在合同条款上达成共识，从而为项目的顺利实施奠定法律基础。

② 合同谈判的重要性：合同是项目执行的法律依据和指导文件，因此谈判的成功与否直接关系到项目的执行效果。通过合同谈判，双方可以明确项目的要求、责任分工以及风险承担方式，避免后续的争议和误解。

（2）合同谈判的准备工作。

① 组建谈判团队：合同谈判通常由一个跨职能团队进行，包括法律、财务、采购、项目管理等部门的代表。每个团队成员在谈判中都扮演着关键角色，确保各方面的需求都得到充分考虑。

② 合同草案的准备：在谈判前，招标方通常会准备一份合同草案，作为谈判的基础。这份草案应涵盖项目的主要条款，如范围、标准、时间、费用、风险分担、违约责任等。

③ 明确谈判策略：在正式谈判前，招标方需要明确谈判的目标和策略，包括哪些条款是必须坚持的，哪些条款可以灵活处理。谈判策略应充分考虑项目需求、企业政策以及供应商的可能诉求。

（3）合同谈判的核心内容。

① 项目范围与交付标准：这是合同的核心部分，明确规定了供应商需要完成的工作内容及其交付的标准。双方应详细讨论这些条款，确保对项目的期望一致，以免在执行过程中产生分歧。

② 时间表与交付节点：时间表规定了项目的关键节点及交付日期。合同中应明确处理延误的方式及可能的惩罚措施，确保供应商按时完成工作。

③ 价格与付款条件：价格谈判包括合同总价的确认、付款方式和时间节点等。双方应协商合理的付款条件，以平衡供应商的资金流和进行项目的风险管理。

④ 风险分担与违约责任：合同中应明确双方的风险分担机制及违约责任，包括因延误、质量问题或其他未履约情况导致的赔偿条款。这部分内容在谈判中尤为重要，因为它直接关系到双方在项目中承担的法律责任和经济风险。

⑤ 知识产权与保密条款：在涉及技术创新或专有技术的项目中，合同应明确知识产权的归属、使用权和保密要求。双方需达成一致，以确保商业秘密和知识产权得到充分保护。

⑥ 合同变更与终止条款：项目执行过程中可能出现的变更需求应有明确的管理流程。合同中应规定变更的审批程序和合同终止的条件，确保双方在处理不可预见的情况时有章可循。

（4）谈判过程中的沟通与协调。

① 建立合作氛围：合同谈判不仅是条款的讨论，更是合作关系的建立。双方应在谈判中保持积极的沟通，寻求双赢的解决方案，确保未来的合作顺利。

② 逐步解决分歧：谈判过程中难免出现意见分歧，双方应通过逐步妥协和寻求替代方案的方式解决争议，避免僵局。

③ 法律与财务顾问的参与：在谈判的关键阶段，法律和财务顾问的参与至关重要。他们可以帮助识别合同条款中的潜在风险，并确保合同的法律效力和财务可行性。

（5）合同的最终审定与签署。

① 合同文本的确认：在双方就所有条款达成一致后，合同草案将被修订为最终版本。最终版本应由双方的法律部门审查，以确保其合法性和可执行性。

② 内部审批流程：合同签署前通常需要经过企业内部的审批流程，如董事会批准或法律审查。审批通过后，合同才能正式签署。

③ 正式签署：合同由双方授权代表签字并加盖公章。签署后的合同即具备法律效力，双方应严格按照合同条款执行项目。

（6）合同管理与监督。

① 合同履约管理：合同签署后，招标方需要对供应商的履约情况进行持续监督，确保供应商按照合同规定的标准和时间表完成工作。合同履约管理是项目成功的关键。

② 定期沟通与审查：在项目执行过程中，招标方应定期与供应商沟通，并对合同履行情况进行审查，及时处理可能出现的问题。

③ 合同变更管理：项目执行过程中可能会出现需要变更合同条款的情况。招标方应制定变更管理流程，确保所有变更经过双方协商和批准，并纳入合同文本。

10.履约管理

履约管理是供应链管理中招投标流程的第十步，这个环节在确保合同顺利执行和项目成功交付中起着至关重要的作用。履约管理不仅涉及对供应商的监督和控制，还包括风险管理、变更管理以及绩效评估。以下是对履约管理环节的详细阐述：

（1）履约管理概述。

① 履约管理的定义与目的：履约管理是指在合同签订后，招标方通过一系列监督、协调和控制活动，确保供应商按照合同条款执行项目的过程。其主要目的是确保供应商按时、按质、按量交付产品或服务，从而实现合同的预期目标。

② 履约管理的重要性：履约管理是合同执行的核心环节，直接影响项目的质量、进度和成本。通过有效的履约管理，企业可以及时发现并解决履约过程中出现的问题，确保项目顺利完成。

（2）履约管理的准备工作。

① 制订履约计划：在合同签署后，招标方应立即制订详细的履约管理计划。该计划应包括项目的关键里程碑、交付节点、验收标准、监督方式、沟通渠道和风险管理策略。履约计划是整个履约管理工作的指导文件。

② 建立履约团队：履约管理通常由一个跨职能团队负责，成员包括项目管理、质量控制、采购、财务等部门的代表。每个团队成员应明确自身的职责和工作内容，并与其他成员密切配合，确保履约工作的顺利进行。

③ 沟通与协调机制：在履约管理开始前，招标方应与供应商建立良好的沟通与协调机制，明确双方的联络方式、沟通频率和问题解决流程。有效的沟通是履约管理成功的关键。

（3）履约管理的核心内容。

① 进度管理：进度管理是履约管理的核心内容之一。招标方应监督供应商的工作进度，确保项目按时推进。在项目关键节点，招标方应进行进度评估，及时发现并解决可能导致延误的问题。

② 质量管理：质量管理是确保项目成果符合合同要求的重要环节。招标方应对供应商提供的产品或服务进行严格的质量检查，确保其符合合同规定的标准和规格。如果发现质量问题，应立即与供应商沟通，并采取纠正措施。

③ 成本管理：在履约过程中，招标方应密切关注项目的成本支出，确保供应商在执行合同的过程中遵守预算规定。对于任何可能导致成本超支的情况，招标方应与供应商协商，采取必要的控制措施。

④ 变更管理：项目执行过程中可能会出现不可预见的变更需求，如调整项目范围、修改交付时间或改变技术规格。招标方应建立变更管理流程，确保所有变更都经过正式审批，并纳入合同条款。

⑤ 风险管理：在履约管理过程中，招标方应持续监控项目的潜在风险，并制订应急预案。在风险事件发生时，招标方应迅速响应，采取有效措施将风险控制在最低水平。

⑥ 供应商关系管理：履约管理不仅是监督和控制的过程，还是维护和发展供应商关系的重要环节。招标方应与供应商保持良好的合作关系，通过定期沟通、问题协商和绩效反馈，增强供应商的履约意愿和能力。

（4）履约管理的监督与控制。

① 定期审查与报告：在履约过程中，招标方应定期对项目的执行情况进行审查，

并编制履约管理报告。这些报告应包括项目进度、质量状况、成本控制、变更管理和风险管理等内容。通过这些报告，招标方可以及时掌握项目的整体情况，并作出相应的调整。

② 现场检查与验收：对于涉及实物交付的项目，招标方应对供应商的生产或施工现场进行检查，确保其按照合同要求执行工作。对于供应商的阶段性成果或最终交付物，招标方应按照合同规定的验收标准进行验收，并出具验收报告。

③ 问题处理与纠正措施：在履约过程中，可能会出现各种问题，如进度滞后、质量不合格或成本超支。招标方应及时识别这些问题，并与供应商协商解决方案。必要时，招标方应采取纠正措施，确保问题得到有效解决。

（5）履约管理的绩效评估。

① 供应商绩效评估：履约管理的一个重要内容是对供应商的绩效进行评估。这包括对供应商的交付能力、质量控制、成本管理、风险管理和沟通能力等方面进行全面评估。绩效评估的结果不仅是对当前项目的总结，也为未来的合作提供参考依据。

② 项目成果评估：在项目完成后，招标方应对项目的整体成果进行评估，包括项目目标的实现情况、合同条款的履行情况、项目的经济效益和社会效益等。通过这些评估，招标方可以总结经验教训，为未来的项目管理提供指导。

（6）履约管理的法律与合规性。

① 合同条款的执行：在履约管理过程中，招标方应确保所有活动都严格按照合同条款进行，避免任何违约行为。如果发现供应商有违约行为，招标方应按照合同规定的方式处理，保护自身的合法权益。

② 合规性管理：招标方在履约管理过程中应遵守相关的法律法规和行业标准，确保项目执行的合法性和合规性。特别是在涉及安全、环保、知识产权等敏感领域时，招标方应格外谨慎，避免法律风险。

（7）履约管理的总结与反馈。

① 项目总结报告：在项目完成后，招标方应编制项目总结报告，详细记录项目执行的全过程，包括成功经验和存在的问题。总结报告应包括对履约管理的全面回顾，为未来的项目管理提供参考。

② 供应商反馈机制：招标方应建立供应商反馈机制，收集供应商对履约管理过程中的意见和建议。通过与供应商的双向沟通，招标方可以改进自身的管理流程，提升未来项目的履约管理水平。

小案例3-3

四川移动供应链信息化应用——“电子化、无纸化、数字化”

中国移动通信集团四川有限公司（以下简称四川移动）于1999年7月28日正式组建，注册资本为人民币74.83亿元，是中国移动通信集团有限公司的全资子公司。

四川移动作为中西部地区最大的信息服务商，承载着大量的采购工作，然而在传统的招投标采购工作中，普遍存在管理难度大、评审效率低、采购成本高等问题。

为此，四川移动积极响应集团公司的号召，立足科学化、合理化的采购制度和监管制度，将各地市分公司、招标代理公司及临时招投标场所进行统一化、全局化、规范化管理。通过“电子化、无纸化、数字化”的供应链信息化管理，在合法合规的基础上，提高采购效率、提升采购质量，实现降本增效。

在“采购文档模板化”的基础上，以“合法合规”为原则、以“降本增效”为指导，运用信息化技术，推动采购工作的“标准化”“结构化”建设，“让投标更简单、让评标更严谨”，进一步实现“阳光采购”。

信息化应用贯穿采购工作的各个阶段，包括采购需求提交及审核阶段、采购方案形成及审批阶段、采购文件制作及发布阶段、项目评审阶段、采购结果形成及发布阶段。信息化应用方式多样，涉及目前采购工作的3大系统1个工具；涉及部门及人员较多，包含需求部门、采购部门、供应商、项目评审组、采购风险管控组等。

资料来源　中国移动通信集团四川有限公司. 四川移动供应链信息化应用——“电子化、无纸化、数字化”[EB/OL].［2024-07-14］. http://www.chinawuliu.com.cn/xsyj/202107/14/554515.shtml. 引文经节选、压缩及改编。

【任务实施】

1.准备工作

（1）组建招标小组：由采购部门负责人牵头，包括质量控制、生产计划等相关部门的人员组成招标小组，确保招标过程的专业性和公正性。

（2）确定招标范围：明确所需采购的原材料的具体规格、数量、质量要求等。

（3）收集供应商信息：通过市场调研、行业推荐等方式，收集潜在供应商的信息，初步筛选出符合要求的供应商。

2.实施步骤

（1）编写招标文件：详细说明对供应商的要求，包括资质、生产能力、质量控制、交货期等。明确招标程序，包括投标截止时间、开标时间、评标方法等。制定评标标准，如价格、质量、交货期、售后服务等权重分配。

（2）发布招标公告：在相关平台或媒体上发布招标公告，向潜在供应商传达招标信息。确保公告内容清晰、准确，包括招标项目的基本情况、投标要求、联系方式等。

（3）供应商资格审查：对供应商提交的资格证明文件进行审查，筛选出符合资格的供应商。如有需要，可进行现场考察，核实供应商的实际情况。

（4）组织投标评审：按照评标标准，对各投标供应商的投标文件进行评审。可以采用定量和定性相结合的方法，对各项指标进行打分。综合考虑各方面因素，确定初步中标候选供应商。

（5）进行合同谈判：与初步中标候选供应商进行合同谈判。就合同条款，如价格、交货期、质量保证、违约责任等进行协商。确保双方利益得到保障，达成一致意见。

（6）签订合同：根据谈判结果，起草合同文本。经双方审核确认后，正式签订合同。

（7）后续跟进：对中标供应商的履约情况进行跟踪监督。及时解决合同执行过程中出现的问题，确保订单按时交付。

随堂测 3-3

1+X证书

拓展阅读 3-3

国务院办公厅印发《关于创新完善体制机制推动招标投标市场规范健康发展的意见》

日前，国务院办公厅印发《关于创新完善体制机制推动招标投标市场规范健康发展的意见》（以下简称《意见》）。

《意见》坚持以习近平新时代中国特色社会主义思想为指导，深入贯彻党的二十大精神，坚持有效市场和有为政府更好结合，聚焦发挥招标投标竞争择优作用，改革创新招标投标制度设计，纵深推进数字化转型升级，加快实现全流程全链条监管，坚持全国一盘棋，坚决打破条块分割、行业壁垒，推动形成高效规范、公平竞争、充分开放的招标投标市场，促进商品要素资源在更大范围内畅通流动，为建设高标准市场体系、构建高水平社会主义市场经济体制提供坚强支撑。

《意见》明确四方面原则。一是坚持问题导向、标本兼治，逐步形成推动招标投标市场规范健康发展的长效机制。二是坚持系统观念、协同联动，有效凝聚招标投标市场建设合力。三是坚持分类施策、精准发力，提升招标投标市场治理精准性有效性。四是坚持创新引领、赋能增效，强化招标投标制度规则创新、运行模式创新、交易机制创新、监管体制创新，推动招标投标市场转型升级。

《意见》提出七方面政策举措。一是完善招标投标制度体系。优化制度规则设计，强化法规政策协同衔接。二是落实招标人主体责任。强化招标人主体地位，健全招标代理机构服务机制，推进招标采购机制创新。三是完善评标定标机制。改进评标方法和评标机制，优化中标人确定程序，加强评标专家全周期管理。四是推进数字化智能化转型升级。加快推广数智技术应用，优化电子招标投标平台体系。五是加强协同高效监督管理。压实行政监督部门责任，强化多层次立体化监管，加快推进智慧监管。六是营造规范有序市场环境。严厉打击招标投标违法活动，持续清理妨碍全国统一大市场建设和公平竞争的规定、做法。七是提升招标投标政策效能。健全支持创新的激励机制，优化绿色招标采购推广应用机制，完善支持中小企业参与的政策体系。

《意见》要求各地区各有关部门加强组织领导，健全工作推进机制，扎实推动各项任务落实落细；鼓励地方和基层积极探索、大胆创新；加强宣传解读和舆论监督，营造有利于招标投标市场规范健康发展的社会环境。

资料来源　新华社.国务院办公厅印发《关于创新完善体制机制推动招标投标市场规范健康发展的意见》[EB/OL].［2024-05-08］. https：//www.gov.cn/yaowen/liebiao/202405/content_6949892.htm.引文经节选、压缩及改编。

思政聚焦

中粮集团以MRO集中采购推进供应链管理水平提升

中粮集团有限公司（以下简称中粮集团）按照国务院国资委《关于中央企业在建设世界一流企业中加强供应链管理的指导意见》要求，聚焦供应链关键环节的核心要素，深挖集中采购潜力，将MRO（非生产原料性质工业用品，如轴承、清洗剂、仪器仪表、安防用品等）类物料、PET（聚对苯二甲酸乙二醇酯，广泛用于瓶装水、食品包装、热塑性复合膜等领域）切片、工程物资和造价咨询等3项集团重点集采项目，统一组织规模化带量集中采购工作，取得良好成效。

1.建立工作机制，强化协同作战，为全面推动MRO集中采购夯实管理基础

在中粮集团招标与采购领导小组管理框架下，结合MRO类物料特点，建立“1+13+1”工作机制，推动各项工作有序开展。

中粮集团集中采购工作组继续发挥统筹指导作用，中粮集团党组成员、副总经理担任组长，各专业化公司主要班子成员共同参与，通过定期会议听取并审议MRO集中采购情况，决策部署相关工作，并整合各方资源，打通跨业务单元、跨地域限制的集中采购协同。

成立13支MRO集中采购工作专班，由各单位集中采购闸口管理部门共同负责推进集中采购需求调研、制定集中采购方案、组织集中采购实施等具体工作落地执行。

成立MRO集中采购信息化建设小组，由中粮糖业与中粮信科（中粮集团数字化建设及运营平台公司）通过建立MRO集中采购工作群，优化中粮E采供应链采购平台模块和对接中粮集团财务综合报账系统等形式，通过可视化、数字化技术辅助工具，实时跟踪工作进度并结合项目实施过程中遇到的疑难问题，及时研讨解决策略，真正做到互通有无、齐头并进。

2.开展调研、摸清底数、研判实情，科学制定MRO集中采购工作目标

从MRO管理基础、物资需求细目、采购渠道分布和历史采购数量等多方入手，对涉及农粮、食品和地产等三大板块的13家专业化公司下属423个法人单位开展为期半年的深入调研，基本摸清了中粮集团MRO类物资需求底数，为科学开展MRO集中采购明确了工作目标和实施范围。

3.整合资源、系统谋划、分步实施，高效推进MRO集中采购落地

协调内外资源，着力关键节点。以13家专业化公司为实施主体，借助招标代理机构等外部专业力量，结合MRO集中采购各品类、各包件特点，将内外部人力资源划分为调研组、联络组、数据组、执行组和文书组等多个专业组别，通过项目经理责任制推动各集中采购关键环节的落地执行，并定期出具工作进度报告上报中粮集团集中采购工作组和各集中采购工作专班，确保各项集中采购工作落实落细落到位。

资料来源　中粮集团有限公司．中粮集团以MRO集中采购推进供应链管理水平提升［EB/OL］．［2023-11-09］．http：//www.sasac.gov.cn/n2588025/n2588124/c29688487/content.html.引文经节选、压缩及改编。

综合测试

一、赛题测试

1.单项选择题

（1）在采购订单执行过程中发现原材料规格不符合订单要求的情况下，采购部门应首先采取的措施是（　　）。

A.立即联系法律部门　　B.立即联系供应商进行纠正

C.直接退货　　D.通知客户可能有延误

(2) 供应商绩效评估与改进计划中，以下（　　）不是评估供应商绩效的指标。

A.交货准时率　　B.产品质量合格率

C.供应商的市场份额　　D.成本效益

(3) 在招投标过程中，关于招标文件的准备，以下（　　）不是文件中提到的组成部分。

A.招标邀请函或公告　　B.投标人须知

C.投标保证金要求　　D.供应商的年度财务报告

2.多项选择题

(1) 下列（　　）措施可以帮助避免未来采购订单中出现类似的质量问题。

A.强化供应商评估　　B.加强验收环节的检查

C.提前支付货款　　D.定期与供应商沟通，评估其表现

(2) 公司的供应商管理中，以下（　　）是供应商开发过程中需要考虑的。

A.供应市场的竞争分析　　B.合格供应商的寻找

C.评估潜在供应商　　D.询报价

E.合同谈判

(3) 在招投标管理中，以下（　　）是招标文件准备阶段需要特别考虑的。

A.明确采购需求　　B.设计公平合理的评标标准

C.发布招标公告　　D.确定评标委员会成员

E.准备投标书格式

3.判断题

(1) 采购订单中的异常处理需要采购部门单独完成，不需要与其他部门协作。（　　）

(2) 在供应商管理策略中，与供应商建立长期合作关系是提高供应链效率的关键。（　　）

(3) 在招投标过程中，评标委员会的组建是在开标之后进行的。（　　）

二、训创融合

招投标管理流程调研分析

1.实训目的

通过实训，学生将掌握招投标管理的关键步骤，提升在招投标过程中的策略制定与执行能力。

2.实训方式

学生5~6人自主组成一个小组，根据提供的线索上网或实地调研，完成招投标管理流程的调研分析。

3.实训内容及步骤

(1) 选择一个具体的招投标案例，收集相关数据和信息。

(2) 分析招投标过程中的需求分析、招标文件准备、招标公告发布、供应商资格预审等关键环节。

（3）调研开标、评标、决标等环节的实施细节和注意事项。

（4）探讨合同谈判与签订过程中的策略和技巧。

4.实训成果

每组提交一份《招投标管理流程调研分析报告》。

项目四　运营管理

本项目围绕运营管理展开讨论，首先定义了运营管理的意义，强调其在当今企业中的角色转变，即从传统的生产管理转向更广泛的运营管理。随后，详细阐述了运营管理的多个维度，包括运营战略、生产管理、产能管理和库存管理涉及的内容。通过本项目的学习，学生能够掌握制定和优化生产流程、物料成本分析与控制策略的能力，并学会使用数据分析工具来支持决策，以实现企业的可持续发展。

项目框架

岗位任务（岗）

对应：生产经理、生产计划员、设备维护工程师等相关岗位

赛题测试（赛）

对标：全国高校商业精英挑战赛物流与供应链竞赛、全国大学生工业工程应用创新大赛等

1+X 证书随堂测（证）

对标：项目管理专业人士（PMI）、注册供应链专业人员（APICS）、注册物流专业人士（CFLP）等

思政聚焦（思）

激发学生的敬业精神，致力于维持高标准的产品质量，实现个人价值与社会价值的“双赢”

训创融合（创）

培养学生能够在复杂的生产环境中识别问题，并提出解决方案的能力

课

运营管理

- 了解运营管理
- 理解生产管理
- 熟悉产能管理
- 掌握库存管理方法

学习目标

学习目标	1.了解运营管理的基本概念及其在现代企业中的重要性。 2.掌握运营管理的主要内容，包括运营战略、流程管理、业务流程、数据分析、绩效管理、质量管理等。 3.熟悉供应链环境下运营管理的特点及核心内容。 4.了解供应链管理与运营管理之间的关系及区别。
技能目标	1.能够制定和优化生产流程。 2.能够实施物料控制策略，并有效管理物料供应。 3.能够使用数据分析工具来支持决策。 4.能够进行产能分析和计划制订。
素养目标	1.培养问题解决能力，能够在复杂的生产环境中识别问题并提出解决方案。 2.培养创新思维，能够提出改进现有流程的新想法。 3.增强责任心，确保产品质量并遵守企业标准。 4.提高沟通技巧，能够有效地与同事、供应商和客户交流。

任务一　了解运营管理

【岗位任务】

近年来，由于市场竞争加剧，强盛集团面临成本上升、生产效率低下和客户满意度下降等问题。为了应对这些挑战，公司决定对运营管理进行彻底改革。其具体实施措施如下：

1.流程优化

引进了精益生产和敏捷制造的理念，重新设计了生产流程，减少了不必要的步骤，增加了自动化生产线。同时，通过引入实时监控系统来跟踪生产进度，及时调整生产计划以适应市场需求的变化。

2.供应链协同

与关键供应商建立了更紧密的合作关系，实现了供应链的可视化管理。通过提前共享生产计划，供应商可以更好地安排生产和运输，确保原材料按时到达，减少库存成本。

3.质量控制

加强了质量管理体系，确保每一件产品都能达到高标准。通过设立专门的质量检测团队，采用先进的检测技术和方法，提高了产品的一致性和可靠性。

4.数据分析

利用大数据分析技术，对生产过程中的各项数据进行了深入挖掘，发现了生产瓶颈，并据此提出了改进措施。同时，通过对客户反馈的分析，及时调整了产品特性，提升了用户体验。

经过一系列改革后，公司的生产效率显著提高，成本得到有效控制，客户满意度也大幅度提升。更重要的是，通过加强与供应链上下游伙伴的合作，公司能够更快地适应市场变化，缩短了产品上市时间，增强了市场竞争力。

要求：

（1）撰写一份分析报告，3 000字以上。

（2）报告大纲包括并不局限于：运营管理概述、供应链环境下的运营管理、流程优化分析、供应链协同对比分析、质量控制分析、数据分析。

分析提示：本任务旨在通过分析强盛集团在实施新的运营战略或流程优化后的成效，掌握供应链环境下运营管理的整体协同合作。

【课堂知识】

一、运营管理概述

1.运营管理的定义

运营管理是现代企业管理科学中最活跃的一个分支，也是新思想、新理论大量涌现的一个分支。它是指对运营过程的计划、组织、实施和控制，是与产品生产和服务创造密切相关的各项管理工作的总称。从另一个角度来讲，运营管理是指为对生产和提供公司主要的产品或服务的系统进行设计、运行、评价和改进。运营模式是企业内部人、财、物、信息等各要素的结合方式，是商业模式的核心层面，如果缺乏合理有效的运营模式，即使再有效的销售模式也会由于缺少持续而优质的服务供应变得空心化。企业运营管理要控制的主要目标是质量、成本、响应时间和柔性（灵活性/弹性/敏捷性），它们是企业竞争力的根本源泉。

运营管理的范畴涵盖了从传统的制造业企业到非制造业企业，包括运营战略的制定、运营系统设计和运营系统运行等多个层次的内容，把运营战略、新产品开发、产品设计、采购供应、生产制造、产品配送直至售后服务看作一个完整的“价值链”，对其进行集成管理。信息技术已成为运营管理的重要手段，由信息技术引起的一系列管理模式和管理方法上的变革，成为运营的重要研究内容。例如，产品设计中的并行工程、快速原型法、虚拟制造技术、CAD/CAM 技术、模块化技术等，产品制造中的数控机床、柔性制造单元、成组技术等。供应链管理也成为运营管理的重要内容，企业开始致力于整个供应链上物流、信息流和资金流的合理化和优化，与供应链上的企业结成联盟，以应对日趋激烈的市场竞争。

微课 4-1

智慧物流

2.运营管理的对象

运营管理的对象是运营过程和运营系统。运营过程是一个投入、转换、产出的过程，是一个劳动过程或价值增值的过程，运营必须考虑如何对这样的生产运营活动进行计划、组织和控制。运营系统是指上述变换过程得以实现的手段，它包括一个物质系统和一个管理系统。运营管理在企业经营中具有重要的作用，特别是近二三十年来，现代企业的生产经营规模不断扩大，产品本身的技术和知识密集程度不断提高，产品的生产和服务过程日趋复杂，市场需求日益多样化，世界范围内的竞争日益激烈，这些因素使运营管理本身也在不断发生变化。

3.运营管理的作用

（1）提高企业效率。运营管理能够对企业的生产、服务等流程进行优化和协调，减少不必要的环节和浪费，从而提高工作效率。例如，通过合理安排生产计划、优化工作流程，可以使企业在相同的时间内生产出更多的产品或提供更多的服务。以制造业为例，科学的运营管理可以精确计算生产线上每个环节所需的时间和资源，避免生产停滞和资源闲置，从而提高生产效率。

（2）提升企业效益。通过有效的运营管理，企业能够降低成本、提高质量、增加销售额，从而提升整体效益。比如，在成本控制方面，合理规划原材料采购、优化库存管理，可以降低采购成本和库存成本。在质量提升方面，严格的质量控制流程能够减少次品和废品的产生，降低质量成本。同时，精准的市场定位和营销策略能够增加销售额，为企业带来更多的利润。

（3）增强企业竞争力。在市场竞争激烈的环境下，运营管理能够帮助企业快速适应市场变化，提供更优质的产品或服务，从而在竞争中脱颖而出。例如，及时调整生产计划以满足市场需求的变化，不断改进产品或服务以满足客户的期望，能够使企业在市场中占据有利地位。

（4）促进企业创新。运营管理鼓励企业在流程、技术、产品等方面进行创新。通过对现有运营流程的分析和改进，企业能够发现新的机会和方法，推动创新发展。比如，引入新的生产技术或管理方法，能够提高企业的生产效率和创新能力。

4.运营管理的意义

（1）建立良好的客户关系。运营管理有助于企业了解顾客需求并与之建立合作关系。通过市场调研、客户反馈等手段，企业能够深入了解客户的需求和期望，从而提供更符合客户需求的产品或服务，增强客户满意度和忠诚度。例如，电商企业通过分析客户的购买行为和评价，不断优化产品推荐和售后服务，提高客户的购物体验。

（2）持续改进与优化。运营管理致力于快速地持续改进，不断提高质量、成本、响应时间、柔性、品种和服务等方面的水平。企业通过不断评估和改进运营流程，能够适应市场的变化和客户的需求，保持竞争优势。比如，制造业企业通过引入精益生产理念，不断减少生产过程中的浪费，提高生产效率和产品质量。

（3）实现共同目标。通过对计划、实施变革等方面信息的共享和合作来达到共同的目的。运营管理能够促进企业内部各部门之间的沟通与协作，使大家朝着共同的目标努力。例如，在新产品开发过程中，研发、生产、销售等部门密切合作，共同确保产品按时、高质量地推向市场。

（4）降低成本与风险。运营管理能够减少产品或服务的零部件、操作环节和供应商，从而降低成本和风险。通过优化供应链管理、精简业务流程，企业可以降低采购成本、运营成本和管理成本，同时降低因环节复杂而带来的风险。

拓展阅读4-1

供应链环境下的运营管理

在现代商业环境中，供应链管理（Supply Chain Management，SCM）和运营管理（Operations Management，OM）是两个紧密相关但又有所区别的领域。供应链管理主要关注企业内外部的物料流动和信息流动，而运营管理则更多地关注企业内部的生产和服务流程。然而，在实际操作中，这两者往往是交织在一起的，共同构成了企业在供应链环境下运营管理的核心内容。

供应链管理是指对企业供应链进行规划、协调、执行和监控的一系列活动。它涉及原材料采购、生产制造、物流配送以及售后服务等环节，旨在提高供应链效率、降低成本、提高客户满意度和增加企业利润。供应链管理的关键在于如何有效地整合和协调各个环节，使其能够无缝衔接，从而实现整体效益的最大化。

运营管理则是指对企业内部的生产和服务流程进行计划、组织、协调和控制的一系列活动。它的目标是提高生产效率、降低成本、提升产品质量和客户满意度。运营管理的重点在于如何优化资源配置、改进工作流程以及提高员工的工作效率。

供应链环境下的运营管理是一个复杂而重要的领域。它不仅涉及供应链各环节的协调和优化，还涉及企业内部的生产和服务流程的管理。为了在这一领域取得成功，企业需要采取一系列有效的策略和方法，包括信息化和数字化、精益生产和敏捷制造、供应链合作伙伴关系以及可持续发展和社会责任等。只有这样，企业才能在激烈的市场竞争中立于不败之地，实现长期稳定的发展。

资料来源 王能民，史玮璇，何正文. 运营管理：新思维、新模式、新方法［M］. 北京：机械工业出版社，2023.引文经节选、压缩及改编。

二、运营管理的发展历程

1.运营管理的起源

运营管理的起源可以追溯到早期文明时期，但主要的发展线索集中在近200年。在工业革命之前，产品主要由手工艺人和他们的徒弟在作坊里生产。18世纪70年代的英国开始工业革命，19世纪扩展到欧美等国家，许多发明创造改变了生产的面貌，机器逐渐代替人力。英国人詹姆斯·瓦特发明的蒸汽机为制造业提供了机械动力，推动了制造业的发展。亚当·斯密在《国富论》中提出劳动分工概念，认为分工可提高效率、减少时间损失，有利于工具和机器的改进。伊莱·惠特尼提出的标准化生产方式，采用标准化的配件实现了零件的可互换性，为后来的大规模生产奠定了基础。

科学管理的创建给工厂管理带来了巨大的变化。弗雷德里克·温斯洛·泰勒是科学管理的创始人，被人们称为科学管理之父。他依据对工作方法的观测、分析和改进以及经济激励，通过对工作方法进行详细的研究来确定每一项工作的最佳方法，制订计划，认真挑选和培训工人，找出完成每一项工作的最佳方法，实现管理部门与工人的合作，以及将管理活动从工作活动中分离出来。弗兰克·吉尔布雷斯常被称为动作研究之父，提出了动作经济原理，该原理可应用于很小的一项工作。亨利·劳伦斯·甘特认识到非货币报酬对激励工人的价值，推出了甘特图的进度安排法。哈林顿·埃默森将泰勒的观点应用于组织结构，并鼓励聘用专家以提高效率。亨利·福特在工厂采用了泰勒的科学管理，利用移动装配线和零件的可互换性，使零件标准化，从而使批量中的任意零件都适合于装配线上的任意汽车，标准化的零件可以替换使用。福特使用的第二个概念是劳动分工，使得工厂可以使用大量廉价的劳动力来提高生产效率。

2.运营管理的发展阶段

运营管理在发展过程中经历了一系列的变革。运营管理的核心是对生产系统的管理，生产系统利用资源将输入转化为理想的输出，资源包括人力、工厂、部件、工艺、计划与控制系统等。运营管理同营销和财务一样，是管理的一个职能领域，以管理决策为核心。

企业战略变革对运营管理产生了影响，创新和变革成为企业运营管理发展的重要方向。企业应不断推进创新和变革，以适应市场变化和技术进步的挑战。例如，加强与高校和科研机构的合作。

（1）产业革命阶段（18世纪60年代至19世纪初期）。

在这一阶段，许多发明创造改变了生产方式，机器代替了人力。1765年英国人詹姆斯·瓦特发明了蒸汽机，为制造业提供了机械动力，推动了制造业的发展。1776年英国人亚当·斯密在《国富论》中提出劳动分工的概念，认为：

➢ 分工可重复单项操作提高熟练程度、提高效率。

➢ 分工可减少变换工作所损失的时间。

➢ 分工有利于工具和机器的改进。

1801年美国人伊莱·惠特尼提出了标准化的生产方式，实现了零件的可互换性，使后来福特汽车装配线的大量生产成为可能。

（2）科学管理阶段（1910—1920年）。

以泰勒为代表创立了科学管理原理，其精髓在于：

➢ 对现有工作方法进行详细的观测、分析和改进。

➢ 建立在方法研究基础上的差别计件工资制。

➢ 根据工作性质的不同科学地挑选并培训工人。

➢ 设立计划部门负责合同管理、方法研究与标准化、进度安排、成本分析、业绩考核与工资发放以及纪律检查等管理职能。

（3）后续发展阶段（1921年至今）。

自1921年以来，运营管理进入了快速发展和深刻变革的阶段，这一时期见证了从科学管理运动到现代信息技术驱动的精益生产和大规模定制的转变。在20世纪初期，泰勒的科学管理原理、福特的流水生产线以及甘特图等工具的引入，为提高生产效率和标准化奠定了基础。随后，随着工业心理学的兴起和霍桑实验的开展，开始重视工人的社会需求和心理动机对生产力的影响，标志着行为科学在管理中的应用。第二次世界大战期间及之后，运筹学和统计质量控制的发展进一步增强了企业的定量分析能力，促进了物料需求计划（MRP）和全面质量管理（TQM）的兴起。到了20世纪80年代，丰田准时化生产和精益生产的理念引领了减少浪费、优化流程的新潮流，并推动了柔性制造系统（FMS）的应用。进入信息时代后，计算机集成制造（CIMS）、企业资源规划（ERP）系统的普及，以及互联网、大数据和物联网技术的发展，使得运营管理更加智能化、信息化和服务化，强调快速响应市场需求、个性化产品提供和供应链整合，实现了从传统的大规模生产向敏捷制造和大规模定制的转型。

如果把运营管理本身视为一个垂直行业，到目前为止这个行业经历了两个主要的阶段，目前正在向第三个发展阶段迈进。

第一阶段（20世纪70年代至20世纪90年代中期）：以生产管理和运营研究为中心，作为商科教育（如MBA）的一门课程出现。在工业界，制造战略、准时生产、服务质量与生产率、全面质量管理、六西格玛管理等理念和方法先后出现，相关的培训和咨询服务也相应出现。

第二阶段（20世纪90年代中期至今）：随着企业流程再造和供应链管理的兴起，以流程和供应链管理为中心并兼容传统生产管理的运营管理课程在学术界出现（以硕士和MBA为主），并包含了新兴的电子商务、服务科学和业务分析等分支。更简单的表述是：以产品、供应链和差异化为王。由于行业与行业之间也是上下游供应链关系，越下游的行业供应链可能越先进，倒逼着上游行业改革。由于地域性市场发展阶段的不同，又会出现同行业不同企业之间运营管理发展的不同。

小案例 4-1

抗疫彰显央企风范，中储智运受邀分享数字物流运营管理经验

随着新冠疫情逐步得到控制，各行各业正逐渐恢复常态，物流行业也迎来了新的挑战。如何确保物资顺利到达目的地，成为摆在所有物流企业和相关部门面前的重要课题。在此背景下，中国物流与采购联合会智慧物流分会等多家行业协会通过线上交流的方式，邀请了行业内专家就疫情期间物流行业所面临的挑战展开讨论。作为央企网络货运平台，中储南京智慧物流科技有限公司（以下简称中储智运）在此次疫情中发挥了重要作用，其先进的技术和应急响应机制成为了行业内的典范。

中储智运推出的“智援”应急物流调度系统，在疫情暴发后迅速投入使用，为各类救援物资提供了及时、高效的运输服务。该系统通过精准的智能匹配技术，有效地解决了运输过程中供需双方的信息不对称问题，确保了救援物资能够快速、准确地送达指定地点。

中储智运创始人兼总工程师李敬泉教授，在多个行业权威组织机构主办的线上交流活动中指出，物流行业在疫情初期遇到了诸多难题，如运输资源与需求之间的错配、管理平台信息不透明以及复工次序安排不合理等。针对这些问题，中储智运积极向上级部门反馈情况，并提出改进建议，展现了企业的社会责任感。

与此同时，中储智运战略研究院院长刘云飞也在一系列线上研讨会中分享了公司在疫情期间积累的宝贵经验。刘云飞提到，公司利用自身的资源网络优势，迅速整合了大量运力资源，帮助解决了物流运力不足的问题。此外，中储智运还通过主动服务和协调，克服了因疫情防控措施导致的道路运输障碍，确保了救援物资的顺利运输。

通过这次疫情，中储智运不仅证明了自身在应急物流调度方面的实力，也为其他企业提供了一个成功的参考案例。中储智运利用先进的数字物流解决方案，实现了物流全过程的数字化管理，提升了物流效率和服务质量。这种“无接触”的物流管理模式，在确保疫情防控的同时，也加速了企业的复工复产进程。

资料来源　中国物流与采购联合会. 抗疫彰显央企风范，中储智运受邀分享数字物流运营管理经验［EB/OL］.［2020-03-16］. http: //www.chinawuliu.com.cn/zixun/202003/16/495774.shtml.引文经节选、压缩及改编。

三、运营管理的内容

以运营管理的流程为线索，将运营管理的内容大致分为两类：一是运营系统的设计；二是运营系统的运行与维持。前者涉及的内容包括运营战略、产品与服务设计、产能管理、流程管理等。后者涉及的内容包括全面质量管理、企业资源计划、生产管理、绩效管理等。

1. 运营战略

运营战略是企业运营过程中的关键环节，它必须与企业战略紧密结合，明确定义企业运营的方向和目标。其核心任务是优化企业的生产和管理流程，从而提高企业的效率和效益。这包括对企业的生产流程进行深入分析，找出潜在的瓶颈和问题，制订

相应的解决方案，以提高生产效率和降低成本。同时，运营战略还需要关注企业管理流程的优化，通过改进组织结构、提高沟通效率和优化资源配置等方式，提高企业的管理水平。

为了保持企业的竞争力，运营战略还需要关注产品质量和创新能力的提升。这意味着企业需要在生产过程中严格控制质量，确保产品符合客户的需求和期望。此外，企业还需要不断投入研发资源，推动技术创新和产品升级，以满足市场的不断变化和客户的多样化需求。

2.产品与服务设计

产品与服务设计是指为了满足客户需求，通过定义产品或服务的功能、性能、外观、用户体验等方面来创造和优化产品或服务的过程。在物流行业中，产品与服务设计至关重要，因为它直接影响到客户的满意度、公司的竞争力和市场的占有率。

在运营管理中，产品设计是一个关键环节，它涉及从产品概念到实际运营的各个阶段。产品设计不仅包括视觉和交互设计，还包括功能定位、交互流程、视觉界面等多个方面。运营设计的核心目标是确保产品能够有效地吸引用户，提升用户体验，并最终促进产品的市场表现。

服务设计是一个跨学科领域，它结合了设计、商业、技术和人机交互等多个方面的知识，旨在创造优质、高效和用户友好的服务体验。在运营管理中，服务设计不仅关注服务流程和交互，还关注服务背后的系统、组织和文化，以及服务与用户、利益相关者之间的关系。

在运营管理中，高效的产品与服务设计能够帮助企业更好地满足市场需求，同时提高内部运营效率，降低成本，并为客户提供卓越的价值。这对于构建长期的竞争优势至关重要。

3.产能管理

产能管理是指企业根据市场需求，通过科学的组织和管理，合理调配资源和生产要素，以达到提高生产效率、降低成本、提高质量和适应市场需求的目标。具体来说，它包括建立、测量、监控和调整产能，以确保满足生产计划。它涉及一系列的策略和工具来优化生产能力，以最大化效率、降低成本、提高质量、满足市场需求。

4.流程管理

流程管理是运营管理的核心，主要包括流程设计、流程实施、流程优化和流程监控等环节。流程设计是基础，要确定生产和管理流程的最佳方式。流程实施需确保员工理解和掌握新流程，并建立监督和评估机制。流程优化要收集和分析数据，持续改进流程。流程监控对流程执行情况实时监测和控制，为决策提供依据。流程管理是实现企业战略的一种有效方式，主要集中于规划、组织、实施、监督和控制项目的运作情况和进度。

（1）流程设计。流程设计是流程管理的基础，它涉及确定生产和管理流程的最佳方式，以确保流程管理高效和高质量地运作。在流程设计阶段，企业需要考虑各个环节的相互关系和依赖性，以确定最佳的流程顺序和组织结构。通过精心设计的流程，企业可以确保资源的合理利用，提高工作效率和产品质量。

（2）流程实施。流程实施是将设计的流程付诸实践的过程。在这个阶段，企业需要确保员工理解和掌握新流程的操作方法，并进行必要的培训。同时，企业还需要建立相应的监督和评估机制，以确保流程的正确执行和效果的监测。

（3）流程优化。流程优化是对已经实施的流程进行持续改进的过程。在这个阶段，企业需要收集和分析流程运行的数据，识别问题和瓶颈，并提出改进方案。通过不断地优化，企业可以提高流程的效率和质量，降低成本，提高客户满意度。

（4）流程监控。流程监控是对流程执行情况进行实时监测和控制的过程。通过流程监控，企业可以及时发现问题并采取措施解决，确保流程的稳定运行。同时，流程监控还可以提供数据支持，为企业决策提供依据。

5.业务流程

业务流程是企业实现生产和管理目标的路径，包括销售、采购、生产等诸多业务流程。

（1）销售流程。销售流程在业务流程中起到了重要的作用。通过优化销售流程，企业能够更好地满足客户需求，提高销售额和市场份额。

（2）采购流程。采购流程也是业务流程中不可或缺的一环。合理的采购流程可以帮助企业降低采购成本，确保原材料的质量和供应的稳定性。

（3）生产流程。生产流程的优化也是业务流程改进的重要方向。通过引入先进的生产设备和技术，优化生产流程，企业可以提高生产效率，减少生产成本，同时保证产品的质量。合理的生产计划和调度也可以帮助企业更好地应对市场需求的变化，提高生产的灵活性和响应能力。

6.质量管理

质量管理是确保企业产品或服务质量的重要手段。它涉及对生产过程和产品质量的全面控制和管理。通过引入先进的质量管理方法和技术，企业可以有效地提高产品的质量和可靠性，满足客户的需求和期望。同时，质量管理还可以帮助企业识别和解决生产过程中存在的问题，提高生产效率，降低成本。

7.数据分析

数据分析是运营管理的重要工具。在企业管理中，数据已经成为决策的核心。它可以帮助企业了解客户需求和市场变化，分析业务流程和业务绩效，及时发现问题和机会。通过数据分析，企业可以更好地评估员工的工作表现，激发员工的积极性和创造力，进一步提高企业的整体竞争力。

8.绩效管理

绩效管理是管理者对员工工作表现进行评价和激励的一种方式。企业的成功与否，不仅取决于企业的运营和管理流程，还取决于员工的工作表现和绩效。通过有效的绩效管理，企业可以及时了解员工的工作状态，发现潜在的问题，并采取相应的措施加以解决。同时，绩效管理还可以激发员工的工作热情，提高员工的工作效率和质量，从而推动企业的发展。

小案例4-2

南方电网：构建现代数字供应链体系，推动运营管理和产业链升级

中国南方电网有限责任公司（以下简称南方电网）积极响应习近平总书记关于提

高产业链供应链现代化水平的指示精神，并依据国务院国有资产监督管理委员会（国资委）对于国有企业改革三年行动计划以及对标世界一流管理提升的要求，创新性地提出了以“一中心四大业务链”为核心的现代数字供应链体系。该体系包括供应链服务调配中心以及数字采购、数字品控、数字物流和数字监督四大业务链，旨在提升公司的整体运营效率，支持公司迈向世界级企业的目标。

南方电网通过系统性的视角和强化顶层设计的方式重构了供应链管理体系。南方电网不仅优化了内部的体制机制，还通过构建“两纵三横”的供应链管理和服务架构来整合全网的供应链业务和资源，从而提高了采购效率和仓储业务的集约化程度。此外，南方电网还加强了集团层面的管控力度，实现了采购项目的高度集中，并且通过一系列举措如仓储业务的集约化管理等，有效地支持了公司资金管理目标的达成。

在数字化转型方面，南方电网坚持创新驱动，建立了全网统一的供应链信息化平台，促进了业务与技术的深度融合。通过数字化手段，南方电网实现了供应链的精细化管理，提升了采购质量和效率。同时，在品控、物流服务以及监督等方面，南方电网也进行了大量的技术创新，如通过物联网技术实现了远程品控，并且打造了多个智能化仓库。此外，南方电网还开发了专门用于风险识别和预警的数字监督规则，进一步增强了供应链的安全性和透明度。

为了确保供应链的安全和合规性，南方电网采取了一系列措施来防范风险。南方电网参照国际风险管理标准，构建了供应链风险管理体系，并且制定了详细的风险评估标准。通过建立多层次的风险管理责任体系，南方电网确保了业务流程中的风险控制措施得以有效执行。这些努力不仅提升了公司的风险应对能力，还促进了业务效率和合规性的双重提升。

最后，在促进产业链供应链的整体安全性和韧性方面，南方电网发挥了央企的积极作用，通过保障重点项目的物资供应，促进了上下游企业的复工复产。同时，南方电网还通过技术创新支持了关键核心技术的突破，增强了供应链的自主可控能力。此外，南方电网致力于打造互利共赢的供应链生态圈，推动了整个能源电力产业链向更加绿色、智能的方向发展。

资料来源　李语，张靓雯，黄勇华，等．南方电网：构律能源电力数字供应链新生态［EB/OL］.［2020-11-30］. http: //gba.china.com.cn/2020-11/30/content_41375523.htm.引文经节选、压缩及改编。

【任务实施】

1.准备工作

（1）阅读并理解供应链环境下运营管理的基础理论知识。

（2）收集运营管理的成功与失败案例。

（3）分析强盛集团目前的运营状况，包括生产效率、产品质量、生产成本、客户满意度、供应链协同等。

2.实施步骤

撰写大纲，主要内容包括：

随堂测4-1

1+X证书

（1）引言。

（2）行业环境分析。

（3）供应链环境下运营管理的成功实施。

（4）个例分析：强盛集团成功案例分析。

（5）经验总结及建议。

任务二　理解生产管理

【岗位任务】

强盛集团最新研制了一款新式儿童玩具，根据市场的需求与预测分析，得到了未来6个月的市场需求量。已知期初库存量为50，预计期末库存量为55。这种产品的生产采用MTS模式。

周期	1	2	3	4	5	6	合计
预测需求量	60	75	70	60	80	70	415
产量							
期末库存							

要求：

请根据上表的预测需求量计算出产量与期末库存。

分析提示：本任务旨在根据需求信息求出产量和期末库存。通过本任务的学习需要掌握生产管理的含义、战略、计划和模式。最终通过任务案例完成生产管理全套运营设计。

【课堂知识】

一、生产管理

1.生产管理概述

生产管理就是对生产的各个环节进行管理的过程，生产管理是企业生产系统的设置和运行的各项管理工作的总称，即计划、组织、协调、控制生产活动的综合管理活动。在制造企业当中，管理人员采取一系列的措施与方法，从而保证生产车间生产的正常进行，使整个工厂处于稳定运行的状态。生产计划就是生产计划的制订、生产技术的准备以及生产计划的执行。生产制造企业在进行生产之前，首先要根据项目制订对应的生产计划，集合生产材料、生产线、生产设备、生产人员等资源和条件，制订符合实际情况的生产计划。

其次，根据制订完善的生产计划，企业进行相应的设备以及技术的准备。之后，就是生产计划的执行。生产组织是指为了确保生产的顺利进行所进行的各种人力、设备、物料等生产资源的配置。即生产计划制订完成之后，在生产执行之前，需要进行组织生产。因此，这就需要管理人员对生产所需的资源和人员进行调度与组织，生产之前完成对生产物料的准备、生产人员的配备、生产设备的检查，从而保证在生产时，所有环节的人力、设备、物料等要素都全部到岗。生产控制就是对生产的整个生产过程的管控，主要包括生产进度、生产库存、生产质量和生产成本等方面。想要做好生产控制，就需要管理人员掌握各个方面的信息数据，统筹调度，并且根据生产车间的实际情况进行生产调度。因此，需要管理人员从全局出发，综合考虑各个方面的因素。

2.生产管理的内容

生产管理的内容覆盖面较广，主要涉及生产组织、生产计划和生产控制方面的工作。

（1）生产组织工作包括选择厂址、布置工厂、组织生产线、实行劳动定额和劳动组织和设置生产管理系统等。例如，在选择厂址时，需要考虑交通便利性、原材料供应、劳动力资源等因素，以确保生产活动能够高效开展。

（2）生产计划工作涵盖编制生产计划、生产技术准备计划和生产作业计划等。比如，生产计划要明确产品的产量、交付时间等，以指导生产活动的有序进行。

（3）生产控制工作则涉及控制生产进度、生产库存、生产质量和生产成本等。通过对这些方面的有效控制，能够确保生产过程符合预期，提高生产效率和产品质量，降低成本。

3.生产管理的要素

（1）人力（Manpower）：人力是生产管理中最为关键的要素之一，包括生产管理人员、技术人员、各类生产工和辅助工等。不同人员的性格特点各异，如有的人温和细致，有的人急躁但高效，有的人内向不易接受新事物，有的人外向但好动。作为管理者，应在公平的前提下区别对待，做到人尽其才。为了做好人员管理，需要进行人员培训，培训内容涵盖相关法规政策、企业文化理念、管理制度、操作程序、工艺规程等，培训方式包括内培、外训和岗位练兵等形式。同时，要建立严格的监督约束制度和考核奖惩机制，以确保人员能够保质保量按时完成生产任务。

(2) 设备 (Equipment): 设备是指生产中所使用的设备、工装、模具、工具、周转器具等辅助生产用具。设备的正常运作和工具的良好状态对生产进度和产品质量有着重要影响。企业应注重设备的更新和升级，如从过去的除气耙转变为现在的机器自动除气，效率大幅度提升。设备管理的重点在于保证设备的完整性、精确性、稳定性、可靠性和原有的优越性，管理人员要严格按照设备维护、保养规程进行日常维护保养和定期巡视检查，及时发现并排除设备运行中的事故隐患。

(3) 物料 (Material): 物料是指原辅材料、半成品、配件、原料等产品用料。在现代工业生产中，分工细化，往往需要多个部门协同运作，任何一个环节的物料供应问题都可能影响整体生产。因此，要做好物料的仓储管理，确保物料按照标准要求储存；清晰记录物料的进出流向，严格控制物料的损耗，使产成品能够控制在合理范围内。

(4) 方法 (Method): 方法是指生产过程中所需遵循的规章制度、规程，包括产品标准、工艺文件、作业指导书、标准工序指引、生产图纸、生产计划表、产品作业标准、检验标准和各种操作规程等。严格遵循规章制度作业是保证产品质量和生产进度的重要条件。纪律也是“法”中的重要环节，如富士康严谨的军事化管理就取得了很高的生产效益。在生产管理中，要充分运用5S管理（整理、整顿、清洁、清扫、素养），其管理效果与管理者的执行力以及员工的教育宣导和培训密切相关。

(5) 环境 (Environment): 对于某些产品，如医药、食品、电脑、高科技产品等，环境要求很高。环境会影响产品的质量，如音响调试需要安静的环境，食品行业有专门的环境规定。生产环境还可能对员工的安全造成影响，因此要创造良好的生产环境，如宽敞明亮的厂房、整洁有序的工作区域、安全舒适的工作条件等，以提高员工的工作积极性和生产效率。

4.生产管理的目标

(1) 生产效率 (Production Efficiency): 提高生产效率是企业生产管理不断追求的目标。在给定的资源下实现产出最大化，单位时间人均产量提高，生产成本降低。

(2) 产品质量 (Product Quality): 产品质量是企业的生命，稳定且高品质的产品是企业持续发展的关键。通过将顾客要求分解转化为具体的设计数据和预期目标值，生产出成本低、性能稳定、质量可靠、物美价廉的产品。生产主管要做好品质管理和控制，确保产品符合规定要求。

(3) 产品成本 (Product Costs): 产品成本的合理控制对于企业效益至关重要。降低生产过程中的各种费用，避免成本过高挤占利润空间，是生产管理的重要任务之一。

(4) 交货期 (Date Of Delivery): 准时交货在市场竞争中极为重要。要在用户需要的时间，按用户需要的数量，提供所需的产品或服务。及时送达所需数量的产品或服务，确保客户满意度。

(5) 安全生产 (Safety Production): 安全生产是为了保护员工的安全与健康，保护财产免遭损失。通过计划、组织、指挥、协调和控制等一系列活动，确保生产过程的安全，降低事故风险。

(6) 员工士气 (Employee Morale): 员工积极高涨的士气与团队和企业文化的建

设密切相关。特别是在精益生产管理中，良好的生产管理文化能够激发员工的积极性和创造力，提高工作效率和产品质量。

二、生产战略

生产战略是企业在选定的目标市场和产品特点的基础上，构建其生产系统时所遵循的指导思想，以及在此指导思想下的一系列决策、规划和计划。它的核心目的是在生产领域内取得某种竞争优势，以支持企业的总体经营战略。生产战略不仅关注生产系统内部的矛盾和问题，还强调对产品竞争力的保障，通过目标优先级的决策实现产品竞争优势。

生产战略强调了对产品竞争力的保障，通过目标优先级的决策实现了产品竞争优势，而传统方法仅以成本和效率为中心，强调生产系统的高产出和规模经济。生产战略强调了系统各要素间在生产类型结构框架下的协调性，而传统方法由于过分强调高效率与现代技术的应用，往往使系统内部的要素组合失调，不能最佳地发挥出结构的潜力。

以下是四种常见的生产战略：追逐战略、均衡战略、分包战略和混合战略。

1.追逐战略（Chasing Strategy）

追逐战略也称需求匹配型生产模式，是一种根据客户需求的变化来调整生产计划的战略。在这种战略下，企业维持稳定的库存水平，并通过调整生产数量来满足市场需求的波动。通俗地说，就是“客户要多少，生产就做多少”，同时维持一定数量的安全库存。在精益生产环境下，可以实现零库存。

追逐战略的优势在于，它可以避免建立高库存，甚至实现零库存，从而降低成本。然而，这种战略的生产稳定性较低，需要不断调整生产计划，可能会产生额外的成本，如招聘、裁员、加班等。

2.均衡战略（Equilibrium Strategy）

均衡战略也称平准化生产策略，在保持生产流程稳定和平滑的同时，通过调节库存水平来适应需求的波动。这种战略旨在应对市场需求的变化，同时避免生产过程中的剧烈调整，确保生产的连续性和效率。在这种战略下，生产计划需要尽可能保持稳定一致，并等于一段时期的平均需求。例如，如果产品A的全年总需求为36 000件，则每个月生产3 000件（36 000件/12个月），假设每个月的工作日为20天，则每日生产150件（3 000件/20天）。

均衡战略的优势在于，它可以通过平稳的生产计划来提高生产效率和稳定性，同时通过调整库存水平来应对市场需求的变化。

3.分包战略（Subcontracting Strategy）

分包战略是一种将部分生产任务外包给其他企业的战略。在这种战略下，企业可以专注于核心竞争力，同时利用外部资源来满足市场需求。分包战略可以降低企业的生产成本，提高生产效率，但也需要企业对外包合作伙伴进行有效的管理和监控。

分包战略的优势在于，它可以利用外部资源来满足市场需求，同时降低企业的生产成本。然而，这种战略也存在风险，如外包合作伙伴的质量控制问题、交货期延误等。

4.混合战略（Mixed Strategy）

混合战略是一种结合了上述三种战略的优点，以应对不同市场需求和企业资源状况的战略。在这种战略下，企业可以根据具体情况选择适当的生产方式，以实现最优的生产效率和成本控制。

混合战略的优势在于它可以灵活应对市场需求的变化，同时结合不同生产方式的优点，以实现最优的生产效率和成本控制。

小案例4-3

波音公司的运营战略演变：从纵向一体化到全球供应链

波音公司作为全球领先的航空航天制造商，其供应链战略经历了从高度纵向一体化到全球供应链的深刻转变。这一转变不仅是波音公司内部运营模式的重大改革，也是全球航空制造业发展的一个缩影。这种转变不仅帮助波音公司更好地应对技术挑战、财务风险和市场需求的变化，还为其他行业提供了宝贵的借鉴经验。

1.高度纵向一体化阶段

在20世纪80年代以前，波音公司的生产模式主要以内部研发和生产为主导。例如，在波音727项目中，仅有2%的部分是由外部供应商完成的。虽然这种高度垂直整合的模式保证了技术和品质的统一性，但也带来了巨大的资本投入和运营压力。

2.生产外包阶段

到了20世纪80年代，随着经济环境的变化，波音公司开始逐步将部分生产任务外包。这一时期的外包主要集中在低端零部件上，波音公司通过补偿贸易项目将生产转移至海外国家，以此来确保在海外市场销售的同时，降低自身的生产成本。这种策略不仅有助于波音公司开拓国际市场，还缓解了其资金紧张的问题。

3.跨国供应链阶段

进入20世纪90年代，随着技术进步和全球化趋势的加深，波音公司的供应链战略进一步发展。此时，波音公司不再仅仅局限于生产环节的全球化，而是将更多重要的零部件和分系统的研发工作转包给国外公司。波音777项目的研发就是一个典型案例，国外供应商的参与比例达到了30%，标志着波音公司跨国供应链的形成。这种转变不仅分散了研发风险，还使得波音公司能够更好地利用全球资源，加快市场响应速度。

4.全球供应链阶段

进入21世纪，波音公司进一步深化了其供应链的全球化进程。波音787项目的推出，标志着波音公司供应链战略的成熟——波音公司开始转变为一个真正的系统集成企业。在波音787项目中，高达70%的零部件由国外供应商制造，而波音公司仅负责总装集成和最终交付。通过与全球范围内的供应商建立战略联盟，波音公司不仅成功地将研发风险分散给了合作伙伴，还极大地提高了生产效率和市场竞争力。

资料来源 中国物流与采购联合会. 盘点波音全球供应链战略演变三大阶段［EB/OL］.［2015-07-13］. http: //www.chinawuliu.com.cn/xsyj/201507/13/303214.shtml.引文经节选、压缩及改编。

三、生产计划

1.生产计划概述

生产计划是在制造开始之前对产品或服务的设计和生产进行规划。其核心目标是减少交货时间（Lead Time）——从下订单到交货的时间，这对准时生产尤其重要。当生产计划高效率完成时，工厂车间能顺利生产，按交付日期完成订单，让客户满意，最终改善生产线。

供应链管理环境下的生产计划与传统生产计划有显著不同，是因为在供应链管理环境下，与企业具有战略伙伴关系的企业的资源通过物资流、信息流和资金流的紧密合作而成为企业制造资源的拓展。

2.供应链管理环境下生产计划的制订

在供应链管理环境下，企业的生产计划编制过程有了较大的变动，在原有的生产计划制订过程的基础上增添了新的特点。

（1）具有纵向和横向的信息集成过程。这里的纵向是指供应链由下游向上游的信息集成，而横向是指生产相同或类似产品的企业之间的信息共享。

在生产计划制订过程中，上游企业的生产能力信息在生产计划的能力分析中独立发挥作用。通过在主生产计划和投入产出计划中分别进行的粗、细能力平衡，上游企业承接订单的能力和意愿都反映到了下游企业的生产计划中。同时，上游企业的生产进度信息也和下游企业的生产进度信息一起作为滚动编制计划的依据，其目的在于保持上下游企业间生产活动的同步。

外包决策和外包生产进度分析是集中体现供应链横向集成的环节。在外包中所涉及的企业都能够生产相同或类似的产品，或者在供应链上是属于同一产品级别的企业。企业在编制主生产计划时所面临的订单，在两种情况下可能转向外包：一是企业本身或其上游企业的生产能力无法承受需求波动所带来的负荷；二是所承接的订单通过外包所获得的利润大于企业自己进行生产的利润。无论在何种情况下，都需要通过承接外包的企业的基本数据来支持企业的获利分析，以确定是否外包。同时，由于企业对该订单的客户有着直接的责任，因此需要通过承接外包的企业的生产进度信息来确保对客户的供应。

（2）丰富了能力平衡在计划中的作用。在通常的概念中，能力平衡只是一种分析生产任务与生产能力之间差距的手段，再根据能力平衡的结果对计划进行修正。供应链管理环境下，在生产计划制订的过程中能力平衡发挥了以下作用：

① 为修正主生产计划和投入产出计划提供依据，这也是能力平衡的传统作用。

② 能力平衡是进行外包决策和零部件（原材料）急件外购的决策依据。

③ 在主生产计划和投入产出计划中所使用的上游企业能力数据，反映了其在合作中所愿意承担的生产负荷，可以为供应链管理的高效运作提供保证。

④ 在信息技术的支持下，对本企业和上游企业的能力状态的实时更新使生产计划具有较高的可行性。

（3）计划的循环过程突破了企业的限制。

①在企业独立运行生产计划系统时，一般有三个信息流的闭环，而且都在企业内部：

主生产计划—粗能力平衡—主生产计划；

投入产出计划—能力需求分析（细能力平衡）—投入产出计划；

投入产出计划—车间作业计划—生产进度状态—投入产出计划。

②在供应链管理环境下生产计划的信息流跨越了企业，从而增添了新的内容：

主生产计划—供应链企业粗能力平衡—主生产计划；

主生产计划—外包工程计划—外包工程进度—主生产计划；

外包工程计划—主生产计划—供应链企业生产能力平衡—外包工程计划；

投入产出计划—供应链企业能力需求分析（细能力平衡）—投入产出计划；

投入产出计划—上游企业生产进度分析—投入产出计划；

投入产出计划—车间作业计划—生产进度状态—投入产出计划。

需要说明的是，以上各循环中的信息流都只是各自循环所必需的信息流的一部分，但可对计划的某个方面起决定性的作用。

四、生产模式

1.按订单组装（Assemble-to-Order，ATO）

按订单组装是指在接到客户订单后，将预先生产的模块或组件进行组装，以满足客户的特定需求。这种生产模式适用于产品结构较为复杂，且客户定制化需求较高的情况。例如，计算机和汽车的生产常常采用ATO模式。在这种模式下，企业需要保持一定数量的模块或组件库存，以便快速响应客户需求（如图4-1所示）。

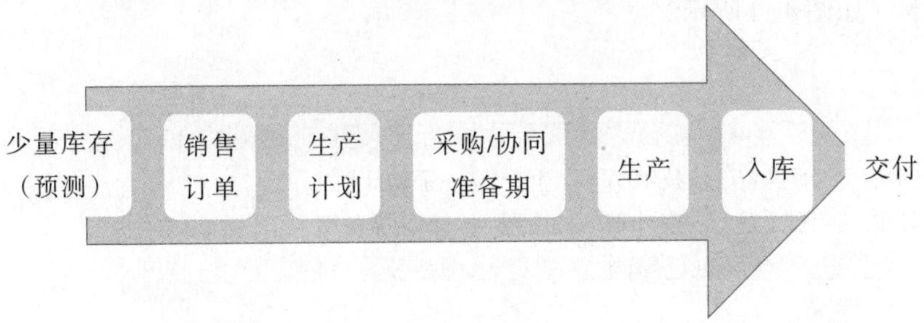

图4-1 ATO模式

2.按库存生产（Make-to-Stock，MTS）

按库存生产是指企业根据市场预测和历史数据分析，预先生产一定数量的产品并存储在仓库中，待客户订单到来时，可以直接从库存中发货。这种生产模式适用于产品标准化程度高，市场需求相对稳定的情况。例如，日用品和电子产品等的生产通常采用MTS模式。该模式的优势在于能够快速响应客户需求，缩短交货周期，但需要注意的是，过多的库存可能会导致资金占用和库存管理成本增加（如图4-2所示）。

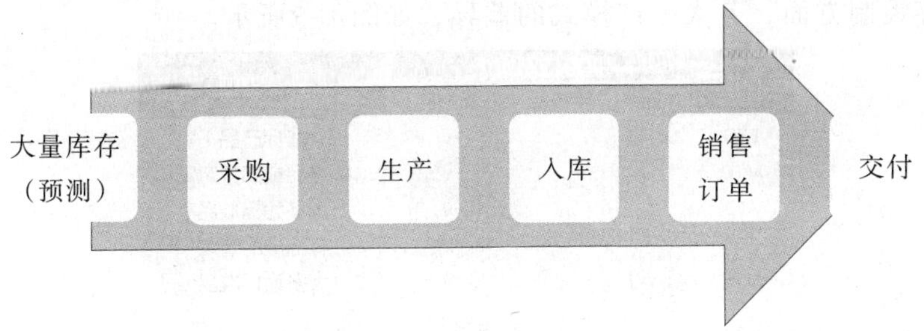

图4-2 MTS模式

3.按订单生产（Make-to-Order，MTO）

按订单生产，是指在接到客户订单后，才开始组织生产。这种生产模式适用于产品种类繁多、客户需求多样化的情况。例如，定制家具和特殊机械的生产通常采用MTO模式。MTO模式的优势在于可以避免库存积压，减少库存管理成本，但可能会因为订单数量不足而导致生产效率低下（如图4-3所示）。

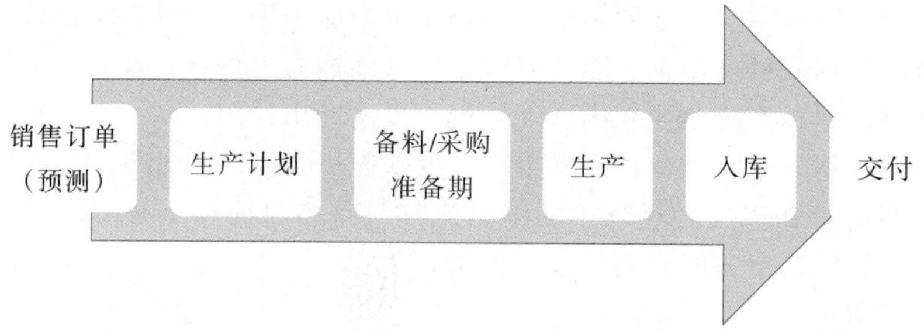

图4-3 MTO模式

4.按订单设计（Engineer-to-Order，ETO）

按订单设计，是指在接到客户订单后，根据客户的具体需求进行产品设计和生产。这种生产模式适用于高度定制化的产品，如大型机械设备和船舶等。ETO模式的优势在于能够最大程度地满足客户的个性化需求，但也意味着较长的交货周期和较高的生产成本（如图4-4所示）。

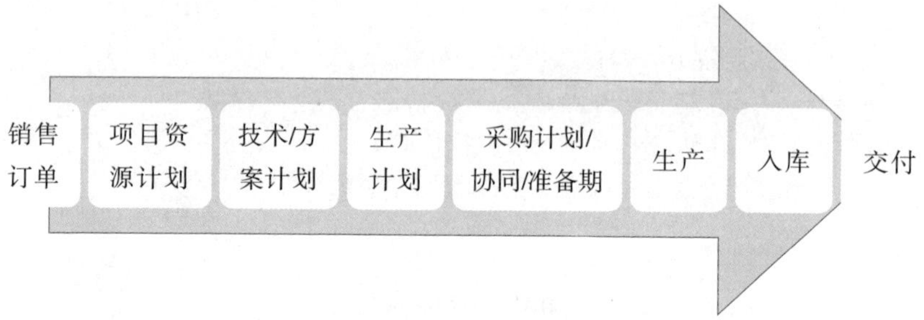

图4-4 ETO模式

5.按订单配置（Configure-to-Order，CTO）

按订单配置是指在接到客户订单后，将预先生产的标准模块或组件进行配置，以满足客户的特定需求。这种生产模式适用于产品具有高度可配置性的情况，如电脑和汽车等。CTO模式的优势在于能够快速响应客户需求，同时通过标准化的模块或组件降低成本和提高生产效率。

在库存控制方面，五大生产模式的差异，如图4-5所示。

生产模式	库存控制重点			产品特征
	成品	半成品	原材料	
ETO			√	非标产品
MTO			√	标准品或部分定制
ATO		√	√	大多为标准品
CTO		√	√	有标准的定制
MTS	√	√	√	大多为标准品

图4-5 在库存控制方面五大生产模式的差异

ETO模式可能需要进行原材料的库存管理。MTO模式需要重点进行原材料的库存管理，备好原材料库存，接到订单后开始成品生产。ATO模式和CTO模式需要重点进行半成品和原材料的库存管理，备好半成品零部件的库存，接到订单后直接按订单组装成品。若企业的零部件由自己生产，则需要备好生产零部件的原材料库存。MTS模式下，根据库存及销售预期，提前生产一定数量的产品，然后再等待订单的到来直接出库。同时，根据企业是否自主生产成品的零部件，还需要准备一定数量的半成品、原材料库存，确保插单、急单情况下的企业交付能力。

在订货提前期方面，五大生产模式的差异，如图4-6所示。

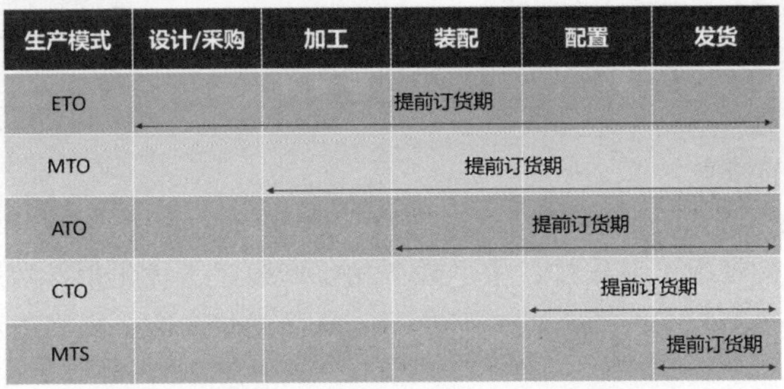

图4-6　在订货提前期方面五大生产模式的差异

除了上述五种基本的生产模式外，制造业还常常采用混合生产模式，即在同一生产过程中结合两种或多种生产模式。例如，ATO模式和MTO模式的混合使用，可以在满足客户个性化需求的同时，通过预生产的模块或组件来提高生产效率和降低成本。对制造业企业来说，选择合适的生产模式至关重要。企业需要根据自身的产品特点、市场需求、供应链稳定性和生产成本等因素，选择最适合自己的生产模式或混合生产模式。这样不仅可以提高生产效率和降低成本，还可以更好地满足客户需求，从而提高企业的竞争力和盈利能力。

五、总产量

总产量是指生产出来的用实物单位衡量的产出总量，即一定的可变要素的投入对应的最大产量。

1.相关公式

在经济学的生产理论中，TP代表厂商在一定时期内的总产量，是Total Product的简写。相关公式为：AP（平均产量）=TP（总产量）/L（劳动力）。

平均产量（Average Product，AP），是指生产者在单位时间内生产的平均产品数量，是用总产量与劳动力相比得到的数值。

2.总产量曲线

总产量曲线如图4-7所示。

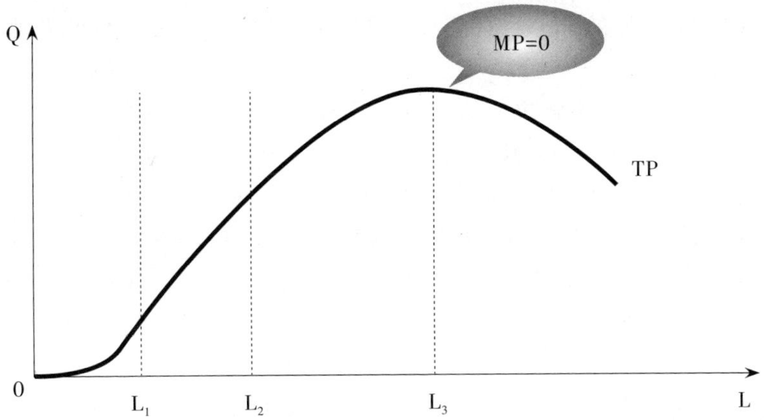

图4-7　总产量曲线

总产量曲线以原点为起始点并随着劳动力的增加而上升，由于边际收益递减规律的作用，上升的趋势先陡后缓，并在达到总产量最高点后逐渐下降。总产量曲线先是以递增的速度增加（0 至 L1 之间）；然后是以递减的速度增加（L1 至 L3 之间）；达到最大值（L3 点，边际产量为 0）后，总产量递减。

六、生产排程

1.生产排程的概念

生产排程是指将生产任务分配至生产资源的过程。在考虑能力和设备的前提下，在物料数量一定的情况下，安排各生产任务的生产顺序，优化生产顺序，优化选择生产设备，平衡各机器设备和工人的生产负荷，从而优化产能，提高生产效率，缩短生产时间。

2.生产排程的实施步骤

（1）确定生产任务：根据订单或市场预测确定生产任务的数量和时间。

（2）分析生产能力：评估生产设备和人力资源的能力，确定是否存在瓶颈。

（3）优化生产顺序：根据生产任务的优先级、交货期和加工时间等因素，优化生产顺序。

（4）选择生产设备：根据生产任务的要求和设备的可用性，选择最合适的生产设备。

（4）平衡生产负荷：确保各机器和工人的生产负荷均衡，避免资源浪费。

（6）监控生产进度：实时监控生产进度，及时发现和解决问题。

（7）调整生产计划：根据实际情况不断调整和优化生产计划，以确保生产目标的实现。

3.生产排程相关公式

总工时是指完成一项生产任务或一系列生产任务所需的全部工作时间的总和。

① 所需的总工时=人工×生产计划

② 可用工时=人数×日工作时长×月工作天数

4.产能不足的解决方案

在制造业中，生产排程是一个至关重要的环节，它直接影响到企业的生产效率、产品质量和客户满意度。然而，许多企业在面对订单激增或产能不足时，常常会遇到排产难题。我们将详细探讨生产排程中产能不足的解决方案，帮助企业提高生产效率，满足市场需求。

（1）问题分析。在讨论解决方案之前，需要深入理解导致产能不足的原因。根据搜索结果，可以看到一些常见的问题：

① 生产计划手工排产：手工排产效率低，容易导致延误和浪费。

② 物料需求计划不完善：物料供应不及时，造成生产缺料、产能浪费。

③ 设备和工艺复杂：某些产品工艺复杂，涉及设备切换问题，增加了排产难度。

④ 缺乏有效的管理工具：排产本身非常复杂，缺乏有效的管理工具会导致问题加剧。

⑤ 产能不足：订单激增时，现有产能无法满足需求。

（2）解决方案。针对上述问题，可以采取以下解决方案：

①引入APS系统。高级计划排程（APS）系统是一种先进的软件工具，可以帮助企业优化生产计划和排程。通过APS系统，企业可以：

自动化排程：减少人工排程的烦琐工作，提高效率。

考虑关键因素：如设备的生产能力、关键物料是否齐全等。

动态调整计划：当订单发生变化时，APS系统可以快速调整生产计划，确保生产顺利进行。

②优化物料管理。物料需求计划是生产排程的重要组成部分。为了提高生产效率，企业需要：

准确预测物料需求：通过数据分析和预测技术，提前准备好所需的物料。

加强与供应商的合作：建立稳定的供应链关系，确保物料供应及时。

减少库存积压：通过精细化管理，减少不必要的库存，降低资金占用和呆滞风险。

③提高设备利用率。设备利用率是影响产能的重要因素，企业可以通过以下措施提高设备利用率：

定期维护和保养设备：确保设备处于良好状态，减少故障停机时间。

优化设备布局：根据生产工艺流程，合理安排设备位置，提高生产效率。

引入新设备：在必要时，增加新的生产设备，提高生产能力。

④加强人力资源管理。人力资源管理也是提高产能的重要环节。企业可以通过以下措施提高人力资源的利用率：

增加临时用工：在订单高峰期，适当增加临时用工，缓解生产压力。

延长工作时间：通过延长工作时间，提高生产效率。

培训员工：提高员工的操作技能和工作效率。

⑤采用外包生产。当企业自身产能不足时，可以考虑将部分生产任务外包给其他工厂。这样可以：

减轻生产压力：通过外包生产，分散生产任务，减轻企业自身的生产压力。

提高生产效率：利用外部工厂的生产能力，提高整体生产效率。

⑥动态调整生产计划。当订单发生变化或产能不足时，企业需要灵活调整生产计划。这包括：

优先处理紧急订单：根据订单的紧急程度，优先处理紧急订单。

合理分配资源：根据生产计划，合理分配人力、物力和财力资源。

实时监控生产进度：通过信息化手段，实时监控生产进度，及时发现问题并进行调整。

5.主排程

生产排程，尤其是主排程，是制造业中一个至关重要的环节。它涉及将生产任务合理分配到各个生产资源中，以确保生产过程的高效性和有序性。主排程不仅要考虑生产任务的优先级、生产资源的可用性，还要考虑物料的供应情况以及生产线的产能负荷。

主生产排程（Master Production Schedule，MPS）是生产规划与执行系统的关键环节。它基于现有库存、已接订单、订单预测等因素，考虑物料与产能限制，配合企业的生产策略以实现企业运营目标。主生产排程不仅影响人力与机器设备等资源计划，还影响物料需求计划。

主排程的投入包括市场需求预测、现有库存水平、生产能力评估、物料需求计划、成本考量、技术支持和跨部门协作信息等，这些因素共同确保生产计划的可行性和优化资源配置。主排程的产出则涵盖详细的主生产计划（MPS）、具体的生产指令、更新后的物料需求计划、产能利用计划、库存管理决策以及财务预算和成本控制方案，同时还提供关键绩效指标以监控和改进生产过程的效率与效果。

这里有几个关键的概念和规则需要理解：

排程的区间规则：排程的区间规则通常是指在进行生产排程时，如何根据订单的需求时间、准备时间、加工时间等因素来确定每个作业的开始时间和结束时间。这些规则对于确保生产过程的顺利进行至关重要。例如，在反向排程（Back Scheduling）过程中，一般是从交货期开始，使用提前期向前计算每个作业的开始日期。在这个过程中，需要知道每个订单的工艺路线、作业顺序、需要的工作中心、准备时间和加工时间等信息。然后，根据这些信息计算每个订单在每个工作中心的所需产能（时间），并从交货期开始，从后向前排程计算每个作业的完工日期和开始日期。

需求时界：需求时界是物料需求计划（MRP）中的一个重要概念。它是指在计划展望期内，只考虑销售单而不考虑预测单的时段。在这个时段内，需求被假设为已知并且固定不变。需求时界通常用于区分计划时界和预测时界，计划时界则是同时考虑销售单和预测单的时段。在需求时界内，MRP系统会根据实际的销售单来计算物料需求和生产能力需求，而在计划时界内，MRP系统则会同时考虑销售单和预测单来进行计算。

生产排程中的其他考虑因素：除了排程的区间规则和需求时界之外，生产排程还需要考虑许多的其他因素，如物料需求计划、设备切换问题、设备保养计划等。这些因素都会对生产排程的结果产生影响。例如，如果物料供应不及时，就会造成生产缺料、产能浪费等问题；如果设备保养计划没有匹配好生产计划，就可能导致设备在关键时刻出现故障，影响生产进度。

【任务实施】

1.准备工作

（1）总产量=总预测需求量+期末库存-期初库存

（2）单个期间的产量=总产量/周期数

（3）期末库存=期初库存+当期产量-预测需求

2.实施步骤

总产量=（60+75+70+60+80+70）+55-50=420

为了能够让生产稳定均衡，追求产量的恒定能够让生产设备以及人员的成本得到进一步的优化。

单个期间的产量= 420/6=70

在已知预测需求量和每个周期生产量的条件下，可以计算出每个周期的期末库存量：

周期1的期末库存= 50+70-60=60

周期2的期末库存=60+70-75=55

以此类推，就能够计算出各期的期末库存数量。

周期	1	2	3	4	5	6	合计
预测需求量	60	75	70	60	80	70	415
产量	70	70	70	70	70	70	420
期末库存	60	55	55	65	55	55	345
期初库存量	50						
期末库存量	55						

注：下一个周期的期初库存等于上一个周期所计算出的期末库存。

随堂测4-2

1+X证书

拓展阅读4-2

工业和信息化部关于加强智能网联汽车生产企业及产品准入管理的意见

为了加强智能网联汽车的生产和产品准入管理，保障公民的生命财产安全和公共安全，促进智能网联汽车产业的健康发展，中华人民共和国工业和信息化部（以下简称工信部）推出一系列举措，发布了《关于加强智能网联汽车生产企业及产品准入管理的意见》（工信部通装〔2021〕103号）（以下简称《意见》）。

1.数据和网络安全管理

《意见》强调企业必须建立健全数据安全管理制度，明确责任部门和负责人，并建立数据资产管理台账，实施分类分级管理，加强个人信息和重要数据的保护。此外，企业还需建设数据安全保护技术措施，确保数据在境内存储，并在必要时通过安全评估向境外提供数据。同时，《意见》要求企业建立网络安全管理制度，具备网络安全风险监测和处置技术条件，确保车辆及其功能的安全运行。

2.规范软件在线升级

《意见》要求企业具备与汽车产品及升级活动相适应的管理能力，确保在线升级时车辆的安全状态，并向用户告知相关信息。此外，企业在实施在线升级前需要确保产品符合国家法律法规，并向工信部备案，未经审批不得通过在线升级新增或更新自动驾驶功能。

3.加强产品管理

《意见》规定企业生产具有驾驶辅助和自动驾驶功能的汽车产品时，需要明确告知车辆功能及性能限制等信息。对于具有组合驾驶辅助功能的产品，应采取技术措施确保驾驶员始终执行相应的动态驾驶任务。而对于具有自动驾驶功能的产品，则需要确保系统能够自动识别失效情况并采取风险减缓措施，具备人机交互功能，并记录相关数据以备事故分析。此外，《意见》鼓励支持使用北斗卫星导航系统信号以确保可靠的服务。

4.保障措施

《意见》要求企业建立自查机制，发现严重问题时应立即停止相关产品的生产、销售，并采取整改措施。工信部将指导有关机构做好技术审查等工作，地方工业和信息化、电信主管部门应协同配合，做好监督检查。同时，《意见》提出要进一步完善智能网联汽车的标准体系建设，鼓励第三方服务机构和企业加强相关测试验证和检验检测能力建设。

资料来源 工业和信息化部.关于加强智能网联汽车生产企业及产品准入管理的意见［EB/OL］.［2021-08-12］. http://www.chinawuliu.com.cn/zcfg/202108/12/556917.shtml.引文经节选、压缩及改编。

任务三　熟悉产能管理

【岗位任务】

强盛集团下设的物流公司工作中心有4台生产机器，每日工作时间为8小时，每周工作5天，由于换产等因素，实际每日工作时间为6小时。同时，由于更新了技术工艺，生产的标准工时为11小时，而实际工时为10小时。

要求：

（1）该工作中心的额定产能是多少？

（2）假设单台机器生产产品需要1.2小时，那么周产量是多少？

（3）在接下来的4周内，该工作中心接到了4份订单分别为95件、110件、130件、105件，请问该工作中心是否能够满足订单需求？

分析提示：本任务旨在根据产能相关公式计算出额定产能、周产量，并对结果进行订单需求分析。

【课堂知识】

一、产能管理概述

1.产能管理的含义

产能管理是一个涉及广泛的概念，它对企业生产活动的各个方面都有着深远的影响。无论是制造业还是服务业，产能管理都是确保组织能够有效满足客户需求的关键因素。什么是产能管理？产能管理是平衡需求与供应，满足客户服务水平的过程。它涉及多个层级的规划和控制，包括资源规划、粗产能计划、产能需求计划和产能控制。这些层级按照时间跨度区分，其中资源规划解决的是长期产能计划，而其他层级则关注中短期的产能需求和控制。

2.产能管理的重要性

首先，它是确保企业能够在正确的时间以正确的数量生产产品或提供服务的关键。其次，有效的产能管理可以帮助企业降低成本，提高效率，从而增强市场竞争力。此外，产能管理还与企业的财务健康密切相关，因为它直接影响到企业的收入和利润。

3.产能管理的主要内容

（1）资源规划。资源规划是产能管理的起点，它涉及长期的公司战略方向和资产投入。在这个阶段，企业需要评估未来的产能需求，并决定如何规划投资来提升产能。这可能包括购买新的设备、扩建工厂或者增加人力资源。

（2）粗产能计划。粗产能计划是在主计划的基础上，检查瓶颈产能、关键工作中心或关键供应商的可用产能。这个阶段的重点是确定现有产能是否足以满足主计划的需求交付时间。如果现有产能不足以满足需求，企业需要考虑如何增加产出。

（3）产能需求计划。产能需求计划（CRP）是在主生产计划和物料需求计划的基础上，精确计算各时间段内对各项资源的具体需求的详细过程。CRP的重点在于细化需求，即根据具体的生产任务详细列出每一项资源的需求量；优化排程，通过调整工作班次、增加临时工或外包任务来优化资源分配；解决冲突，当资源需求超过供给时，采取如重新安排生产顺序或增加库存缓冲等措施；技术支持，利用ERP系统和APS（高级计划与排程）软件提高计划的准确性和效率。这一过程确保了资源的有效利用和生产的顺利进行。

（4）产能控制。产能控制是管理每日生产过程，包括工作中心的输入输出控制和工序间的顺序等。其目的是降低在制品库存（Work in Progress，WIP），并确保生产过程的高效运行。

4.产能相关公式

额定产能=可用时间×利用率×工作效率

可用时间=机器数量×日工作小时×周工作天数

利用率=实际工作时间/可用时间×100%

工作效率=标准工时数/实际工时数×100%

周产量=额定产能/单品生产时间

拓展阅读4-3

产能管理的类型

根据计划展望期的不同，产能管理分为长期管理、中期管理和短期管理，见表4-1。

表4-1 产能管理的类型

类型	对象	计划时段	特点
长期管理（资源需求计划或粗产能需求计划（RCCP））	资源组、工作中心区域或工作中心组、生产线或整个工厂	月度	以计划时段内的产出量代表产能，如5月产量5 000件、6月产能5 500件、7月产能6 000件等。可借助Excel表格管理，原理和操作较简单
中期管理（产能需求计划）	同长期管理	月度	同长期管理
短期管理（细产能需求计划或产能需求计划（CRP））	单条生产线、单个工作中心、单个资源或单个设备	周、天、班次，有时细到小时	管理内容包括订单的产能需求计算、产线或设备的可用产能计算，还牵涉计划订单、生产订单或工单的排序、负载均衡、排程等更为详细和精确的计算，管理流程复杂

小案例4-4

资源科技公司产能提高案例

中铁物总资源科技有限公司（以下简称资源科技公司）是中国物流集团下属的专业公司，专注于铁路报废物资的循环再利用。资源科技公司通过信息化手段实现了生产过程的智能化和工业化整合，显著提升了产能管理的效率。

在逆向物流行业中，普遍存在信息化水平低下的问题，主要表现为生产过程管控依赖人工，缺乏必要的信息技术支持，导致生产数据难以有效采集、生产过程无法实时跟踪、工艺质量无法实时监控、运营报表不能及时更新。此外，逆向物流产业链各环节的业务流程和数据未能有效整合，形成了信息孤岛，缺乏足够的数据积累和有效的数据分析工具，难以形成规模化的大数据来指导行业发展，无法为企业的经营决策提供强有力的支持。

为解决上述问题，资源科技公司采取了多项措施。例如，资源科技公司研发了生产制造执行系统（MES）和仓储管理信息系统（WMS），两个系统不仅覆盖了整个生产制造过程，还实现了生产与仓储的高度协同。生产制造执行系统包括物料管理、工单管理、生产管理等11个功能模块，通过实时数据采集、分析和处理，为管理层提供决策支持。仓储管理信息系统则通过条形码技术和物联网技术，结合手持PDA设备，实现了物料管理的条码化和智能化，大幅度提升了仓储作业效率。

通过信息化建设，资源科技公司在经济效益和社会效益两个方面都取得了显著成效。报废货车自动拆解生产线的效率较人工拆解提升了4倍以上，报废钢轨检测修复生产线的效率也提高了6倍以上，大大降低了人工成本。同时，通过智能化管理，仓储管理的效率得到了显著提升，库存周转率提高了1.2倍至1.5倍，库存成本和损耗大幅度降低。

资源科技公司在实施铁路报废物资循环再利用信息化应用的过程中，首先进行了现状调研分析，明确了需要解决的重点问题，并对生产运营、仓储管理等各流程环节进行了详尽的需求分析，建立了标准化、规范化的数据管理模式、业务规范流程及各类管理制度，确保项目的成功实施应用。

资料来源　中物联物流信息服务平台分会．中铁物总资源科技有限公司：铁路报废物资循环再利用信息化研究与应用［EB/OL］．［2023-08-01］．http：//www.chinawuliu.com.cn/xsyj/202308/01/613140.shtml.引文经节选、压缩及改编。

二、生产能力

1.生产能力的概念与重要性

生产能力是指在计划内，企业参与生产的全部固定资产，在既定的组织技术条件下，所能生产的产品数量，或者能够处理的原材料数量。它是反映企业所拥有的加工能力的一个技术参数，也可以反映企业的生产规模。生产能力的计算和确定对企业来说至关重要，因为它直接影响企业的生产计划、资源配置和市场供需的适应能力。

2.生产能力的分类

在实际运用中，生产能力有多种不同的表述方式，包括制程设计产能、有效产能和利用的产能等。制程设计产能是指在设计阶段确定的生产能力，有效产能是指在实际生产过程中能够达到的最大生产能力，而利用的产能则是指在一定时间内实际使用的生产能力。

3.生产能力的计算单位

计算生产能力之前，必须确定本企业的生产能力计量单位。这个计量单位可以是产出量，也可以是投入量。例如，对一个工厂来说，生产能力可以是以产出量（如每年可以生产多少件产品）或者以投入量（如每天可以处理多少原材料）来计量。在某些情况下，企业可能会选择使用代表产品计量法，即将产量大、劳动量大的产品作为代表产品，其他产品通过换算系数换算为代表产品的数量。

4.影响生产能力的因素

（1）产品因素：产品设计对生产能力有巨大的影响。如果生产相似产品，作业系统生产这类产品的能力要比后续产品不同的生产能力大。产出越相近，其生产方式和材料就越有可能实现标准化，从而能达到更大的生产能力。

（2）人员因素：组成一项工作的任务、涉及活动的各类人员以及履行一项任务需要的培训、技能和经验对潜在的或实际的产出有重要的影响。另外，相关人员的动机、缺勤和流动与生产能力也有着直接的联系。

（3）设施因素：生产设施的设计，包括厂房大小以及为扩大规模留有的空间也是一个关键的影响因素。厂址因素，包括运输成本、与市场的距离、劳动供应、能源和扩张空间，也是很重要的因素。同样，工作区的布局也决定生产作业是否能够平稳执行。

（4）工艺因素：产品工艺设计是决定生产能力的一个明显因素，工艺设计是否合理将影响产品的质量。如果产品质量不能达到标准，就会增加产品检验和返工工作，从而导致产量下降。

（5）运作因素：一个组织因存在不同设备生产能力的矛盾或工作要求的矛盾而产生的排程问题、存货储备的决策、发货的推迟、所采购的原材料部件的合意性，以及质量检验与制程控制，都对有效生产能力具有影响。

（6）其他因素：产品标准，特别是产品最低质量标准，能够限制管理人员增加和使用生产能力的选择余地。例如，企业为了达到产品和设备的污染标准，经常会减少有效生产能力。

5.生产能力计划

企业的各级生产计划都必须以生产能力为基础，生产能力也要根据各级生产计划的特点和要求，编制不同等级的生产能力计划。所谓生产能力计划，是指生产能力的现实和发展计划。编制生产能力计划的目的是保证各级生产计划的实现。生产能力计划可分为长期计划、中期计划和短期计划。

生产能力计划是企业战略规划的重要组成部分，它涉及企业资源的合理配置和利用，直接影响企业的市场竞争力和经济效益。以下是生产能力计划的主要作用：

（1）确定生产能力水平。生产能力计划的首要作用是确定企业的总体生产能力水平，包括评估现有的生产设备、工具、设施和劳动力规模等资源，并在此基础上确定企业的生产潜力。这种评估有助于企业了解自己在市场中的位置，以及如何通过技术改进、设备更新或人员培训来提升生产效率和产品质量。

（2）支持长期竞争战略。生产能力计划为企业实现长期竞争战略提供强有力的支持。通过合理的生产能力计划，企业可以确保在市场需求变化和技术进步的情况下，能够迅速作出反应，保持竞争优势。例如，当市场需求增加时，企业可以通过提前规划的生产能力扩展来满足市场需求，从而获得更多的市场份额。

（3）影响成本结构和库存策略。生产能力计划对企业的成本结构和库存策略有着重大影响。通过优化生产能力，企业可以减少生产过程中的浪费，降低单位产品的成本。同时，合理的生产能力计划还可以帮助企业制定更有效的库存管理策略，减少库存积压和资金占用，改善企业的财务健康状况。

（4）提高市场反应速度。生产能力计划能够提高企业的市场反应速度。当企业拥有充足的生产能力时，它可以更快地响应市场的变化，如客户需求的增加或竞争对手的行动。这种快速反应能力有助于企业在竞争激烈的市场中占据有利地位。

（5）满足客户需求。生产能力计划有助于企业按时、按质、按量完成生产任务，满足客户需求。通过预先制订的生产计划，企业可以确保在客户需要的时候提供所需的产品或服务，从而提高客户满意度和忠诚度。

（6）优化资源配置。生产能力计划有助于企业优化资源配置。通过对生产能力的详细分析和规划，企业可以更有效地利用其资源，避免资源浪费或不足。例如，企业可以通过加班、外包等临时措施来应对短期生产能力不足的问题。

（7）提高生产效率。生产能力计划能够提高生产效率。通过合理的生产能力计划，企业可以避免生产过程中的瓶颈和延误，确保生产流程的顺畅运行。此外，企业还可以通过技术改进和设备更新来提高生产效率，降低成本。

（8）促进部门间协调。生产能力计划有助于促进企业内部各部门之间的协调。通过制订详细的生产计划，企业可以确保各部门在生产过程中密切合作，共同完成生产任务。例如，生产部门可以根据销售部门的需求来安排生产，采购部门可以根据生产计划来订购原材料，从而提高整体运营效率。

动画 4-1

你知道冷链物流运营模式分为几种吗

（9）提供决策支持。生产能力计划为企业管理层提供重要的决策支持。通过对生产能力的详细分析和预测，企业管理层可以更好地了解企业的生产潜力和市场竞争力，从而作出更加明智的战略决策。

（10）应对市场变化。生产能力计划有助于企业应对市场变化。当市场需求发生变化时，企业可以通过调整生产能力计划来适应市场变化，保持竞争优势。例如，当市场需求减少时，企业可以通过减少生产能力来避免资源浪费；当市场需求增加时，企业可以通过提高生产能力来满足市场需求。

6.物料需求计划

物料需求计划（Material Requirements Planning，MRP）是一种用于制造业的库存管理和生产计划系统。它的主要目的是确保在正确的时间以正确的数量获得所需的物料，以满足生产计划和客户需求。物料需求计划是制造业企业库存管理和生产计划的重要组成部分。通过科学、合理的物料需求计划，可以有效地满足生产需求，减少库存积压，提高物料周转率，从而提升企业的整体运营效率。然而，物料需求计划的成功实施需要依赖于准确的数据和灵活的管理策略，同时需要与其他部门密切合作，确保计划的顺利执行。以下是关于如何制订和实施物料需求计划的详细步骤：

（1）确定主生产计划（Master Production Schedule，MPS）。物料需求计划是基于主生产计划的。主生产计划是指在某一计划时间内要生产什么产品、生产多少数量、什么时候开始生产、什么时候结束的计划。它是物料需求计划的基本依据，因为它决定了所需的原材料和零部件的数量和时间。

（2）创建物料清单（Bill of Materials，BOM）。物料清单是一个详细列出制造某个产品所需的所有原材料、零部件及其用量的列表。它还包含了这些物料之间的层次关系。通过物料清单，可以计算出一个订单所需的全部原材料，这被称为“毛需求”。

（3）查核库存记录。在确定了主生产计划和物料清单之后，需要查核当前的库存记录。库存记录包括有形的库存（如在库的实物）和无形的库存（如在途订单、车间库存）。需要将订单所需的物料用量减去库存数量，得到净需求量。这样可以确定哪些物料需要采购，以及需要采购的数量。

动画 4-2

冷链运输

（4）考虑物料提前期。物料提前期是指从发出采购订单到物料实际到达工厂之间的时间。这个时间需要考虑供应商的生产周期、运输周期以及到货后的质检周期。提前期的设定应由物控、采购、仓储和生产等部门协商制定，不宜过早或过晚。

（5）制订物料需求计划。在收集和分析了上述信息之后，可以开始制订物料需求计划。这个计划应该包括以下内容：

➢ 物料需求清单：列出所有需要采购的物料及其需求量。

➢ 需求时间表：确定每种物料的需求时间，确保在生产需要时物料已经到位。

➢ 采购申请单：向采购部门发出采购申请单，确认送货日期。

➢ 库存策略：确定每种物料的订货周期和订购批量，正确规定各种物料的采购数量和交货日期。

在制订物料需求计划时，需要根据实际情况灵活掌握。例如，在订单评审阶段，如果感觉订单把握较大且相关原材料后续都可以消化，那么可以在订单评审时就开始做物料需求计划或者物料申购。如果并非如此，则可以等待正式订单下达后再制订物料需求计划。

物料需求计划可以代替采购申请单，但在实际操作中并不提倡这样做。对于一些简易的物料需求，直接填写采购申请单会更加方便快捷。因此，物料需求计划和采购申请单通常是相辅相成、一主一次的关系，综合使用才能达到最佳效果。

（6）物料需求计划的实施。一旦物料需求计划经过领导审批，就可以将其交给采购部门作为订料作业的依据。采购部门会根据计划中的需求量和需求时间，安排供应商生产和交付物料。在这个过程中，物控部门需要持续跟踪物料的到货情况，确保物料按时、按量到达工厂。

物料需求计划的主要计算公式有：

毛需求量=独立需求量+相关需求量

其中，独立需求量指的是不受其他物料需求影响的物料需求，相关需求量是指由其他物料需求引发的间接需求。

计划库存量=上期库存量+本期订单产出量+本期预计入库量-毛需求量

净需求量=本期毛需求量-上期库存量-本期预计入库量+安全库存量

当净需求量为负值时，通常表示有足够的库存满足需求，无须额外订货。

【任务实施】

1. 准备工作

（1）额定产能=可用时间×利用率×工作效率

（2）可用时间=机器数量×日工作小时×周工作天数

（3）利用率=实际工作时间/可用时间×100%

（4）工作效率=标准工时数/实际工时数×100%

2. 实施步骤

（1）可用时间=4×8×5=160（小时）

（2）利用率=6/8×100%=75%

（3）工作效率=11/10×100%=110%

（4）额定产能=132小时/周

（5）周产量=132/1.2=110（件）

（6）绘制工作负荷图（如图4-8所示）

根据任务要求，接下来4周总共生产440件，平均周产量110件。

虽然总量上能够满足需求，但是第3周的需求超出了额定产能，因此需要采用削峰填谷的策略，调整生产计划，解决差异，实现该工作中心的产能均衡。

工作负荷图是比较可用的额定产能与生产计划之间差异的图形。它能够清晰地看出计划需求和能力供给之间的差异。一般来说，解决差异有两个思路：一是增加可用的额定产能；二是改变工作负荷。

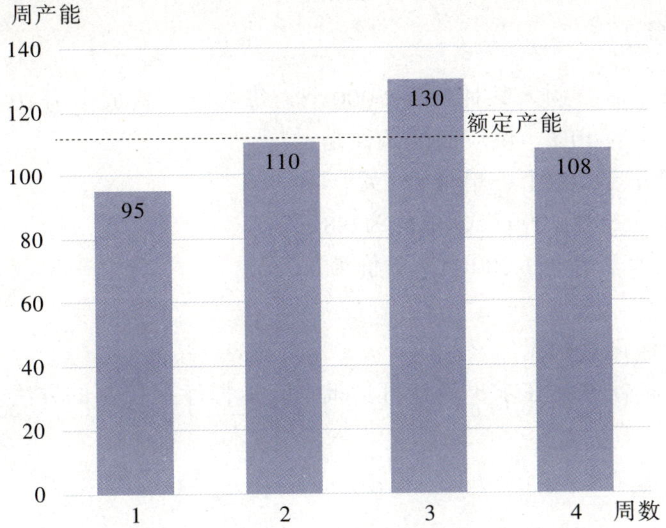

图4-8　工作负荷图

改变可用产能的措施包括：

（1）增加或者缩短工时；

（2）增减工作人员；

（3）调整班次；

（4）分包；

（5）改进工作流程。

改变工作负荷的措施包括：

（1）改变批量大小；

（2）重新进行生产排程。

随堂测 4-3

1+X证书

任务四　掌握库存管理方法

【岗位任务】

强盛集团每年需要购入某种配件2 000个，每次的订货成本为10元，每个配件的年保管成本为单价的40%。供应商的条件是：

① 订单批量小于500个，单价为1元；

② 订单批量为500～999个，单价为0.8元；

③ 订单批量大于等于1 000个，单价为0.6元。

要求：

请计算出最佳订货批量。

分析提示：本任务旨在求出最佳订货批量，掌握库存控制的方法。

【课堂知识】

一、库存管理

供应链管理环境下的库存控制问题是供应链管理的重要内容之一，且由于企业组织与管理模式的变化，它同传统的库存管理相比有许多新的特点和要求。从系统理论、集成理论的角度出发，我们要提出适应供应链管理的新的库存管理策略与方法。基本的思想是：通过加强供应链管理环境下的库存控制来提高供应链的系统性和集成性，增强企业的敏捷性和响应性。

供应链管理模式下的库存管理的最高目标就是实现供应链企业的无缝连接，以消除供应链企业之间的高库存现象。为了降低企业库存水平，需要加强企业之间的信息交流与共享，减少不确定因素对库存的影响，增强库存决策信息的透明性、可靠性和实时性。

就企业生产、经营活动的全部过程而言，库存是指企业生产或服务所使用的以及用于销售的储备物料。尽管库存是出于种种经济考虑而存在的，但是库存也是一种无奈的结果。它是由于人们无法预测未来的需求变化，才不得采用的应付外界变化的手段，也是因为人们无法使所有的工作都做得尽善尽美，才产生一些人们并不想要的冗余与囤积——不和谐的工作沉淀。

1.库存的含义

库存（Inventory）是指为了满足未来需要而暂时闲置的资源，如原材料、半成品、成品、机器、人才、技术等。狭义上的库存是静态的，是指仓库中暂时处于储存状态的商品，它是存储的一种表现形式。而广义的库存是一种动态的概念，它表示用于将来目的而暂时处于闲置状态的资源，不仅包括在仓库中存储的原材料、零部件、半成品、产成品等，还包括在生产线上处于生产状态的在制品，甚至包括在码头、车站和机场等物流节点上等待运输的货品以及处于运输途中的货品。

库存对一个企业有双重的影响：一是影响企业的成本，也就是影响物流的效率；二是影响企业的生产和销售的服务水平。一方面，由于库存不能马上为企业产生经济效益，而企业为库存物资所承担的资金、场地和人员占用而产生的库存成本需要控制；另一方面，由于运作中存在不可避免的不确定因素，库存便成为企业经营所必备的，具有积极的一面。因此，控制库存是企业管理工作中的经常性工作。库存既是生产、服务系统合理存在的基础，又是合理组织生产、服务过程所必需的环节。以较低的库存成本，保证较高的供货率，不仅在理论上是成立的，在实践方面也是完全可以达到的。

2.库存的作用

设置库存的根本目的是要保证在需要的时间、按需要的地点，按需要的数量提供需要的物料。同时，库存还能起到以下作用：防止缺货，提高服务水平；节省开支，降低成本；保证生产、销售过程顺利进行；提高生产均衡性，调节季节性需求等。

在经营过程的各个环节中都存在库存。也就是说，在采购、生产和销售的不断循环过程中，库存使各个环节相对独立的经济活动成为可能。同时，库存可以调节各个环节之间供求品种及数量的不协调，在采购、生产和销售等经营的各个环节间起到桥梁的作用。但是，库存管理部门和其他部门的目标存在冲突，为了实现恰当的库存管理，需要协调各部门之间的关系，使每个部门不仅以有效实现本部门的职能为目标，更要以实现企业的整体效益为目标。

为防止出现供应商延期交货或不能交货的情况，往往保有超过实际需要量的库存，其被称为“缓冲库存”。从供应链整体来看，过去这种传统交易习惯导致的不必要库存给企业增加了成本，而这些成本最终将反映在产品价格上，从而降低顾客的满意度。因此，在供应链范围内进行库存管理不仅可以降低库存水平，减少资金积压和库存维持成本，还可以提高客户的满意度。随着供应链的形成，企业间的关系从过去建立在客户交易基础上的关系向基于共同利益的协作伙伴型关系转变，供应链的各个经营者间交换信息、协调库存管理成为可能，先进的库存管理方法和技术的出现和运用使这种可能变为现实。

拓展阅读4-4

库存的分类

库存可以根据其目的、在生产过程和配送过程中所处的状态，以及用户对库存的需求特性来进行分类。

1.按库存的目的分类

（1）周转库存：它也称经常库存，主要用于满足日常生产经营活动的需求。企业通常为了追求规模经济效应，会选择批量采购、生产和运输，从而形成周期性的周转库存。

（2）安全库存：它也称保险库存，目的是应对意外事故或需求波动而设立的缓冲库存。安全库存的存在可以防止因供货延迟或其他不确定性因素导致的生产中断或缺货风险。

（3）预期库存：这种库存用于调节需求与供应、生产速度与供应以及各个生产阶段产出之间的不平衡。其设定考虑了缺货的机会成本以及生产不均衡时可能产生的额外费用，帮助企业更好地平衡供需关系。

（4）在途库存：它是指正在运输途中或暂时存放于两地之间的库存。这类库存的数量取决于输送所需的时间以及在此期间的需求率。

（5）季节性库存：为满足特定季节销售高峰或季节性生产而建立的库存。例如，某些商品在生产季节会被大量储备，以备后续需求。

2.按库存在生产过程和配送过程中所处的状态分类

（1）原材料库存：它包括用于生产的原材料、零件和部件。这些材料可能是根据生产者特定标准定制的，用于支持生产活动。

（2）在制品库存：它涵盖处于生产不同阶段的半成品。随着生产过程的推进，每经过一道工序，其附加价值都会有所增加，直到最终变为成品。

（3）维修库存：它涉及用于设备维护和保养的消耗品或部件，不包括用于产成品维护的材料。这类库存对于保持生产设备的良好运行至关重要。

（4）产成品库存：它指的是已完成生产并准备交付给客户的最终产品。

3.按用户对库存的需求特性分类

（1）独立需求库存：它是指用户对某类库存物品的需求与其他类型的库存无关，具有明显的独立性。这类需求通常是由外部市场决定的，企业对其难以控制。

动画 4-3

智慧仓储

（2）相关需求库存：它与其他需求有内在联系，可通过一定的数量关系推算得出。例如，当客户对某个产品的订购量确定后，该产品所需的零部件及原材料需求也随之确定。

资料来源　向红军，梁春燕，甄建伟．美军弹药保障体系与运用［M］．北京：北京理工大学出版社，2022.引文经节选、压缩及改编。

3.库存管理与控制

自从有了生产，就有了库存物品的存在，库存对市场的发展、企业的正常运作与发展起到了非常重要的作用。库存管理的目的是在满足企业生产经营活动顺利进行的前提下，运用一定的控制方法使企业能保持一个合理的库存水平，从而达到降低仓储成本、提高企业经济效益的目的。

库存管理的核心是库存控制，是对制造业或服务业生产和经营全过程的各种物品、产成品以及其他资源进行管理和控制，使其储备保持在经济合理的水平上。库存管理通常被认为是对库存物料的数量管理，甚至认为其主要内容就是保持一定的库存数量。但是，就库存所包括的内容来说，数量管理仅仅是其中的重要一项，并不是库存管理的全部内容。

因此，在准备实行库存管理时，首先要明确规定管理方针。例如，库存物品应在何时入库？库存数量应为多少？存放的起讫日期应在何时？应先针对上述具体问题确定方针，然后再开始进行库存管理工作。

（1）库存管理的意义。

① 有利于资金周转。因为在某些特殊情况下，可以做到库存所需投资额为零。这样可使经营活动更为灵活，把用于建立原材料、制成品、商品等常备库存所需占用的资金转为经营其他项目，这就有可能使经营活动向更新、更高的阶段发展。

② 促使生产管理更为合理。库存管理的目标之一就是在需要时，按需求量供应必需物料。目前生产管理较为混乱的主要原因在于一些急需的物料不能及时供应，要从根本上杜绝此类现象，就要认真搞好库存管理。

③ 有利于顺利地进行运输管理，也有助于有效地开展仓库管理工作。通过库存管理，可将原来零零散散放置的物料整理得井然有序，可使企业的生产环境整洁一新，实现文明生产。废旧物料堆放整齐、报废的设备及时运走、工厂的空地整洁干净，这样的环境，自然令人感到心情舒畅。此外，还可以把经常动用的物料以及危险物料分片保管，以保证工厂的安全生产。

库存管理工作的好坏，对改善企业生产环境也起着举足轻重的作用。

（2）库存管理的目标。库存管理的目标主要有两个：一是保障供应；二是降低成本。在企业现有资源的约束下，以最合理的成本为用户提供所期望水平的服务，即在达到顾客期望的服务水平的前提下，尽量将库存成本降低到可以接受的水平。对企业来说，这两个目标是相互矛盾的。库存管理的任务，就是通过科学的决策，使库存既满足生产或流通的需要，又能达到最低成本。

① 库存成本最低。这是企业需要通过降低库存成本以降低生产成本、增加盈利和增强竞争能力时所选择的目标。

② 库存保证程度最高。如果企业有很多销售机会，相比之下压低库存意义不大，这就需要强调库存对其他经营、生产活动的保证，而不强调库存本身的效益。当企业

通过增加生产成本来扩大经营时，往往选择这种控制目标。

③ 不允许缺货。企业由于技术、工艺条件决定不允许停产，则必须以不缺货为目标，才能对不停产起到保证作用。当企业某些重大合同必须以供货为保证，否则会受到巨额赔偿的惩罚时，可制定不允许缺货的控制目标。

④ 限定资金。如果企业必须在限定资金预算的前提下实现供应，则需要以此为前提进行库存的一系列控制。

⑤ 快捷。如果库存控制不根据本身的经济性来确定目标，而根据大的竞争环境要求来确定目标，常常会出现以最快速度实现进出货为目标来控制库存。

4.库存合理化

库存把采购、生产和销售等企业经营的各个环节连接了起来。对于库存在企业中的角色，不同部门存在不同的看法：库存管理部门尽量保持最低库存水平以减少资金占用，节约成本；而采购部门希望大批量采购，以获得价格优惠；销售部门、生产部门希望库存足够多以用来满足客户需要和生产；运输部门也希望一次大批量运输以获得价格折扣，提高效益和效率。因此，各部门对库存的要求是不同的，但要求都是实现库存控制的目标，具有合理化的库存。所谓合理化，就是用最经济的方法和手段从事库存活动，并能发挥其作用。只有合理化的库存才能有效地降低企业成本，保证高效的客户服务水平。库存合理化包括以下五点内容：

（1）库存量合理化。合理库存量是指在下一批商品到来之前，能保证这一期间商品正常供应的数量。影响合理库存量的因素有：

①社会需求量与库存量成正比，需求量大则储量大。

②商品再生产时间与库存量成正比，时间长则储量大。

③交通运输条件与库存量成反比，运输条件好则储量小。

④管理水平和设备条件要合理化。

（2）库存结构合理化。商品品种、规格要有合理的比例，既要满足总量要求，又要满足市场变化。

（3）库存时间合理化。

①库存时间受销售时间的影响。销得快，储存时间就短，因而物流部门要随时了解生产、销售情况，促进生产，扩大销售，加速周转。

②库存时间受商品自然属性的影响，以保证商品安全，减少损失和消耗为前提。

（4）库存网络合理化。批发企业储量大；零售企业储量小，库存相对集中。

（5）库存硬件配置合理化。库存硬件是指各种用于库存作业的基础设备。实践证明，物流基础设施和设备数量不足，物流技术水平落后，或者设备过剩、闲置，都会影响库存功能的有效发挥。如果设施和设备重复配置，引起库存能力严重过剩，那么将增加储备物资的成本，从而影响库存的整体效益。因此，库存硬件的配置应以能够有效地实现库存职能，满足生产和消费需要为基准，做到适当合理地配置仓储设施和设备。

微课 4-2

智慧仓储8S 管理

二、库存管理方法

1.定量订货法

（1）定量订货法的原理。定量订货法是指当库存量下降到预定的最低库存量（即订货点）时，按规定数量进行补货的一种库存控制方法，它主要靠控制订货点和订货批量两个参数来控制订货、进货，达到既能够满足库存需求，又能够使总费用最低。

定量订货法的原理是：首先确定一个订货点Q_K，在销售过程中随时检查库存量，当库存下降到Q_K时，就发出一个订货批量Q^*，一般取经济订货批量（Economic Order Quantity，EOQ）。其变化情况如图4-9所示。

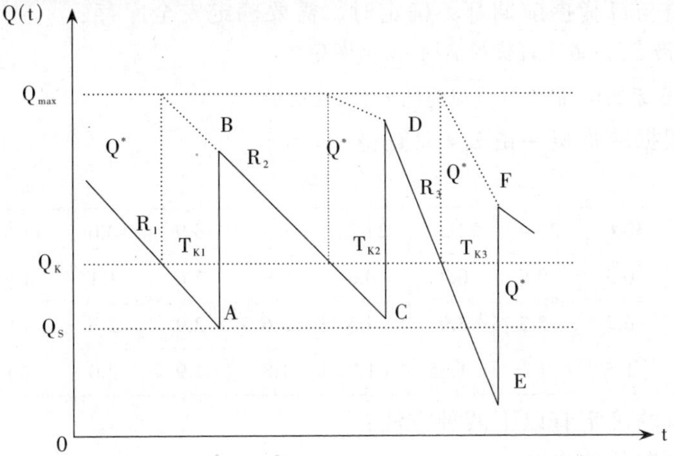

图4-9　定量订货法的原理

图4-9是库存量变化的一般情况，每一阶段库存下降速率R和订货点的时间间隔都是随机变量，即$R_1≠R_2≠\cdots≠R_n$。第一阶段，库存以R_1的速率下降，当库存下降到Q_K时，就发出一个订货批量Q^*，这时“名义库存”升高了，Q达到$Q_{max}=Q_K+Q^*$，进入第一个订货提前期T_{K1}，在T_{K1}内库存继续以R_1的速率下降至A点，新订货物到达，T_{K1}结束，实际库存为$Q_B=Q_S+Q^*$。进入第二个出库阶段，库存以R_2的速率下降，假设$R_2<R_1$，库存消耗周期比第一阶段要长，当库存下降到Q_K时，又发出一个订货批量Q^*，“名义库存”又升高了。此时，进入了第二个订货提前期T_{K2}，在T_{K2}内库存继续以R_2的速率下降到C点，第二批订货到达，T_{K2}结束，实际库存达到了D点，$Q_D=Q_C+Q^*$。之后进入第三个阶段，库存以R_3的速率下降，$R_3>R_1>R_2$，当T_{K3}结束时库存下降到E点，且动用了安全库存Q_S，新的订货到达时，实际库存上升到$Q_F=Q_E+Q^*$，比B点和D点的实际库存都低，进入到下一个出库周期，如此反复循环。由上述对图4-9的分析，可以看出：

① 订货点Q_K包括两个部分：第一部分为安全库存（Q_S）；第二部分为各订货提前期内的销售量（D_L）。如果各个周期的销售是平衡的，即$R_1=R_2=R_3=\cdots$，则DL的平均值就是各提前期的销售量D_L。

② 在整个库存变化中，所有的需求量均得到满足，没有缺货现象，但是在第三阶段销售（出库）动用了安全库存Q_S，如果Q_S设定得太小，则T_{K3}期间的库存曲线会下降到横坐标以下，出现负库存，即表示缺货。因此，设置安全库存是必要的，它会影响库存水平。

③ 由于控制了订货点Q_K和订货批量Q^*，整个系统的库存水平就得到了控制，名义库存Q_{max}保持不变。

（2）定量订货法控制参数的确定。实施定量订货法需要确定两个控制参数：一个是订货点（订货点库存量）；另一个就是订货数量（经济订货批量EOQ）。

①订货点的确定。

影响订货点的主要因素有订货提前期、平均需求量和安全库存。根据这三个因素就可以简单地确定订货点。

A.在需求量和订货提前期确定的情况下，即R和TK固定不变时：

订货点=订货提前期×全年需求量÷360

B.当需求量与订货提前期都不确定时，需要确定安全库存：

订货点=平均需求量×最大订货提前期+安全库存

安全库存=安全系数×$\sqrt{\text{最大订货提前期}}$×需求变动量

安全系数根据缺货概率由表4-2查得。

表4-2 安全系数表

缺货概率（%）	30.6	27.4	24.2	21.2	18.4	15.9	13.6	11.5	9.7	8.1
安全系数	0.5	0.6	0.7	0.8	0.9	1.0	1.1	1.2	1.3	1.4
缺货概率（%）	6.7	5.5	5.0	4.5	3.6	2.9	2.3	1.8	1.4	0.8
安全系数	1.5	1.6	1.65	1.7	1.8	1.9	2.0	2.1	2.2	2.3

需求变动量的确定有以下两种方法：

当统计资料期数较少时：

$$\text{需求变动量}=\sqrt{\frac{\sum(y_i - y)^2}{n}}$$

式中：y_i为各期需求量实际值；y为各期需求量实际平均值。

在统计资料期数较多时：

需求变动量=R/d_2

式中：R为全距，即资料中最大需求量与最小需求量的差；d_2为随统计资料的期数多少（样本多少）而变动的常数，可查表4-3得到。

表4-3 随统计资料期数而变动的d_2值

n	2	3	4	5	6	7	8	9
d_2	1.128	1.693	2.059	2.326	2.534	2.704	2.847	2.970
$1/d_2$	0.8865	0.5907	0.4857	0.4299	0.3946	0.3698	0.3512	0.3367
n	10	11	12	13	14	15	16	17
d_2	3.078	3.173	3.258	3.336	3.407	3.472	3.532	3.588
$1/d_2$	0.3249	0.3152	0.3069	0.2998	0.2935	0.2880	0.2831	0.2787
n	18	19	20	21	22	23	24	
d_2	3.640	3.689	3.735	3.778	3.820	3.525	3.869	
$1/d_2$	0.2747	0.2711	0.2677	0.2647	0.2618	0.2837	0.2585	

小案例4-5

某仓库一种商品2024年各月需求量见表4-4，最大订货提前期为2个月，缺货概率根据经验统计为5%，求该商品的订货点。

表 4-4　月需求量资料表

月份	1	2	3	4	5	6	7	8	9	10	11	12	合计
需求量（箱）	162	173	167	180	181	172	170	168	174	168	168	163	2 046

解：平均月需求量=2 046÷12=171（箱）

缺货概率为5%，查表4-1得：安全系数=1.65。

需求变动量=R/d_2，R=181-162=19（箱）

n为12，查表4-3得：$1/d_2$=0.3069。

需求变动量=19×0.3069=6（箱）

订货点=$171\times2+1.65\times\sqrt{2}\times6$=356（箱）

当该商品的库存量下降到356箱时，该仓库应该订货。

②订货批量的确定。

订货批量是指消耗一次订货成本所采购某种产品的数量。在定量订货法中，对每一个具体的品种而言，每次订货批量都是相同的，所以对每个品种都要制定一个订货批量。经济订货批量（Economic Order Quantity，EOQ）就是按照库存总成本最小的原则而确定的订货批量，需要通过平衡订货成本和储存成本得出。经济订货批量是库存管理中最简单却最重要的一项，它揭示了许多库存决策方面问题的本质。经济订货批量在使用中应满足以下假设条件：需求是已知的常数；不允许发生缺货；订货提前期已知且为常数；瞬间交货，每次收货量恰好等于订货量；没有数量折扣，即产品成本不随批量而变化；每次订货批量一定；每次订货成本、单位保管成本和单价固定不变。

由假设条件可知不会出现缺货现象，即缺货成本为零。因为库存总成本是由物品自身价值、订货成本和保管成本三个部分构成的，所以物品采购单价固定不变，物品自身价值不变。因此，库存总成本主要受订货成本和保管成本的影响。

由前面的分析可知，增大每次的订货批量有利于减少订货次数，降低订货成本，但订货批量的增加通常会导致平均库存量的增加，引起保管成本的上升。此时的订货量与库存有关成本的关系如图4-10所示。

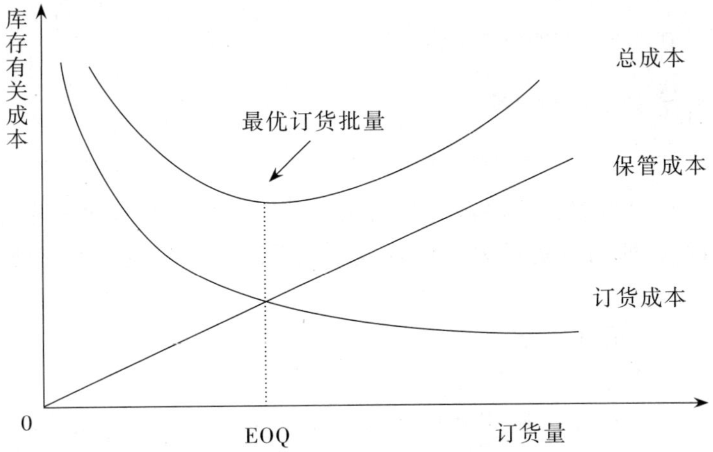

图4-10　订货量与库存有关成本之间的关系

EOQ的控制原理就在于控制订货批量，使库存总成本最小（通常以一个年度内的库存总成本为研究对象）。

库存总成本=物品自身价值+订货成本+保管成本 （4-1）

式（4-1）又可以表示为：

$$TC = PD + C \cdot \frac{D}{Q} + \frac{1}{2} Q \cdot PI = PD + C \cdot \frac{D}{Q} + \frac{1}{2} Q \cdot K \tag{4-2}$$

式中：TC为库存成本；P为单位采购成本；D为年需求量；C为每次订货成本；Q为每次订货批量；$\frac{1}{2}Q$为年平均库存量；PI、K均为单位物品的年保管成本。

要使TC最小，将式（4-2）对Q求一阶导数，并令导数为0，得到经济订货批量EOQ的数学模型为：

$$EOQ = \sqrt{\frac{2CD}{PI}} = \sqrt{\frac{2CD}{K}} \tag{4-3}$$

小案例4-6

仓库某种商品的年需求量为16 000箱，单位商品的年保管费为2元，每次订货成本为40元，求经济订货批量（EOQ）。

解：$EOQ=\sqrt{\frac{2CD}{K}} = \sqrt{\frac{2 \times 40 \times 16\,000}{2}} = 800$（箱）

采用经济订货批量法来确定订货数量时，实际操作还要作出调整，使其尽可能接近一个包装单元或者一个包装单元的倍数，这样便于发货和配送运输。

小案例4-7

某企业每年需用8 000吨钢材，现已知每吨钢材每年的保管费为3元，每次的订货成本为30元。试求其经济订货批量、年订货成本、年保管成本和年订货次数。

解：经济订货批量（EOQ）$=\sqrt{\frac{2 \times 30 \times 8\,000}{3}} = 400$（吨）

年订货成本$=C \cdot \frac{D}{Q}=30\times8\,000\div400=600$（元）

年保管成本$=\frac{1}{2} Q \cdot K = \frac{1}{2} \times 400 \times 3 = 600$（元）

年订货次数$=\frac{D}{EOQ}=8\,000\div400=20$（次）

从计算结果可以发现，以经济订货批量订货时，年订货成本与年保管成本相等，这与图4-10相符，即当订货成本与保管成本相等时，订货量正好是使库存总成本最小的订货量。

（3）定量订货法的优缺点。

①定量订货法的优点主要表现在：

A.控制参数一经确定，则实际操作就变得非常简单了。实践中，经常采用“双堆法”来处理。所谓双堆法，就是将某种商品库存分成两堆，一堆为经常库存，另一堆为订货点库存，当消耗完订货点库存时就开始订货，并使用经常库存，不断重复操作。这样可减少盘点库存的次数，方便可靠。

B.在订货量一定的情况下，商品验收、入库、保管和出库可利用规格化器具和计算方式，从而减少搬运、包装等方面的无谓工作量。

C.采用经济订货批量可以降低库存成本，节约费用。

②定量订货法的缺点主要有：

A.要随时检查库存，每日盘存必然要占用一定的人力和物力。

B.订货模式过于机械，灵活性不够。

C.订货时间随机变化，这样不利于对人员、资金和工作业务作出计划安排。

D.受到单一订货的限制，很难实现多品种联合订货。

2.定期订货法

（1）定期订货法的原理。

定期订货法是基于时间的订货控制方法，即按预先确定的订货时间间隔进行订货补充的库存控制方式。

定期订货法的控制参数主要有订货周期、最高库存量。只要订货周期和最高库存量控制合理，就可以实现既保障需求、合理存货，又节省库存费用的目标。

定期订货法的原理为：预先确定订货周期和最高库存量，周期性地检查库存，根据最高库存量、实际库存、在途订货量和待出库商品的数量，计算每次订货批量，发出订货指令，并组织订货。其库存变化情况如图4-11所示。

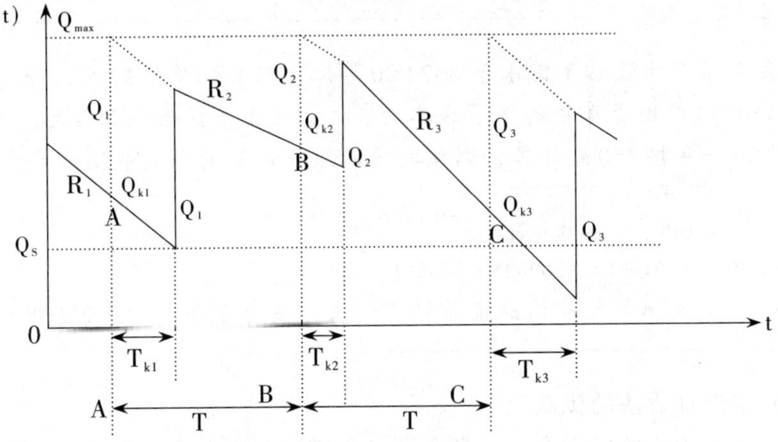

图4-11　库存变化情况

图4-11表示的是定期订货法一般情况下的库存量变化：$R_1 \neq R_2 \neq R_3$，$T_{K1} \neq T_{K2} \neq T_{K3}$。在第一个周期，库存以$R_1$的速率下降，因预先确定了订货周期T，也就是规定了订货时间，到了订货时间，不论库存还有多少，都要发出订货，所以当到了第一次订货时间，即库存下降到A点时，检查库存，求出实际库存量Q_{K1}，结合在途货物和待出库货物，发出一个订货批量Q_1，使名义库存上升到Q_{max}。然后，进入第二个周期，经过T时间后再检查库存，得到此时的库存量Q_{K2}，并发出一个订货批量Q_2，使名义库存又回升到Q_{max}。

（2）定期订货法控制参数的确定。

通常根据生产经验确定订货周期，并尽可能与计划的周期同步。常见的订货周期是月或者季度，以便定期进行盘点和采购物资。而为了使库存总成本最低，应该采用经济订货周期进行采购。对经济订货周期模型而言，其假设和经济订货批量模型的假设相同。

库存总成本（通常以年为单位）可表示为：

$$TC = PD + mC + \frac{DPI}{2m} = PD + \frac{C}{T} + \frac{DPIT}{2} \quad (4\text{-}4)$$

式中：T为订货周期；m为每年订货或检查次数；$\frac{D}{2m}$为年平均库存量。

要使TC最小，需要对T求一阶导数，并令导数为0，可得到经济订货周期T的数学模型：

$$T0=\sqrt{\frac{2C}{DPI}} \quad (4\text{-}5)$$

由于每次的订货批量波动都较大，定期订货法需要考虑的第二个问题是如何确定最高库存水平Q_{max}，这一水平是确定每次订货批量的基础。最高库存水平需要满足三个方面的要求，即订货周期T、订货提前期L和安全库存S。

安全库存用时间表示，则最高库存水平的计算公式为：

$$Q_{max}=d（T+L）+S \quad (4\text{-}6)$$

式中：d为需求速度。

小案例4-8

强盛集团甲物资的年需求量为2 000单位，以1元/单位购入，每次的订货成本为30元，每单位甲物资每年的保管成本为3元。若生产提前期为4天，安全库存为5天的使用量。一年按360天计算，则该物资的经济订货周期、最高库存水平各是多少？

解：$T0=\sqrt{\frac{2C}{DPI}}=\sqrt{\frac{2 \times 30}{2\,000 \times 1 \times 3}}=0.1$（年）=36（天）

$Q_{max}=2\,000\times（36+4+5）\div 360=250$（单位）

因此，每隔36天就应该检查并订货一次，最高库存水平为250单位。

（3）定期订货法的优缺点。

①定期订货法的优点有：定期盘存，不需要每天盘存；库存管理计划性强，有利于工作计划的安排实施。

②定期订货法的缺点有：安全库存量大，保险周期长；每次订货批量不定，无法设定经济订货批量，运营成本高，经济性差，只适用于存货ABC分类法中的A类货物，即重点物资的库存控制。

3.存货ABC分类法

存货ABC分类法，又称重点管理法，是将库存物品按品种和占用资金的多少分为特别重要的库存（A类）、一般重要的库存（B类）、不重要的库存（C类）三个等级，然后针对不同等级分别进行管理和控制：对价值高的A类物资，作为重点加强管理与控制；对B类物资按照通常的方法进行管理和控制；C类物资品种数量繁多，但价值不大，可以采用最简便的方法加以管理和控制。存货ABC分类法如图4-12所示。

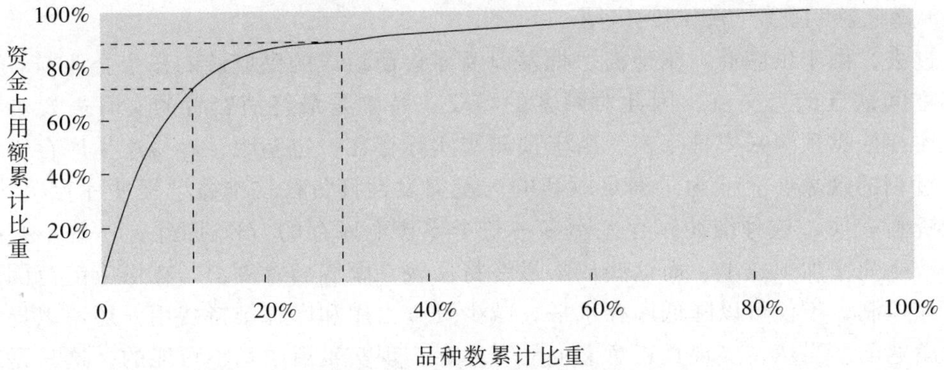

图4-12　存货ABC分类法

实务中，A类存货的品种数只占全部存货品种数的10%左右，而从一定期间出库的金额来看，这类存货出库的金额要占到全部存货出库总金额的70%左右。C类存货的品种数要占到全部存货品种数的70%左右，而从一定期间出库的金额来看，这类存货出库的金额只占全部存货出库总金额的10%左右。B类存货则介于这两者之间，从品种数和出库金额来看，都只占全部存货总数的20%左右。对不同类别商品的管理策略分别为：

A类商品：为库存管理的重点对象，采用定期订货方式，定期盘存，尽量减少安全库存，必要时采用应急补货。

B类商品：用简单管理措施，以定量订货法为主，辅以定期订货法，适当提高安全库存。

C类商品：用简化管理方式，采用较高的安全库存，减少订货次数，用双堆法等简单的管理措施。

小案例4-9

某商品以每件50元购入，订货成本为每次8元，该商品的年需求量是3 000件，库存成本为价格的10%，订购周期为3天，求该商品的经济订货批量和订货点（全年工作日按250日计算）。

解：经济订货批量（EOQ）$=\sqrt{\dfrac{2CD}{K}}=\sqrt{\dfrac{2\times 8\times 3\ 000}{50\times 10\%}}=98$（件）

订货点=3 000÷250×3=36（件）

小案例4-10

某商品年需求量为225件，单价3 000元，年储存费用为单价的10%，每次订购费用为150元，求该商品的经济订货批量和最佳进货次数。

解：经济订货批量（EOQ）$=\sqrt{\dfrac{2CD}{K}}=\sqrt{\dfrac{2\times 150\times 225}{3\ 000\times 10\%}}=15$（件）

最佳进货次数=225÷15=15（次）

三、现代供应链库存管理方法

1.库存控制在供应链中的作用

过去，由于供应商、制造商、批发商及零售商组成的供应链的各个企业与各自的顾客之间缺乏信息交流，因此对顾客的需要，特别是最终消费者的实时需要难以把握，往往依靠预测来安排生产。由于预测与实际存在一定差距，容易产生库存不足或库存过剩的现象，企业为了满足顾客的大量突发性订货往往准备“缓冲库存”。有关统计资料表明，这种缓冲库存差不多占整个零售业库存的1/3。因此，一些不必要的库存给企业增加了成本，而这些成本最终将反映在顾客满意度上。在供应链范围内进行库存控制，不仅可以降低库存水平，减少资金占用和库存维持费用，还可以提高顾客的满意度。当然，实现真正意义上的零库存，现实生活中是不可能的，这只是在准时制生产方式下努力的目标。

库存在供应链中的具体作用有以下六点：

（1）保证供给和需求的平衡。

（2）满足计划或期望的需求。

（3）有效开拓市场。

（4）与生产和劳动力的稳定性及设施的有效使用密切相关。

（5）可以通过利用生产和销售过程中的经济规模来降低成本。

（6）库存对供应链中的物流时间有显著影响。

2.供应链环境下的库存控制新模式

在传统的库存模式下，供应链的各级节点企业间缺乏合作与协调，无法实现库存信息的共享，各级节点企业都独立地采用订货点技术进行库存决策，不可避免地产生需求信息的扭曲现象，因此供应链的整体效率得不到充分的提高，如图4-13所示。

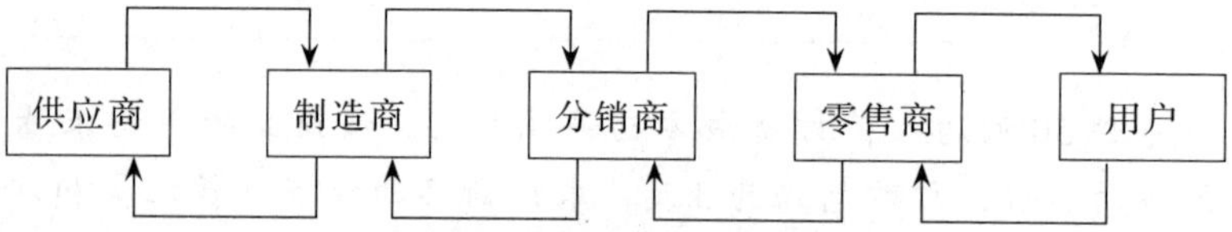

图4-13　传统的供应链信息流

在供应链管理的环境下，供应链上下游节点之间可以共享库存信息，减少与克服需求信息的失真现象，而供应链成员在整体运作效果最优的思想指导下进行企业的协作，因而可以大大降低供应链的库存水平，改善库存控制状况，如图4-14所示。

（1）产销一体化的库存控制新模式。供应链管理强调的是企业间的协作与系统优化。要取得供应链运作效果的整体最优，就必须通过企业合作实现供应链上下游企业物流活动的统一，这意味着物流活动必须在一个点协调起来。从供应链角度来看，这

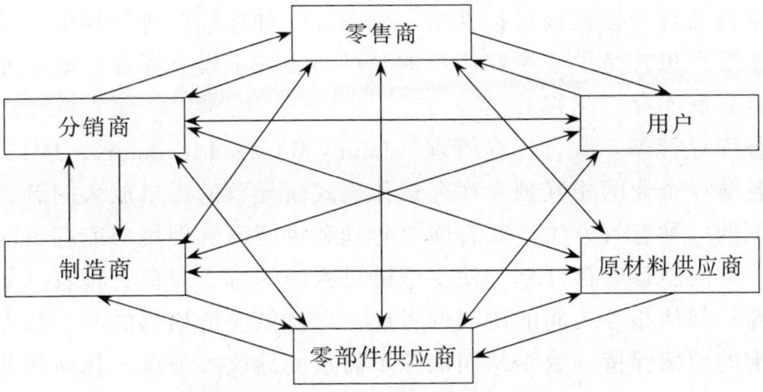

图4-14　供应链管理环境下的信息流

将导致整个供应链的一系列物流活动的运作。基于这种思想，就产生了产销一体化的库存控制新模式，如图4-15所示。

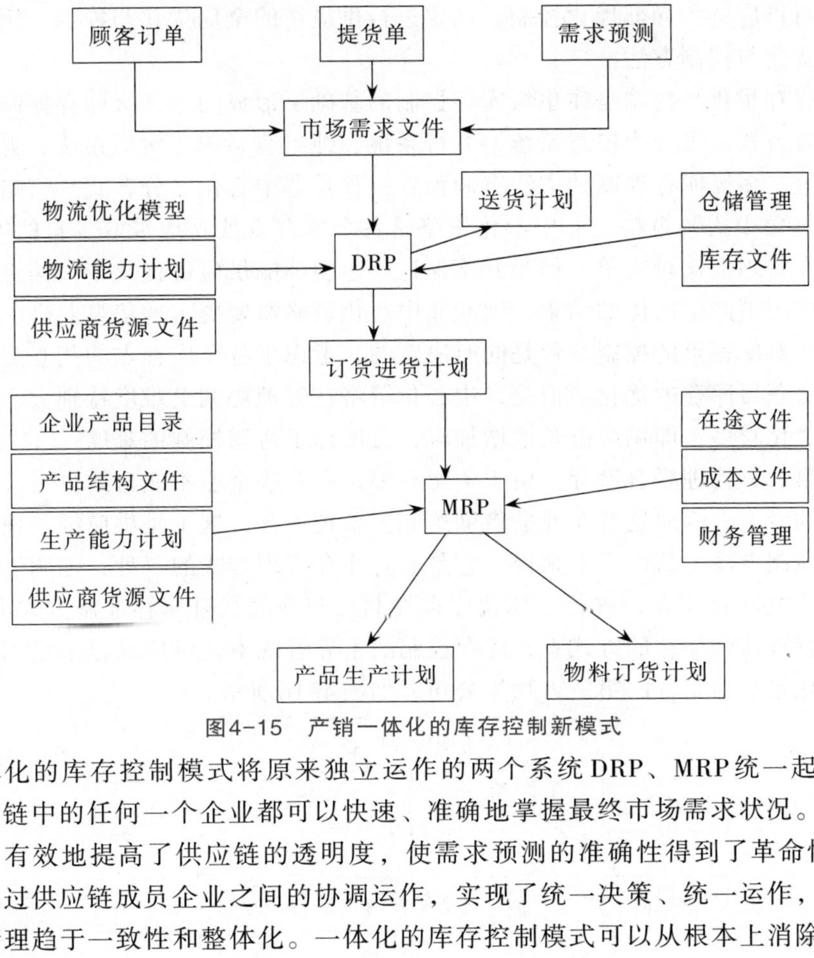

图4-15　产销一体化的库存控制新模式

一体化的库存控制模式将原来独立运作的两个系统DRP、MRP统一起来，这意味着供应链中的任何一个企业都可以快速、准确地掌握最终市场需求状况。信息共享的实现，有效地提高了供应链的透明度，使需求预测的准确性得到了革命性的提高。另外，通过供应链成员企业之间的协调运作，实现了统一决策、统一运作，使供应链的库存管理趋于一致性和整体化。一体化的库存控制模式可以从根本上消除“牛鞭效应”所带来的负面影响，因而可以大大降低供应链的库存水平，改善库存控制状况。

（2）供应商管理库存。供应商管理库存（Vender Managed Inventory，VMI）是在用户和供应商之间的合作性策略下，以对双方来说都是最低的成本优化产品的可获得性，在一个相互统一的目标框架下由供应商统一管理库存。此外，出于持续改善的目的，还要经常地监督和修正该目标框架，以形成一种连续改进的环境。总之，供应商管理库存的主要思想就是供应商在用户的允许与支持下设立库存，确定库存水平和补给决策，而且具有库存控制权。

（3）联合库存管理。联合库存管理（Jointly Managed Inventory，JMI）是解决供应链系统中由各节点企业的相互独立库存运作模式所导致的需求放大问题，提高供应链的同步化程度的一种有效方法。联合库存管理和供应商管理用户库存不同，它强调双方同时参与，共同制订库存计划，使供应链过程中的每个库存管理者（如供应商、制造商、分销商）都从相互之间的协调性考虑，保持供应链相邻的两个节点之间的库存管理者对需求的预期保持一致，从而消除了需求变异放大现象。任何相邻节点需求的确定都是供需双方协调的结果，库存管理不再是各自为政的独立运作过程，而是供需连接的纽带和协调中心。

（4）多级库存管理控制。基于协调中心的联合库存管理是一种联合式供应链管理策略，是对供应链的局部优化控制，而要进行供应链的全局优化与控制，则必须采用多级库存优化与控制方法。

多级库存优化与控制是在单级库存控制的基础上形成的。多级库存控制系统根据不同的配置方式，可分为串行系统、并行系统、纯组装系统、树形系统、无回路系统和一般系统。多级库存控制的方法有两种：一种是非中心化（分布式）策略；另一种是中心化（集中式）策略。非中心化策略是各个库存点独立地采取各自的库存策略，这种策略在管理上比较简单，但是并不保证产生整体的供应链优化，如信息的共享度低，多数情况下产生次优的结果，因此非中心化策略需要更多的信息共享。采用中心化策略，所有库存点的控制参数是同时决定的，考虑了各个库存点的相互关系，通过协调的方法获得库存的优化。但是，中心化策略在管理协调上难度特别大，特别是供应链的层次比较多，即供应链长度增加时，更增加了协调控制的难度。

（5）第三方管理联合库存。由于资源有限，有一些企业不能自给自足，成为一个面面俱到的专家，因此这些企业会借助第三方管理库存，这也是供应链管理环境下的库存管理控制方法。从广义上来说，它是联合库存管理方式的一种，强调了供需双方的协作，建立联合库存，进行一体化库存控制。与一般联合库存控制方式不同的是：在第三方管理联合库存的方式下，库存控制的主导者既不是供应商也不是用户，而是具有专业化水平与条件的第三方物流公司，如图4-16所示。

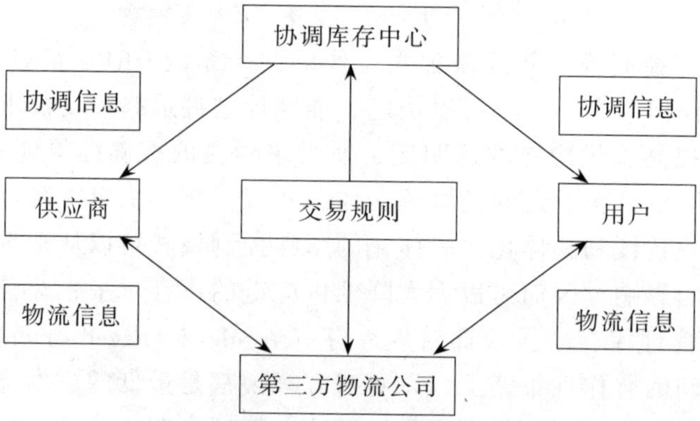

图4-16　第三方管理联合库存

【任务实施】

1.准备工作

（1）熟练应用最佳订货批量计算法。

（2）深入学习定量订货法、定期订货法等各种库存控制策略。

2.实施步骤

解：已知D=2 000个，C=10元/次，K=P×40%。

第一步：当P=0.6时，Q≥1 000。

$$EOQ=\sqrt{\frac{2CD}{K}}=\sqrt{\frac{2\times10\times2\ 000}{0.6\times40\%}}=408（个）$$

因为只有当订货批量大于等于1 000时，才能享受单价为0.6元/个的价格优惠，即408个是无意义的最佳订货批量。

计算有效范围内较低一端的分界点的成本，即Q=1 000的库存总成本。

$$TC(1\ 000)=PD+C\cdot\frac{D}{Q}+\frac{1}{2}Q\cdot PI$$

$$=0.6\times2\ 000+\frac{10\times2\ 000}{1\ 000}+\frac{1\ 000\times0.6\times40\%}{2}$$

$$=1\ 340（元）$$

第二步：当P=0.8时，500≤Q≤999。

同理可知，Q=354。因为只有当500≤Q≤999时，才能享受单价为0.8元/个的价格优惠，即354个是无意义的最佳订货批量。

计算这段有效范围内较低一端的分界点的成本，即Q=500的库存总成本。

$$TC（500）=0.8\times2\ 000+\frac{10\times2\ 000}{500}+\frac{500\times0.8\times40\%}{2}=1\ 720（元）$$

第三步：当P=1时，0≤Q<500。

同理可知，Q=316。由于其在0≤Q<500的范围内，因此316个是有意义的最佳订货批量。

随堂测4-4

计算Q=316的库存总成本，即：

$$TC（316）=1\times2\ 000+\frac{10\times2\ 000}{316}+\frac{316\times1\times40\%}{2}=2\ 126（元）$$

1+X证书

因为TC（1 000）<TC（500）<TC（316），所以最佳订货批量为1 000个。

思政聚焦

广东：引入2.6亿美元世行贷款 全面提升农产品质量安全

近年来，随着人民生活水平的不断提高，食品安全问题日益受到社会各界的关注。广东省作为我国重要的农产品生产基地之一，面临提升农产品质量、保障食品安全的重大任务。为此，广东省财政厅与世界银行合作启动了“广东农产品质量安全提升（示范）项目”。该项目利用世界银行提供的2.6亿美元贷款资金，成为世界银行“中国食品安全提升项目”中规模最大的子项目之一，它也是广东省历史上获得世界银行贷款金额最高的外贷项目。该项目旨在通过一系列措施，提升广东省农产品的质量安全水平，为全省实施“百千万工程”和海洋牧场建设工程提供示范引领。

项目的主要目标是构建“1+2+3+4+5”的农产品质量安全提升新格局，重点聚焦于食品安全和乡村振兴。具体而言，项目将致力于：

（1）提升项目区域内农产品质量安全管理水平；

（2）降低农产品在全价值链（从产地到市场）中的质量安全风险；

（3）增强农产品质量安全保障能力。

项目内容包括加强农产品质量安全监管机制和能力建设、推进全价值链提升工程，以及建立项目实施管理和绩效评估机制。

该项目的成功实施，不仅是对广东省农业现代化的一次重要推动，更是落实社会主义核心价值观中“文明”与“和谐”理念的具体体现。通过确保广大人民群众“舌尖上的安全”，项目不仅有助于改善民生，还为乡村振兴提供了有力支持。同时，这也展示了政府与国际金融机构合作解决公共问题的有效模式，体现了开放、合作的精神。

资料来源 刘丹阳．广东省引入2.6亿美元世行贷款 全面提升农产品质量安全［EB/OL］.［2021-01-04］. http：//www.chinadevelopment.com.cn/news/cj/2024/04/1893143.shtml.引文经节选、压缩及改编。

综合测试

一、赛题测试

1.单项选择题

（1）（　　）是指使用海关核准的保税仓库存放保税货物的仓储行为。

A.保税仓储　　B.消费仓储　　C.智慧仓储　　D.虚拟仓储

（2）最全面并且能够涵盖高度定制化产品所需的复杂计划和资源调配的是（　　）。

A.MRP（物料需求计划）　　B.MPS（主生产排程）

C.APS（高级计划排程）　　D.ERP（企业资源计划）

（3）（　　）生产模式适用于高度定制化的产品，如大型机械设备和船舶等。

A.MTS（Make-to-Stock）　　B.MTO（Make-to-Order）

C.ETO（Engineer-to-Order）　　D.CTO（Configure-to-Order）

2.多项选择题

（1）虚拟仓库的优势包括（　　）。

A.虚拟仓库降低了企业的仓储成本

B.建立虚拟仓库，可以避免物资流动过程中的不合理运输

C.虚拟仓库方便了企业对其仓库的监控

D.建立虚拟仓库，可以提高物流效率与效益

（2）（　　）措施可以用来提高设备利用率。

A.定期维护和保养设备　　B.优化设备布局

C.引入新设备　　D.减少库存积压

（3）生产排程中可能需要考虑的关键因素包括（　　）。

A.设备的生产能力　　　　B.关键物料是否齐全

C.生产任务的优先级　　　　D.生产任务的交货期

3.判断题

（1）虚拟仓库的优势之一是智慧。（　）

（2）生产计划手工排产效率较高，不易导致延误和浪费。（　）

（3）当市场需求减少时，企业可以通过增加生产能力来避免资源浪费。（　）

二、训创融合

仓储金融业务模式调研分析

1.实训目的

通过实训了解仓储金融业务模式，掌握库存质押融资业务、仓单质押融资业务的流程，进行库存质押融资、仓单质押融资业务的分析及处理。

2.实训方式

学生根据提供的线索上网或实地调研，5~6人自主组成一个小组，进行仓储金融业务模式调研分析。

3.实训内容及步骤

结合所学内容及地方区域仓储金融业务情况，完成以下任务：

（1）选择库存质押融资业务、仓单质押融资业务模式的任意一种。

（2）进行实地或网络调查，比较分析各种模式的业务内容及特点。

（3）以企业某一具体仓储金融业务为例，分析归纳该业务的完整工作流程。

（4）实训成果。每组提交一份《仓储金融业务模式调研分析报告》。

项目五　物流管理

本项目围绕现代物流管理与供应链管理的关系进行了深入探讨，覆盖了现代物流管理与传统物流区别、现代物流信息技术、物流成本核算与控制、物流成本决策、物流绩效管理的关键要素，以及物流企业在供应链中扮演的角色等内容。介绍成本控制原则和途径，探讨了物流成本决策的基本概念，并强调了物流企业在存货管理和客户服务中的重要性。通过优化物流管理，提升供应链的整体效能，对于促进经济高质量发展和企业转型升级至关重要。

项目框架

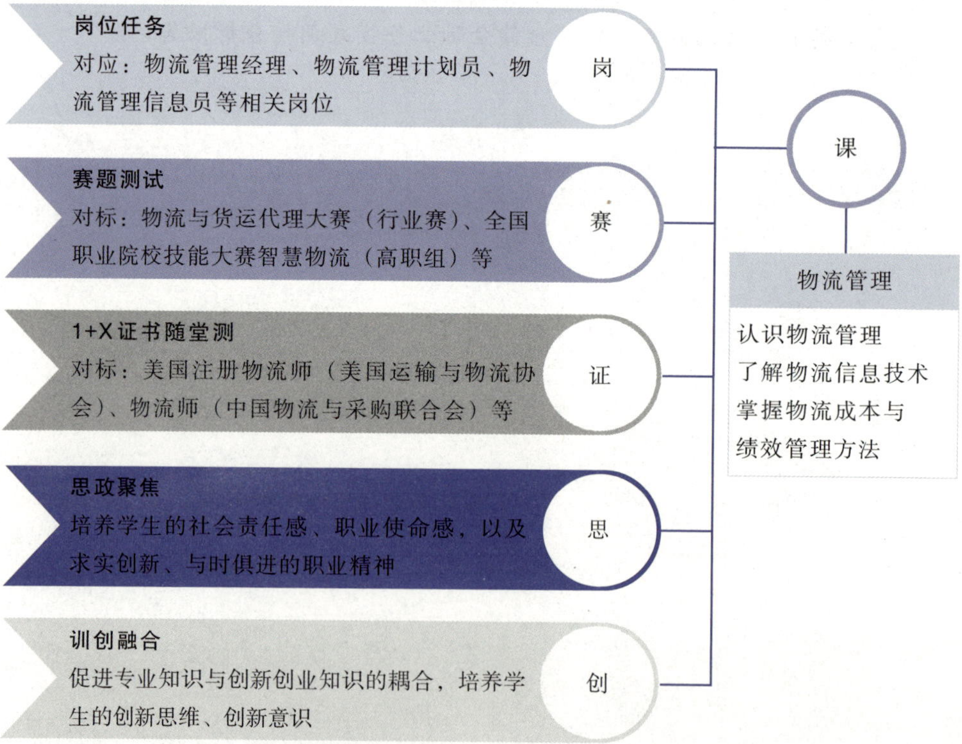

学习目标

学习目标	1.认识现代物流管理的发展历程，理解现代物流管理的概念、特点与原则。 2.了解条码技术、RFID技术、POS技术、GIS技术、GPS技术等。 3.熟悉物流成本管理、物流成本核算、物流成本控制。 4.掌握物流绩效管理、物流绩效评价指标、物流绩效评价方法
技能目标	1.能够从物流发展历程，理解现代物流和传统物流的区别。 2.让学生对物流信息技术有深刻认识，为以后涉及相关物流信息技术奠定基础。 3.能用合适的方法进行成本控制和绩效管理。
素养目标	1.培养学生诚信意识、社会责任感、职业使命感。 2.培养求实创新、与时俱进的职业精神。 3.培养服务意识、物流成本意识、共享意识。

任务一　认识物流管理

【岗位任务】

作为国内领先的电子商务平台，京东商城为满足自营和入驻商家配送需求，采取了自建物流，构建了全国的物流网络节点，实现全国范围内的配送，配备高效的物流配送体系，提升了配送效率，打造绿色供应链。

要求：

（1）分析京东商城为什么要发展自己的物流仓储，这么做有什么好处。

（2）查阅相关资料，以团队的形式制作PPT，向全班进行展示。

分析提示：本任务旨在通过分析现代物流的发展历程，理解现代物流管理的概念、特点与原则，进而探讨传统物流和现代物流的区别，分析现代物流与供应链的关系。

【课堂知识】

一、物流概述

1.物流的定义

20世纪60年代，Physical Distribution的概念传入日本并被译为“物的流通”，日本著名学者平原直用“物流”代替“物的流通”后，“物流”一词迅速被广泛采用。平原直也因此被称为“物流之父”。在日本，关于物流的定义有多种，其中最具代表性的是1981年日本日通综合研究所对物流所下的定义，“物流是货物由供应者向需求者发生的物理性位移，是创造时间价值和场所价值的经济活动。它包括包装、搬运、保管、库存管理、流通加工、运输、配送等活动”。

1979年6月，中国物资工作者代表团赴日本参加第三届国际物流会议，归国后在考察报告中首次引用了“物流”这一术语，成为现代汉语中“物流”这一名词使用的肇端。1989年4月，第八届国际物流大会在北京召开，此后，“物流”这一名词普遍为我国物流界所接受。

2001年4月17日批准颁布的《中华人民共和国国家标准：物流术语》（以下简称《物流术语》）（GB/T18354—2001）将“物流”定义为：“物品从供应地向接收地的实体流动过程。”

2007年5月1日，《物流术语》（GB/T 18354—2006）将“物流”的定义修订为：“物品从供应地向接收地的实体流动过程。根据实际需要，将运输、储存、装卸、搬运、包装、流通加工、配送、回收、信息处理等基本功能实施有机结合。”

2021年8月20日，由国家市场监督管理总局、国家标准化管理委员会发布的《物流术语》（GB/T 18354—2021）将“物流”的定义修订为：“根据实际需要，将运输、储存、装卸、搬运、包装、流通加工、配送、信息处理等基本功能实施有机结合，使物品从供应地向接收地进行实体流动的过程。”

物流的概念是在发展中形成的，同时也处于不断发展变化中；物流是一个动态的概念，它将随着社会经济的进步不断向更高层次拓展与深化。

2.传统物流与现代物流

物流经历了传统物流和现代物流两个阶段。

（1）什么是传统物流？“物流”仅从字意理解，就是物质实体的流动。但是当把这个物质实体的流动当作一个运动过程来把握时，物流就成为包括运输、储存、搬运、分拣、包装、加工等多个环节在内的活动了。这就是通常人们所说的传统物流或一般意义上的物流。

（2）什么是现代物流？现代物流是相对于传统物流而言的。它是在传统物流的基础上，引入高科技手段，即运用计算机进行信息联网，并对物流信息进行科学管理，从而使物流速度加快、准确率提高、库存减少、成本降低，以此延伸和放大传统物流的功能。

国家六部委发布的文件对现代物流的定义是这样描述的：“原材料、产成品从起点至终点及相关信息有效流动的全过程。它将运输、仓储、装卸、加工、整理、配送、信息等方面有机结合，形成完整的供应链，为客户提供多功能、一体化的综合性服务。”

（3）传统物流与现代物流的区别。通过以上传统物流与现代物流的概念可知：传统物流主要是指流通领域内物的流动，侧重于运输、保管、包装、装卸等物流的局部功能；现代物流则强调包装、运输、装卸、流通加工、仓储、信息等要素的集约与整合。两者的区别见表5-1。

表5-1　传统物流与现代物流的区别

传统物流	现代物流
单指流通领域的流动	涵盖了生产、流通、消费领域
运输、保管、包装各环节相对独立	各环节相互结合，强调系统化
简单的位移	强调增值功能
以人工操作为主	突出信息管理，自动化操作
无统一标准	标准化管理
不注重服务水平（被动服务）	强调服务水平（主动服务）
一般由企业解决物流问题	物流外包，第三方物流发展良好
风险涉及范围小	风险涉及范围广
分散、低效、高耗的组织形式	强调系统化
侧重点到点或线到线的服务	构建全球化服务网络
单一环节的管理	整体系统优化传统物流

二、现代物流管理概述

1.现代物流管理的概念、特点与原则

（1）现代物流管理的概念。物流管理科学是近一二十年在国外兴起的一门新学科，它是管理科学的新的重要分支，随着生产技术和管理技术的提高，企业之间的竞争日趋激烈，人们逐渐发现，企业在降低生产成本方面的竞争似乎已经走到了尽头，产品质量的好坏也仅仅是一个企业能否进入市场并参与竞争的敲门砖。这时，竞争的焦点开始从生产领域转向非生产领域，转向过去那些分散、孤立的，被视为辅助环节而不被重视的，诸如运输、存储、包装、装卸、流通加工等物流活动领域。人们开始研究如何在这些领域降低物流成本，提高服务质量，创造“第三个利润源泉”。至此，物流管理从企业传统的生产和销售活动中分离出来，成为独立的研究领域和学科范围，物流管理科学的诞生使得原来在经济活动中处于潜隐状态的物流系统显现出来，它揭示了物流活动的各个环节的内在联系，它的发展和日益完善，是现代企业在市场竞争中制胜的法宝。

物流管理（Logistics Management）是指在社会再生产过程中，根据物质资料实体流动的规律，应用管理的基本原理和科学方法，对物流活动进行计划、组织、指挥、协调、控制和监督，使各项物流活动实现最佳的协调与配合，以降低物流成本，提高物流效率和经济效益。现代物流管理是建立在系统论、信息论和控制论上的专业学科。

物流管理的内容包括三个方面的内容：一是对物流活动要素的管理，包括运输、储存等环节的管理；二是对物流系统要素的管理，即对其中人、财、物、设备、方法和信息六大要素的管理；三是对物流活动中具体职能的管理，主要包括物流计划、质量、技术、经济等职能的管理。

（2）现代物流管理的特征。现代物流管理的特征包括以实现客户满意为第一目标、以企业整体最优为目的、以信息为中心满足市场需求、重视效率与效果。

① 以实现客户满意为第一目标。现代物流管理是以客户需要为出发点，从客户服务目标的设定开始，追求客户服务的差别化战略，以满足客户个性化需求。现代物流管理通过提供客户所期望的服务，在积极追求自身交易扩大的同时，强调实现与竞争企业在客户服务方面的差别化，在了解竞争对手的战略基础上，努力提高客户的满意度。在现代物流管理中，客户服务的设定优先于其他各项活动并且为了使物流客户服务能有效地开展，在物流体系的基本建设上，要求具备并完善物流中心、信息系统、作业系统和组织构成等条件，如在物流系统中必须做到物流作业效率化，应该运用适当的方法和手段使企业能最有效地降低物流成本。

② 以企业整体最优为目的。充分的分工与合作是当今市场的发展趋势，如果企业物流仅仅追求“部分最优”或“部门最优”，不可能整合自身拥有的内外资源，也无法在日益激烈的市场竞争中取胜。因此，现代物流管理所追求的费用、效益，是针对采购、生产、销售、物流等全体最优而言的，跨越了各部门的分歧与差异。

③ 以信息为中心满足市场需求。现代物流管理活动已不是单个生产、销售部门或企业的事，而是包括供应商、批发商、零售商等关联企业在内的整个统一体（供应链）的共同活动，因而现代物流管理通过这种供应链强化了企业间的关系。如果部门间的采购、生产、销售、物流结合追求的是企业内经营最优，那么供应链管理则是通过所有市场参与者的联盟追求全过程效率的提高。这种供应链管理带来的一个直接效应是产需的结合在时空上比以前任何时候都要紧密，并带来了经营方式的改变，即从原来的投机型经营（生产建立在市场预测基础上的经营行为）转向实需型经营（根据订单生产）。同时，随着这种经营方式的改变，在经营管理要素上，信息已成为物流管理的中心，因为没有高度发达的信息网络和信息支撑，实需型经营是无法实现的。

④ 重视效率与效果。现代物流管理的演进，体现了对效率与效果并重的关注。这一领域已不再单纯聚焦于物流设备等硬件要素，而是更加重视信息流通及技术应用等软件要素。管理的视角也从运输和储存等核心活动扩展至涵盖整个物流流程，不仅限于日常操作层面，更上升到了战略规划的高度。过去，物流企业主要致力于确保运输能力、控制成本以满足内部运营的需求。如今，行业的发展趋势则强调提升服务品质以响应市场需求，并进一步将环境保护和社会责任纳入考量范围。这种转变反映了现代物流管理在追求商业成功的同时，也积极回应社会和环境挑战的全面发展理念。

（3）现代物流管理的原则。现代物流管理的原则主要包括客户导向、供应链协同、信息化技术支持、运作规范化、持续改进和节能环保。

① 客户导向：物流管理的首要原则是满足客户需求。企业应积极倾听客户的需求和要求，通过提供高质量的服务来满足客户的期望。客户满意度是衡量物流管理成功与否的重要标准。为此，企业应建立有效的客户沟通机制，及时获取客户反馈，并

根据客户需求进行适当的调整和改进。

② 供应链协同：物流管理需要与企业的供应链各环节紧密协同。供应链的各个组成部分，包括供应商、生产厂家、分销商等，应通过信息共享和合作，统一行动，以实现物流管理的整体优化。供应链的有效协同可以帮助企业降低库存成本、缩短交货时间，并提高物流服务水平。

③ 信息化技术支持：信息化技术在物流管理中发挥着至关重要的作用。通过信息系统的建立和应用，企业可以实时监控物流活动的各个环节，及时获取信息，作出决策，并对物流过程进行优化。信息化技术可以提高物流效率，降低物流成本，并为企业提供更好的决策依据。

④ 运作规范化：物流管理需要建立一套科学、规范的工作流程和管理制度。科学的工作流程可以提高运作效率，减少人力资源浪费。规范的管理制度可以确保物流活动的透明度和准确性，避免错误和失误的发生。规范化的物流管理还可以降低运营风险，提高工作的稳定性和可持续性。

⑤ 持续改进：物流管理需要不断进行持续改进。企业应定期评估物流管理的效果，发现并纠正问题，寻求进一步的改善。持续改进可以帮助企业适应市场环境的变化，提高物流业务的竞争力，并不断提升客户满意度。

⑥ 节能环保：物流管理应该注重节能环保。在物流活动中，企业应推行绿色物流的理念，采用低碳、节能的运输方式，减少能源消耗和污染物排放。

以上这些原则共同构成了现代物流管理的核心，旨在提高服务质量和效率，降低成本，增强企业竞争力，并实现可持续发展。

2.现代物流管理理念

物流的理念是从战略的高度来研究物流的真正内涵，它不同于物流的定义。物流的定义告诉我们物流是什么，而物流的理念告诉我们物流的哲学和思维方式。从企业的角度来看，物流是一个过程。这个过程是存货流动和储存的过程，是信息传递的过程，是满足客户需求的过程，是若干功能协调运作的过程，是提高企业运营效率和效益的过程，因此物流也是一个规划、管理和控制的过程。

（1）物流企业是服务于供应商的。物流是制造商的产品工艺流程通过物料采购和实物分配这两个功能性活动分别向其供应商和客户两个方向的纵向延伸所构造的一体化供应链。因此，物流也是以制造商为中心，即以产品的生产制造和市场营销为主线，以相关信息流协调供应商和客户行为的协作性竞争体系或市场竞争共同体。可见物流企业是服务于供应商的。

（2）物流企业必须为制造商的存货管理提供解决方案。物流管理的核心是在供应链中流动的存货，这是企业理解物流体系、把握物流过程的关键所在。一般来说，企业存货的价值占企业资产总额的25%左右，占企业流动资产的50%以上。因此，控制存货的数量、形态和分布，提高存货的流动性就成了企业可追求的“第三利润源泉”。另外，也有学者从企业资产运营的角度，把物流解释为对供应链中各种形态的存货进行有效协调、管理和控制的过程。因此，物流企业必须为制造商的存货管理提供解决方案。

（3）物流系统的功能目标是满足客户需求。从客户服务的角度来说，也有学者把物流定义为：要以正确的成本和正确的条件，去保证正确的客户在正确的时间和正确的地点，对正确的产品的可得性，即物流的“7R”概念。所谓产品的可得性，就是在客户想要得到产品时可能面临的时间和空间的距离问题。实际上，产品的可得性不仅是对物流系统功能评价的首要指标，还是物流系统优化的最主要目标。

（4）物流服务具有可传递性。存货资产的移动是由许多功能性活动共同参与并逐步完成的，正是这些功能性活动构成了物流系统运行的基本模块。所以，任何能够提供这些功能服务的企业都可以作为物流业者加入到物流产业中去。也就是说，物流服务具有可传递性。

（5）物流过程是“一体化供应链”的具体体现。由于越来越多的企业认识到物流系统是获得竞争优势的重要战略手段，因此把波特有关“价值链”的概念引入物流的系统管理中，形成了“供应链”或“增值链”的概念，并常把物流过程称为一体化供应链。实际上，物流系统的竞争优势主要取决于它的一体化程度。

（6）物流系统管理的最终目标是最大限度地提高企业利润率。企业是营利性组织，因此物流系统管理的首要技术经济问题也是系统管理的总体目标，就是以尽可能低的物流总成本支出来满足既定的客户服务水平，在提高效率的同时，提高企业的利润率。

综上所述，物流理念最本质的东西就是功能整合。通俗地说，就是对包装、运输、装卸、搬运、保管等各种功能性活动进行统筹安排与协调，它是发展物流产业的核心业务，是物流企业运作的灵魂。

3.现代物流的基本功能

物流活动是物流诸多功能的实施与管理过程，一般包括运输、仓储、包装、装卸搬运、配送、流通加工和物流信息处理等内容。

（1）运输。运输的功能就是改变物的空间位移，它构成了物流的主体功能，物流企业或企业物流部门通过运输解决物资在生产地和消费地之间的空间性分离问题，从而创造商品的场所价值，实现商品的价值和使用价值，所以运输是物流的首要功能，运输可扩大经济作用的范围，并在一定的经济范围内促进物价的均衡。随着现代社会化大生产的迅速发展，社会分工越来越细，产品种类越来越多，无论是原材料、零部件，还是产成品的需求量，都大幅度增加，地区间的物资交换更加频繁，这必然促进运输业的发展，相应地，运输能力将得到提升。所以，产业的发展促进了运输技术的革新和运输水平的提高。同样，运输手段和运输工具的发展也将促进产业的发展，它们是各行各业发展的重要支柱。

微课5-1

智慧仓储与传统仓储的区别

（2）仓储。仓储和运输是物流系统的两大基础平台。仓储功能包括对进入物流系统的货物进行堆码、保管、保养、管理和维护等一系列活动，在物流系统中起着包括运输整合、产品组合、物流服务、防范偶发事件和物流过程平衡等一系列增加附加价值的作用。仓储功能主要通过仓库设施来实现，而仓库是其中的重要组成部分，包括普通仓库和现代化立体仓库等。一般而言，仓库具有储存、移动和信息传递三个最基本的功能。为提高库存周转率及仓库的运行效率，及时满足顾客的需求，仓库的移动功能和信息传递功能正越来越受到人们的重视。

（3）包装。无论是产品还是材料，在装卸搬运及运输之前，都要对其进行某种程度的包装，或将其装入适量的容器，以保证产品完好地送到消费者手中，因此包装常被称为生产的终点、社会物流的起点。包装的作用是：可以保护物品，使物品的形状、性能、品质在整个流通过程中不受损坏；可以使物品形成一定的单位，作业时便于处置；可以使物品醒目、美观，以便促销。

为使货物完好地送到用户手中，更好地满足服务对象的要求，需要对大多数商品进行不同方式、不同程度的包装。包装按功能可分为运输包装（Transport Package）和销售包装（Sales Package）两种。运输包装也称工业包装，其作用是方便运输，并保护在途货物。销售包装也称商业包装、消费者包装或零售包装，其目的是便于最后的销售。因此，包装功能体现在保护商品、单位化、便利化和商品广告等方面。前三项属于物流功能，最后一项属于营销功能。

（4）装卸搬运。装卸是以垂直位移为主的实物运动形式，而搬运则是以水平位移为主的物流作业。一般来说，装卸搬运在物流过程中并不产生附加价值，而它却是物流的主要环节。例如，仓储和运输活动要依靠装卸搬运才能衔接起来，物流活动的其他环节也要靠装卸搬运来连接，从这个意义上来讲，装卸搬运在物流系统的合理化中占有相当重要的地位。装卸搬运活动不仅发生的次数频繁，作业传输系统还复杂多样，并且往往耗费人力和物力。通常，其所消耗的费用在物流总费用中占有相当大的比重。此外，装卸作业频繁发生，也是产生货损的重要原因。

装卸作业的代表形式是集装箱和托盘化，使用的装卸机械设备有吊车、叉车、传送带和各种台车等。在物流活动的全过程中，装卸搬运的管理主要是对装卸搬运方式、机械设备的选择和合理配置与使用，使装卸搬运合理化，应尽可能减少装卸搬运次数，以节约物流费用，获得较好的经济效益。

（5）配送。配送是一种特殊、综合的物流活动形式，是商流与物流紧密结合的产物。从物流角度来看，配送几乎包括所有的物流功能要素，是物流的一个缩影或在某一范围内的全部物流活动的体现。一般的配送集包装、装卸搬运、储存保管和运输于一体，通过这一系列活动实现将货物送达客户的目的。特殊的配送还要进行流通加工，因而所涵盖的物流活动的范围更广。但是，配送的主体活动与一般物流活动有所不同，一般物流活动主要涉及仓储和运输，而配送则主要是货物的拣选、组配与运送。分拣配货是配送的独特要求，也是配送的特色功能活动，而以送货为目的的运输则是最后实现配送的主要手段，因此人们习惯于将配送简化地看成运输的一种形式。

从商流的角度来说，配送与物流的不同之处在于物流是商物分离的产物，而配送则是商物合一的结果，配送本身就是一种商业活动形式。虽然配送在具体实施时，也有可能以商物分离的形式来实现，但从配送的发展趋势来看，商流与物流的紧密结合，是配送成功的重要保障。

配送功能的设置，可采取物流中心集中备货、集中储存、订单分拣、货物组配、搭配装载、线路规划、共同递送的形式，依靠配送中心的准时配送，使客户企业实现零库存，或只持有少量的安全库存，以降低客户企业的库存成本。因此，配送是现代物流最重要的特征之一。

（6）流通加工。流通加工是物品从生产领域向消费领域流动的过程中，为了促销、维护产品质量以及实现物流效率化，对物品进行加工处理，使其发生物理变化或化学变化的活动。流通加工的内容有装袋、定量化小包装、贴牌、贴标签、拣选、配货、混装、刷标记等。虽然流通加工仅为初级加工，但可以弥补生产领域加工的不足，可以使产品的功能得到强化，可方便配送，可增加商品的附加价值，可更好地衔接生产和需求，可更好地满足顾客的个性化需求，可使流通过程更加合理化。流通加工是物流的一项重要增值服务，也是现代物流发展的一种趋势。

（7）物流信息处理。现代物流需要依靠信息技术保证物流系统的正常运行。物流信息处理包括对各项物流功能有关的计划、预测、动态的信息（如货运量、收货量、发货量、库存量等），以及有关的费用信息、生产信息和市场信息的处理。对物流信息进行处理，要求建立健全物流管理信息系统，并建立相应的信息渠道，正确选定情报科目，对数据信息进行收集、处理、汇总、统计、储存、传递与使用，充分保证信息的时效性和可靠性，以服务于决策。

物流信息的主要作用表现在：①缩短从接受订货到发货的时间；②库存适量化；③高搬运作业效率；④提高运输效率；⑤使接受订货和发货更为省力；⑥提高订单处理的精度；⑦防止发货与配送出现差错；⑧调整需求和供给；⑨提供信息咨询等。

物流信息处理必须建立在计算机网络技术和国际通用的电子数据交换（EDI）等信息技术的基础之上，才能高效地实现物流各环节的无缝衔接，真正创造时间效用和场所效用。可以说，信息是物流活动的中枢神经，物流信息在物流系统的运行中具有不可或缺的重要作用。

小案例5-1

安吉物流集团：以供应链管理体系助力现代物流转型升级

四川安吉物流集团有限公司（以下简称安吉物流集团）作为四川省内首家本土国家5A级物流企业，在经历了四十多年的发展历程后，已经成为集现代物流、供应链、汽车销售及售后服务为一体的综合性企业。2022年，尽管面临复杂的国际环境和新冠疫情的影响，安吉物流集团仍然实现了131.09亿元人民币的营收，展现出稳健的发展态势。依托于五粮液集团的产业优势、完善的物流网络以及成熟的物流运营经验，安吉物流集团积极推进公路、铁路、水路、航空的多式联运综合物流服务能力建设和仓储、干线、配送一体化服务体系建设，实现了商流、信息流、物流、资金流的四流合一，助力现代物流转型升级。

安吉物流集团的发展得益于其四大供应链布局优势：一是作为五粮液集团全资子公司，它拥有专业的酒类物流服务能力；二是构建了覆盖公路、铁路、水路和航空的多式联运服务平台；三是具备精干高效的物流人才队伍；四是拥有强大的品牌影响力和市场认可度。同时，“十四五”期间，安吉物流集团的发展受到了内外部市场的双重驱动，包括国家战略实施的需求和企业自身追求卓越的动力。

为了更好地服务客户，安吉物流集团形成了以白酒、新能源、建材三大产品为核心的供应链服务体系，并不断优化白酒供应链，扩展新能源供应链，聚焦建材供应链。此外，安吉物流集团还在积极布局煤炭、燃油等能源类大宗商品贸易供应链业务，以及木材、纸张等农林产品供应链业务，力求多元化发展。

面对未来，安吉物流集团将致力于三大转型：服务模式转型，适应新零售时代的消费者需求；数字物流转型，利用信息技术提升效率；绿色物流转型，响应国家碳排放权交易市场政策，推动企业可持续发展。这些转型措施将帮助安吉物流集团在激烈的市场竞争中占据有利地位，同时符合国家对现代物流体系的发展规划要求。

安吉物流集团始终坚持“打造一流物流品牌，做供应链管理专家”的愿景，不断追求创新和发展，致力于成为中国领先的食品饮料物流服务商和先进的综合型供应链集成商，为中国现代物流体系的建设贡献力量。随着《“十四五”现代物流发展规划》的发布，安吉物流集团将继续发扬“创新求进、永争第一”的企业精神，夯实基础物流服务，提升供应链管理能力，迈向产业价值链的高端，实现跨越式发展。

资料来源　佚名.安吉物流集团：以供应链管理体系助力现代物流转型升级［J］. 廉政瞭望，2023（5）. 引文经节选、压缩及改编。

【任务实施】

1.准备工作

（1）学习并理解现代管理的基础理论知识。

（2）查阅京东相关资料。

（3）撰写京东自建物流的原因以及有哪些成效。

2.实施步骤

京东自建物流优势主要体现在以下六个方面：

（1）高效的配送速度：京东通过自建物流体系，实现了全国范围内的快速配送服务，包括“当日达”和“次日达”，大大缩短了商品从下单到送达的时间，提升了用户体验。

（2）服务质量控制：由于物流完全由京东自主运营，公司可以严格把控服务质量，从包装、运输到最后一公里的配送都能按照统一标准执行，确保了货物的安全和顾客的满意度。

（3）成本效益：虽然自建物流需要巨大的初始投资，但随着规模的扩大和技术的进步，京东能够通过优化物流网络来降低成本，并且避免了外包给第三方物流公司可能带来的额外费用。

（4）技术创新：京东物流不断推进技术创新，如采用智能仓储系统和无人配送技术，这些先进技术的应用提高了物流效率，降低了错误率，也为京东赢得了技术领先的市场地位。

（5）强大的仓储能力：京东在全国范围内建立了大量的仓储中心，形成了覆盖广泛、反应迅速的物流网络，能够快速响应市场需求，保证商品的及时供应。

（6）品牌价值提升：高质量的物流服务成为了京东品牌的重要组成部分，强化了消费者对京东的信任感和忠诚度，促进了品牌的正面形象建设。

随堂测5-1

1+X证书

拓展阅读5-1

现代物流与供应链管理

现代物流与供应链管理是现代商业活动中不可或缺的组成部分，它们之间的关系紧密且相互影响。随着全球化进程的加速以及信息技术的发展，物流与供应链管理已经从传统的成本控制手段发展成为企业竞争优势的重要来源。

首先，我们来明确一下现代物流的概念。现代物流不仅是物品的空间移动，还包括了信息流、资金流的管理和协调。它涉及产品从原材料采购到最终交付给消费者的整个过程中的每一个环节，如仓储、运输、包装、配送等。而供应链管理则是一个更广泛的概念，它强调的是从供应商到最终用户的整个价值链上的活动协调与优化，包括但不限于计划、采购、制造、配送、退货等一系列流程。

在这样的背景下，现代物流与供应链管理的关系主要体现在以下四个方面：

1. 集成化

现代物流与供应链管理越来越强调整个链条的集成与协同，通过信息化手段实现供应链上下游企业的无缝对接，提高响应速度，降低库存成本。

2. 效率提升

通过对物流活动的有效管理，可以显著提高供应链的整体效率。例如，采用先进的物流技术（如RFID、条形码扫描等）能够加快货物处理速度，减少错误率；而合理的路线规划则有助于降低运输成本。

3. 客户服务

物流服务直接影响客户的满意度，快速准确地将商品送达消费者手中，对于提升品牌形象至关重要。因此，在供应链管理中，如何利用好物流这一环节来增强顾客体验成为了企业关注的重点之一。

4. 风险管理

在全球化的今天，供应链面临各种不确定性因素，如自然灾害、经济变化等。现代物流系统可以通过建立灵活的网络结构来分散风险，同时运用大数据分析等手段预测潜在问题，提前做好应对措施。

总之，现代物流与供应链管理相辅相成，共同推动企业的持续发展。随着技术的进步和社会环境的变化，两者之间的联系将更加紧密，对企业战略的影响也将更加深远。

动画5-1

无人机快递

资料来源　王道平，周玉，张学龙．现代物流与供应链［M］．北京：企业管理出版社，2023．引文经节选、压缩及改编。

任务二　了解物流信息技术

【岗位任务】

京东集团在技术领域持续创新，构建了涵盖大数据、云计算、人工智能等多方面的技术体系。通过自建的物流网络与智能供应链系统，实现了商品从生产者到消费者的高效流通。京东利用先进的算法优化库存管理，提高配送效率，同时开发了无人仓、无人机配送等前沿技术，为用户提供更加便捷、快速的服务体验。

要求：

（1）京东物流都运用了哪些现代物流技术？

（2）查阅相关资料，实地参观京东物流中心，以小组形式挑选感兴趣的物流技术，向全班同学展示。

分析提示：本任务的目标是通过研究物流信息技术，能够有效提升物流效率、降低成本并改善客户服务体验。通过学习这些技术的应用，可以更好地掌握现代物流信息技术的核心知识，促进物流行业的智能化与信息化发展。

【课堂知识】

一、物流信息技术概述

《物流术语》(GB/T 18354—2021)对物流信息的定义如下：反映物流各种活动内容的知识、资料、图像、数据的总称。物流活动中各个环节生成的信息，一般随着从生产到消费的物流活动的产生而产生，与物流过程中的运输、储存、装卸、包装等各种职能有机结合在一起，是整个物流活动顺利进行必不可少的条件。

物流信息技术是物流现代化的重要标志，也是物流技术中发展最快的领域，从数据采集的条形码系统，到办公自动化系统中的微机、互联网，各种终端设备等硬件以及计算机软件都在日新月异地发展，物流信息技术是运用于物流各环节中的信息技术。同时，随着物流信息技术的不断发展，产生了一系列新的物流理念和新的物流经营方式，推进了物流的变革。在供应链管理方面，物流信息技术的发展也改变了企业应用供应链管理获得竞争优势的方式，成功的企业通过应用信息技术来支持它的经营战略并选择它的经营业务。通过利用信息技术来提高供应链活动的效率性，增强整个供应链的经营决策能力。

二、物流信息技术构成

从构成要素上来看，物流信息技术作为现代信息技术的重要组成部分，本质上都属于信息技术范畴，只是因为信息技术应用于物流领域而使其在表现形式和具体内容上存在一些特性，但其基本要素仍然同现代信息技术一样，可分为基础技术、系统技术、应用技术和安全技术四个层次。

1.基础技术

基础技术是有关元件、器件的制造技术，它是整个信息技术的基础，如微电子技术、光子技术、光电子技术、分子电子技术等。

2.系统技术

系统技术是物流信息收集、通信、数据处理以及流程控制的各种设备与平台所涉及的技术，它是建立在信息基础技术之上的，是整个信息技术的核心。其内容主要包括物流信息获取技术、物流信息传输技术、物流信息处理技术和物流信息控制技术。

3.应用技术

应用技术是基于管理信息系统(MIS)技术、优化技术和计算机集成制造系统(CIMS)技术，而设计出的各种物流自动化设备和物流信息管理系统，如自动化分拣与传输设备、自动导引车(AGV)、集装箱自动装卸设备、仓储管理系统(WMS)、运输管理系统(TMS)、配送优化系统、全球定位系统(GPS)、地理信息系统(GIS)等。

4.安全技术

安全技术是确保物流信息安全的技术，主要包括密码技术、防火墙技术、病毒防治技术、身份鉴别技术、访问控制技术、备份与恢复技术和数据库安全技术等。

动画5-2

食品冷链物流可追溯技术：条码技术

三、物流信息技术介绍

1.条形码技术

(1) 条形码技术概述。条形码是由美国的伯纳德·西尔弗和诺曼·伍德兰在

1949年首先提出的。近年来，随着计算机应用的不断普及，条形码的应用得到了很大的发展。条形码可以标出商品的生产国、制造厂家、商品名称、生产日期、图书分类号，以及邮件的起止地点、类别、日期等信息，因而在商品流通、图书管理、邮电管理、银行系统等许多领域都得到了广泛的应用。

条形码是将线条与空白按照一定的编码规则组合起来的符号，用以代表一定的字母、数字等资料。在进行辨识的时候，是用条形码阅读器即条形码扫描器（又称条形码扫描枪）扫描，得到一组反射光信号，此信号经光电转换后变为一组与线条、空白相对应的电子信号，经解码后还原为相应的文字或数字，再传入电脑。

条形码技术是在计算机应用和实践中产生并发展起来的一种广泛应用于商业、邮政、图书管理、仓储、工业生产过程控制、交通等领域的自动识别技术，具有输入速度快、准确度高、成本低、可靠性强等优点，在当今的自动识别技术中占有重要的地位。如今条码辨识技术已相当成熟，其读取的错误率约为百万分之一。世界上约有225种以上的一维条码，每种一维条码都有自己的一套编码规则，规定每个字母（可能是文字或数字，也可能是两者的组合）由几个线条（Bar）及几个空白（Space）组成，以及字母的排列。较流行的一维条码有39码、EAN码、UPC码、128码，以及专门用于书刊管理的ISBN、ISSN等。

（2）条形码技术的识别原理。由于不同颜色的物体，其反射的可见光的波长不同，白色物体能反射各种波长的可见光，黑色物体则吸收各种波长的可见光，因此当条形码扫描器光源发出的光经光栅及凸透镜1，照射到黑白相间的条形码上，反射光经凸透镜2聚焦，照射到光电转换器上，于是光电转换器接收到与白条和黑条相应的强弱不同的反射光信号，并转换成相应的电信号输出到放大整形电路，放大整形电路把模拟信号转化成数字信号，再经译码接口电路译成数字字符信息。条形码技术识别原理如图5-1所示。

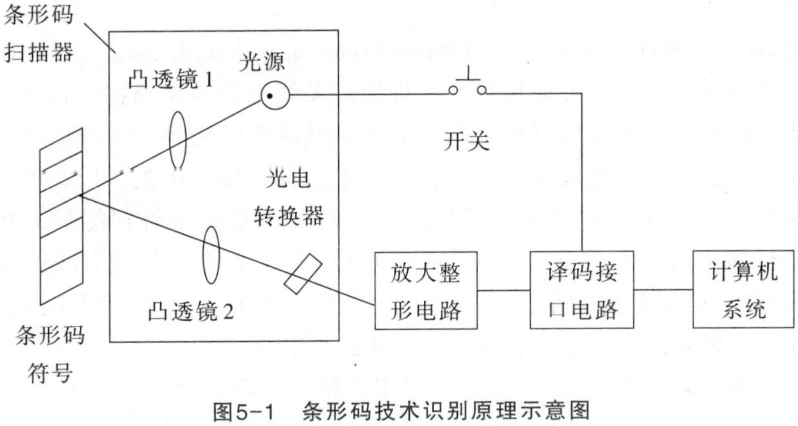

图5-1　条形码技术识别原理示意图

白条、黑条的宽度不同，相应的电信号持续时间长短也不同。但是，由于光电转换器输出的与条形码的条和空相应的电信号一般仅10毫伏左右，不能被直接使用，因此先要将光电转换器输出的电信号输入放大器放大。放大后的电信号仍然是一个模拟信号，为了避免条形码中的疵点和污点导致错误信号，还需利用放大整形电路，把模拟信号转换成数字信号，以便计算机系统能够准确辨读。常见的条形码示例如图5-2

所示。

图5-2　常见的条形码示例

（3）条形码技术的应用。二维条码作为一种新的信息存储和传递技术，从诞生之时就受到了国际社会的广泛关注。经过几年的努力，现已应用在国防、公共安全、交通运输、医疗保健、工业、商业、金融、海关及政府管理等多个领域。二维条码依靠其庞大的信息携带量，能够把过去使用一维条码时存储于后台数据库中的信息包含在条码中，可以直接通过阅读条码得到相应的信息，并且二维条码还有错误修正技术及防伪功能，增加了数据的安全性。二维条码可把照片、指纹编制于其中，可有效地解决证件的机读和防伪问题。因此，二维条码可被广泛应用于护照、身份证、行车证、军人证、健康证、保险卡上。将证件上的个人信息及照片编制在二维条码中，不但可以实现身份证的自动识读，而且可以有效地防止伪冒证件的事件发生。菲律宾、埃及等许多国家也已在身份证或驾驶证上采用了二维条码技术。另外，在海关报关单、长途货运单、税务报表、保险登记表上也可使用二维条码技术，以解决数据输入及防止伪造、删改表格等问题。

微课5-2

无线射频识别技术在物流领域的应用

2.RFID技术

（1）RFID技术概述。射频识别（Radio Frequency Identification，RFID）技术，又称无线射频识别技术，是一种通信技术，可通过无线电信号识别特定目标并读写相关数据，而无须识别系统与特定目标之间建立的机械或光学接触。无线电信号是通过调成无线电频率的电磁场，把数据从附着在物品上的标签传送出去，以自动辨识与追踪该物品。某些标签在识别时从识别器发出的电磁场中就可以得到能量，并不需要电池；也有些标签本身拥有电源，并可以主动发出无线电波（调成无线电频率的电磁场）。标签包含了电子存储的信息，数米之内都可以识别。与条形码不同的是，射频标签不需要处在识别器视线之内，可以嵌入被追踪物体之内。

许多行业都运用了射频识别技术。例如，将标签附着在一辆正在生产中的汽车上，可以追踪此车在生产线上的进度。射频标签也可以附着于牲畜或宠物身上，方便对牲畜或宠物的积极识别（积极识别的意思是防止数只牲畜或宠物使用同一个身份）。射频识别的身份识别卡可以使员工得以进入锁住的建筑。汽车上的射频应答器可以用来征收收费路段与停车场的费用。某些射频标签附着在衣物、个人财物上，甚至植入人体之内。但这项技术可能会在未经本人许可的情况下读取个人信息，有侵犯个人隐私的隐患。

从概念上来讲，RFID技术类似于条码扫描。对条形码技术而言，它是将已编码的条形码附着于目标物并使用专用的扫描读写器，利用光信号将信息由条形磁传送到扫描读写器；而RFID技术则使用专用的RFID读写器及专门的可附着于目标物的RFID标签，利用频率信号将信息由RFID标签传送至RFID读写器。

（2）RFID技术的工作原理。RFID技术的基本工作原理并不复杂：标签进入磁场后，接收阅读器发出的射频信号，凭借感应电流所获得的能量发送出存储在芯片中的产品信息（无源标签或被动标签），或者由标签主动发送某一频率的信号（Active Tag，有源标签或主动标签），阅读器读取信息并解码后，送至中央信息系统进行相关数据的处理。

从阅读器及电子标签之间的通信及能量感应方式来看，RFID技术大致上可分为感应耦合及反向散射耦合两种。低频的RFID大都采用第一种方式，而较高频的大多采用第二种方式。

阅读器根据使用的结构和技术不同可以是读或读/写装置，是RFID系统的信息控制和处理中心。阅读器通常由耦合模块、收发模块、控制模块和接口单元组成。阅读器和应答器之间一般采用半双工通信方式进行信息交换，同时阅读器通过耦合给无源应答器提供能量和时序。在实际应用中，可进一步通过Ethernet或WLAN等实现对物体识别信息的采集、处理及远程传送等管理功能。应答器是RFID系统的信息载体，应答器大多是由耦合元件（如线圈、微带天线等）和微芯片组成无源单元。

射频系统的优点是不局限于视线，识别距离比光学系统远，射频识别卡具有读写能力，可携带大量数据，难以伪造。

（3）RFID技术的应用。RFID技术在物流和供应管理、生产制造和装配、航空行李处理、邮件/快运包裹处理、文档追踪/图书馆管理、动物身份标识、运动计时、门禁控制/电子门票、道路自动收费、一卡通、仓储的塑料托盘、周转筐中应用较为广泛。

为使RFID技术能在整个物流供应链领域发挥重要作用，ISO/TC122包装技术委员会和ISO/TC104货运集装箱技术委员会成立联合工作组，负责制定物流供应链系列标准。工作组按照应用要求以及货运集装箱、装载单元、运输单元、产品包装、单品五级物流单元制定了六个标准。

① ISO17358应用要求。这是供应链RFID的应用要求标准，由ISO/TC122包装技术委员会主持。该标准定义供应链物流单元各个层次的参数、定义、环境标识和数据流程。

② ISO 17363—17367系列标准。供应链RFID物流单元系列标准分别对货运集装箱、可回收运输单元、运输单元、产品包装、产品标签等RFID应用进行规范。该系列标准内容基本类同，如空中接口协议采用ISO/IEC18000系列标准，但在具体规定上存在差异，分别针对不同的使用对象做补充规定。根据对象的差异要求采用电子标签的载波频率也不同，货运集装箱、可回收运输单元和运输单元使用的电子标签一定是重复使用的，产品包装则要根据实际情况而定，而产品标签通常来说是一次性的。另外，还要考虑数据的完整性、可视识读标识等。可回收单元在数据容量、安全性、通信距离上要求较高。这个系列标准正在制定过程中。

需要注意的是，ISO10374、ISO/FDIS18185-5-2007和ISO17363三个标准之间的

关系，虽然它们都是针对集装箱的，但ISO10374标准是针对集装箱本身的管理的，ISO/FDIS18185-5-2007标准是用于海关监视集装箱的，而ISO17363标准是针对供应链管理目的的，应在货运集装箱上使用可读写的RFID标识标签和货运标签。

3.EDI技术

随着信息技术的飞速发展，电子数据交换（Electronic Data Interchange，EDI）已成为现代物流行业中不可或缺的关键技术之一。EDI通过标准化的电子格式，在供应链的各个参与方之间自动传输和处理数据，极大地提升了物流运作的效率、准确性和透明度。以下将详细探讨EDI技术在物流中的八大应用方面：

（1）订单处理自动化。在物流领域，EDI技术首先实现了订单处理的自动化。企业间的订单信息通过EDI系统直接传输，无须人工录入或转换格式，大大减少了订单处理的时间和错误率。供应商能够即时接收到客户的订单信息，迅速响应，开始生产或备货流程，从而加快了整个供应链的响应速度。

（2）库存信息实时同步。EDI技术使得库存信息能够在供应链上下游之间实时同步。通过EDI系统，供应商可以实时了解下游客户的库存状况，及时调整生产计划和库存水平，避免库存积压或短缺。同时，客户也能实时掌握供应商的库存情况，确保采购计划的准确性和及时性。

（3）发货通知与追踪。利用EDI技术，供应商在发货后可以立即向客户提供发货通知，包括发货时间、数量、运输方式等详细信息。同时，结合物流追踪系统，客户可以通过EDI接收到的物流信息实时追踪货物的运输状态，包括当前位置、预计到达时间等，提高了对物流过程的掌控能力。

（4）报关文档电子化。在国际贸易中，报关手续烦琐且复杂。EDI技术的应用使得报关文档实现了电子化，大大简化了报关流程。企业可以通过EDI系统直接提交电子报关单和相关文件，与海关系统进行无缝对接，加快了报关速度，降低了报关成本，并提高了报关的准确性。

（5）支付结算加速。EDI技术还能够促进支付结算的加速。通过EDI系统，买卖双方可以自动交换发票、对账单等财务信息，实现电子化对账和结算。这不仅减少了纸质文件的流转，还缩短了结算周期，提高了资金流转效率。

（6）供应链协同管理。EDI技术为供应链的协同管理提供了强有力的支持。通过EDI系统，供应链上的各个环节可以实时共享信息，实现供应链的透明化管理。这有助于企业更好地协调生产计划、库存管理和物流配送等环节，提升整个供应链的运作效率和响应速度。

（7）运输状态监控。在物流运输过程中，EDI技术结合物联网技术可以实现运输状态的实时监控。通过安装在运输工具上的传感器和GPS定位设备，企业可以实时获取运输工具的位置、速度、温度等状态信息，并通过EDI系统将这些信息传输给相关方，确保货物运输的安全和准时。

（8）数据分析与优化。EDI技术收集的大量物流数据为企业的数据分析和优化提供了宝贵的资源。通过对这些数据的分析，企业可以深入了解供应链的运作情况，发现潜在的问题和瓶颈，进而制定针对性的优化策略。例如，通过分析历史订单数据和库存数据，企业可以优化库存管理和生产计划；通过分析运输数据，企业可以优化运输路线和配送方案等。

4.POS系统

（1）POS系统概述。POS（Point of Sale）系统，即销售时点信息系统，是指通过自动读取设备（如收银机）在销售商品时直接读取商品销售信息（如商品名、单价、销售数量、销售时间、销售店铺、购买顾客等），并通过通信网络和计算机系统传送至有关部门进行分析加工以提高经营效率的系统。POS系统最早应用于零售业，以后逐渐扩展至其他如金融、旅馆等服务行业，利用POS系统的范围也从企业内部扩展到整个供应链。

POS是一种多功能终端，把它安装在信用卡的特约商户和受理网点中与计算机联成网络，就能实现电子资金自动转账，它具有支持消费、预授权、余额查询和转账等功能，使用起来安全、快捷、可靠。

（2）POS系统的类型。

①消费POS，具有消费、预授权、查询支付名单等功能，主要用于特约商户受理银行卡消费。国内消费POS的手续费如下：

➢ 航空售票、加油、大型超市一般扣率为消费金额的0.5%。

➢ 药店、小超市、批发部、专卖店、诊所等POS刷卡消费额不高的商户，一般扣率为消费金额的1%。

➢ 宾馆、餐饮、娱乐、珠宝首饰、工艺美术类店铺一般扣率为消费金额的2%。

➢ 房地产、汽车销售类商户一般扣率为固定手续费，按照POS消费刷卡笔数扣收，每笔按规定不超过40元。

②转账POS，具有财务转账和卡卡转账等功能，主要用于单位财务部门。

（3）POS系统的功能。

①收银员识别功能。收银员必须在工作前登录才能进行终端操作，即门店中每个系统的收银员都实行统一编号，每一个收银员都有一个ID和密码，只有收银员输入了正确的ID和密码后，才能进入“销售屏幕”进行操作。在交接班结束时，收银员必须退出系统以便让其他收银员使用终端。如果收银员在操作时需要暂时离开终端，可以使终端处于登出或关闭状态，在返回时重新登录。

②多种销售功能。POS系统有多种销售方式，收银员在操作时可根据需要，选择商品各种销售方式的如下特殊功能：

➢ 优惠、打折功能：针对优惠折扣商品或交易本身特价许可等所提供的功能，应进行权限检查。

➢ 销售交易更正功能：包括清除功能、交易取消功能。

➢ 退货功能：通常收银员无此交易的权限，需要管理人员来完成。

➢ 挂账功能：在当前交易未结束的状态下保留交易数据，并进行下一笔交易的收银操作。

③多种方式的付款功能。付款方式主要有现金、支票、信用卡等，POS系统具备多种付款方式的设置功能。

④其他功能。

➢ 票据查询功能：查询范围可以是某时间段内的全部交易，也可以是某时间点的交易情况。

➢ 报表查询：根据收银机本身的销售数据来制作一些简单的报表，并在收银机的打印机上打印出来。报表包括结款表、柜组对账表等。

➢ 前台盘点：盘点的过程主要是清查库存商品数量。前台盘点的实质是将要盘点商品的信息像销售商品一样手工输入或用条形码扫描器录入收银机中，作为后台的数据来源。

➢ 工作状态检查功能：对有关收银机、收银员的各种状态进行检查，包括一般状态、交易状态、网络状态、外设状态等。

（4）POS系统的作业流程。零售商在售出商品时，所售商品的条形码经过条形码阅读机的阅读，自动输入到电脑和收款机；后台电脑从数据库中得知物品的品名、价格等数据，并立即显示在收款机上；再经过网络传送到总公司，总公司分析后发现畅销品和滞销品，并以此进行货物调整、品种配置、商品陈列、价格调整等作业；最后将订单数据传送到物流配送中心，由物流配送中心对零售点进行及时准确的补货，同时将信息传送给供应商、生产商、物流商等供应链上的相关企业。

企业应用POS系统后，有以下八个方面的好处：

① 节约了原来用于手写、保管各种单据的人工成本和时间成本。

② 简化了操作流程，提高了基层员工的工作效率和积极性。

③ 提高了工作人员的正确性，省略了手工核对的工作量。

④ 各级主管从繁重的传统式经营管理中解脱出来，工作重心逐渐转到管理上来，进一步提高了工作效率。

⑤ 采购人员利用查询和报表，更直接、有效地获得商品情况，了解商品是否畅销和滞销。

⑥ 销售人员根据商品的销售情况进行分析，以进行下一次的销售计划。

⑦ 财务人员能更加清楚地了解库存情况、账款余额、毛利贡献等财务数据，可以更好地控制成本和费用，提高资金周转率。

⑧ 管理者可以把握商品的进销存动态，对企业各种资源的流转进行更好的控制。

5.Internet/Intranet简介

（1）Internet的定义。互联网（Internet）又称因特网，即广域网、城域网、局域网及单机按照一定的通信协议组成的国际计算机网络。互联网是指将两台计算机或者是两台以上的计算机终端、客户端、服务端通过计算机信息技术的手段互相联系起来的结果，人们可以与远在千里之外的朋友相互发送邮件、共同完成一项工作、共同娱乐。同时，互联网还是物联网的重要组成部分，根据中国物联网校企联盟的定义，物联网是当下几乎所有技术与计算机互联网技术的结合，让信息更快更准地收集、传递、处理和执行。

互联网在现实生活中应用很广泛。在互联网上我们可以聊天、玩游戏、查阅资料等。更为重要的是，在互联网上还可以进行广告宣传和购物。互联网给我们的现实生活带来很大的方便。我们在互联网上可以在数字知识库里寻找自己学业上、事业上的所需，从而帮助我们工作与学习。

（2）Intranet的定义。Intranet是Internet的延伸和发展，正是由于利用了Internet

的先进技术，特别是TCP/IP协议，保留了Internet允许不同计算平台互通及易于上网的特性，使Intranet得以迅速发展。但Intranet在网络组织和管理上更胜一筹，它有效地避免了Internet所具有的可靠性差、无整体设计、网络结构不清晰以及缺乏统一管理和维护等缺点，使企业内部的秘密或敏感信息受到网络防火墙的安全保护。因此，与Internet相比，Intranet更安全、更可靠，更适合企业或组织机构加强信息管理与提高工作效率，被形象地称为建在企业防火墙里面的Internet。

Intranet所提供的是一个相对封闭的网络环境。这个网络在企业内部是分层次开放的，内部有使用权限的人员访问Intranet可以不加限制，但对于外来人员进入网络，则需要严格的授权。因此，网络完全是根据企业的需要来控制的。在网络内部，所有信息和人员实行分类管理，通过设定访问权限来保证安全。比如，对普通员工访问受保护的文件（如人事、财务、销售信息等）进行授权及鉴别，保证只有经过授权的人员才能接触某些信息；对受限制的敏感信息进行加密和接入管理等。同时，Intranet又不是完全自我封闭的，它一方面要帮助企业内部人员有效地获取交流信息；另一方面也要对某些必要的外部人员，如合伙人、重要客户等部分开放，通过设立安全网关，允许某些类型的信息在Intranet与外界之间往来，而对于企业不希望公开的信息，则建立安全地带，避免此类信息的泄露。

与Internet相比，Intranet不仅是内部信息发布系统，还是该机构内部业务运转系统。Intranet的解决方案应当具有严格的网络资源管理机制、网络安全保障机制，同时具有良好的开放性；它和数据库技术、多媒体技术以及开放式群件系统相互融合连接，形成一个能有效地进行信息系统内部信息的采集、共享、发布和交流，易于维护管理的运作平台。

Intranet带来了企业信息化新的发展契机。它革命性地解决了传统企业信息网络开发中所不可避免的缺陷，打破了信息共享的障碍，实现了大范围的协作。同时，以其易开发、省投资、图文并茂、应用简便、安全开放的特点，形成了新一代企业信息化的基本模式。

在短短几年里，Intranet的应用发生了两次跨时代的飞跃，从第一代的信息共享与通信应用，发展到第二代的数据库与工作流应用，即将进入以业务流程为中心的第三代Intranet应用。

① 信息共享与通信应用。通常，信息共享与通信应用是一组采用HTML编制的静态Web页面，其中包含丰富的多媒体信息，页面之间通过超链接实现透明的浏览和切换。这些信息可以根据用户的身份和需要动态地产生或定制。与传统的媒体相比，Intranet的信息共享与通信应用不仅范围广、价格便宜、更新及时，更重要的是媒体丰富和按需点播。

② 数据库与工作流应用。在传统的MIS系统中，数据库的存取一般需要专门的用户端软件，检索所得的结果难以为大多数用户所接收。通过通用网关接口（Common Gateway Interface，CGI）将WWW与数据库结合起来后，使存取本身和结果都变得更加容易。WWW提供的友好、统一和易用的界面，使更多的用户乐意去访问数据库。由于用户使用的是统一的WWW浏览器界面，而不是各种各样的用户端软件，因此数据库的管理和支持人员可以集中精力在数据库建设上，而不用过多关心对

用户端的支持。这样，对一个企业来说，原来不同部门之间不同应用与数据库的互联、转换、培训和使用等问题也就迎刃而解了。

③ 以业务流程为中心的应用。虽然Intranet技术给企业的信息化建设带来了巨大的活力，但仍然不能摆脱这样的尴尬：企业对IT的投资越来越大，但预期的效益总不能兑现。导致IT技术不能发挥其潜在效能的主要原因是，传统的MIS系统仅使人工作业自动化，但并未改变原有的工作和管理方式。简单地对现有流程进行自动化，无论采用何种技术，都只会加剧混乱的程度。

解决这个问题的唯一途径是将新的管理理念和先进的Intranet技术有机结合起来，对现有业务流程进行重新分析、重组、优化和管理，以顾客为中心将流程中的每一项工作综合成一个整体，使之顺畅化和高效化，以协调内部业务关系和活动，提高对外界变化的反应能力，提高服务质量，降低经营和管理成本。这就是第三代以业务流程为中心的Intranet应用。

动画5-3

GIS系统与冷链物流——什么是冷链物流?

6.GIS

（1）GIS概述。地理信息系统（Geographic Information System，GIS）是随着地理科学、计算机技术、遥感技术和信息科学的发展而发展起来的。在计算机发展史上，计算机辅助设计技术（CAD）的出现使人们可以用计算机处理像图形这样的数据，图形数据的标志之一就是图形元素有明确的位置坐标，不同图形之间有各种各样的拓扑关系。简单地说，拓扑关系是指图形元素之间的空间位置和连接关系。简单的图形元素如点、线、多边形等，点有坐标（X，Y）；线可以看成由无数点组成，线的位置就可以表示为一系列坐标点（X_1，Y_1），（X_2，Y_2），…，（X_n，Y_n）；平面上的多边形可以认为是由闭合曲线形成的范围。图形元素之间有多种多样的相互关系，如一个点在一条线上或在一个多边形内，一条线穿过一个多边形等。在实际应用中，一个地理信息系统要管理非常多、非常复杂的数据，可能有几万个多边形、几万条线、上万个点，还要计算和管理它们之间各种复杂的空间关系。

（2）GIS的工作原理。地理信息系统是将计算机硬件、软件、地理数据以及系统管理人员组织而成的对任意形式的地理信息进行高效获取、存储、更新、操作、分析及显示的集成。

（3）GIS的应用。应用方向包括环境监测、资源调查、监测预测、城市规划、军事、辅助决策（如在城市电网辅助决策系统中提供配电网GIS数据）、其他（如在金融业、保险业、公共事业、社会治安、运输导航、考古、医疗救护等领域得到了广泛的应用）。

（4）GIS的功能。GIS把要处理的信息分为两类：第一类是反映事物地理空间位置的信息，从计算机的角度可称空间位置数据，又称地图数据或图形数据；第二类是与事物的地理位置有关，反映事物其他属性的信息，称为专题属性信息或专题性数据，又称文字数据或非图形数据。GIS的基本功能是将这些数据（无论它是来自数据库、电子表格文件，还是直接在程序中输入）转换为地理图形显示，然后对显示结果进行浏览、操作和分析，其显示范围可以从洲际地图到非常详细的街区地图，显示对象包括人口分布、运输线路和其他内容。

GIS主要由五个元素构成，即硬件、软件、数据、人员和方法。硬件是GIS所操作的计算机及附属设备，一般情况下，软件对硬件性能的要求都比较高。软件为GIS提供所需的存储、分析和显示地理信息的功能和工具，主要的软件部件有：输入和处理地理信息的工具；数据库管理系统（DBMS）；支持地理查询、分析和视觉化的工具；容易使用这些工具的图形化界面（GUI）。数据是GIS系统中最重要的部件。地理数据和相关的表格数据可以自己采集或者从商业数据提供者处购买。GIS的人员范围包括设计和维护系统的技术专家，以及使用系统并完成他们每天工作的人员。成功的GIS系统，必须具有好的设计计划和GIS的事物规律，这些是规范、方法，但对每一个企业来说具体的操作实践又是独特的。

GIS在供应链管理中主要应用于物流分析，借助GIS强大的地理数据功能来完善物流分析技术。完整的GIS物流分析软件集成了车辆路线模型、最短路径模型、物流网络模型、分配集合模型、设施定位模型等。

① 车辆路线模型：主要用于解决在从一个地点出发、有多个目的地的货物运输中，如何降低运输成本并保证质量的问题。同时，它还包括决定使用多少辆车、每辆车的行驶路线等。

② 最短路径模型：主要用于解决一辆车从一个起点出发，给多个目的地送货，什么样的路线是车辆行驶的最短路径的问题。

③ 物流网络模型。其主要用于解决如何寻找一条最有效地分配货物的路径，也就是物流配送中心（物流据点）的布局问题。例如，将货物从仓库运到商店，每个商店都有固定的商品需求品种和需求数量，该从哪个仓库提什么货到哪个商店，并使物流成本最低。

④ 分配集合模型：主要用于确定服务范围、销售市场范围等。例如，一家物流公司要在某个地区设立多个物流配送中心，如何设置可保证每个物流中心的业务量大致相等。

⑤ 设施定位模型：主要用于确定设施的位置。例如，在物流系统中，根据供求的实际情况和最佳经济效益的原则，决定在既定区域内设立多少个物流中心，还需要确定每个物流中心的位置、每个物流中心的规模、各个物流中心的关系。

7.GPS

（1）GPS概述。全球定位系统（Global Positioning System，GPS）是20世纪70年代由美国陆、海、空三军联合研制的新一代空间卫星导航定位系统。其主要目的是为陆、海、空三大领域提供实时、全天候和全球性的导航服务，并用于情报收集、核爆监测和应急通信等一些军事目的。经过20余年的研究实验，耗资300亿美元，到1994年3月，全球覆盖率高达98%的24颗GPS卫星星座布设完成。

（2）GPS的工作原理。在静态定位中，GPS信号接收机在捕获和跟踪GPS卫星的过程中固定不变，接收机高精度地测量GPS信号的传播时间，利用GPS卫星在轨的已知位置，解算出接收机天线所在位置的三维坐标。而动态定位则是用GPS接收机测定一个运动物体的运行轨迹。GPS信号接收机所位于的运动物体称为载体（如航行中的船舰、空中的飞机、行驶的车辆等）。载体上的GPS信号接收机天线在跟踪GPS卫星的过程中相对地球而运动，接收机用GPS信号实时测得运动载体的状态参数（如瞬间三维位置和三维速度）。

（3）GPS的应用。在长途班车、旅游客车、危险品运输车辆上安装车载GPS卫星定位系统后，通过中心监控系统可以对车辆进行实时监控，对管理部门监督驾驶员、提高运输生产组织水平等具有积极的辅助管理作用。同时，监控中心可对正处于超速、抛锚等情况的长途营运车实施报警功能，从而降低交通事故的发生率，对提高运输安全生产具有积极的意义。目前，车载GPS信号系统已被相关管理部门和企业所认识并正在积极推广应用中。

接收机硬件和机内软件以及GPS数据的后处理软件包，构成完整的GPS用户设备。GPS信号接收机的结构分为天线单元和接收单元两大部分。对测地形的接收机来说，两个单元一般分成两个独立的部件，观测时将天线单元安置在测站上，接收单元置于测站附近的适当地方，用电缆线将两者连接成一个整机。也有的将天线单元和接收单元制作成一个整体，观测时将其安置在测站上。

GPS信号接收机一般用蓄电池做电源，同时采用机内机外两种直流电源。设置机内电池的目的在于更换外电池时不中断连续观测。在用机外电池的过程中，机内电池自动充电。关机后，机内电池为RAM存储器供电，以防止丢失数据。

8.北斗卫星导航系统

北斗卫星导航系统在物流行业的民用化应用，可升级物流行业流程，提升物流行业整体的服务水平，加速智慧物流建设。目前，中国最大的自营式电商京东已在业内率先大规模地使用北斗卫星导航系统，极大地推动了物流运营的进程。

（1）铁路智能交通。采用北斗卫星导航系统可以有效地提高铁路运输效率，从而为实现传统运输方式的升级与转型提供保障。例如，在铁路智能交通领域，采用北斗卫星导航系统可以极大地缩短其间隔时间，进而使运输成本降低，提高运输效率。

（2）交通管理。在车辆上安装北斗卫星导航系统，将有助于改善交通拥堵情况，提升道路交通管理水平。例如，北斗卫星导航系统可以指示车辆走畅通道路，避免出现拥堵。如果车辆在行驶的过程中出现交通事故，则可通过北斗卫星导航系统记录发生事故时车辆的行驶速度、行驶位置和行驶时间等信息，从而可以判断车辆是否存在违章行为。

（3）航空运输。北斗卫星导航系统具有精准定位以及测速等优势，通过这些优势能够实时对飞机的位置进行监测，还可以有效地缩短飞机与飞机之间的安全距离，最终可以提高机场的运营效率。若北斗卫星导航系统和其他系统结合，则可以为航空运输提供更多的安全保障。

（4）海运和水运。目前海运和水运的各类船舶很多都已经安装了卫星导航设备，从而使得运输更加安全和高效。在任何天气条件下，北斗卫星导航系统都可以为船舶提供精确的定位以及安全保障。

（5）贵重或危险货物的运输。贵重或危险货物的运输是现代物流业的新应用。通过北斗卫星导航系统，可以全面实时地监控贵重或危险货物运输车驾驶员的驾驶状态。例如，驾驶员是否饮酒，以及是否按照规定的路线行驶等，发现危险情况时可以实施报警功能。

小案例5-2

持续的技术研发造就“成本、效率、体验”领先优势

2024年中国·廊坊国际经济贸易洽谈会在河北廊坊市举办。京东物流受邀参会，以“高效融通 智链全球”为主题，重点呈现在智能物流及国际物流业务领域的建设成果。在科技展区内，京东物流基于5G、人工智能、大数据、云计算及物联网等底层技术，自研自产的地狼机器人、智能快递车、室内配送机器人等吸引了众多参会嘉宾驻足观看。

京东自建物流体系始于2007年，彼时，京东集团创始人刘强东决定通过自建仓储和配送网络来提升用户体验，以解决第三方物流服务质量不稳定的问题。2017年年初，刘强东提出全面向技术转型。此后，京东不断加大在物流技术方面的研发投入。2024年3月29日，刘强东在发布的全员信中表示：“如今，我们已经能真切地感受到，以人工智能为代表的新一代技术正在加速与实体场景深度融合，大势如潮，以技术为本的我们，该怎么办？”同时，刘强东也给出了答案——京东的使命升级为“以技术为本，让生活更美好”。此次亮相展区的智能快递车、室内配送机器人等，也正是京东物流加快技术转型的成果。

其中，地狼机器人主要用于仓储智能物流搬运场景，在5G技术的加持下，地狼搬运系统能够按照流程柔性转运和智能搬运，以实现“拣货人不动、货到人拣选”，在减轻运营人员工作强度的同时，降低了运营成本。京东物流在智能驾驶领域深耕多年，此次展出的第五代智能快递车集成了高精度定位、融合感知、行为预测、仿真、智能网联等10大核心技术，能够实现L4级别自动驾驶，在无视距安全员条件下，可在开放道路上自主运行，并依据不同场景类型与作业模式，完成履约配送工作。

正如刘强东所说：“自建物流刚刚起步时，每天骑着车跨越半个城送几十单货的快递员，可能不会想到今天的供应链网络，可以覆盖全国超过99%的地区；在凤凰岭那个漏雨漏风的仓库里拣货的兄弟们，也不会想到十几年后的‘亚洲一号’仓库，可以成为行业最先进的智能仓库。”京东物流在“成本、效率、体验”上的领先优势，受益于持续的技术研发投入。面向未来，京东物流将继续优化全球供应链网络，积极探索行业前沿科技，致力于降低全社会物流成本，为推动经济高质量发展贡献力量。

资料来源　张凯.刘强东：持续的技术研发造就“成本、效率、体验”领先优势［EB/OL］.［2024-06-27］. http: //qx.tynews.com.cn/system/2024/06/27/030769156.shtml.引文经节选、压缩及改编。

【任务实施】

1.准备工作

（1）学习并了解物流信息技术的基础理论知识。

（2）查阅京东相关资料，学校可以组织学生实地参观京东物流中心。

（3）撰写京东物流体系运用了哪些现代物流技术。

2.实施步骤

京东物流体系运用了多种现代物流技术，包括但不限于：

（1）智能仓储技术：实现整个物流的自动化管理，包括物品的分类、存储、打包等，通过智能化设备进行处理。

（2）自动分拣技术：通过部署自动分拣墙，实现单小时分拣大量物品，提高作业坪效和分拣准确率。

（3）物联网技术：通过物联网技术，实现物流信息的实时共享和追踪。

（4）大数据分析：通过对海量数据的分析，优化物流路径，提高配送效率。

（5）人工智能与机器学习：利用人工智能和机器学习算法，提高物流决策的智能化水平。

（6）全球定位系统（GPS）和地理信息系统（GIS）：用于物流车辆的定位和路线规划。

（7）条形码技术和RFID技术：用于物品的识别和追踪。

（8）计算机网络技术和移动通信技术：支持物流信息的快速传输和处理。

（9）数据库管理技术：用于存储和管理大量的物流数据。

（10）大数据与云计算技术：用于处理和分析大量的物流数据，支持决策。

（11）自动控制技术和自动化立体仓库：实现仓库的自动化管理和物品的存储。

随堂测 5-2

1+X证书

（12）物流信息服务交换技术和EDI物流数据交换技术：支持不同系统之间的信息交换和数据处理。

这些技术的应用，使得京东物流体系在效率、成本、用户体验等方面均达到了行业领先水平。

拓展阅读5-2

新一代物流技术

随着计算机与通信技术的飞速发展，现代物流行业也步入了一个崭新的时代。物流不仅是企业生产和销售的重要保障，还是国民生产生活的关键支撑。物流行业的每一次变革都是由消费和产业升级与技术突破这两股力量共同推动的结果，这两股力量相辅相成，共同牵引供应链的“权力中心”持续转移。近年来，随着新零售概念的兴起，物流行业正经历一场前所未有的革命。

物联网技术作为新一代信息技术的重要分支，已成为物流行业智能化升级的关键。通过射频识别（RFID）、全球定位系统（GPS）、无线传感器网络（WSN）等技术，物联网实现了物流链条上各个节点的互联互通，从而提升了物流运输的效率，并构建了一体化的物流信息平台。例如，RFID技术被广泛应用于物流标签信息的流转，而车载GPS则为物流配送提供了实时追踪和动态调度功能。此外，无线传感器网络的应用确保了物流数据的实时性和完整性，有助于物流企业在运输过程中作出更为精准的决策。

人工智能技术（AI）的应用，使得物流行业向着更加智慧的方向发展。AI不仅能够完成运输管理系统的车货匹配，还能通过机器学习和深度学习技术实现无人驾驶和物流配送体系。图像识别技术的引入大幅度提升了物流信息录入的速度和准确性，减少了人工错误。智能客服系统的优化则依赖于语音识别和视频识别技术，它们可以自动识别物流环境中人、物、设备的状态，并辅助或自动完成决策。更重要的是，AI还能提供自学习和自适应的运营规则引擎，根据历史数据和当前情况制定运营决策，并根据业务高峰期或常规期的不同进行调整。

大数据与云计算技术的结合为物流行业带来了革命性的变化。大数据技术可以帮助物流配送中心进行选址决策，优化物流资源的分配，并实现多级配送的精细化管理。通过云计算提供的强大计算能力，物流企业在面对竞争环境分析与决策、物流供给与需求匹配等问题时，能够更加从容不迫。大数据分析与云计算的结合还能帮助物流企业在业务高峰期前预判消费者需求，合理规划物流路线，从而维持高效率的服务水平。此外，在管理层面上，大数据技术能够帮助物流企业更好地理解客户习惯与偏好，提供个性化服务。

新一代物流技术的发展，离不开物联网、人工智能以及大数据与云计算技术的支持。这些技术的融合应用，使得物流行业变得更加高效、智能，也为物流行业带来了前所未有的机遇。未来，随着这些技术的不断成熟与深入应用，物流行业将迎来更加智慧化、高效化的全新格局。

资料来源　圆通研究院．新一代物流技术的现状与发展趋势［EB/OL］．［2019-05-30］．https：//www.iyiou.com/news/20190530101528.引文经节选、压缩及改编。

任务三 掌握物流成本与绩效管理方法

【岗位任务】

强盛集团生产一种产品，总固定成本为200 000元，单位产品的变动成本为10元，销售价格为15元。

要求：

尝试求出强盛集团的盈亏平衡点产量。如果要实现利润20 000元，则其产量应是多少?

分析提示：本任务旨在通过物流成本核算与控制、物流成本决策、对物流绩效管理学习，掌握物流成本决策方法，培养学生提出问题、分析问题、解决问题的能力。

【课堂知识】

一、成本管理与控制

物流成本管理是物流管理的核心内容。物流成本管理的意义在于，通过对物流成本的有效把握，利用物流要素之间的“效益背反”关系，科学、合理地组织物流活动，加强对物流活动过程中费用支出的有效控制，降低物流活动中的物化劳动和活劳动的消耗，从而达到降低物流总成本、提高企业和社会经济效益的目的。

1.物流成本的概念

《物流术语》(GB/T 18354—2021）中，物流成本（Logistics Cost）是指“物流活动中所消耗的物化劳动和活劳动的货币表现”。物流成本是物品在物流活动中所支出的人力、物力和财力的总和，包括物品在实物运动（如运输、包装、装卸搬运、配送、流通加工等）过程中所发生的费用，以及从事这些活动所必需的设施设备费用；完成物流信息处理所发生的费用及相应的设施设备费用；对上述活动进行综合管理所发生的费用。简言之，物流成本是完成物流活动的全部成本和费用。

通常，我们可以从以下七个方面理解物流成本：

（1）物流过程中的物质消耗，包括材料、电力、燃料等的消耗；

（2）从事物流工作的人员的工资、奖金及各种补贴等；

（3）为了保证物流作业的顺畅所支付的银行贷款的利息等；

（4）物品在运输、仓储、装卸搬运等过程中的费用；

（5）物流过程中发生的其他费用，如办公费、差旅费等；

（6）物流过程中的研究设计等费用；

（7）对产品进行分类及包装的费用等。

2.物流成本管理的内容

从本质上来讲，物流成本管理仍然是一个成本管理体系，但又兼有物流管理的特性。物流成本管理的具体内容包括以下六个方面：

（1）物流成本预测和计划。成本预测是对成本指标、计划指标事先进行测算平衡，寻求降低物流成本的有关技术经济措施，以指导成本计划的制订。而物流成本计划则是成本控制的主要依据。

（2）物流成本计算。在计划开始执行后，对产生的生产耗费进行归纳，并以适当的方法进行计算。

（3）物流成本控制。对日常的物流成本支出，采取各种方法进行严格的控制和管理，使物流成本降到最低限度，以达到预期的物流成本目标。

（4）物流成本分析。对计算结果进行分析，检查和考核成本计划的完成情况，找出影响成本升降的主客观因素，总结经验，发现问题。

（5）物流成本信息反馈。收集有关数据和资料并提供给决策部门，使其掌握情况。加强成本控制，保证目标的实现。

（6）物流成本决策。根据信息反馈的结果，确定能以最少耗费获得最大效益的最优方案，以指导今后的工作，更好地进入物流成本管理的下一个循环过程。

3.物流成本控制的含义

物流成本控制贯穿于物流活动的全过程。进行物流成本控制，应根据物流成本的特性及类别，在物流成本的形成过程中，对其事先进行规划，事中进行指导、限制及监督，事后进行分析评价，总结经验教训，不断采取改进措施，使企业的物流成本不断降低。一般来说，物流成本控制的基本步骤如下：①制定物流标准：②监督物流成本的形成：③及时揭示并纠正不利偏差：④结果评价与人员激励。

4.物流成本控制的原则

为了有效进行物流成本控制，必须遵循以下原则。

（1）经济原则。所谓的经济，是指节约，即对人力、物力和财力的节省，它是提高经济效益的核心。因此，经济原则是物流成本控制的最基本的原则。

（2）全面原则。在物流成本控制中遵循全面原则，具体包括以下内容：

① 全过程控制：物流成本控制不限于生产过程，而是从生产向前延伸到投资、设计，向后延伸到客户服务成本的全过程。

② 全方位控制：不仅对各项费用发生的数额进行控制，还对费用发生的时间和用途加以控制，讲究物流成本开支的经济性、合理性及合法性。

③ 全员控制：物流成本控制不仅要有专职物流成本管理机构和人员参与，还要发挥广大职工在物流成本控制中的重要作用，使物流成本控制更加深入和有效。

（3）责、权、利相结合的原则。只有切实贯彻责、权、利相结合的原则，物流成本控制才能真正发挥其效益。显然，企业在要求内部各部门完成物流成本控制职责的同时，必须赋予其在规定的范围内有决定某项费用是否可以开支的权利。如果没有这种权利，也就无法进行物流成本控制。此外，企业还必须定期对物流成本业绩进行评价，据此实行奖励，以充分调动各部门和职工进行物流成本控制的积极性和主动性。

（4）目标控制原则。目标控制原则是指企业以既定的目标作为管理人力、物力、财力和完成各项重要经济指标的基础，即以目标物流成本为依据，对企业经济活动进行约束和指导，力求以最小的物流成本获取最大的盈利。

（5）重点控制原则。所谓的重点控制，就是对超出常规的关键性差异进行控制，旨在保证管理人员将精力集中于不偏离标准的一些重要事项上。重点控制是企业进行日常控制所采用的一种专门方法，盛行于西方国家。

5.降低物流成本的基本途径

（1）加强物流标准化。物流标准化使货物在运输过程中的基本设备统一规范，实现了通用性，特别是托盘与集装箱的广泛应用，使得各种运输设备、装卸设备之间能进行高效地衔接，同时促进了货物运输、仓储、装卸搬运等过程的机械化和自动化水平的提高，有利于提高物流系统的运作效率，降低物流成本。

（2）物流外包。企业把自身的物流外包给专业化的第三方物流公司，可以缩短产品在途时间，减少产品周转过程的费用和损失。有条件的企业可以采用第三方物流公司直供上线，实现零库存，降低成本。

（3）采用现代化的信息管理系统。在传统的手工管理模式下，企业成本控制受到诸多因素的影响，往往不易也不可能实现各个环节的最优控制。而采用信息系统之后，一方面可使各种物流作业或业务处理准确、迅速地进行；另一方面通过信息系统的数据汇总，进行预测分析，可有效降低物流成本发生的概率。

（4）加强企业职工的成本管理意识。把降低成本的工作从物流管理部门扩展到企业的各个部门，并从产品开发、生产、销售全生命周期中进行物流成本管理，使企业员工具有长期发展的“战略性成本意识”。

（5）对产品流通的全过程进行供应链管理。对由生产企业、第三方物流企业、销售企业、消费者组成的供应链进行管理，使整个供应链的利益最大化，从而有效降低企业物流成本。

二、成本核算与决策

随着电子商务的迅速发展，市场竞争越来越激烈，越来越细分化，从而导致物流成本核算变得越来越细腻，越来越抽象。

1.物流成本的构成及核算方法

（1）按支付形态划分并核算物流成本。分别按运费、保管费、包装材料费、自家配送费（企业内部配送费）、人事费、物流管理费、物流利息费等支付形态来核算物流成本。从这种方法中可以了解物流成本总额，也可以了解什么项目花费最多，对促进物流成本合理化非常有效。

（2）按功能划分并核算物流成本。分别按运输、仓储、包装、配送、装卸搬运等功能来核算物流费用。从这种方法可以看出哪种功能更耗费成本，比按支付形态核算成本的方法能更进一步找出实现物流合理化的症结，而且可以计算出标准物流成本（如单位个数、质量、容器的成本），促进物流作业管理合理化。

（3）按适用对象划分并核算物流成本。按适用对象核算物流成本，可以分析出物流成本都用在哪一种对象上。例如，可以分别把产品、地区、客户或营业单位作为适用对象进行核算。

（4）采用ABC成本法核算物流成本。ABC成本法又称作业成本分析法，它被认为是企业核算物流成本的最有效的方法。ABC成本法是指以作业为基础，把企业消耗的资源按资源动因分配到作业，以及把作业收集的作业成本按作业动因分配到成本对象的核算方法。其理论基础是：生产导致作业的发生，作业消耗资源并导致成本的发生，产品消耗作业。因此，用该方法核算成本就是把各种资源库成本分配给各作业，再将各作业成本库的成本分配给最终产品或劳务。

用ABC成本法核算企业物流成本的步骤如下：①界定企业物流系统中涉及的各个作业；②确认企业物流系统中涉及的资源；③确认资源动因，将资源分配到作业；④确认成本动因，将作业成本分配到产品或服务中。

2.物流成本核算存在的主要问题

（1）物流会计核算的范围、内容不全面，只涉及部分物流费用。目前，企业日常物流会计核算的范围着重于采购物流、销售物流环节，忽视了其他物流环节的核算。按照现代物流的内涵，物流应包括供应物流、生产物流、销售物流等，与此相应的物流费用包括供应物流费、生产物流费、销售物流费等。

从核算内容上来看，相当一部分企业只把支付给外部运输、仓储企业的费用列入专项成本，而企业内部发生的物流费用由于常常和企业的生产费用、销售费用、管理费用等混在一起，因此容易被忽视，甚至没被列入成本核算，从而影响了会计信息的真实性，不利于相关利益者及企业内部管理者的决策。

（2）物流会计信息的披露与其他信息的混杂。从物流会计信息的披露上来看，由于物流活动贯穿于企业经营活动的始终，因此对于相关物流费用的核算基本上并入产品成本核算之中，与其他成本费用混合计入相关科目。例如，对于因取得存货而发生的运输费、装卸费、包装费、仓储费、运输途中的合理损耗、入库前的挑选整理费等，作为存货的实际成本核算，进而作为销售成本的一部分从总销售收入中扣除以得到总利润。物流会计信息与其他信息的混杂，致使有关物流的数据信息需要从相关会计信息中归纳，过程复杂且数据的时效性差，不利于物流管理和绩效的评价。

（3）部分物流费用是企业间接费用的一部分，其分配方法依然沿用传统会计方法。随着物流费用对企业利润贡献的加大，传统会计方法中间接费用依据生产过程中的直接人工工时或机器工时的分配，不仅歪曲了产品或服务的成本，还不利于生产业绩的考核和评价。另外，高级管理人员基于这些数据所做的决策也是不正确的。

3.决策的基本概念

所谓的决策，是指人们确定未来行动目标，并从两个以上实现目标的行动方案中选择一个合理方案的工作过程。现代化管理是一个决策过程，它从提出问题、确定目标开始，然后寻找为实现目标可以选择的各种方案，比较并评价这些方案，进行最优方案的选择并作出决定，最后是执行这个决定，并在执行过程中进行检查和控制，以保证实现预定的目标。

物流企业经营决策包括的内容很多，我们根据经营决策所处的地位、决策的条件和管理层次的不同，可以将物流企业经营决策划分为：战略决策和战术决策；高层决策、中层决策和基层决策；确定型决策、风险型决策和非确定型决策等。

4.决策的程序

决策是一个提出问题、分析问题和解决问题的系统分析过程。要提高决策的科学性和时效性，就必须遵循正确的决策程序。其基本程序如下：

（1）调查研究经营形势与环境，制定经营目标。在作出决策之前，首先要对市场进行深入细致的调查研究，对企业所处的外部环境和内部条件有充分的了解，客观地分析企业所面临的发展机会和威胁以及企业的优势与劣势，明确经营问题，制定并能及时调整经营目标。

（2）拟订可行方案。企业要在已确定的经营目标下，根据对信息资料的分析研究，拟订两个或两个以上可供选择的可行方案。这个过程是发现、探索、创新的过程，也是淘汰、修订、选取、反复进行的过程。拟订可行方案是决策的关键，一定要注意方案的可塑性、可操作性、经济性和目标的可实现性。

（3）对可行方案进行评价和优选。这是决策程序的关键步骤。它是在对各个可行方案进行计算分析、比较、评价的基础上，由决策者通过总体权衡，选择出一个令人满意的方案。为此，需要满足两个条件：一是要有合理的选择标准，即从现实出发，比较而言"令人满意"；二是要有科学的选择方法，主要有经验判断法、数学分析法、实验法。

5.物流经营决策方法

经营决策不是选择方案的瞬间行动，而是一个提出问题、分析问题、解决问题的系统过程。毫无疑问，在供应链构建中，是否采用第三方物流的决策。哪些企业应该实施第三方物流，多大程度上使用第三方物流，目前很少有人能够找到某种方法解决这些问题。

（1）确定型决策方法。这种方法运用的前提是，人们对未来的认识比较充分，了解未来市场可能呈现某种状况，能够比较准确地估计未来的市场需求情况，从而有把握计算各方案在未来的经济效果，并据此作出决策，如盈亏平衡分析法。

盈亏平衡分析法，又称本量利分析法，是依据与经营管理决策方案相关的业务量（产量或销售量）、成本、利润三者之间的相互关系建立模型，分析评价决策方案优劣的一种重要方法。简言之，它是研究销售收入（或销售量）、成本与利润三者关系的一种决策分析方法。了解销售量、成本、利润各个因素之间的关系，对制订合理的决策方案很有帮助，已成为决策分析的有力工具，如图5-3所示。

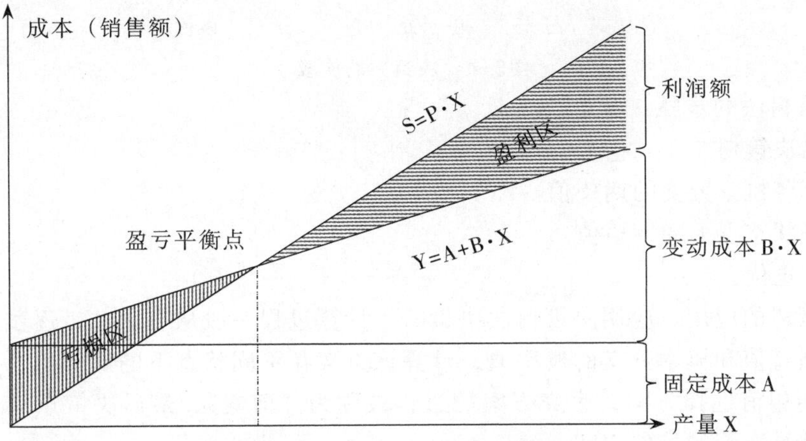

图5-3 盈亏平衡分析模型

盈亏平衡分析法是在销售收入与销售成本相等的条件下，求出盈亏平衡点销售量的方法。

若设A为固定成本、B为单位变动成本、P为产品单价、X为产品销售量、S为销售收入和Y为总成本，则：

利润=销售收入-总成本=PX-（A+B·X）

企业不盈不亏时，利润为零，销售收入=总成本，即S=Y。

（2）决策树法。

①决策树法的基本原理。决策树法的基本原理是以损益期望值为依据，通过计算损益期望值作出决策。决策树法是一种图解法，能够直接反映决策的过程，对分析较复杂的决策问题更有效。

②决策树的构成。决策树的构成有四个要素：决策点、方案分支、状态点和概率分支。分析决策问题时首先画决策点，决策点一般用方框表示，决策点的后面引出方案分支，有几个方案就引出几条方案分支。方案分支的后面是状态点，状态点一般用圆圈表示，状态点的后面引出概率分支，有几种状态就引出几条概率分支。在每条概率分支上注明该种自然状态以及该自然状态出现的概率，同时在概率分支的末端标注方案在该自然状态下的损益值。决策问题一般有多种方案和多种自然状态，所以有多

条分支线。在画决策树时一般由左向右，由简入繁，根据问题的层次展开构成一幅树形图，如图5-4所示。

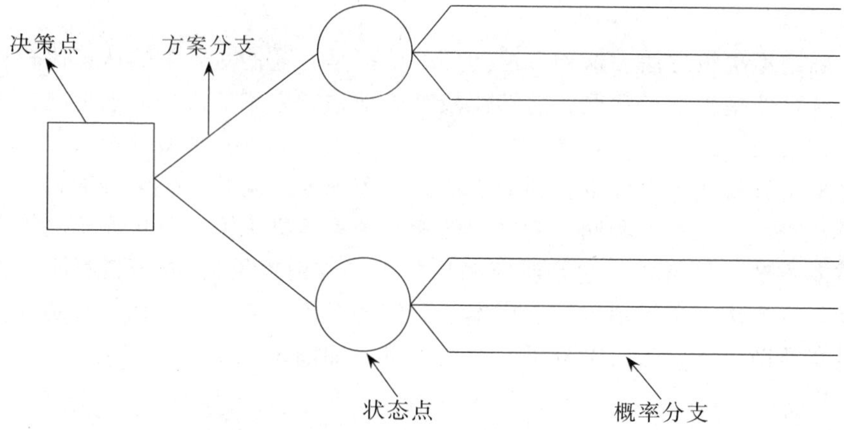

图5-4　决策树的构成

③决策树法的步骤：

➢ 画出决策树。

➢ 计算各概率分支的期望值。

➢ 计算状态点上的期望值。

➢ 方案选优。

④决策树的应用。应用决策树法决策时，计算过程一般从右向左，逐步后退。根据右方的损益值和概率分支的概率值，计算该方案在不同状态下的期望值，并根据计算的损益期望值选择方案，舍弃方案的过程被称为“剪支”，最后决策点只留下一条分支。这就是决策的最佳方案。

三、绩效管理

1.绩效管理与物流绩效管理概述

（1）绩效管理的含义。有关绩效管理的概念，目前有代表性的主要有三种观点：

第一种观点从组织绩效进行管理的角度来描述绩效管理，代表人物有罗杰斯（Rogers，1990）和布雷德拉普（Bredrup，1995），他们将绩效管理与20世纪80年代的很多管理思想、观念和实践结合，核心是通过组织结构、技术事业系统和程序等手段来决定组织战略并加以实施。布雷德拉普认为，针对组织绩效的管理过程应该包括计划、改进和考查三个环节。这种绩效管理更像战略或事业计划，员工虽在战略中占有重要的位置，但并不是考虑的主要对象。

第二种观点从对员工个人绩效进行管理的角度来描述绩效管理，代表人物有安斯沃思和史密斯（Ainsworth和Smith，1993）、海斯勒（Heisler，1987）、奎因（Quin，1988）等人，他们将绩效管理看作组织对员工个体工作绩效及发展潜力的评估与奖励，认为绩效管理是由管理者和被管理者共同参与的活动，提倡员工对组织的投入和参与，并把绩效管理视为周期性的循环。针对个人绩效的管理过程，安斯沃思和史密斯提出了包括计划、绩效考评和交互反馈的三步循环；奎因认为绩效管理有计划、管理和考评三个环节。这种观点强调员工个人绩效，对组织层面的因素没有直接涉及。

第三种观点认为绩效管理是管理组织绩效和员工绩效的综合系统，代表人物有麦卡菲和钱佩恩（McAfee和Champaign，1993）、科斯特洛（Costello，1994）等人，他们将绩效管理视为一个整体系统，认为在重视组织绩效的同时，也要强调员工个体的参与。

以上三种观点分别针对绩效管理的不同层面，研究的着眼点和范畴不同，但本质上都没有否定绩效管理所包含的两个层面。

（2）物流绩效的含义。从绩效的基本含义思考物流活动的绩效问题，物流绩效是指物流活动中一定量的劳动消耗和劳动占用与符合社会需要的劳动成果的对比关系，即投入与产出的比较。结合企业物流管理的需要来认识，物流绩效是指企业物流行为与行为过程及其所创造的物流价值和经营效益。

（3）物流绩效管理的含义、特点、原则、目标。

① 物流绩效管理的含义：物流绩效管理是指在满足顾客服务要求的条件下，对物流绩效的一切管理工作的总称，即在物流运作全过程中对物流绩效的产生、形成所进行的计划、组织、指挥、监督和调节。

② 物流绩效管理的特点：物流绩效管理是一个完整的系统；物流绩效管理既是一种战略性管理，又是一种具体的物流运作监控和改进；物流绩效管理的难点在于物流绩效的衡量和评价；物流绩效管理不只是局限于企业组织内部，它是供应链绩效管理的重要组成部分。

③ 物流绩效管理的原则：追求物流绩效与满足顾客需求的统一；近期物流绩效与远期物流绩效的统一；物流绩效与社会效益的统一。

④ 物流绩效管理的目标：提升物流服务能力，创造更多的物流价值；创新物流管理方式，有效降低物流成本。

2.物流绩效管理的过程

完整的绩效管理依次包括以下五个要素：绩效计划、绩效实施、绩效评价、绩效反馈和绩效改进。它们紧密联系、有效整合，缺少其中任何一个要素，都不是真正意义上的完整的绩效管理（如图5-5所示）。

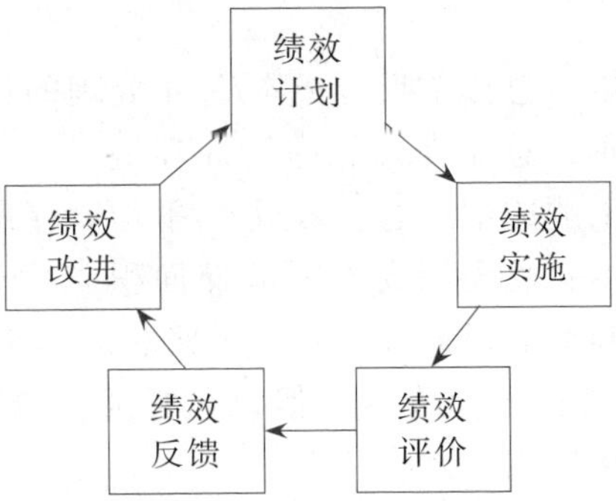

图5-5　物理绩效管理流程

（1）绩效计划。绩效计划是通过物流企业内部上下级之间的双向沟通，对绩效目标和标准达成的一致承诺。绩效计划作为物流企业绩效管理过程的第一个环节，就是要将物流企业的战略目标分解为部门（团队）目标，并最终转化为物流企业每个员工的绩效目标，使每个员工的工作行为、方式和结果都能有效促进物流企业战略目标的实现。因此，在绩效目标的基础上对绩效指标进行设计成为绩效计划中的关键内容。

（2）绩效实施。绩效实施是在确立绩效计划之后，管理者与员工通过持续的绩效沟通，预防并帮助员工解决在工作中存在的问题，纠正偏离绩效目标的行为，根据具体情况对绩效目标进行修正与调整，确保绩效目标的实现，并为随后的绩效评价收集和提供信息的过程。因此，绩效实施要完成两个方面的工作：一是进行持续的绩效沟通，分享信息，促进工作，修正和调整实际工作与绩效目标之间的偏差；二是收集并记录有关工作绩效的数据资料，为绩效评价提供信息。

（3）绩效评价。物流企业绩效目标是否实现，工作目标和标准是否达到，绩效实施的效果如何，都要通过绩效评价来衡量和总结，而绩效评价的结果也是进行绩效反馈和绩效改进的基本依据。因此，及时有效的绩效评价对做好物流企业绩效管理具有重要意义。

（4）绩效反馈。绩效管理不是得出绩效评价的结果就结束了，在绩效评价之后，要让员工认识到自己的工作状况，共同分析存在的问题，即通过绩效反馈使员工解决问题、减少错误，同时对取得的进步也要进行沟通反馈，强化员工继续取得优良业绩，促进绩效水平的提高。选择恰当的时机和沟通方式是绩效反馈中最重要的问题。

（5）绩效改进。传统绩效考核的目的是通过对工作绩效进行评价，将评价结果作为奖惩的依据，但是现代绩效管理的目的不限于此，员工能力的提高以及绩效的持续改进和发展才是根本目的。因此，绩效改进基于对目前绩效状态与期望的绩效状态间差距的分析，建立绩效改进部门，选择绩效改进方法，设计绩效改进方案并实施，评估绩效改进的结果。

通过上述几个环节，就完成了一个绩效管理循环，绩效管理活动又回到起点——再计划阶段。此时，绩效管理的前一轮工作基本完成，在此基础上总结制订下一轮的绩效计划，使得物流企业的绩效管理活动在一个更高的平台上运行。这些环节紧密联系、环环相扣，任何一个环节的脱节都会导致绩效管理的失败。因此，物流企业在绩效管理过程中应重视每个环节的工作，并将各环节有效地整合在一起。

四、绩效评价指标体系

1.成本评价指标举例

（1）每张订单反应成本：总订单反应成本/每年处理的订单数目。

（2）平均库存管理成本：总存货成本/平均库存量。

（3）每份采购订单的采购成本：总存货成本/平均库存量。

（4）每平方米仓储成本：总仓储成本/总仓储面积。

（5）平均每（标准）吨商品运输成本：年运输总成本/年配送商品总标准吨数。

（6）物流费用：主要是指人力成本，但也包括通信费用、进出货运费、燃料费用、第三方费用和场地租借费用。

（7）总物流成本：主要包括总反应成本、总存货成本、总采购成本、总运输成本和总仓储成本。

（8）物流成本-销售比例：总物流成本/公司收入。

2.资产评价指标举例

（1）库存周转率：总销售收入/平均存货价值。

（2）呆滞商品比例：呆滞商品销售金额/库存金额。

（3）配送车运转率：配送总车次/（总车数×天数）。

（4）物流资产价值：物流系统各部分（包括仓储、物流设施、运输车队、物流搬运系统、物流信息系统等）所使用的资产的价值总和。

（5）物流资产回报率：简单算法是将公司利润除以物流资产价值。

（6）物流资产周转率：公司收入/物流资产投资额。

（7）物流附加值：物流附加值与公司经济附加值的计算方法类似，即将物流资本费用从公司税后收益中扣去。

3.生产率评价指标举例

（1）每人每小时处理订单数：每人每天已完成订单总数/物流员工每天工作小时数。

（2）平均每日订单数：订单数量/工作天数。

（3）每人每小时处理的采购订单数：采购订单总数/处理采购订单时间。

（4）每人每小时处理的货物单元数：每人每天处理货物单元总数/物流员工每天工作小时数。

（5）储区面积率：储区面积/物流中心建筑物面积。

（6）单位面积保管量：平均库存量/可保管面积。

（7）人均配送量：配送量/配送人员数。

（8）平均每辆车次配送重量：配送总重量/车辆总数。

4.质量评价指标举例

（1）订单输入准确性：按客户要求输入的订单数/总输入订单数。

（2）商店退货率：顾客退货数/出货量。

（3）订单满足率：得到满足的订单数（无更替或延迟订单）/订单总数。

（4）订单预测准确率：常用预测误差的代数偏差和比例、平均绝对偏差和比例、标准偏差等来衡量。

（5）存货准确率：无差错仓库储位数/仓库储位总数。

（6）准时运抵比例：货物在预定时间内送达的订单数/总订单数。

（7）货物损坏比例：在途中货物完好无损的订单数/总订单数。

5.反应时间评价指标举例

（1）订单输入时间：从接到订单开始直到订单输入完毕开始处理的时间。

（2）订单处理时间：订单处理系统开始处理订单直到订单被送往仓库开始拣货的时间。

（3）采购订单循环周期：从向供应商发出订单开始到货物送达指定地点为止的时间。

（4）仓库内订单循环周期：订单送达仓库管理系统开始到订单拣货完毕等待运送的时间。

（5）在途时间：订单送货准备完毕到货物送达客户指定地点的时间。

（6）总物流循环周期：从接受客户订单开始到将货物送达客户的时间，包括订单输入时间、订单处理时间、采购订单循环时间、仓库内订单循环时间和在途时间。

6.供应链密切程度指标举例

（1）顾客满意度：衡量上游组织的所有产品对下游客户一系列需求的实现程度，这一指标通过问卷调查来获取。

（2）畅销品到货率：到货的畅销品金额（数量）/所需畅销品金额（数量）。

（3）缺货率：接单缺货数/出货量。

（4）供应商订单满足率：满足采购需求的供应商数量/供应商总数。

（5）供应商价格变动率：前一年供应商商品价格/该年供应商商品价格。

（6）企业占供应商业务的比重：与供应商来往业务数额/供应商业务额。

（7）供应链信息沟通水平：衡量上下游企业之间的信息交流状况，为定性指标，通过专家评价给出相应水平。

五、绩效评价的方法

物流绩效评价的方法有很多，如层次分析法、关键绩效指标法（KPI）、平衡计分卡法等。

1.层次分析法

层次分析法是美国运筹学家萨蒂于20世纪70年代中期提出来的。其基本思路是：评价者首先将复杂问题分解为若干组成要素，并将这些要素按支配关系形成有序的递阶层次结构；然后，通过两两比较，确定层次中诸多要素的相对重要性；最后，综合各层次要素的重要程度，得到各要素的综合评价价值，并据此进行决策。层次分析法后来被引入供应链管理领域，成为绩效评价的一种新方法。层次分析法是一种实用的多准则决策分析方法，将定性分析与定量分析相结合，并将决策者的经验判断予以量化，具有实用性、系统性和简洁性的特点。

2.关键绩效指标法

（1）关键绩效指标法的基本思想。关键绩效指标（Key Performance Indicator, KPI）是衡量物流企业战略实施效果的关键指标，是物流企业战略目标经过层层分解产生的具有可操作性的指标体系。物流企业的战略目标具有整体、概括、抽象和不易直接实施等特点，必须将其进一步细分为若干业务领域的具体任务，并经过一定的流程和具体的实施才能最终实现。在这些细分的业务领域中，有一些对物流企业战略目标的实现具有关键影响，称其为关键业务领域。在这些关键业务领域中，又存在一些关键成功要素，分布在业务流程的各节点上，直接影响关键业务的绩效并最终决定物流企业战略目标的实现程度。按照这种逻辑关系，在关键业务流程的节点处设置关键绩效指标以控制关键成功要素，对关键业务进行绩效管理，便是实施物流企业战略管理过程控制的关键所在。

运用关键绩效指标法进行物流企业绩效管理，目的是建立一种机制，将物流企业战略转化为企业内部过程和活动，使物流企业全体员工了解企业战略方向，明确各自的目标任务，并把绩效建立在量化的基础上，起到落实战略目标和传递企业价值的作用。关键绩效指标法的理论基础是二八原理，是由意大利经济学家帕累托提出的一个经济学原理，即一个企业在价值创造过程中存在“20/80”的规律。也就是说，20%的骨干人员创造企业80%的价值：每个部门和每一位员工的80%的工作任务是由20%的关键行为完成的。二八原理为绩效管理指明了方向，即绩效管理的主要精力要放在关键的结果、关键的过程、关键的工作行为上，围绕关键绩效指标展开。

（2）关键绩效指标体系的构建。关键绩效指标应来自对物流企业战略目标的分解。当物流企业战略侧重点转移时，关键绩效指标必须予以修正，以反映企业战略的新内容。利用关键绩效指标法进行物流企业绩效管理，核心问题是关键绩效指标体系的设计。关键绩效指标体系包括企业级KPI、部门级KPI、员工级KPI三个层面。

①制定企业级KPI。物流企业首先要明确自身战略，由企业高层管理人员和KPI专家一起，利用鱼骨图分析法和头脑风暴法等，找出物流企业的业务重点及关键业务领域，然后找出这些关键业务领域的关键成功要素，从关键成功要素中提取、归纳出企业级KPI。

②制定部门级KPI。在企业级KPI制定之后，在KPI专家的指导下，由部门主管根据企业级KPI、部门职责或业务流程制定本部门的KPI，通常三种途径结合使用。这一过程不是部门主管一人闭门造车的过程，相反，因为涉及KPI的统筹协调，通常需要来自高层管理人员的协助才能使KPI体系科学严谨、繁简得当。

③制定员工级KPI。与部门级KPI类似，员工级KPI也要依据部门级KPI、岗位职责或业务流程等来制定，也需要部门主管负责完成员工级KPI在部门内的协调。对于涉及多个部门的业务，在设定员工级KPI时，还应由这些部门的主管共同协调相关员工完成。

无论是部门级KPI还是员工级KPI，都必须能对各自的关键成功要素进行控制和对关键业务进行衡量，必须支持上一级KPI，并最终服务于物流企业战略目标的实现。

④审核关键绩效指标体系。审核的目的在于检验这些关键指标是否能全面、客观地反映被考察对象的工作绩效，是否适合于考核操作，从而为适时调整工作行为或结果以及重新设置评价标准提供依据。对关键绩效指标体系进行审核时需要考虑的问题有：关键绩效指标是否可以证明和观察；不同评价者对同一考评对象用同一指标进行评价，结果是否一致；关键绩效指标体系是否可以解释考评对象80%以上的工作目标；这些关键绩效指标是否便于跟踪和监控。关键绩效指标体系的建立不是一次性完成的，需要经过无数次的审核、调整、再审核、再调整，方能最终确立。

3.平衡计分卡法

平衡计分卡法以企业的战略为基础，将各种衡量方法整合为一个有机的整体，引入了顾客、内部业务、创新与学习、财务四个指标，使企业在追踪财务结果的同时，可以密切关注能使企业提高能力并获得未来增长潜力的无形资产等方面的进展。这四个指标的结合，构成了内部与外部、结果与驱动因素、长期与短期、定性与定量等多种平衡。这样就使企业既具有反映“硬件”的财务指标，又具备能在竞争中取胜的“软件”指标。图5-6描述了这四个指标及其相互之间的关系。

（1）顾客角度：其首要目标是要解决“顾客如何要求我们”这一类的问题。企业的经营活动如何以顾客为导向是管理者必须考虑的问题，平衡计分卡要求管理者把为顾客服务的宗旨转化为具体的测评指标，这些指标能够反映真正与顾客相关的因素，主要包括时间、质量、性能、服务和成本。企业应该明确这些方面应该达到的目标，继而将目标转化为指标。常见的顾客指标有送货准时率、客户满意度、产品退货率、投诉数量等。顾客指标体现了企业对外界变化的反应。

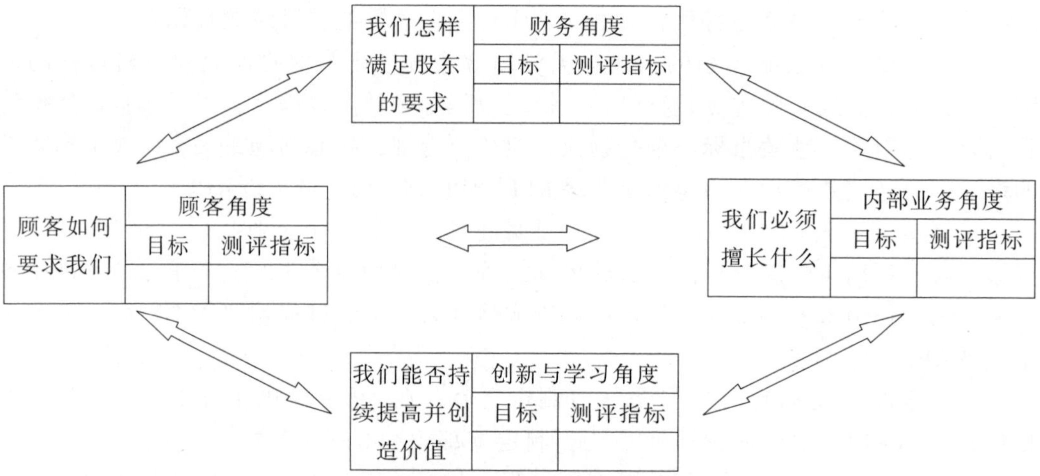

图5-6　平衡计分卡法中四个指标的关系示意图

（2）内部业务角度：其目标是解决“我们必须擅长什么”这一类的问题。以顾客为基础的指标固然重要，但是优异的顾客绩效来自企业运作中的流程、决策和行为。平衡计分卡要求管理者关注可能满足顾客需要的关键的内部经营活动。这方面的指标应该来自对顾客满意度有较大影响的业务流程，包括质量、员工技能和生产率等各种因素。常见的内部业务指标有生产率、成本、合格品率、新产品开发率等。内部业务是企业改善绩效的重要环节。

（3）创新与学习角度：其目标是解决“我们能否持续提高并创造价值”这一类的问题。以顾客和内部业务流程为基础的测评指标，确定了企业认为在竞争中获胜的最重要参数，但是企业只有通过持续不断地开发新产品、为顾客提供更多价值，以及提高经营效率，才能获得持续性的发展壮大。而这一切无疑取决于组织创新与学习的能力。这方面的测评指标引导组织将注意力投向企业未来成功的基础，涉及人员、信息系统和市场创新等问题。

（4）财务角度：其目标是解决“我们怎样满足股东的要求”这一类的问题，告诉企业管理者，他们的努力是否对企业的经济效益产生了积极的影响。因此，财务指标是其他三个角度的出发点和归宿，表示了企业的战略及其执行是否有助于利润的增长。常规的财务指标包括销售额、利润率、资产利用率等。

平衡计分卡法在企业绩效评价中的研究和应用非常普遍，近几年随着物流及供应链管理的发展，平衡计分卡法也逐渐地被应用到供应链绩效评价中，以平衡计分卡法为基础，经过扩展形成了新的供应链绩效评价方法——平衡供应链计分卡法，从顾客、内部业务、创新与学习、财务四个角度给出了供应链绩效评价指标，见表5-2。

表5-2　平衡供应链计分卡法的各项评价指标

角度	评估体系
顾客	1.供应链上客户服务点的数量 2.对客户订单的响应时间 3.客户对供应链的认识

续表

角度	评估体系
内部业务	1.供应链上的增值时间/总时间 2.选择数量/订单处理周期
创新与学习	1.从产品准备完毕到交付给客户的时间 2.共享数据的数量/总数据 3.创造满足客户需求的新产品或服务的数量
财务	1.供应链中在采购、持有库存、质量不合格和运送失败上的成本 2.供应链所达到的目标成本百分比 3.供应链所带来的利润百分比 4.现金周转时间 5.供应链资产的回报率

小案例5-3

如何降低全社会物流成本

物流一头连着生产，一头连着消费，是现代化产业体系的重要组成部分。中央经济工作会议提出，有效降低全社会物流成本。如何抓好落实、做好相关工作？

“有效降低全社会物流成本，对于构建高效顺畅的流通体系、畅通国民经济循环、更好支撑现代化产业体系建设具有重要意义。”交通运输部运输服务司副司长韩敬华表示，我国物流体系建设取得长足发展，但与发达国家相比物流成本相对偏高，仍有下降空间。今年，交通运输部将会同有关部门综合施策，持续发力，不断推动交通物流降本提质增效。

1.畅通道、调结构，更好保障交通物流高效运行

我国加快“6轴7廊8通道”国家综合立体交通网主骨架建设，全国综合交通网络总里程超过600万公里。交通运输部将充分发挥国务院物流保通保畅工作机制作用，全力畅通交通物流“大动脉”和“微循环”，持续推进大宗货物和中长途运输“公转铁”“公转水”，不断优化运输结构，挖掘物流降本潜力。

2.优组织、促融合，不断提升交通物流服务质效

近年来，交通运输部开展综合运输服务“一票制”“一单制”“一箱制”交通强国专项试点，同时加快推进互联网货运新业态健康规范有序发展，交通物流服务质效得到有效提升。下一步，将强化重点企业跟踪对接和支持引导，促进物流供应链上下游企业协同联动发展，健全多式联运制度规则体系，培育壮大多式联运经营人。支持重点企业延伸国际物流服务网络，提升物流企业全球服务能力。

3.强管理、优环境，切实降低制度性交易成本

目前，我国物流发展仍存在物流与产业链、供应链融合不够、仓储和管理运行成本较高、物流大市场规则不统一、制度性交易成本较高等问题。有关部门将取消、调整部分不合理罚款规定，定向降低沿海港口引航费，阶段性降低货物港务费、货车通行费，不断降低制度性交易成本。

交通运输部将组织开展交通物流降本提质增效专项行动，推进制度性、结构性、系统性、技术性、综合性降本提质增效，全力推动降低全社会物流成本。

资料来源　韩鑫．如何降低全社会物流成本［N］．人民日报，2024-02-06（4）．

【任务实施】

1.准备工作

（1）学习并了解物流信息的基础理论知识。

（2）学生具有一定的提出问题、分析问题、解决问题的能力。

（3）运用物流成本决策方法解决实际问题。

2.实施步骤

解：$P\cdot X-(A+B\cdot X)=0$

$15X-(200\,000-10X)=0$

$X=40\,000$（件）

因此，当产量为40 000件时，处于盈亏平衡点。

$15X-(200\,000+20\,000-10X)=0$

$X=44\,000$（件）

因此，当产量为44 000件时，企业可获利20 000元。

随堂测5-3

1+X证书

拓展阅读5-3

全社会物流成本

在当今经济全球化背景下，物流作为连接生产和消费的关键环节，对于提升国民经济效率至关重要。中央财经委员会第四次会议提出“有效降低全社会物流成本”的倡议，旨在通过优化整个物流体系，提高我国经济的整体竞争力。这一目标不仅仅是针对物流企业本身，而是着眼于整个社会经济层面的成本控制。

社会物流的物品涵盖了从供应地到接收地的所有实物流动，包括首次进入国内需求领域的农林牧渔产品、工业品、进口货物、再生资源以及单位和个人的物品。这些物品构成了社会物流活动的基础，因此降低物流成本不仅是减少物流企业开支的问题，更是涉及生产和消费两端，乃至整个供应链条的系统工程。

社会物流总费用由运输、仓储、管理等多个环节组成，它不仅包括直接的运输和仓储成本，还包括物流过程中的资金占用成本和管理费用。因此，“全社会物流成本”实际上是指整个社会物流总费用的概念，这与传统的仅仅关注物流企业内部成本的观点有所不同。它强调的是整个社会范围内物流活动的成本，涉及面更广，影响更深。

降低物流成本不应简单地理解为降低服务价格，而是要在保证服务质量的前提下，通过提升效率来实现。这意味着我们需要在制度创新、结构调整、管理优化和技术进步等方面下功夫。例如，我们可以通过优化物流网络布局，减少无效运输；利用先进的信息技术，提高物流过程的透明度和可控性；通过标准化建设，降低物流操作的复杂性和成本；还可以通过加强物流行业监管，规范市场秩序，防止恶性竞争导致的服务质量下降。

此外，社会物流总费用与国内生产总值（GDP）的比率也是一个值得关注的指标，尽管它不是一个绝对的优劣标准，但它可以反映物流效率和物流行业的发展水平。一个高效的物流系统能够更好地支持经济增长，促进资源的有效配置，从而为整个社会创造更多的价值。

总之，有效降低全社会物流成本是一个长远的战略目标，需要政府、企业和社会各界共同努力，既要注重短期效果，又要着眼长远发展，确保物流行业的健康稳定增长，为国民经济的持续发展贡献力量。

资料来源　周俭司. 如何正确理解“全社会物流成本”［EB/OL］.［2024-03-11］. http://www.chinawuliu.com.cn/zixun/202403/11/627678.shtml.引文经节选、压缩及改编。

思政聚焦

一汽解放“物联网+智能储运”助力打造数智化整车物流管理平台

一汽解放汽车有限公司智慧物流分公司（以下简称智慧物流公司）成立于2003年，专注于提供一体化物流服务，支撑着一汽解放的整车制造基地。智慧物流公司主要负责零件物流、备品物流、整车物流等服务，并致力于为客户提供低成本、高效率、高质量的服务体验。

为了进一步提升物流服务水平，智慧物流公司在2019年启动了整车物流信息系统项目，旨在通过重构整车物流功能，实现从传统的管理站队向直接管理车辆的转变，建立从整车订单到交付全过程的信息共享机制。这个项目的实施目标是通过流程优化和技术革新，达到物流全过程的在线调度管理，科学地分配运输资源，提升库存管理的精细度，加快交付速度，降低成本，并最终实现物流运作水平的整体提升。

在项目实施前，整车物流业务面临诸多挑战，包括交付质量要求高、交付及时性的需求紧迫、在途运输中的风险较大等。针对这些挑战，项目团队采取了一系列措施，如利用App+拍照质检的方式提升入库效率，通过引入RFID技术改进库内作业流程，以及通过GPS+手机App的组合来加强在途管理和监控等。

项目实施后的效果显著，具体体现在以下五个方面：

（1）入库效率提升了25%以上；

（2）库位利用率提高了20%，库内状态更加清晰；

（3）出库时间大幅度缩减，效率提升了75%；

（4）在途管理实现了运输状态100%可见，有效降低了运输风险；

（5）计费结算流程简化，提高了信息共享效率。

此外，系统上线还解决了之前人工操作中存在的诸多问题，如信息孤岛、工作效率低下、沟通不畅等，使得物流业务变得更加高效、透明。未来，智慧物流公司计划将系统与自动化设备集成，进一步减少人工干预，探索多式联运的可能性，并借助BI和AI技术，挖掘数据价值，为决策提供依据，使管理更加精准高效。

资料来源　佚名. 一汽解放：“物联网+智能储运”助力打造数智化整车物流管理平台［EB/OL］.［2024-07-23］. http://www.chinawuliu.com.cn/xsyj/202407/23/635367.shtml.引文经节选、压缩及改编。

综合测试

一、赛题测试

1.单项选择题

(1) 现代物流管理的基础是(　　)、信息技术的应用、高效的库存控制、优化的运输与配送流程,以及供应链的整体协调与合作。

A.物流作业管理　B.物流成本管理　C.物流服务管理　D.物流信息管理

(2) GIS数据库中不仅包含丰富的(　　),还包含与此有关的其他信息,如人口分布、环境污染、区域经济、交通等情况。

A.时间信息　B.物流信息　C.地理信息　D.经济信息

(3) 物流成本控制中最基本的原则是(　　)。

A.全面原则　B.经济原则　C.目标控制原则　D.重点控制原则

2.多项选择题

(1) 现代物流管理的特征有(　　)。

A.以实现客户满意为第一目标　B.以企业整体最优为目标

C.以信息为中心,满足市场需求　D.重视效率与效果

(2) 绩效管理的步骤包括(　　)。

A.绩效计划　B.绩效实施

C.绩效评价　D.绩效反馈与绩效改进

(3) 物流绩效管理的目标有(　　)。

A.提升物流服务能力　B.创造更多的物流价值

C.创新物流管理方式　D.有效降低物流成本

3.判断题

(1) 北斗卫星导航系统不仅能够用于定位,还能够提供可靠的导航服务,帮助车辆规划最优路线。(　　)

(2) 物流成本核算方法单一,只需采用传统的会计方法进行核算即可。(　　)

(3) 物流EDI是采用非标准化格式进行数据交换。(　　)

二、训创融合

现代化、智能化物流调研分析

1.实训目的

通过实训,使学生了解物流技术在不同工作岗位上的应用及现代化、智能化物流技术对员工的信息化素质的要求,熟悉物流企业相关技术设备,熟悉物流作业的要求和运作过程。

2.实训方式

参观当地一家物流企业,调查了解该企业是否在经营过程中采用了现代化、智能化的物流技术,具体采用了哪些物流技术?这些物流技术对该企业产生效益了吗?

3.实训内容及步骤

(1) 选取物流技术典型的物流企业,提前制定好调研内容和方法。

（2）规划好调研路线。

（3）强调调研的纪律，收集第一手学习资料。

（4）完成实训调研作业，在班级进行汇报和评比，并挑出优秀的调研报告在班级分享。

4.实训成果

参照应用文写作格式规范撰写调研报告。

主要参考文献

[1] 顾永才，王斌义．物流运输实务［M］．北京：首都经济贸易大学出版社，2011.

[2] 王骏．供应链管理［M］．北京：科学出版社，2006.

[3] 詹荣富．供应链管理［M］．广州：暨南大学出版社，2008.

[4] 徐晨．物流与供应链管理［M］．北京：北京大学出版社，2010.

[5] 张丽，郝勇．物流系统规划与设计［M］．4版.北京：清华大学出版社，2024.

[6] 王晓平．电子商务物流［M］．上海：上海交通大学出版社，2018.

[7] 王道平，鲍新中．供应链管理教程［M］．北京：经济管理出版社，2009.

[8] 曹雄彬．供应链管理［M］．2版.北京：机械工业出版社，2021.

[9] 申纲领，吴铭峰．供应链管理［M］．长春：东北师范大学出版社，2011.

[10] 郑称德．供应链管理［M］．北京：外语教学与研究出版社，2012.

[11] 王道平，杨岑．供应链管理［M］．北京：北京大学出版社，2012.

[12] 付淑文．电子商务物流应用实务［M］．北京：北京大学出版社，2013.

[13] 吴颖，颜浩龙，任青青．供应链管理［M］．长春：东北师范大学出版社，2014.

[14] 李志君，崔星．供应链管理实务［M］．4版．北京：人民邮电出版社，2023.

[15] 周云．采购成本控制与供应商管理［M］．2版.北京：机械工业出版社，2014.

[16] 施丽华，胡斌．供应链管理［M］．3版．北京：清华大学出版社，2023.

[17] 马士华，林勇．供应链管理［M］．6版．北京：机械工业出版社，2020.

[18] 柳荣．新物流与供应链运营管理［M］．北京：人民邮电出版社，2020.

[19] 辛童．华为供应链管理［M］．杭州：浙江大学出版社，2020.

[20] 刘宝红．采购与供应链管理：一个实践者的角度［M］．4版．北京：机械工业出版社，2024.

[21] 中国物流与采购联合会．供应链规划：构建韧性、可持续供应链［M］．北京：人民邮电出版社，2023.

[22] 中国物流与采购联合会．供应链管理师（基础知识）［M］．北京：中国劳动社会保障出版社，2024.

附录 数字资源索引

续表

项目	数字资源	页码
项目四　运营管理	微课4-1：智慧物流	136
	微课4-2：智慧仓储8S管理	170
	动画4-1：你知道冷链物流运营模式分为几种吗	163
	动画4-2：冷链运输	163
	动画4-3：智慧仓储	169
	1+X证书随堂测4-1	144
	1+X证书随堂测4-2	157
	1+X证书随堂测4-3	165
	1+X证书随堂测4-4	181
项目五　物流管理	微课5-1：智慧仓储与传统仓储的区别	190
	微课5-2：无线射频识别技术在物流领域的应用	198
	动画5-1：无人机快递	194
	动画5-2：食品冷链物流可追溯技术：条码技术	196
	动画5-3：GIS系统与冷链物流——什么是冷链物流？	204
	1+X证书随堂测5-1	193
	1+X证书随堂测5-2	208
	1+X证书随堂测5-3	224

俞炜华

——著

徘徊在经济与历史之间

D0810990

GUANGXI NORMAL UNIVERSITY PRESS
广西师范大学出版社
·桂林·

图书在版编目（CIP）数据

徘徊在经济与历史之间 / 俞炜华著. —桂林：广西师范大学出版社，2022.3

ISBN 978-7-5598-4639-6

Ⅰ. ①徘… Ⅱ. ①俞… Ⅲ. ①经济学－通俗读物 Ⅳ. ①F0-49

中国版本图书馆 CIP 数据核字（2022）第 003724 号

广西师范大学出版社出版发行

（广西桂林市五里店路 9 号　邮政编码：541004
网址：http://www.bbtpress.com）

出版人：黄轩庄

全国新华书店经销

广西广大印务有限责任公司印刷

（桂林市临桂区秧塘工业园西城大道北侧广西师范大学出版社集团有限公司创意产业园内　邮政编码：541199）

开本：880 mm × 1 240 mm　1/32

印张：9.375　　字数：180 千字

2022 年 3 月第 1 版　　2022 年 3 月第 1 次印刷

定价：58.00 元

如发现印装质量问题，影响阅读，请与出版社发行部门联系调换。

序言

董新兴

在《徘徊在经济与历史之间》即将付梓之际，俞炜华老师嘱我为其大作写个序言。我想，作为俞老师的老朋友、老读者、老编者，由我来写这个序言是合适的。

我和俞老师认识已经近20年了。我在负责编辑《经济学家茶座》时，就不时收到俞老师赐稿。除了学术随笔文章，这些年来经我手的俞老师大作就达四部之多，所以我对俞老师学问和为人是十分了解的。

现在即将出版的这部著作是俞老师新的一部学术随笔集，从历史现象、社会问题到现实经济问题，跨度相当大，俞老师将其定名为“徘徊在经济与历史之间”。这个书名表明了俞老师的跨学科研究，真实反映了本书的内容，也许还隐含着俞老师在学术上的彷徨：一方面是自己的学术兴趣和理想，另一方面是现实的世界。

据我了解,俞老师从中学时代就对历史产生了浓厚的兴趣,在读本科、硕士和博士阶段学习了经济学专业以后,就经常用经济学的方法来研究历史,并且取得了卓越的研究成果,比如在气候变迁与中国历史发展、封建制度向中央集权演进的制度逻辑、中国古代王朝兴衰、农耕游牧关系等领域。除了研究经济史,俞老师也对现实经济问题有着广泛深入的研究。根据我一个业内人士的体会,俞老师这种在历史与经济之间的徘徊,应该与单纯研究经济史难出成果以及学界重应用研究轻基础研究的风气有关。俞老师对历史问题和现实经济问题的研究,应该是体现了他对理想和现实的关照和平衡。根据我对俞老师的了解,多年来他一直坚持自己的学术理想。这一点在当今浮躁的时代,实属难能可贵。

像俞老师这样用经济学的方法来研究经济史的学问被称为新经济史。传统的史学者研究经济史多用考证和归纳的方法,而新经济史学者采用的是经济学的方法,比如假设的方法、计量的方法、逻辑演绎的方法等。当然新经济史学者也不排斥传统的史学方法。新经济史从 20 世纪五六十年代开始在以美国为代表的西方学术界就已经崭露头角。他们采用“提出假设—用数据验证—得出结论”的范式,取得了丰硕的研究成果,多人因在本领域的卓越成就而获得诺贝尔经济学奖。

俞老师除了研究历史问题，还对现实经济问题有着广泛的研究。我和学界的朋友经常称他的研究是“真实世界的经济学”。这在俞老师的这本随笔集里也有体现，我就不多讲了。

俞老师崇尚芝加哥经济学派，自称“赤裸裸的经济学帝国主义者”。他擅长用经济学的方法研究婚姻、家庭、生育、犯罪、环保等社会问题，著有《社会问题经济学》《婚恋与选择》《婚恋经济学》等。在此，我衷心祝贺俞老师的新作《徘徊在经济与历史之间》出版。荣幸的是，本人是俞老师上述几部大作的第一读者，从中学到了很多知识。

学术随笔的写作对学者来说是“出力不讨好”的事情，不仅不能给他们带来货币收入，而且学术随笔又常常不算“科研成果”，对学者的职称评聘、业绩考核等没有作用。但是，经济学随笔对科学的普及功莫大焉。俞老师长期坚持经济学随笔的写作，体现的是一个真正学者的情怀和社会责任感。俞老师的学术随笔深入浅出、文笔优美、趣味盎然。他在文章中常常提出意料之外的问题，接着给以情理之中的解答，通篇贯穿着经济学的思维。读俞老师的随笔，的确是一种享受。

是为序。

（作者为济南大学金融研究院教授）

自序

从《经济学家茶座》到公众号“鱼眼看经济”，笔者的经济散文写作之路已经持续近20年了。当然，在文章越来越不值钱的今天，单纯从货币报酬的角度看，写作经济散文的收益与成本之间呈现高度不对称状态，但由普及真实世界经济学所带来的满足感等所构成的非货币报酬着实不低。这激励着我持续从事经济散文的写作工作。

在2012年，第一本经济散文集《婚恋与选择》出版后，我就定下再写一本从经济学角度看中国历史现象散文集的目标。历史一直是我的兴趣之所在。在高考报志愿时，我一直在“饭碗”（经济学）和兴趣（历史学）之间犹豫徘徊，最终“饭碗”战胜了兴趣。也幸亏如此，经济学理论训练给了我看待历史现象的新视角。高校工作的好处是饭碗和兴趣可以兼得，应用经济学分析工具分析历史现象成为我的研究领域之一，写作相关经济散文也成为我的一个习惯。不过，尽管经过多年的累积，我写作的关于历史现象的经济分析的散文字数并不足以集成一个经济散文集，和董新兴老师商量后，加入应用经济学分析真实世界的一些经济散文，以“徘徊在经济与历史之间”为名出版。因此，本书分为“真实世界的经济学”与“历史中的经济学”两个部分。

作为一名“芝加哥学派的信徒”，我坚信价格理论是解释一切人类行为的基础，无论是传统意义上的市场行为，还是生育、婚姻、犯罪等非市场行为，均可以在价格理论的架构下得到完美的解释。但是，在大学面向非专业学生讲授经济学，面临着非常大的压力。

第一层压力来自授课的需要。既然经济学是一门解释真实人类行为的科学，那么教师在授课过程中，除了进行理论上的讲授，还需要将理论不断应用于真实世界，尤其是非市场行为的经济解释之中。否则，何以体现经济解释的魅力？为更好地实现这一点，我不得不主动地大量阅读前人的经济解释论述，并通过不断思考对身边真实世界的现象提出经济解释。

第二层压力来自学生的提问。经济解释的反直觉与逻辑性的高度统一在给学生带来智力上挑战的同时，也激发着学生的学习兴趣。作为思维最活跃的一个群体，学生普遍怀疑价格理论对真实世界的解释能力，会不断地寻找教师经济解释的漏洞，也在不断地寻找新的真实世界的现象挑战老师的经济解释能力。这使得我在每次授课过程中，不得不面对学生质疑的狂轰滥炸；在每次授完课后，也不得不记住学生提出的需要进行经济解释的一堆真实现象，日思夜想地寻找相应的经济解释，以便在下一次课程中进行解答。

教学相长。讲授真实世界经济学过程中的压力促使我随时记录自己对真实世界现象的经济解释，陆续累积了近百篇篇幅不长的经济散文——这就是本书的第一部分。这部分内容庞杂，涉及生物经济学、婚恋经济学、经济学方法论、风险、定价策略等，但背后的理论却只有一个，那就是严谨的价格理论。因为这部分内容是写给非经济学专业学生的，所以，我尽量用浅显易懂的语言描述现象及其背后的经济学。如果读者在阅读过程中，发现需要进一步了解价格理论，我推荐笔者在西安交通大学出版社出版的价格理论教科书《经济学的思维方式》和我在中国大学 MOOC 上的在线课程“经济学思维方式”，因为本书许多经济解释案例产生于西安交通大学通识核心课程“经济学的思维方式”的教学之中，两者配合阅读更容易让读者了解“价格理论是解释真实世界现象强有力的工具”。

本书第二部分为应用经济学分析方法对历史的解读。除一些零散的题材外，本部分集中于农耕游牧关系、封建治理与中央集权治理的对比与演变逻辑分析、统一与分裂的经济学解读等。

我的博士论文方向是农耕游牧关系的经济学分析，我最早的经济散文来自博士论文核心内容的通俗化改写。这几篇经济散文也被收录到本书之中。在随后的工作中，中国古代统一与分裂问题也成为我关注的议题。随感随想随记，也写了几篇，一并收录在本书之中。

我的博士生指导教师郭誉森教授一直强调封建与中央集权是两种不同的治理方式，且这两种方式之间并不存在孰优孰劣的问题，只有在不同约束下哪种更适合的问题。这引起我的极大好奇心。我开始阅读相关历史文献，希望能够从约束条件变化角度解读封建治理与中央集权治理的差异，并对古代社会从先秦时期的封建治理演化到秦以后的中央集权治理提出新的解释。这个题目到目前为止还是“烂尾楼”，但仍是我朝思暮想的牵挂。在本部分中，我也将到目前为止的思考变成文字，求教于各位读者。

芝加哥学派是“经济学帝国主义”的大本营，也是应用经济学分析方法分析真实世界的经济解释学者心目中的圣地。我对应用价格理论分析真实世界现象的关注也来自伟大的芝加哥传统。在攻读博士期间，郭誉森教授时常提及他读书时的芝加哥大学经济学系是如何培养学生的：价格理论在教些什么？资格考在考些什么？这些勾起我对芝加哥学派的强烈兴趣。芝加哥学派因何兴起，又为何衰落？芝加哥学派的当代意义是什么？阅读了弗里德曼和斯蒂格勒等芝加哥学派大佬们的自传以及一些关于芝加哥学派的传记，师承郭誉森教授的口述传统，形成了《纵论芝加哥学派》，以致敬芝加哥学派先贤对经济学理论的巨大贡献。

“喝水不忘挖井人。”我对价格理论和历史学的兴趣分别来自金禾中心郭誉森教授和读高中时嵊县中学（现在的嵊州中学）的历史老师王伟江。本书也献给这两位可爱的老师。

目 录

真实世界的经济学

为什么女性喜欢逛街而男性讨厌逛街？

两性行为差异是非常好玩的一个议题。比如相对而言，女性比较喜欢逛街，即使不买，也要试试这件衣服那件衣服的，而男性则讨厌逛街，要买什么衣服，见到合适的就买，不准备买的，就不会去试穿。海澜之家自诩为“男人的衣柜”，其广告就是“一年逛两次海澜之家”，其背后含义就是我知道你们男人不喜欢逛街，每年来两次海澜之家就能够把一年穿的衣服买齐了，你们不用到处逛着去买衣服了。一些商场也专门设置男性等候区，以让不喜欢逛街的男性在女朋友（或夫人）逛街时，能坐在等候区休息。

为什么女性喜欢逛街，而男性不喜欢逛街呢？其实这是两性在初民社会时期社会分工结构造成的。在初民社会，男性主要从事打猎，而女性主要从事采集。

女性每天沿着几乎同一条路线去采集果子，要求不断地对比各种果子，挑选相对成熟的果子。她们每天都会面临这样的选择：这个果子今天采还是明天采呢？今天应该采这个果子还是那个果子呢？因此，喜欢采集，善于比较的女性在初民社会具有生存的竞争优势。

男性打猎，要求长时间等待，一击而中。如果男性看到一个猎物，要想一下这个猎物是不是太小了，是今天打还是明天打，猎物就已经跑掉了。因此，喜欢走来走去，善于比较的男性，在初民社会反而具有生存的竞争劣势，干脆利落，看见猎物就打的男性具有生存的竞争优势。

逛街买衣服和采集果子面临类似的选择：是今天买还是明天买？是买这件还是买那件？即使今天我的收入不足以让我买这件衣服，我先试穿一下。不错！明天如果单位给我发奖金，我就把这件衣服买了。女性喜欢采集，就喜欢逛街，就喜欢试穿衣服。男性则刚好相反：需要什么衣服就去买什么衣服，而不是不停地对比试穿。

因此，女性喜欢逛街，喜欢试穿衣服，而男性不喜欢逛街，需要什么就买什么。这是两性在长时间生存竞争中演化的结果。理解这一点，女性就不会抱怨男性“你爱我，为什么不陪我逛街，一上街就说腰酸腿痛”，男性也不会抱怨女性“每天都想上街，上街就试这试那，还让我评价衣服好坏”。

我对进化论的认识之路

（一）

作为一名经济学教师，我是一名铁杆进化论信奉者。在中国，相信进化论的民众比例可能是世界上最高的，但从世界范围看，进化论的信奉者数量未必会超过信奉各种各样神创论的信奉者。即使在学者（包括从事生物学研究的学者）中，相信神创论的也不在少数。从我未必准确的判断看，经济学者相信进化论的比例可能是所有学科中最高的。

我对进化论的认识是一个不断演进的过程。当然，学无止境，我对进化论的看法在未来可能还会改变。

我对进化论的认识除了受到经典著作，比如道金斯的《自私的基因》的影响外，也受到三位经济学家非常大的影响：第一位是博士生指导教师郭誉森教授，第二位著名经济学家黄有光教授，第三位是著名经济学家张五常教授。

郭誉森教授对我的影响主要来自读博士期间闲谈中的所思

所得。尽管在日常交流中，我发现郭誉森教授在应用进化论解释现象时时常出错，但其思考的视角却是进化论的，其出错的原因在于把约束条件想错了。因此，郭誉森教授对我的影响不是在具体的应用进化论解释现象方面，而是他对进化论的坚持、对道金斯的推崇和对神创论的批评上。郭誉森教授时常说的一句话就是："道金斯曾经讲过，因为进化论的信奉者不敢公开(在大学讲台上）宣传进化论，而神创论者无知无畏，不断攻击进化论，使得进化论在与神创论的竞争中处于劣势。"作为进化论的信奉者，我受郭誉森教授这句话的刺激，内心产生了强烈的使命感，促使我在大学的讲台上讲授进化论，并应用进化论解释真实现象。从课堂反馈看，尽管学生普遍是无神论者，但对于进化论的理解非常教条，并没有真正理解进化论的内涵，也不相信进化论是可以解释真实世界的①。甚至当我用进化论解释婚恋现象时，受到女权主义极端思想影响的女生当众表达对我的鄙视：有现场站起来骂了我一顿，离开课堂的；也有女生在毕业后，还在微信朋友圈骂我的。但我无怨无悔②。要讲

---

①也正是进化论教条主义的影响，使得当其面对神创论似是而非观点引诱时，会放弃进化论。这样的人我周围其实有不少。

②从教学实践看，现在不少大学本科女生，脑子有一根女权主义道德的弦。她们认为，不符合这个标准的，都是男权主义，都应该在道德上受责骂，根本不管这个分析是不是符合逻辑。这是非常违背科学精神的，也是非常悲哀的事情。

清楚经济学基本假设之一的人是理性和自利的，不能不讲授进化论。从某种意义上讲，经济学也是建立在进化论的基础之上。经济学的元典《国富论》，讲授的核心原理就是“物竞天择，适者生存”。

黄有光教授对我的影响主要是其发表在《经济学家茶座》和博客上的生物经济学文章。几次和黄有光教授近距离接触交流也提升了我对生物经济学和进化论的认识。他的“宇宙是怎样来的”的学术讲座和对应的书籍则让我认识到进化论存在的缺陷及如何客观地看待神创论。许多人可能看过我的经济散文集《婚恋经济学》。这本书背后的理论支撑其实就两个：一个是贝克尔教授对婚姻家庭的开创性研究，另一个就是进化论。用进化论去解释婚恋现象，我从黄有光教授那里学到非常多。

尽管在留校后不久就有幸听了张五常教授长达两周的“经济解释”课程，也曾经面对面和张五常教授有过多次交流，但现在已经记不起张五常教授的课堂教学和面对面交流对我的影响。张五常教授对我的影响主要体现在其专著《经济解释》上。每次研读，都会有不同的收获。其在《经济解释》的字里行间透露出的进化论思想，让我重新思考经济学与进化论之间的关系。

（二）

尽管我们一直以来接受的都是进化论的教育，但对进化论的教学却是非常教条的。许多人对进化论的理解可能仅仅是人是猴子变的[①]，理解再深一步的话，可能知道“物竞天择，适者生存”。在接触黄有光老师以前，因为受到郭誉森教授的影响，也因为自己的兴趣所在，看过一些进化论的书，比如《自私的基因》等等，对于生物演化有一定的理解，但并没有从进化论的角度去理解人类行为，或者讲，仅仅将进化论应用于理解非人类的动物。

在《经济学家茶座》上看到黄有光教授的一个书评，介绍香港某大学一位生物学教授应用进化论解释人类行为的经济散文，比如男人为什么喜欢腰细的女性，男性为什么喜欢年轻的女性等，让我大开眼界，于是也开始试着应用进化论来解释人类行为，并一发不可收拾。

作为一名著名经济学家，黄有光教授在非常多的经济学领域都做出了杰出的贡献。生物经济学是其研究领域之一。在黄有光教授在西安交通大学讲学期间，和其讨论进化论是一件非常美好的事情。

---

① 这个理解有误，但许多人对进化论的理解可能也仅限于此。

记得有一次，金禾中心2008级硕士毕业多年后聚餐，邀请了郭老师、黄有光老师夫妇和多位金禾中心老师。因为当时刚好发生了哈佛大学校长说女性智商比男性低而被迫离职的事件，餐桌上的讨论当然又延伸到进化论上去了。比如，郭老师就介绍了他一直以来秉持的观点，即在基因检验大范围使用后，人类婚姻制度已经名存实亡。我当时问了郭老师一个问题："为什么从人类历史的角度看，男性当官的比女性多得多，即使在现在仍是如此？而如果从情商的角度看，女性的情商比男性高，应该是女性当官的比例更高才对，因为在官场，情商比智商应该更加重要。"郭老师想了好久，但没有想到答案。我公布了答案。在回学校的路上，黄有光教授说："人不仅具有社会性的一面，更有生物性的一面。人的行为，至少60%以上可以用进化论去解释，20%可以用经济学去解释，剩下的才是用其他角度去解释。"

黄有光老师在交大曾做学术报告"宇宙是怎样来的"。这是一个真正的跨界研究。黄有光教授从大家都会接受的命题出发，推导出宇宙是神创的，但神是演化而来的结论①。他将神创论和进化论有机地结合在一起，逻辑之清晰严密，让你叹为

---

① 本质上仍是进化论，只是该学说能将进化的时间无限延长，解决进化论面临的解释困境！

观止！在听讲座以及阅读其同名专著的过程中，我了解到了进化论解释不了的一些现象，当然这些现象并不是那些有神论者对进化论攻击的地方，比如进化的缺环等——进化本身其实并不存在缺环，而仅仅是宇宙和地球的时间均太短，使得进化的时间太短,从无机物演化到有机物和意识能够产生的概率太低。对于这，我是外行。但是，这应该是一些物理学家和生物学家不相信进化论的原因之所在。当然，黄有光综合进化论和神创论的努力有没有成功？到现在为止，仍无法判断。但从我个人的观点看，黄有光教授论证的过程找不到逻辑上的漏洞，其严密程度不亚于阿罗的不可能定理。

(三)

郭誉森教授家庭背景优越，在芝加哥学派辉煌时期曾在芝加哥大学求学，其在经济分析能力上一直碾压我们这些弟子。有几次，我以为自己发现了对某一现象非常好的经济解释，到郭老师那里去吹牛。结果，一讲现象，郭老师就提出类似，甚至更好的经济解释，真的让人怀疑自己的智商和经济学素养。

和郭老师聊天是最开心的事情。作为一名“经济学帝国主义者”，郭老师对国际关系、经济学、时事、历史等现象有着独到的看法，关键是这些看法背后的经济逻辑非常严密。我真的从郭老师那里学到很多。

就进化论与经济学的关系而言，郭老师曾经不止一次提及张五常的老师阿尔钦的经典论文。但真正让我佩服的是郭老师应用进化论去解释婚姻。

记得第一次听郭老师讲这个议题是在金禾中心2003级研究生学位论文答辩结束后的晚上（2006年6月底），毕业生和老师一起聚餐，我和郭老师在同一桌。他和学生讲，最近他自己在想一个议题，就是人类婚姻会因为基因检验的大规模应用而解体。他的逻辑是：“婚姻制度其实是保证男性不养错小孩的手段。婚姻是两性之间签订的一个合同。男性对女性说，我会养你和你的小孩子；女性对男性说，我保证我生养的小孩子是你的。现在，基因检验已经能够保证男性不会养不是自己的小孩，也无法不养是自己的小孩。婚姻保证男性不养错小孩的作用下降，婚姻制度就会逐渐走向消亡。”在随后一段时间中，我们还讨论了婚姻制度解体的标志是什么、在现行婚姻法下婚姻是否已经名存实亡、是大陆法系国家还是英美法系国家婚姻的解体会比较早、中国的婚姻制度还是西方世界的婚姻制度早解体等问题。但有一个问题一直没有讨论出结果，那就是在现行婚姻制度解体后的世界里，占主导地位的婚姻制度将会是什么。对这个问题的解释到2010年才解决。

2010年，和郭老师一起去郑州参加中国经济学年会。在西安高铁站，我们又讨论起了这个已经讨论了无数次的议题。

讨论着讨论着，郭老师忽然来了一句："现行婚姻制度解体后的婚姻制度应该会恢复到母系社会。两个人相爱了，在一起；不爱了，就分开。小孩子归妈妈，但生物学上的爸爸要出抚养费。"郭老师的讲法一出，逻辑就顺了。因为女性生养小孩子的成本比男性高，因此，妈妈一定比爸爸更爱自己的小孩。小孩子会跟随最爱自己的妈妈一起生活。

近几年，随着中国结婚率持续走低而离婚率越来越高，在微博和微信朋友圈上，也出现了人类婚姻制度会解体的说法，但我与郭老师的讨论在时间上比现在的讨论早得多，在深度上也远超现在的讨论。在某种程度上讲，经济学是一门解释的学问，也是一门预测的学问。我们师生二人一起预测了人类婚姻的走向。当然，尽管现在婚姻制度解体的苗头已经出现，但什么时候真正解体还有待观察。希望在人类社会的婚姻制度真正解体的时候，有人能翻开《婚恋经济学》或这篇文章，能惊喜地说，原来，真的有经济学家，在很久很久以前就应用价格理论预测到这种现象的发生。不过那一定已经是身后名了，尽管郭老师坚持认为，他看不到人类婚姻的解体的那一天，我应该能看到。

值得强调的是，尽管我针对婚姻现象写了一系列经济散文，也将这些经济散文整理成集子以《婚恋经济学》为名出版，在作者名字上也没有挂上郭老师的名字，但了解郭老师的人都知道，这些文字蕴含的思想，许多来源于郭老师。

（四）

张五常认为："今天，衡量人类科学思想发展的专家们，不少认为达尔文的'自然淘汰'是古往今来最重要的思维。这一思维来源自斯密：整本《国富论》都有自然淘汰的味道。"经济学家中相信进化论的比例可能是所有学科中比例最高的，张五常的《经济解释》或明或暗地弥漫着进化论的理念，对进化论的强调贯穿着《经济解释》的始终，进化论是"张五常经济学"最重要的理论基础之一。比如，《经济解释》卷一"科学说需求"第二章"自私的武断假设"专门提及斯密、达尔文和道金斯等人的进化论思想，全书也多次提及张五常老师阿尔钦应用进化论解释利润最大化假设合理性的经典论文《不确定、进化与经济理论》。

让我真正触动的地方有二。

第一，既然是"物竞天择，适者生存"，为什么人类会多次出现自我毁灭的可能性呢？张五常先生用租值消散理论巧妙地回答了这个问题。

第二，张五常先生在《经济解释》卷四"制度的选择"中的一段话回答了我心中一直以来的一个困惑：既然进化论如此有道理，为什么神创论者不接受进化论呢？

《经济解释》卷四“制度的选择”中有这样一段话：“二〇一一年，我致函沃因说，我搞不清楚的是理论还是套套逻辑。他回信说欧洲有不少学者也这样问，但得不到肯定的答案。”

是的，进化论可能是套套逻辑，即恒等式。为什么男性喜欢腰细的女性，是进化的结果！为什么恋爱中的女性喜怒无常，是进化的结果！如果进化论是套套逻辑，这意味着进化论可以解释一切，但这种解释又是废话，因为无法证伪。既然相信进化论的人恒相信进化论，认为它恒成立，什么都能用进化论来解释，那么相信神创论的人也认为神创论是真理，是恒等式：为什么男性喜欢腰细的女性，神就是这样安排的；为什么恋爱中的女性喜怒无常，神就是这样安排的。这就使得进化论和神创论之间出现了谁也说服不了谁的局面。无法证伪使得双方之间各说各话，各自有各自的信奉者。

尽管“套套逻辑”是恒等式，是废话，但张五常在《经济解释》中曾经不止一次地说：“套套逻辑可以是空洞无物”，“套套逻辑可以是重要的概念”。如张五常先生在《经济解释》卷一“科学说需求”中讲过这样一段话：“我说套套逻辑不可能错，没有内容，但并没有说这种言论不可能是重要的概念。事实上，很多重要的科学理论，是来自不可能错的套套逻辑提供的观点或概念的。套套逻辑有一点可取特色：它有极大的一般性。假若我们能够把范围加以约束、收窄，有时可以促成一个有内容的——可能错的——理论，其解释能力之强，令人拍案。”

因此，要让进化论具有内容，需要考虑，如果约束条件发生变化，追求基因延续的行为人，自己的行为会发生什么样的改变。这样，进化论就有了内容，即可以被事实所推翻。是的，要让进化论有解释力，并不是说明男性喜欢女性腰细的进化的结果，而是需要说明，在什么样的约束下，进化使得男性喜欢腰细的女性。

遵循张五常用需求定理解释真实现象的逻辑，我们可以把约束的变动处理在“价格”（即“代价”）的变动，从而使得进化论具有可证伪性，即具有实际的内容，摆脱套套逻辑的困境，而神创论是无法做到这一点的。

比如说，延续基因是人的生物学本能。进化论告诉我们，人为了取得生存竞争的优势，有多延续基因的倾向。为什么从19世纪以来，在西方世界，每个家庭生养的小孩的数量会越来越少？答案可以从约束条件下的进化论去解释。原因之一是，自从女性大规模进入市场生产以来，生养小孩需要付出的代价（妈妈的时间成本）越来越高。代价越高，生养的小孩数量就会越少。原因之二是，随着科学的进步，孩子夭折率下降，并且小孩质量在生存竞争中的重要性增加，从生存竞争的角度看，将资源集中于小孩的质量投资，而不是数量投资，更容易在未来的生存竞争中取得竞争优势。这意味着对小孩进行数量投资的回报下降，对小孩进行质量投资的回报上升，从而家庭对小孩质量和数量的选择上更倾向于质量投资。

总之，从科学方法论的角度看，无论是进化论还是神创论，其解释均是被假设进去的。而假设本身是不能用来解释现象的，否则这个解释就是直接假设出来的。因此，科学不接受“造成这种现象的原因是进化论”此类解释，因为这是永远准确但毫无解释能力的套套逻辑。经济解释要求先指出人行为所面临的约束，然后推导出在这样的约束下，追求基因延续最大化的行为人会做出什么样的选择。通过约束的变化推导出人行为的变化，进而使进化论具有可证伪性，才具有真实的解释力。神创论无论如何都无法实现这一点。从这个意义上讲，经过简单的处理，进化论具有可证伪性，即可以成为科学，而神创论无法实现这一点。

母亲冲到火场救自己的子女，是不是理性自利？

看到熊秉元老师的《法的经济解释》书中有一道题目："母亲冲到火场里救自己的子女，是不是理性自利的"，就随手贴到《经济学的思维方式》授课的SPOC上，让学生回答。学生的回答比较典型，但是错误的。

学生A回答："是。理性自利不仅是个人实际的物质利益或者个人生命，还包括个人的精神追求和心理期望。对于母亲而言子女的生命健康的重要性高于自己，因此其冲入火场救子女恰恰是理性自利的。"

学生B回答："是理性自利。理性自利的指代范围是比较宽泛的，不仅仅是实际上对自己的现实利益，还有对自己的心理利益，是精神上获得的满足感和幸福感。当然还有社会文化因素对火场救子女这个行为的影响。故母亲的利他行为其实也可以理解为利己的表现。"

这些学生的回答错在哪里呢？这些回答其实被题目欺骗，从理性和自私的内涵的拓展去解释母亲冲到火场去救子女。这种答题方式是有问题的：如果将非理性和非自利的内涵拓展，是不是也可以用非理性或非自利去解释相同的现象呢？

其实理性和自利是经济学的基本假设，基本假设本身是不能用来解释现象的，否则，该解释就是假设进去的。因此，不能说造成这种现象的原因是因为人是自私的，这并不是真正的经济解释。

如何来解释“母亲冲到火场救自己的子女”这种行为呢？大家设想一下：如果人是自私的，当自己的孩子和别人的孩子处于同样危险之中，父母会先救哪个？按照人是理性和自私的假设，大家可以得出推理：父母会先救自己的小孩子。当别人的小孩子在火场和自己的小孩子同在火场，父母冲进去救的概率哪个大？答案是自己的小孩子。

熊秉元教授拟定参考答案的第一个要点就是：“母亲冲到火场里，救的是自己的子女。到火场里救其他人子女的母亲，可能屈指可数。”熊教授拟定的答案就是比较标准的经济学回答。

冲动的理性

（一）

“大多数时候，我们往往凭借着冲动去做一件事情，在喜欢思考的经济学家眼中很可能根本不符合我们自己的根本利益。”这是刊登在全国最有名的文摘杂志上的一篇文章中的一句话。而在该文中，作者还引用了一个神经科学家所描述的一个丧失冲动的病人基于理性计算而没有办法做出决定，给人所带来的恐怖感。作为一个以经济学为专业的人，本人的个性也非常冲动，常被人称为冲动大于理性的人。这好像与我的专业素养相违背。那么如何看待冲动的理性？

（二）

面对激励人会做出反应，这是人具有理性的一个重要特征。表现在冲动上，我们可以看出：在不同的环境下，冲动存在着程度的差别，即冲动的程度与冲动所需要付出的代价之间呈现反向变动关系。这就是冲动背后的理性的。

购物中的“血拼”是不少人认为自己不理性的表现。看到喜欢的东西即使不需要也想买，结果一次上街下来，手上的东西多得拿不动，但在接下来的一段时间，只好天天吃窝窝头，忍受冲动的惩罚。我们可以看到的是，与冲动时的快感相比，天天吃窝窝头是可以忍受的结果。这也就意味着在“血拼”的那一刻，消费者的偏好是尽情而为，享受购物所带来的快感加上未来一段时间的“苦日子”，而不是平稳消费。

但我们也可以看到，即使是最冲动的消费者，在购买日常用品的时候也许会非常冲动，但随着所购商品的价格上升，谨慎的态度也在增加。一个冲动购物型的女生可以一拍脑袋就购买一只“黑眼睛”的布袋，但她不会一拍脑袋就购买一台笔记本电脑，购买一套房子。原因就在于作为消费者的女士可以承担购买错一个布袋的后果——最多也就是吃几天的窝窝头；如果一拍脑袋就购买了笔记本，她可能就不得不吃几个月甚至几年的窝窝头——这当然非常难以忍受；如果一拍脑袋就购买了房子，一辈子吃窝窝头可能也弥补不了决策错误所造成的损失，所以她就会非常小心。

在日常生活中，我们也经常可以看到一些人，行为方式非常的冲动，难以控制自己的情绪，动不动就发火。那么，这类冲动是否还是理性行为呢？其实，在这类冲动中，我们同样可以看到理性的影子，其中最主要的表现形式就是在冲动之时，对待不同的人在冲动程度存在着很大的差别。例如你可以向自己的父母大喊大叫，但在面对爱人的父母时，你只能强忍脾气；你可以向你的同学发火，但在面对导师时，你只能忍气吞声；你会向“县官”表达你的愤怒，但你不会向“现管”做出同样程度的表示，除非你已经做好了离职的准备。

因此，冲动的背后隐含着这已经经历过自己的考虑，自己知道可以承担这个偶然事件的后果。而且，随着承担后果的难易程度不同，人会选择不同的冲动程度。这不就体现了人的理性吗？

（三）

尽管冲动的程度差别体现着人的理性，冲动这个行为的本身是不是合乎理性的呢？经济学也给予了肯定的回答。理性的人考虑边际，我们就从冲动的边际成本和收益讲起。

冲动购物的成本是决策的失误，即买了不该买的东西，但这里面存在着一个概率问题。例如在十次购买的冲动中，有一次买了不该买的东西，则每一次冲动的成本就是购买不该买东西所造成的损失的十分之一。冲动的收益则是节约了思考和权衡的时间，因为计算一个行动所产生的成本和收益总是需要时间的。时间是有价值的，衡量的方法就是在经济学中最常见的概念——机会成本，即从冲动中节约下来的时间可以创造的最高价值的财富。一个丧失冲动病人的“理性计算行为”并不是真正的理性，因为他并没有考虑理性计算时所必须花费的时间成本。因此，当我们将时间成本加入约束条件时，冲动也就不成其为冲动了。

从这里我们也可以看出：购买物品价值的上升也就意味着冲动的成本的上升，理性的消费者就会减少冲动，以促使冲动的边际成本重新等于边际收益。

自然禀赋不同，个性之间存在着差异，每个人控制情绪的能力有强有弱。但控制情绪需要付出成本，如心情压抑乃至造成心理疾病等，是一个显而易见的事实。与此相对应的是，冲动的收益就是控制情绪的成本，冲动的成本则是购买了自己不需要的东西或者人际关系等方面的损失。尽管不少人感觉是自己在冲动时脑子一热，什么事情都干出来了，其实，理性的影子还是深深地埋在冲动之中，每一次冲动的形式、程度等均与冲动的成本与收益密切相连。当你觉得忍无可忍，无须再忍时，控制情绪的成本变得无限高，冲动的收益也同样处于无限高的水平，权衡的结果当然是任由情绪发出。当然，随着情绪的回落，冲动的人往往出现后悔、懊恼等情绪，但这并不意味着在情绪爆发之时，当事人是不理性的，毕竟事后诸葛亮是比较容易的。不同的人对自己有不同的联系，人际关系出现裂痕时的损失也就不一样。这意味着冲动在面对不同人时存在着成本差别，基于成本和收益的考虑，冲动程度也会有差别。

因此，在考虑冲动的边际成本和边际收益后，我们可以发现冲动本身是一种理性行为，具有工具性内涵。它节约了人的思考成本（时间），缓解了人的心理压力。

（四）

我们日常在评论一个人“会做人”时，常用的一句话是：“这个人大事清楚，小事糊涂。”在时间资源、情绪资源有限的情况下，以小事上的冲动换来大事上的清醒，何乐而不为呢？

拒绝 1 元钱，说明人是非理性的？

经济学的基本假设是人是理性和自私（自利）的，这两个假设都饱受非议。因为许多人会举出人是非理性和非自私的例子来说明经济学的基本假设是错误的。从科学方法论角度讲，假设不一定要真实和准确，关键在于按照假设所推导出来的命题（理论）是否能够通过事实的检验。要否定假设，只能通过否定由该假设推导出来的命题来否定，不能直接否定假设。从逻辑的角度讲，甲推导出乙，非甲不能推导出非乙，只有非乙才能推导出非甲。

在经济学中，有一个非常有名的思想实验。这个实验往往被一些学者视为人是非理性的例子。

这个例子讲的是，我现在手上有 100 元钱，分给 A 和 B 两个人，先由 A 决定如何分配 100 元，后由 B 决定是否拒绝这个分配方案。如果 B 拒绝，则 A 和 B 两个人都拿不到任何钱；如何 B 接受，则 A 和 B 按照 A 的方案分配这 100 元。

一些人认为，如果人是理性的，则可知，A 会提出给自己 99 元，分配给 B1 元这样的一个方案，而 B 则会接受这个方案。但在现实，B 往往会拒绝这个方案，而 A 和 B 都接受的方案往往是 A 和 B 都分到 50 元。基于此，他们认为这个思想实验说明人不是理性和自私的，即经济学的基本假设有错误。

为什么各自 50 元的方案大家比较认可？人在长期演化过程中为什么会形成强调公平的偏好？这是另一个话题，这里不做详细的论述。下面就上述思想实验是否说明人是非理性的进行说明。

经济学假设偏好固定，即不知道 A 和 B 的偏好是什么。在人是理性和自私的假设下，可以推导出价升量跌的需求定理。“价”，在本思想实验中，对于 B 而言，就是 A 所指定的方案中 100 元减去给 B 的钱数，即 A 分配给自己的钱数；“量”，是指接受的概率。因此，按照需求定理，A 给 B 的钱数越多，即分配给 A 自己的钱数越少，B 就越会接受 A 的分配方案。由于需求定理没有被推翻，因此，我们还是可以暂时接受甲（人是理性自私的）这个假设。

总之，该思想实验并没有否定人是理性和自私的，因为按照理性和自私假设推导出来的需求定理在本思想实验中仍然成立。

韭菜和小麦

在我刚考上大学的时候，听到一个亲戚在说："现在的大学生有什么了不起的？韭菜和小麦的区别都不知道！"是的，到现在为止，我还是区别不了韭菜和小麦。但这又有什么关系呢？经济学就告诉我们，其实我们没有必要知道韭菜和小麦的区别——当然，从事农学的大学生除外。

中国古人云："夏虫不可以语冰。"（《庄子》）对于活不到冬天的虫子而言，它根本就不需要知道冬天什么样子，因为这和其生存一点关系都没有。需要掌握什么知识和技能，其实是与人的生存有关。语言的发展也一样。

对于冬天和雪的描述，我能想象到的描绘词汇和我仍在读小学的女儿处于同一量级："白茫茫的一片"，"白雪皑皑"，等等。原因就在于，即使工作在北方，我能接触到雪的时间仍然非常有限，不需要对雪进行详细的刻画和描述，对雪的颜色和性质的不了解并不会让我在生存竞争中处于劣势。但对于整天生活在冰天雪地的因纽特人而言，掌握雪的信息是其生存所必需。因此，在因纽特人的语言中，对雪有多种多样的描述，他们甚至发展出许多词描绘雪的不同颜色。如果一个因纽特人打到一个猎物，很大，自己一个人没有办法拉回，他就会回到聚集地，并向周围的小伙伴描绘他把猎物放在哪个地方。比如说，他可能会说，从聚集地出发，向东走，走过一片红彤彤的雪地，就可以看到一片蓝色的雪地；在蓝色的雪地里走半小时，就会看到橙色的雪地；在橙色雪地里走大约15分钟，在一个黄色的大雪包边上，就是他放猎物的地方。即使他不陪小伙伴一起去抬猎物，其他小伙伴按照他的描述，也能找到猎物，并把它顺利地带回聚集地。因此，分辨雪的颜色是因纽特人生存的必需，他们也发展出大家都认同的语言去描述雪的颜色。我们一年四季能见到雪的时间很少。从节约成本的角度看，我们并不需要发展相应的词汇去刻画雪的颜色。

大家打开新华字典，看一看“马”字旁的字。许多字我们根本不认识。为什么中国古人要发展出如此多的字去刻画马的形态和容貌等品质呢？因为马对于中国古代人而言，是非常重要的，无论是战争还是运输，中华先民的生活、工作和生存与马息息相关。但在现代，马与我们的生存之间的相关性变得非常微弱，大家不认识许多“马”字旁的字也就正常了。因为我们平时根本接触不到“马”，也就不需要用词汇去刻画马的特点。

人的语言其实需要成本。随着社会的发展，一些与现在生存竞争关系不大的语言就会被逐渐淘汰。

中国各地家族意识差异的经济学分析

经走南闯北的人会发现，在中国各地，家族意识存在较大差异。从整体上讲，南方的家族意识会强于北方，东部沿海的家族意识会强于内陆。即使在南方和北方各区域的内部，也存在家族意识较大差别。在本人就职的陕西而言，陕北人的家族意识就明显强于关中人。

这种差别不光对各个地方人的行为方式产生巨大的影响，也深刻地影响着经济绩效。例如在南方或东部沿海地区，在经济发展的起步阶段，血亲融资是一种重要的资金来源。这对东部私营企业的资本累积起到重要的作用。而血亲融资发达与否与家族意识强弱之间存在明显相关性。为什么中国各地在家族意识上会形成巨大的差别呢？

经济学认为，人进行的是约束条件下的最优化行为，而文化和习俗是最优化长期演化的结果。无论是南方人还是北方人，无论是东部沿海地区人还是中西部内陆人，其目标函数是应该是一致的（从生物经济学的角度看，都是自身基因的延续），因此造成家族意识差别的根源在于各地生存约束条件的差异。

那么这种生存约束是什么呢？有国外的学者认为，南方对应着水稻文明，而北方对应着小麦文明。水稻的种植和收割依赖大规模的人力协作，而小麦的种植和收割则可以由一个小家庭独立完成。长久的演化造成南方人注重协作，尤其是家族内部的互助，而北方各个小家庭相对独立，对家族的依赖较小。

这种说法有一定的道理，但无法解释北方或南方内部各地家族意识的差异。例如，在陕西，陕北人的家族意识明显强于关中人，而两地的产出均以小麦为主。那么更为根源的原因是什么呢？本人认为是各地生存的风险差异。

相对于北方，南方人生存的风险较大。在夏天水稻的生长期，在没有台风的情况下，容易出现大面积的干旱现象，水稻容易旱死。而如果台风过于强烈，高强度的风和降水又容易出现水稻倒伏的现象。如果种双季稻，双抢（抢收抢种）时期对气候的要求非常高，水和温度的不配合就容易出现种收失时的情况。只有家族甚至更大范围的互保，才能让他们在恶劣的生存环境下生存下来。因此，重视家族，就是一种应对恶劣生存环境下的理性选择。相对而言，北方小麦对气温和水的要求没有那么高，其对家族互保的要求也没有那么强烈，家族意识也相对淡薄。

同样的逻辑可以用来分析同为陕西的陕北和关中家族观念的差别。关中作为历史上最早被称为“天府之国”的地区，有着良好的水利设施和相对优越的气候条件，以家庭为一个生产单位，可以在不依赖兄弟姐妹和其他亲戚的条件下生存下去。而陕北在历史上作为农耕游牧分界地区，生存条件相对恶劣，对气候变化敏感，气候的微小边际变化就会对粮食生产造成重要影响，只有依靠家族，甚至更大范围的互保才能生存下去。这使得陕北人家族意识强烈，也表现为陕北人相对于关中人非常团结。

对于东部沿海人的家族意识和地域团结意识强于中西部，其原因也在于风险。沿海，尤其是靠海吃饭的地区，男人们出海捕鱼，十条船出去，可能只有九条能够顺利回来。但因为事先不知道那条船回不来，在出海前，他们需要有一个约定：能够顺利回港的船照顾无法回港船上男人的妻小。经过长时间文化的演化，东部沿海地区对家族、对同区域人的认同和依赖要大于中西部地区。

总结而言，是生存约束的差别造成了中国各地家族和团结意识等方面的差别。这没有对错或好坏之分，仅仅是人面对不同自然生存环境理性选择不同而已。

什么是“价”？

价升量跌的需求定理中的“价”是什么？一般人的反应是，商品的价格不就是“价”吗？其实，将商品的价格理解为需求定理中的“价”，是不精确的，而且这种解释会限制需求定理的解释力。

“价”其实是取得某种商品所需要付出的代价（即成本）。代价包括两类，即货币代价和非货币代价，而需求定理中的“价”则是两种代价的加总。例如，家门口便利店中商品的价格远高于沃尔玛等大型超市，为什么这些便利店还能在竞争中生存下来呢？原因就在于这些便利店是真的便利，尽管价格较贵，但花费很少的时间就可以购买到日常生活中使用的大多数商品，而去沃尔玛等大型超市购物则需要花费的时间较多。在考虑时间成本的情况下，去便利商店购买商品未必真的贵，而去沃尔玛超市未必真的便宜。

值得特别强调的是，制约人行为的关键因素是代价，需求定理正是刻画了这个关键因素与人选择之间的关系，因此，对

“价”概念的扩展也是经济学帝国主义的基础。有些行为并不是市场行为，如犯罪、婚姻、家庭、生育等现象中的行为。但有行为就一定有代价。这些非市场行为尽管没有货币代价（价格），但一定有非货币代价（价格）。价升量跌的需求定理同样可以用于分析这些非市场行为。此时，需求定理可以描述为：当一项行为的机会成本上升时，行为人会少选择这种行为；当一项行为的机会成本下降时，行为人会多选择这种行为。经济学家实证研究发现，抢劫，杀人等恶性刑事案件的需求曲线非常平坦，即代价稍微增加，就会大幅度降低恶性刑事案件的数量。又如，19 世纪以来，西方主要发达国家的生育率大幅度下跌，主要原因也在于随着女性大规模参与市场劳动，生养小孩的成本上升。

对于“价”是什么，第二个值得强调的地方是微观经济学所认为的“价”是相对价格，即本商品相对于其他商品（参照系）的价格，而不是价格水平。这里以产茶地区的茶农自己不喝好茶为例说明之。假设茶叶可以分为两类，好茶和不好的茶叶。在产茶地区，好茶的价格为 500 元／公斤，不好的茶叶的价格为 100 元／公斤，以不好的茶叶为参照系，1 公斤好茶的相对价格为 5 公斤不好的茶叶。现在将茶叶运往外地，假设一公斤茶叶的运费为 100 元，那么在外地，好茶的价格为 600 元／公斤，不好茶叶的价格为 200 元／公斤，以不好的茶叶作为参照系，1 公斤好茶的相对价格为 3 公斤不好的茶叶。这意味着在外地，好茶的相对价格下跌，而不好茶叶的相对价格上升，即好茶在外地便宜，而不好的茶叶在本地便宜。按照需求定理，好茶在外地的需求量比较大。而不好的茶叶在本地需求量比较大，因此，好茶会运往外地。

一切皆有价

一个秉承经济解释传统的经济学家会认为：一切皆有价。这个命题可以从两个角度来理解。

一个角度是将“价”理解为代价。资源的稀缺性，使得任何选择一定要付出代价。从这个角度讲，一切皆有价。

另一个角度是将“价”理解为市场中的“价格”。在这种情况下，许多人会否认一切皆有价，因为许多行为并没有通过市场交易，没有形成市场价格。既然没有“价格”，“一切皆有价”从何而来呢?

其实，即使没有市场交易行为，经济学仍然可以通过间接的方式定义一种行为的价格，“一切皆有价”仍然是成立的。下面举例说明之。

爱情是否有价？爱情当然有价！关键在于如何用合适的方式将爱情的价格计算出来。例如，一个男生和一个女生相爱了。另一个男生也喜欢这个女生。第二个男生可以和女生说：“我给你10万，你放弃他，和我在一起。”如果女性拒绝，则进一步提升出价，总有一个价格是女生愿意接受的。这个价格就是女生对这场爱情的评价。当然，这个男生也可以找与女生相爱的男生，和该男生说：“我给你10万，你放弃她。”如果该男生拒绝，则进一步提升出价，总有一个价格是这位陷入爱河的男生会接受的,这个价格就是这位男生对这场爱情的评价。因此，我们可以通过这种方式间接地计算爱情的价格。两个相爱的人，爱对方越深，其他人要其放弃对方需要付出的代价越高。因此，两个相爱的人还能在一起，是因为你或对方不值得别人付出很高的代价来挖墙脚而已。

当然，对于友情，我们也可以用同样的方法对其进行计价。一个朋友，如果为100万的利益和你分手，你应该感觉到快乐而不是背叛，因为这世界上值100万的友情真的不多。

女权主义是否有价？曾经遇到过的一个学生，是极端的女权主义者，绝对不接受一夫多妻制。我就问了她一个问题：“现在给你两个选择：一个是嫁给你们班的某某做妻子，一个是给某某某（一个非常有钱的人）做小妾。你的选择会是什么？”她立刻不说话了。

生命是否有价？经济学认为一切皆有价，生命当然也有价格。对这种观点很多人接受不了：生命不是无价的吗？

现在我们来进行一个思想实验。假设有一种病，发生的概率是五十亿分之一，这种病是可以医治的，但需要花费很多的钱。假设保险公司针对这种病设立保险，如果你犯病了，保险公司会帮你出全部的医疗费，但你需要每年交 1 元的保费，你交还是不交？许多人的直觉反应是当然要交。事实真的是这样吗？答案是你的直觉错误。即使有百万分之一概率某种病会落在你的头上，要你交 500 元去规避医疗费用不足的风险，你可能也不会愿意。保险公司设立了很多医疗险，里面设立了很多的病种，这些病暴发的概率要远远大于百万分之一，核算下来，单一病种的保费要远远低于 500 元。请问：你参加商业医疗保险了吗？

其实人时时刻刻面临死亡的威胁：喝水可能会噎死，不喝水一定会渴死；不走天桥走马路可能会被车撞死，走天桥可能会从桥上掉下去摔死；等等。所有人的行为，都面临着一个死亡概率问题，只是一些行为的死亡概率比较高，一些行为的死亡概率比较低而已。通过死亡概率及其对应的收益的变化，我们可以计算人生命的价格。下面我们就以现实中的例子简单地分析一下生命的价格。

假设 A 在煤矿工作，现在面临井上作业和井下作业两个工种之间的选择。假设这两个工种的其他条件相同，但井上作业死亡概率较低，而井下作业死亡概率较高。为弥补死亡概率的差别，单位设定的工资是井下作业高于井上作业。A 会选择哪一个？如何通过这个案例计算A生命的价格？

如果井上作业每月的死亡概率是百万分之五，井下作业每月的死亡概率是百万分之一。井下作业比井上作业的收入每月高100元。如果对A而言，从事井上作业和井下作业无差异，那么A生命的计价就是100元除以百万分之五与百万分之一之差，即100元除以百万分之四。计算可得：A生命的价值为2500万元。

假设B现在面临过马路是走天桥还是直接横穿马路的选择。直接横穿马路，B的死亡概率是百万分之一；走天桥，B的死亡概率是千万分之一。相较于走天桥，横穿马路可以给B节约1分钟时间，假设B的时间价值为每小时为60元，那么横穿马路而不是走天桥，可以给B带来1元钱的收益。B选择了横穿马路，B生命的价值是多少呢？

和例1的计算方法相同，计算方式是1元除以百万之一与千万分之一之差，通过简单计算就可以得到B生命的价值不会超过100万元太多。

通过一个人是否参加商业性医疗保险也能计算一个人自己对自己生命的估价。不信？你按照上面的计算规则算一下就知道了。

电车难题的经济学解释

“电车难题”是伦理学领域最为知名的思想实验之一。其大致内容是：一个疯子把五个无辜的人绑在电车轨道上。一辆失控的电车朝他们驶来，并且片刻后就要碾压到他们。幸运的是，你可以拉一个拉杆，让电车开到另一条轨道上，但那个疯子在另一条轨道上也绑了一个无辜的人。你应该怎么办？

电车难题也产生了很多的变种。例如，一个医生通过器官移植可以救活五个病人，同时结束一个病而未死的病人的生命。他是否应该这样做？

经济学该如何思考这些问题呢？经济学认为人是自私的人，自私的含义是人会趋利避害。尽管一切人类行为都会造成一定的死亡概率，但各种行为之间死亡的概率并不相同。人长期进化的本能使得人在其他条件相同的情况下，会选择自己死亡概率最低的行为。值得强调的是人行为的死亡概率是一个预期的概念，因此人会在事前判断各种行为的收益和成本（死亡概率）。

基于上述分析，行为人对上述情形中的抉择将基于以下准则：自己如果身处这样的环境下，更有可能落在那一方。

对于电车的例子，一条轨道上是五个无辜的人，另一条轨道上是一个无辜的人。从概率的角度讲，自己成为五个无辜人的概率要大于成为一个无辜的人，因此，人趋利避害的本能会告诉你拉拉杆。

对于器官移植的例子。一边是等待器官移植的五个病人，一边是病而未死的一个病人，简单看上去好像答案是一致的。其实不然。五个人是事件的当事人，而一个病而未死的人不是当事人，而是旁观者。对于任何一件事情而言，对于一个人，成为当事人（五个等待器官移植的人）的概率低，而成为旁观者（病而未死的人）的概率高。因此，人趋利避害的本能会告诉你，不应该杀旁观者而去救当事人。

为进一步证明该观点，我们对电车难题这个思想实验稍做改变：轨道上方有一座桥，电车向五个无辜的人冲过去，如果你把桥上看热闹的某个胖子丢下去，就能救这五个无辜的人。你丢还是不丢？答案应该是不丢。因为你成为无辜的五个人的概率低，而成为桥上旁观者的概率高。

对接小孩子迟到的家长进行少量罚款增加了迟到现象说明了需求定理失效吗?

一项研究经常被用来说明价格机制（需求定理）的失效，或者用来说明人是非理性的。这项研究针对的是以色列几家日托中心。该研究发现，一些家长往往因各种理由没有在规定的时间从日托中心接走小孩，这给日托中心的工作带来很大的麻烦。为解决这个问题，这些日托中心对迟到的家长进行少量罚款，结果发现，迟到的现象不仅没有减少，反而增加了。

对于该现象，一个比较典型的常见解释是：本来，接孩子迟到，家长会认识到自己违反规定，会产生愧疚感。但是日托中心决定罚款，就消除了这种负担，他们反而觉得迟到与受罚相互抵消了。

这种观点从愧疚等情感出发去解释这种现象，就像直接用偏好去解释现象一样，并不是一种科学的解释方法。那么，经济学对这种看上去违反“价升量跌”的需求定理的现象又是如何解释的呢？

其实，这个现象是比较好解释的，请注意以下两点。

第一，如果家长没有交罚款，如果小孩子在父母放学后没有来接的这段时间出事，家长需要承担过错责任。如果家长交纳了罚款，在这段时间如果小孩子出事，则过错责任就会转移到日托所。因此，罚不罚款，其实涉及过错责任的转移问题，即有罚款和没有罚款，家长的需求曲线并不是同一条需求曲线，对接小孩迟到罚款的需求曲线在没有罚款的需求曲线的上面。因此，这种现象表面上是“价升量升”，违背需求定理，而背后的实质是需求曲线已经发生了移动，并没有违背需求定理。

第二，按照需求定理，如果日托中心决定对迟到家长的罚款额度越高，家长迟到的可能性就会越低。如果出现罚款额度越高，家长迟到的概率越高，那才是违背需求定理。但现有研究并没有得到这个结论。

总之，对接小孩子迟到的家长进行少量罚款增加了迟到现象并不能说明需求定理的失效。造成这种误解的原因在于对沿着需求曲线移动和需求曲线本身移动的混淆。

从《欺骗定理：咸水草和淡水蟹》谈起

相对于知识的传授，经济学思维的培养是现代经济学教育中的难点，在日常的交流和沟通中，我们也发现一些科班出身的硕士生和博士生，求解动态优化和处理数据时得心应手，但在思考现实问题时，与一般民众类似，并没有形成基于经济学思维的思考视角。作为一名彻底的经济学帝国主义者和高校并不年轻的“青椒”，通过课堂培养学生的经济学兴趣，传递经济学理念，改变学生的思考视角是我的教学理想。从我在西安交通大学开设的面向全校学生的通识核心课程《经济学的思维方式》看，在培养学生的经济学兴趣和传递经济学理念上是成功的，每年都有一些非常优秀的理工类本科生因为听了我的课申请转入经济学专业学习,但在培养经济学思维上则喜忧参半。在考试中，对一些课堂上讲过的案例大部分学生能做出，但将案例背后的经济思维应用到新的现象上，能成功分析的学生寥寥无几。这引发我对如何培养学生经济思维的思考。

人思维的特点是“类似情景类似处理”。作为经济学者，我们在思考新现象背后的经济逻辑时，首先会去想类似的案例是什么，以及经济学对类似案例是如何分析的。因此，培养学生经济学思维的关键在于建立起新现象与现有经济案例分析（进而经济理论）之间的联系。如何培养这种能力呢？在教学实践中，我发现，将相似的案例集中在一起，给学生以头脑风暴式的刺激，可能是培养学生经济分析能力的重要方式之一，尤其对于非专业学生而言尤其如此。下面以管制及突破案例说明之。

张五常先生在《新卖桔者言》中的一篇散文《欺骗定理：咸水草和淡水蟹》是我们在教学中经常使用的案例。该案例讲的是淡水蟹用很重的咸水草捆，政府认为这涉嫌欺骗，要干预，张教授的意见是不用。他认为“在竞争下，咸水草怎么重也无关宏旨，顾客不会真的受骗。”即如果不绑咸水草，单位淡水蟹的价格为 A，则在绑咸水草，且咸水草的重量与淡水蟹一样的情况下，绑咸水草的单位淡水蟹价格为 A/2，因此，无论绑还是不绑，单位淡水蟹的价格其实是一样的。用经济学专业语言表述就是：不同质量的淡水蟹（有或无咸水草）对应着不同的价格（低和高），这两个均衡按照单位净淡水蟹的价格衡量是一样的。因绑咸水草的淡水蟹死亡率较低等原因，市场出现的是有咸水草的淡水蟹这个均衡。政府管制淡水蟹的质量（不允许绑咸水草），市场价格会上升，以突破这个管制，市场仍然处于均衡状态，但需付出行政成本和淡水蟹死亡率上升的代价。这个代价要纳税人或商家及消费者承担，构成社会福利的净损失。

尽管张五常教授在解释该现象时并没有将其纳入管制理论，但事实上，该案例是典型的管制案例。价格被管制，质量上突破管制，市场仍然处于均衡状态的案例在经济学教学和研究中非常常见，但质量被管制，价格上突破管制，市场仍然处于均衡状态的案例较少。而该案例是典型的质量被管制，价格突破管制的案例。遵循张五常教授的思路，我们发现许多可供教学上使用的案例，如商品房无论按实际使用面积还是建筑面积作为单价的衡量单位，消费者需要支付的总价格其实是一样的，唯一的差别就是按建筑面积衡量的单价较低而按实际使用面积衡量的单价较高。

既然质量被管制，价格可能会改变以突破这种管制，那么，是否还存在其他突破形式呢？从新制度经济学角度看，商品是多维的，至少存在价格、数量和质量三种维度。进一步思考的话可以发现，质量也是多维的，某种质量被管制，可能其他质量维度会突破这种管制。下面餐具选择案例就说明这一点。

几年前，在一些不是很大的餐馆吃饭时，在餐具的选择上会给消费者两种选择：一种是所谓的干净餐具，包有薄膜，收费1元；另一种是所谓一般餐具，没有薄膜，不收费。消费者协会认为提供干净的餐具是餐馆的义务，要求餐馆取消1元收费，舆论几乎是一边倒支持消协的观点。其实，从经济学的角度看，在竞争市场条件下，收不收费，其实无关大局。无论收不收费，消费者支付给餐馆的金额是一样的，餐馆可以通过菜价或菜量的调整（即质量调整）轻而易举地实现这一点。因此，消费者协会的规定使就餐的名义价格发生变化（下降），实际价格并没有发生变化。但消费者协会的这项规定使得行政成本上升和消费者选择减少，进而使社会福利下降。

管制餐具价格,餐馆可以通过调整菜品质量突破这个管制。如果管制菜的价格，或菜的价格不能随市场价格快速调整，情况又会怎么样呢？在宏观经济学中有一个非常有名的理论——菜单成本理论。该理论认为销售商改变价格需要付出重新印刷产品价格表、向客户通报改变价格的信息和理由等成本，使得价格出现刚性，没有办法随市场的变动快速变动。这种成本的存在意味着市场失灵，需要政府应用（宏观）政策去干预。但仔细思考，该理论在分析上可能存在缺陷。在日常生活中，我们去餐馆或食堂就餐会发现，当西红柿价格上升时，餐馆或食堂会在西红柿炒鸡蛋这个经典菜品上多放鸡蛋少放西红柿。尽管菜品的价格没有办法随原料价格变化快速调整，但餐馆可以通过调整菜品的质量使市场恢复均衡状态。菜单成本所导致的价格刚性并不会导致市场失灵，在价格刚性下市场仍然处于均衡状态。政府宏观经济政策并没有预想中的效果。

以这样的形式讲管制、突破和市场均衡，使学生对各种管制有了更深的了解。在考试中，我发现，只要涉及管制及突破理论，学生基本都能说上个一二三，教学效果好像不错。

“最低工资”案例解读

为更好讲授经济学原理，本人购买了大量国外知名学者编写的经济学原理教材。与国内主流教材相比，外国学者所写教材在教学内容取舍、学科前沿性等方面明显优于国内教材。更值得称道的是，尽管国内也有学者认为案例教学应该在现代经济学教学中起着重要的作用，但能将案例天衣无缝地纳入教材，成为点睛之笔，仅在外国教材中出现。而在众多的外国学者所写的经济学原理教材中，曼昆的《经济学原理》则是佼佼者中的翘楚。

为实现通过案例分析培养学生解释现象的能力的目的，在教学中，我引导学生在案例分析解读和中国经济现象解释上下功夫，取得了较好的效果。下面以曼昆教材中的“最低工资”案例为例说明我们在教学中的具体实践，供各位读者斧正。

在经济学中，最低工资是一个无法摆脱的议题，在曼昆的教材中，其用简单的语言对现代经济学中的一个重要的争论做了清楚的描述。在具体的教学中，我先要求学生阅读案例，并在阅读完毕后要求学生说明其是支持还是反对最低工资，并在此基础上引导学生对该案例做进一步的思考解读。

第一，实证经济学和规范经济学。对于最低工资对失业率的影响，在经济研究中有一定的共识。例如，曼昆写道："有代表性的研究发现：最低工资每上升 10%，就会使青少年就业减少 1%—3%。"这表明，经济学者对于最低工资的上升会影响就业，尤其是青少年就业，存在着广泛共识。但从曼昆案例中针对经济学博士生的调查数据可知，经济学者对于是否应该实施最低工资在观点上存在差异。一些学者认为，1%—3% 的数据意味着最低工资对就业影响甚微，但也有一些经济学家则认为该数据意味着最低工资对就业的影响不容忽视。因此，对于相同的经济现象，经济学者会有不同的价值判断。在经济分析中，尤其当涉及现实问题时，要注意实证经济学和规范经济学的区别。

第二，福利分析，即谁是最低工资的受益者，谁是最低工资的受损者。明显的是，在实施最低工资的条件下，仍处于就业状态，尤其是工资接近最低工资的工人，因来自相近工资的工人竞争减少，是最低工资制度的得益者。因最低工资制度而失业的工人，是最低工资制度的最大受害者。企业因最低工资制度所规定的工资高于市场均衡工资，不得不减少雇佣，即其雇佣量少于利润最大时的雇佣量，其也是最低工资制度的受损者（要求学生在课后作图分析福利变动情况）。因此，政府政策具有所得重新分配效果。

最低工资制度而失业或找不到工作的人往往是刚走上社会的年轻人。如果这些年轻人能在走上社会的初期就有一个锻炼的机会，人力资本会不断地累积。如果这些青年人因最低工资而失业，就会使人力资本不断丧失。值得强调的是，这些人力资本既是个人的，也是社会的，因此，在考虑最低工资制度的福利分析时，不能忘记由此产生的长期和动态效果。

第三，双方争论有无遗漏之处。支持最低工资的学者忽略了在经济全球化背景下，工人之间以及企业之间的竞争是在全球层面上展开的，而在封闭条件下成立的事情，在开放条件下未必成立。下面以一思想实验说明之。假设有 A 和 B 两国，其他条件相似，A 有最低工资制度，B 没有。在这里假设支持最低工资的学者的逻辑是对的，即最低工资不会造成 A 失业人口大量增加，由此可推论出最低工资制度的实施会增加工人整体工资。但值得注意的是，A 国实施最低工资所导致的工人整体收入上升是以企业利润下降为代价的，而且，按照福利分析，工人之所得要小于企业之所失。但在开放条件下，最低工资制度的存在使 A 国产业竞争力受到伤害，企业破产增加，在封闭条件下不会出现失业的大幅度增加在此时就会出现，因此开放条件下的最低工资制度对社会福利的伤害要远大于封闭条件下的。这就是张五常所说的中国、印度等国家的崛起会导致欧洲高福利制度难以为继的真正原因，也是欧美等国的工会以及左翼政党不断以操纵汇率等为由对中国施加压力和要求对来自中国的商品实施非关税壁垒的重要原因。

第四，进一步思考的问题。供求定理认为，当价格高于市场均衡价格时会出现供过于求，生产者之间就会展开激烈的竞争，促使价格下降；当价格低于市场均衡价格时会出现供不应求，消费者之间就会展开激烈的竞争，促使价格上升。阿尔钦将其进一步引申为：生产者只能和生产者展开竞争，消费者只能和消费者展开竞争，生产者不可能和消费者开展竞争。应用于此，在雇佣市场上，工人只能和工人竞争，企业只能和企业竞争，企业和工人并不存在竞争关系。那么，最低工资，即最低限价的存在有没有改变这个结论呢？

因最低工资的实施，已就职且没有因实施最低工资制度而被解职的工人会在政府法令的支持下形成一个卡特尔，即已就业的工人已经具有一定的市场势力，而且，这些因市场势力而得益的人会不断地维护这种市场势力以减小竞争的压力。这就意味着在雇佣市场上，工人形成卡特尔而企业并没有形成卡特尔，企业雇用的工人数减少。企业数目不变而可雇用工人减少，企业间不得不为雇用工人展开激烈的竞争，但这种竞争还是在企业层面展开。这就意味着最低工资制度的实施并没有改变阿尔钦企业和工人间不存在竞争关系这个结论。因此，在最低工资制度下，所得从企业向部分工人间转移的深层次原因是工人形成卡特尔造成工人间竞争减小，进而让企业间竞争增加，但这并不会产生或加剧劳资冲突。

第五，所有管制都意味着突破，对于最低工资制度而言同样如此。在实施最低工资的情况下，工资水平高于市场均衡工资，失业人数同样高于市场均衡失业人数。因供过于求，实施最低工资制度后的市场均衡工资会下降，即最低工资和市场均衡工资之间的差额会增加，这就会对企业形成强烈的刺激以突破最低工资管制。而具体的突破形式则是多种多样，如以低于最低工资的工资雇用失业工人、降低工人的其他福利（如在岗培训、劳动保障水平）等。

本小文总结了本人在讲授经济学原理“最低工资”案例时的一些教学探索。作为一个重要的经济现象，最低工资制度可供挖掘的经济内涵还有很多，在联系中国现实方面也大有可分析之处。本人的想法仅供抛砖引玉。同时，在西方学者的经济学原理教材中，几乎每个案例均可以做进一步的细化和延伸。例如，曼昆教材中的“赞扬价格欺诈”理论是用于分析经济学“两 E 战争”①、价格机制的好题材。对西方案例的再解读乃至发展出基于中国真实世界的经济学教学案例，任重而道远。

---

① “两 E”是指效率 (efficiency) 和公平（equity）。

钻戒代表着什么？

“钻石恒久远，一颗永相传。”在一般人的心中，钻石是爱情忠贞和婚姻坚定的象征。订婚时送一颗钻戒，多么浪漫！

可惜，讨人厌的经济学家直接将钻戒光亮的外表破开，露出了钻石令人绝望的事实：钻戒仅仅是贞洁的价格。

我们先从一个现象说起。从美国的情况看，在 1930 年代以前，订婚戒指并不普遍。到 1930 年代和 1940 年代，美国才形成送订婚戒指的风气，在 1960 年代达到高峰，并在此后日渐式微。这是为什么？

尽管在我们常见的观念中，美国社会对性一直持有开放的态度。这是一种误解。在美国嬉皮士运动以前，美国社会对性其实还是非常保守的。婚前失贞会对女性出嫁造成非常不利的影响。因此，在订婚以前，女性失贞很少。但在订婚后，社会习俗对男性和女性在一起就比较宽容，订婚伴侣之间发生性行为成为屡见不鲜的事。但问题是，订婚后结婚前，女性被男性抛弃怎么办？在1935年以前，美国绝大多数州规定，对不履行婚约的情况可以提出民事诉讼。如果一位妇女被自己的未婚夫抛弃，她就可以提出起诉，要求赔偿对她造成的损害，其中一个重要的伤害就是处女的失贞。因为订婚后男方的悔婚将大大降低女性在二次婚约中的议价能力。

1935—1945年，美国各个州相继废除了针对毁约的诉讼规定。这意味着女性在订婚后失贞的成本将无法通过法律诉讼的形式得到补偿。怎么办？作为事后追偿在婚恋市场上贬值的一种替代，在订婚时向未婚妻送贵重钻戒的习俗在美国得到普及。人们对此的理解是，如果男子违反这一婚约，这个妇女就可以留下这个钻戒。

在1970年代，随着美国嬉皮士运动的兴起，美国人的性道德也发生了重大的转变，婚前失贞并不构成婚姻市场上的贬值，从而也就使送宝石订婚戒指的做法逐渐由盛转衰。

排队经济学

关注排队现象的经济学家不少。张五常、巴泽尔等都写过关于排队的经济分析文章,李俊慧老师也专门介绍过排队现象。本文并没有任何东西能超越张五常或巴泽尔，仅仅是普及一下经济学对排队现象的解释。

为什么排队？在计划经济或管制经济下，排队往往是因为政府的价格管制。最高限价，即将商品的价格人为地设定在市场均衡价格之下，消费者对限价商品的需求量会增加，但生产者的供给量会减少，这时候就会出现供不应求。在不受干预的市场机制下，当供不应求出现时，消费者之间为获得该商品会爆发激烈的价格竞争，从而推动价格向均衡价格回归。但价格管制使得商品供不应求的现象无法通过市场机制消除，代替市场机制分配资源的准则就会及时出现。排队就是其中最常见的一种。在价格分配资源的机制下，消费者是以自己对社会的贡献换取他人对社会的贡献。但在排队这种分配资源的机制下，消费者排队的时间对社会没有任何的贡献，这就构成社会福利的净损失，用经济学专业术语表达就是“租值的消散”。

在没有政府管制价格的情况下，会不会出现排队呢？答案是肯定的。但这时的排队现象却未必会造成社会效率的损失。

例 1：大学生起早去教学楼前排队抢高等数学课堂或去抢图书馆的座位。这种现象在许多大学都存在。这种排队看上去也造成了很大的福利损失，因为大学生起早去排队的时间本来可以用于给学生带来更高效用的睡觉和晨跑。其实未必。原因在于构建市场机制和市场机制运行本身就需要付出很高的代价，这种代价就是经济学中非常重要的概念“交易成本”。尽管通过排队分配座位会有社会福利的损失，但只要构建和运行价格体系的成本高于排队分配座位的社会福利损失（租值的消散），排队仍然是有效率的。

例 2：许多餐馆平时人很少，但高峰时人非常多，要排队才能买到餐。尽管从理论上讲，餐馆可以进行分时定价，在高峰时定一个价，在低峰时定一个价，使得餐馆在平时和高峰时期都能维持不排队的满负荷运行，但构建和维持这套分时定价体系同样需要付出很高的代价。从餐馆经营者的角度看，用单一的定价方式，将价格维持在稍微低于高峰均衡价格的水平，其收益可能更高。

在高峰时期，让价格稍微低于均衡价格水平，餐馆还有一个收益，那就是增加翻桌的速度。这一点在一些快餐模式的餐饮企业更加明显。让点完餐等候上餐的顾客等候在就餐的顾客的边上，能促使就餐的顾客增加就餐速度，提升翻桌速度，进而提高餐饮店的利润。

例 3：在许多自助餐馆，一些成本比较高的烧烤，不会直接任由消费者取用，而是通过让消费者排队的方式向消费者提供。在自助餐馆，尽管消费者会按照自己偏好取用商品，但一些成本比较高的烧烤，喜欢的消费者会比较多，需求量也会比较大。如果任由消费者取用，自助餐的定价可能会大幅度上升（在一些高档宾馆的自助餐厅，是任由消费者取用，但自助餐的价格也非常高），这会导致消费者数量减少。因此，可以将这种低入门费加排队的定价方式理解为二步定价法。消费者先支付一个较低的入门费（固定的自助餐价格），并通过排队的方式让想要消费成本较高烧烤的顾客支付额外的非货币代价，降低喜欢烧烤程度较低或排队成本较高的顾客对烧烤的需求量，从而达到节约成本，增加利润的目的。

例 4：对于一些对保鲜要求非常高的商品而言，如果无法实现商品价格的实时变动，厂商为避免定价错误造成的商品滞销，可能将商品的价格定到低于市场均衡价格的水平，这就造成了排队现象的出现。尽管定价偏低会造成企业利润减少，但滞销可能性的降低则会增加企业的利润，如果前者的利润损害小于后者的收益，厂商就会这么做。因此，低价并让消费者排队也有可能是追求利润最大化的企业面对不确定未来的理性选择。

例 5：在西安的一些肉夹馍店或凉皮店，尤其是一些周围人都知道的老店，在吃饭的时间点，排队的人非常多，但这些店就是不通过涨价来消除排队。为什么呢？除了例 2 讲过的原因外，还有一种可能的原因是广告效应。一个人到西安出差，他并没有哪家餐饮店好吃的信息，排队是一个很好的广告。你到外地出差，去品尝当地特色小吃，你会去吃排队很长的店还是稀稀拉拉几个人在吃饭的店？

例 6：在一些超市，尽管排队人数很多，但超市就是不开新闸口。对于超市为什么会让消费者排队则有以下几种解释。

第一种是张五常先生提出的。超市监督收银员是否努力工作的成本很高，因此通过让消费者排队，让消费者来监督收银员的工作效率，可能是低成本的方法。

第二种解释是进超市买东西要支付很高的排队成本（非货币成本），一些顾客可能就不去超市买东西了，这造成超市的收益下降，但在超市买东西的顾客因为下一次到超市的高非货币成本，这次会多购买超市的商品，这会提升超市收益。

第三种解释是超市在购物通道边上放了很多的小物品，比如口香糖、避孕套和电池等。消费者可能不会在超市专门去找这些小物品，消费者排队等候结算时，可能随手就买了。

这几种解释应该都有一定的道理。我们也可以观察到，现在的超市，往往是排队一长就开新的闸口，原因是技术变化使得这几种理由慢慢丧失合理性。由于中央控制系统的日益完善，超市，尤其是大型超市已经可以实现对收银员工作效率的实时监控，第一个理由慢慢丧失理性；超市数量的增加，使得超市之间竞争加剧，第二个理由的经济理性也开始丧失；智能手机和网络的普及，使得即使购物者在排队时，他们也会低头看手机，而不顺手购买购物通道上的小物品，第三个理由的经济理性也开始丧失。

在真实的世界里，即使没有价格管制，排队现象仍层出不穷。本文应用价格理论对一些排队现象进行了讨论。对于真实世界中的排队现象如果有更好的解释，或者有本文没有涉及的理由，也请各位读者提出，以便丰富排队现象的经济解释。

插队经济学

最近，我在看熊秉元老师的法律经济学系列书籍，感觉非常有收获。在《完美的正义》这本小册子中，熊秉元教授提出了一个小的经济学现象。当然熊秉元教授并没有用经济学去解释，因为该现象的经济解释并不是熊秉元教授的重点。但我作为一个以经济解释作为职业的人，当然应该用经济学去解释该现象。

这是一个排队问题。假设一家电影院在放映《哈利·波特》，一群人，假设有 100 个人在排队购票。现在，有一个人要插队到第 20 个人的前面。前面 19 个人因为对自己的利益没有影响，会不作声。第 20 个人和第 21 个人会非常生气。但在接近队尾的人，比如第 100 个人，会以旁观者的心态去看待这件事情。

再假设买一张电影票需要花费 1 分钟，从边际的角度来讲，该人插队让从第 20 个人开始的每人都增加了 1 分钟排队时间，为什么第 20 个人和 21 个人会非常生气，但队尾的人会以旁观者心态去看待插队这件事？

具体的解释是这样的。给一个商品加上一个固定费用，原价格高的商品相对变便宜了。队尾的等待时间最长(成本最高)，第 20 个人等待时间相对最少（成本最低）；当加上一个固定费用 1 分钟，那么对于队尾来说影响最小（相对价格尽管变贵，但变贵的幅度比较小），对第 20 个人影响最大（相对价格变贵很多）。这和为什么贵的橘子卖得远、便宜的在本地卖的道理是一样的。

讲到这里，可能有人会问：为什么在一些情况下，排在队尾的人会更生气呢？这是不是说明你的经济解释有错误？对于此疑问，经济解释的答案就在于：约束不一样，人的行为也会不一样。在这里，我对为什么在一些时候排队队尾的人更生气提供一种经济解释。

在现实中，排队去争抢的商品往往存在数量限制，比如电影票一场只能有多少张等。排在前面的人，即使被插队，其买到票的概率并没有下降多少，而排在后面的人，在被插队后，其买到票的概率会下降很多。因此，排队在后面的人，尽管从时间成本的角度看，被插队的代价较低，较不会愤怒，但从可能买不到票的角度看，其代价会更高，也更容易愤怒。由此可以得出的推论是，票的总额越少，排队的人越长，被插队后，后面的人的愤怒情绪会越激烈。

其实无论是离插队人近的排队人越愤怒，还是离插队人远的人越愤怒，运用的理论工具都是需求定理。

份子钱是什么？

在中国，每个人的生活都与份子钱联系在一起。亲朋好友有红白喜事，凑份子；他们生小孩，凑份子……这让许多收入较低的人不堪份子钱的重负。在现实和网上，对份子钱的抱怨声也络绎不绝，甚至有人还总结了跑掉份子钱的攻略。为什么中国人如此喜欢凑份子？其背后是否有经济理性呢？答案是肯定的。

在中国古代，生产率较低，一般民众家庭能够维持温饱就已经不错了，能够积累的财富较少。人生一定会经历生、老、病、死的各个阶段，单靠一个家庭的积累无法顺利完成家庭内部结婚、生育和给老人送终等诸多大事。

为什么不借钱办大事？在当时中国，民间借贷不发达，一般民众很难借到钱，即使借到钱，利率也很高。因此，靠借贷完成这些大事，光利息就会将该家庭拖死。

解决的方案就在于亲朋好友之间的互助。今天你结婚，需要10万元人民币营建小家庭，亲朋好友中每家出一点钱，比如500元人民币，加起来可能有个七万八万的，让你有能力完成婚姻大事。尽管你办大事需要的钱很多，但因为你并不是向一个人借款，而是同时向很多人借钱，在借到你所需要资金的同时，每个凑份子钱的人（贷款人）承担的钱却很少。这些份子钱往往是在其能承受的范围之内。因此，份子钱是通过这样一种向每个人借很少钱的方式解决你的人生大事。

这笔钱是否需要归还呢？当然要。只是这种归还是以后的事，而且不需要一次性归还七万八万，而是同样通过份子钱的形式，在别人办大事时归还。亲朋好友的大事同时发生的概率并不大。这就使得你可以将归还期相对平稳地延续到你的一生。因此，凑份子的形式使年轻人在办婚礼等大事时有一笔钱可以用于比较迫切的消费，而把归还期分散到一生。

这份子钱需要支付利息吗？需要呀！在婚礼现场，你不是要请大家吃饭吗？宴请的钱就是份子钱的利息。

因此，份子钱是中国古代为解决消费信贷约束所演化出来的非常有趣的制度安排。

房地产税的经济分析

从公共物品提供的角度来看,征税是公共物品提供的基础。因此税是一定会征收的，关键是税落在谁的头上。反对一切税收的态度本身就是错误的。

按照要素分,税可以分为对人的征税(比如对工资的征税)、对土地的征税。因为资本可以国家间快速地自由流动，这使得对资本的征税非常困难。因此，各个国家的征税一般集中于对人（工资）的征税和对土地（房地产）的征税。

中国在现阶段只有对人(工资)的征税,并没有对土地(房地产）的征税，而且对人的征税也集中于工资收入，几乎没有对财产收入征税，使得劳动者的税收负担较重，而有钱人的税收负担较轻，中国的所得税制度设计变成了累退税，而不是累进税,这在客观上加大了中国的贫富差距,进而影响社会稳定。房地产税的主要承担者是富人，而且无法转嫁，是一种好的税种，该税种在增加政府收入和公共物品提供的同时，也有利于降低中国的基尼系数。

劳动税的税收扭曲和福利损失较大，而房地产税的税收扭曲效果和福利损失较小。在降低工资税的情况下，增加房地产税，不是好事吗？更何况还有房地产税调节收入分配的效果，而中国的所得税的调节效果并不佳，因为富人，至少是绝大部分富人的收入来源并不是工资。

一个良好的税收体系一定是税基要广。现在中国的问题是税基太狭窄，集中于对劳动的征税，对财产几乎不征税。这一定是不合理的。因为拥有房地产不交税，使得富人用房地产避税，而低收入者因收入有限，无法利用房地产避税。这使得富有者更加容易获得资产的增值，从而加大贫富差距。

在征收房地产税后，中国的房价会下跌。房屋是一种资产，所有能够带来未来现金流的都是资产。资产的价格是未来现金流的折现。房地产税不会影响房屋的租赁价格（强调一下：从机会成本的角度看，自住相当于自己租赁自己的房子，也要交租金），这是由房屋租赁市场上的供求所决定的。每年要交房地产税，使得未来持有房屋的每年净收益下跌，进而使得作为资产的房屋的价格下跌。

房屋的价格下跌是好事情。现在的高房价，使得中国的产业竞争力下降，也使得大家都不愿意生养小孩，而房屋价格的下跌有利于提升生育意愿。

房地产税相当于政府借钱给穷人和年轻人按揭买房。现在的房价降了，但未来的税负会增加，这意味着穷人和年轻人可以将买房负担平摊到未来。这对于无法通过金融通道给自己购房提供资金的穷人和年轻人而言是好事。

购房者的实际负担会有微弱的增加。这里的实际负担是指购房款加上房地产税的折现。税是楔子，加入了需求和供给之中。税会使得消费者实际支付的钱增加，而生产者实际拿到的钱减少。税收的实际承担者取决于弹性。在房地产市场，需求方更富于弹性。这也就意味着供给者（土地所有者和现在有多套房子的富人）承担着更多的税收负担。购房者即使需要支付的总房价（包括其承担税收负担的折现）增加，增加的比例也不大。该税种相当于政府借钱给穷人和青年人买房，交点按揭费（利息）不是很正常吗？

现在拥有房子，尤其是多套房子的富人会因为房地产税而受到损失。但中国房价已经涨了 20 年多了，资产的收益都被这些人拿走了，而其收益又没有被征税，现在获利回吐一点，让穷人过得好一点，不行吗？

商品房按套内面积计价，你的福利提升了吗？

最近一则消息引起了大家的强烈反响：新建商品房买卖时计算的面积开始从建筑面积改成套内面积。这引起了广泛的争论。一些民众认为这种计价方式才是合理的，取消公摊会实际上降低房屋的价格和居住成本。而一些学者则反对，认为这种计价方式会造成公共区域品质的下降，最终伤害民众的利益。事实是否如此呢？

我们先从身边的一个真实故事讲起。在 2000 年左右的西安交大，东南门外是一个叫沙坡的城中村。该城中村里鱼龙混杂，聚集着卖各种各样商品的摊位。对于交大学生来说，大家几乎都有一个共同的信息，那就是该村卖水果的摊位使用的是六两秤。我有次发现我们班的几个女生时常去沙坡买苹果，就问：“那地方不是六两秤吗？你们怎么去那里买苹果？”女生的回答是：“我们都知道是六两秤，但其他地方三元一斤的苹果，在沙坡是一块八一斤（其实是六两）。”

仔细一想，其实在秤是足量的情况下，苹果是三元一斤，那是一个市场均衡；在秤是六两秤的情况下，苹果是一块八一斤，这也是一个市场均衡。在信息完全、竞争充分的市场中，一个消费者无论是在哪里购买，同样钱数能够购买到的苹果数量是一样的。

房子的价格是由供求关系所决定的。无论是用套内面积还是建筑面积作为计价基础，对同样的房子消费者所支付的房款是一样的，因此，作为消费者的我们，其实并没有因为计算面积时的衡量基础发生变化就会得益或受损。

那么，物业费和暖气费呢？有人也许会说："按照套内面积计算房屋面积，我们不是可以减少物业费和暖气费的支付吗？"其实道理是一样的，物价服务和暖气服务的价格同样是由供求决定的，在商品房按建筑面积计价转变为按套内面积计价后消费者的实际支付价格并不会发生变化，仅仅是每平方米名义的物业费和暖气费会上升。

尽管看上去这项政策调整对大家的福利没有产生影响，其实市场运行是需要成本的。

在考虑市场运行成本的情况下，这项政策的调整会造成社会福利的极大浪费，而这种浪费，或者资源的损失最终都将落在你我等消费者的头上。

任何一项政策或法律，在经过长时间的运行后，经过每个人的套利，已经形成一个均衡。除非政策或法律所形成的均衡明显违背经济与社会运行的效率，比如说鼓励民众从事非生产性行为而不是生产性行为，或有违社会良俗，比如鼓励婚姻的解体而不是鼓励维持婚姻的稳定，否则就不要去改变政策或法律。因为改变政策或法律会带来很高的成本。而商品房按照建筑面积来计算价格，本身仅仅是一种计价方式，并不属于以上需要调整的范畴。

在计价方式改变过程中，会出现两套计价方式并存的局面。这相当于一国内有两套货币体系，会极大地增加市场经济运行的成本。

经过长时间的运作，无论是购房者还是开发商，都已经适应了按照建筑面积计价的方式。民众对这种计价方式的信息是比较充分的。购房合同等也是按照建筑面积设计的。现在将计价方式转变为按照套内面积计价，民众需要重新去了解套内面积和建筑面积的差异，也需要了解按照套内面积计算的方式下如何维护自己的利益等。信息收集成本是资源的一种浪费。以前与房屋有关的事宜，比如物业费、取暖费等，是按照建筑面积核算的，现在需要重新按照套内面积核算。政府与商品房有关的法律一些法规需要修订。这些成本也将最终落在纳税人的身上。

总之，无论是按照套内面积计算还是按照建筑面积计算，在市场运行无成本的情况下，对消费者的福利是没有影响的。但因适应这种政策的改变需要付出很高的代价，这些代价将最终落在民众的身上。

容积率管制可以休矣!

现在各个国家或城市普遍实施容积率管制。这种管制除了造成管制本身的问题（如权力的寻租和设租）等问题之外，还给城市的发展造成非常大的负面影响,并最终影响经济的增长。如果取消容积率管制，经济增长的速度可以快很多。

为什么要实施容积率管制？实施容积率管制的理由是否充分？技术的发展是否造成容积率管制必要性的丧失？本文将针对以上几个问题进行较为简单的分析。

容积率管制可以让城市变得更加美丽?

为什么要实施容积率管制，最为普遍的理由是容积率管制可以让城市变得更加美丽。这个理由是否成立的?

容积率管制当然可以让城市变得更加美丽，这是毫无疑问的。容积率管制降低了单位土地的人口密集程度，降低了城市建筑物的密集程度，人均享受的绿地面积和公共空间等也会上升，让在城市有住房的人生活得更好。许多人也许会说，让住在城市里的人住得更舒服一点，难道不是好事情吗？因此，容积率管制是好事情。

事情是否如此呢？问题的关键在于，城市不光是给人看的，更是给人住的。住得起是一个问题，住得好是另一个问题。城市首先是要让人能够住得起，在住得起的基础上，再强调住得好，而不是在大部分人住不起的时候，就片面强调住得好。

容积率管制使得城市土地无法实现集约式的使用，单位土地的人口承载量下降，进而造成在城市区域内单位人口需要承担的土地成本增加，最终表现为住房购买和租赁价格的上涨。住房购买和租赁价格的上涨，使得穷人和刚工作的青年人无力在城市里购买到住房，也租不起房子。

因此，容积率管制抬高了土地和房屋的价格，伤害的是穷人、青年人甚至是中产阶级的利益。这项管制的得益者是谁呢？最大的受益者是土地所有者。土地所有者可以利用该管制，对土地使用进行垄断性定价，以获取自己利益的最大化。当然能够买得起房子的富人尽管支付的房价会上升，但其福利可以通过优美的环境得到补偿。

城市相较于农村，规模经济是其竞争优势，容积率管制全方位地伤害了城市规模经济作用的深度和广度，并将影响城市竞争力的发挥，伤害城市本身的发展，并拖累经济的增长的潜能。

容积率管制的初心

尽管让城市变得更加美丽并不是我们实施容积率管制的理由，但在历史上，容积率管制却有其经济理性，原因就在于城市的拥堵。

在历史上，城市的道路因为无法收费，不得不由财政出钱提供。因为免费，所以城市道路的使用的人数会超过社会福利最大的使用人数，即形成城市的大范围拥堵，这给城市造成了巨大的福利损失。

为减少拥堵对社会福利的伤害，利用容积率降低城市的人口密度成为解决拥堵的次优方案，尽管这种方案不是最优方案，但在最优方案无法在技术上实现的情况下，次优方案便成为可行的选择之一。

因此，在无法征收拥堵费的情况下，利用容积率管制减少拥堵的程度，减少拥堵外部性对社会造成的福利损失，成为可行的方案。尽管该管制会造成社会福利的损失，但同样可以减少拥堵外部性对社会福利造成的损失，因此从整个社会而言，福利未必会下降。这就是容积率管制的初心。

技术进步使容积率管制的理性丧失

尽管容积率管制的初心是减少城市的拥堵程度，但该方案是次优方案，是在拥堵收费无法实施情况下的次优选择。那么如果拥堵可以收费呢?

在拥堵可以收费的情况下，以你的汽车使用城市道路给社会福利造成的边际损失为基础，征收拥堵税，可以将拥堵的外部性内部化，从而实现对城市道路的最优使用。

在以前，像高速公路一样，在城市各个道路的入口均设立收费站，对拥堵进行征税，尽管技术上可行，但设立收费站进行收费会造成城市本身的拥堵，加上收费站的人力物力投入，使得征收拥堵税的成本大于收益。

现在，电子收费技术（ETC）的进步，使得对车辆收取拥堵费的成本急剧下降。在交通高峰期，车辆进入城市拥堵路段，收取较高的拥堵费；在交通低峰时期，车辆进入城市道路，免费。通过实时监控交通流量和拥堵程度，对拥堵费实施实时调整，可以让实现道路的使用者付费，从而达到对城市道路的最优使用。

既然城市收取拥堵费的技术已经成熟，而且在伦敦和新加坡等城市也已经实施了拥堵收费，为什么还要对城市的容积率进行管制呢？毕竟该方案是减少城市道路拥挤程度的次优方案。现在最优方案在技术上可以低成本实现，次优方案当然应该废除。

如何让高校食堂的饭变得更加好吃？

作为大学生，对食堂的感情是复杂的：一方面，学校食堂的饭相较于外面的餐厅，价格比较便宜，安全也比较有保证；另一方面，学校几乎每个食堂的味道都相似，几次后就食之无味。这就使得对食堂的抱怨几乎成为中国所有高校学生的共同选择。

对于学校的领导和后勤管理人员而言，觉得自己也非常冤枉。为了降低学生的生活成本，学校食堂普遍限制利润率，不少高校甚至对学生食堂给予了巨额补贴。

难道就没有办法让学校食堂的饭菜变得更加便宜更加好吃的方法吗？答案是肯定的。

学校食堂饭菜难吃的根源在于学校食堂具有垄断性质，缺乏竞争，因此要让食堂的饭变得好吃和更便宜的方式就是放开卡特尔式的垄断，促进食堂各窗口之间的竞争。而其中的关键环节就是从补贴作为供给者的食堂变成补贴作为需求者的学生。

在现在食堂卡特尔式垄断的情况下，食堂各个窗口的竞争不足。尽管食堂的价格、利润和食品安全等在管制下得到了限制，但食堂的饭菜质量会因为高信息和监管成本，无法实施有效的监管。这就使得食堂提升饭菜品质的动力不足[①]。

又因为垄断造成竞争缺乏，食堂存在很高的租值，学校对食堂的补贴只是增加了食堂的租值而已，并不能作用于降低成本和提升饭菜质量。

将补贴给学生而不是食堂，并放开各窗口的竞争，容许提供优质饭菜的窗口获得比较高的回报，尽管会让食堂的饭菜价格上升，但因为窗口之间为争抢学生就餐进而提升收益展开的激烈的竞争，价格上升会比较有限，而饭菜的品质却会大幅度上升。尽管学生名义的支付增加，但因为有补贴，其实际支付未必会增加，而饭菜的品质却一定会因为窗口的竞争而上升，学生也会从饭菜质量的提升中增加自己的福利。

该方案会不会对困难家庭的学生造成福利的伤害呢?

首先值得特别说明以下两点：第一，帮助困难家庭学生的最优策略是直接给予现金补助，通过扭转市场机制去实现扶贫的目标，效率低，收益更低；第二，即使扭曲市场机制能微弱

① 即使信息成本很小，监管容易，在没有收益刺激下，食堂也没有动力提升品质。

地提升贫困家庭学子的福利，但其他学生的福利大幅度下降，这样的扶贫值不值得做？

其次，放开食堂的窗口竞争，是提升而不是降低了贫困家庭学子的福利。原因有以下几点，第一，食堂餐食的整体品质上升，有利于包括贫困家庭学子在内所有学生；第二，将补贴从食堂转给学生，贫困家庭的学子的选择机会同样增加，这同样是一种福利的提升。而经济学研究表明，实物补贴的收益远远小于同等金额的现金补贴，第三，因为竞争，一些窗口会通过提供价廉的餐食去吸引贫困学生，这些学生并不会因为食堂餐食整体上名义价格上涨而受到损失。

在本文最后，需要额外强调以下几点：第一，对学生食堂要不要进行补贴是价值判断问题，本文不做讨论，本文讨论的是在学校补贴额度不变的情况下，如何提升学生的就餐体验；第二，学生食堂饭菜品质不佳的根源在于垄断，放开垄断，即使没有补贴，食堂饭菜的品质也会上升；第三，为了降低学生的生活成本，学校往往对饭菜的利润率有管制，但只要管制的不是每个窗口的总利润，而是每个学生就餐获取的利润率，在窗口竞争的情况下，各窗口同样会通过吸引更多学生就餐增加总利润，而吸引学生就餐的方式就是提供质优价廉的饭菜；第四，因为学生偏好和约束的多样性，竞争会促使各窗口提供更为多样化的选择以吸引学生。

通过教育券解决城市中小学入学难问题

作为网红城市和引进人才最成功的城市之一，西安这几年一直吸引着大量的目光。随着大量的新增户籍人口进入西安，西安本来就严峻的中小学入学难问题进一步凸显，对优质教育资源的争夺也在加剧。为此，西安市除了在公立中学实施按学区入学外，在教育资源较为优质的民办中学实施摇号加面试制度①。听说郑州也在学习西安，即将实施摇号加面试制度。从经济学的角度讲，摇号制度既不公平也无效率，具体的分析可以参考黄有光老师针对西安摇号买房而发表的文章《摇号买房正在制造不公平！》，这里不再赘述。下面就如何解决以西安为代表的大中城市入学难尤其入优质中小难的现象提出经济学角度的解决方案——实施以教育券为代表的供给侧改革。

① 从 2020 年开始，面试取消，只有摇号。

大家都知道，大学食堂是非常难办的。学校，尤其是一些好的大学，对食堂有着大量的补贴，但学生仍普遍对食堂的意见很大。原因何在？原因就在于学校是直接把补贴给了供给者，供给者提供饭菜的品质与收益之间并不存在相关性，供给者提供优质饭菜的动力不足。如果学校把补贴平均分配给学生，同时放开各档口的价格和质量竞争，给学生充分的选择权，供给者为了自身的利益，就会提供价廉物美的饭菜。

中小学优质教育供给不足的原因其实和学校食堂很类似：政府将财政经费拨给学校，无论教育质量如何，政府财政拨款的数量不会有变化。尽管经费中很大部分是按照学生人数下拨的，但在按片区入学的政策下，即使教育质量很差，学校也总是可以招到学生。这造成学校和老师提升教育质量的动力不足。如果将选择权给学生，给学生发放教育券，但放开学校招生数量管制和价格管制。一所学校可以在收取教育券加一部分额外的钱作为学生的学费。等到学生入学后，学校可以拿教育券去财政部门换取补贴。在这样的制度下，为竞争学生和获得更多的收入，学校和老师有积极性提升教育质量。一些无法提升教育质量的学校和教师也会在竞争中被淘汰。优胜劣汰的结果将使该城市教育质量大幅度提升。

民办学校提供了公办学校相同甚至更好的教育，可是在财政拨款上却受到歧视。实施教育券制度并放开中小学教育的市场准入，让民办学校和公办学校一起竞争财政经费，取得的费用和其教育质量直接挂钩，从而实现公办和民办在同一起点竞争，一定会有更多的民间资本进入教育行业并提供优质的教育服务。因此，从供给侧的角度讲，学校，尤其是优质学校的数量会大幅度增加。

总之，教育券制度能提升教育质量的原因主要有以下几点：第一，有利于学校之间和老师之间展开提升教育质量的竞争；第二，提升了民间资金进入中小学教育的动力，增加优质教育资源的供给。

在教育券问题上，存在一些反对意见。下面我们就对这些反对意见进行说明。

第一，为什么要对教育进行补贴（财政拨款）？

教育应该完全由私人提供还是政府应该介入教育（尤其是中小学教育）？这在经济学界存在争论。但主流观点认为教育不仅仅受教育者自身有收益，对社会也有正面影响，因此政府对私人教育进行补贴是合理的。教育券制度并不反对政府补贴教育，而是认为从效率的角度看，直接给学校拨款不如将拨款平均分配到每个学生身上，通过购买者主权促进供给者之间展开质量竞争和价格竞争，从而使消费者能够购买到物美价廉的教育服务。

教育券提升社会福利水平的方式有哪些？

1）供给端竞争的增加会增加产品的多样性，增加消费者选择的自由，选择自由的增加本身就是一种福利的增加。

2）供给侧竞争的增加提升教育的品质，降低教育服务的价格。

第二，教育券制度会制造不公平吗？

1）对于公平这个问题，其实很难定义。如现在的财政拨款制度对于上民办中小学的学生家长是不公平的，因为他们已经缴了税，税的一部分是用于提供公办教育等服务的。现在因为公办教育水平差，这些人为了小孩子的未来，不得不去上民办中小学——这相当于其为子女的上学缴了两份钱。如果财政按照教育券的多少给学校拨款，这种拨款使得这些家长可以减少交给民办中小学的学费，进而实现公共商品和服务提供方面的人际平等。

2)一些人可能会认为教育券制度对富人有利,对穷人不利。这样的观点存在一个误区：好的商品一定会被有钱人买走。其实，商品是被具有购买能力的、评价最高的人买走。教育作为一种服务同样如此。即使是穷人，也未必不愿意给小孩子进行人力资本投资。

3）在现行的教育制度下，因为价格管制，好学校的价格被人为压低，使得其中存在大量的租值，大家都在争抢这些租值。租值加上需要支付的价格，上好学校的实际代价是很高的，至少会远远高于放弃价格管制、实行教育券下的市场价格。实施教育券制度，实际上降低了穷人家庭给小孩子提供优质教育的代价。

4)教育券制度会增加供给侧竞争,进而增加优质教育资源,因此、优质教育资源的市场价格反而是下降的。穷人家庭也会得益。

5）会读书的人未必是愿意并且能够支付的高价的人。学校为了自身的声誉，也会给会读书的穷人孩子大量的奖学金，以取得学校（供给侧）竞争的优势。

为什么作者不应该大规模赠书

记得当时《婚恋经济学》出版的时候，出版社刚到的书堆在我所在单位的一个公共区域，我在整理书。一个女学生跑过来说："老师，你在送书呀？送我一本！"我想了想，回绝了，那学生也立即就走了。我立即发现我的回绝是非常正确的事情。为什么回绝是非常正确的事情呢？

在现在中国的版税制度下，依靠码字赚钱几乎是不可能的事情。作为作者，通过赠书去传播思想可能是出书非常重要的目的。问题是：赠书是否可以达到传播思想这样一个目的呢？

假设某人准备购买一本我新出的《婚恋经济学》，决定他是否购买的是成本与收益。成本越大，他就越不会购买。决定他是否购买的成本到底是什么呢？成本可以分为两个部分：第一部分是购买需要付出的货币代价，第二部分是阅读成本。按照需求定理，降低价格可以增加需求量。赠送书籍降低了价格（成本），需求量会随之增加，影响力不是增加了吗？

问题是获得赠书的人会阅读这本书吗？不阅读，那么就不能达到传播思想的目的。而问题的答案恰恰是获得赠书的人，去阅读的有限，最大的可能性是放在某个地方落灰而已。

原因就在于：《婚恋经济学》是很贵，一本定价 58 元，但与阅读《婚恋经济学》的时间成本相比，购书的货币代价可以忽略不计。阅读《婚恋经济学》大约需要 10 小时，按照每小时 40 元的工资计算，阅读的机会成本为 400 元。一个连 58 元的购书货币成本都不愿意承担的人，很难想象他会付出 400 元的时间代价去阅读本书。

花 58 元购书相当于一个信号显示：我是愿意阅读本书的。尽管许多人买了也不一定会阅读，但相较而言，获得免费赠书的人则更不会去阅读。你说，从传播思想的角度看，应该赠书吗？

谈谈“比尔·盖茨的机会成本”

笔者曾经不止一次听到比尔·盖茨绝对不会去捡地上的100美元这个说法。这个说法的错误在于对成本概念的误用。仔细推敲可知，该命题的错误在于将“沉没成本”作为“成本”使用。

经济学认为，当一种成本已经发生而且无法收回时，这种成本就是沉没成本（历史成本）。尽管这两者均有“成本”两个字，但沉没成本并不是机会成本，也就不是经济学意义上的成本，因为机会永远在未来，而不是过去。尽管机会成本是隐形的，但在做决策时必须予以考虑。与之相对应的沉没成本则刚好相反，沉没成本通常是可见的，但一旦发生之后，在做出决策时都可以被人们忽视。比尔·盖茨拥有多少财富对于其弯腰捡钱这个事情而言是一种沉没成本，只有该弯腰捡钱行为对其财富数量有影响时，财富的边际变动量（不包括这100美元的弯腰所得）才是该弯腰捡钱行为的（货币）成本。

成本也不是总能用货币来衡量，快乐、健康、时间乃至生命都可以是机会成本，比尔·盖茨“降低身份”的感觉当然也是一种机会成本，与我们在购物时所支付的价格包括货币价格和非货币价格（如排队付款的时间）一样。机会成本也同样是由货币成本和非货币成本构成的。刚才所谓的财富变动量是一种货币成本，而“降低身份”的感觉是一种非货币成本。这两种成本共同构成了比尔·盖茨弯腰捡钱行为的机会成本。

因此，比尔·盖茨是否弯腰捡钱取决于他对于100美元的收益与所需支付成本（货币成本与非货币成本之和）之间的权衡。当收益大于成本，他就实施弯腰捡钱行为；当收益小于成本，其就不会弯腰捡钱。

那么，比尔·盖茨是否会实施该行为呢？说实话，经济学并无法得出确切的结论，因为选择是一件主观的事情，成本同样也是一个主观的概念，附属于考虑选择的人，我们无法替比尔·盖茨做出选择。但这并不意味着经济分析无法介入比尔·盖茨弯腰捡钱行为的分析。我们可以推测的是，比尔·盖茨实施该行为的成本越低，该行为越有可能实施。比如，在一个无人的大街上，比尔·盖茨捡钱的可能性会大于在一个开记者招待会的现场。当然，在这里，还要附加一个假设，即比尔·盖茨认为捡钱行为会对他的形象产生负面的影响。如果其认为捡钱行为对他的形象有加分作用，推论刚好相反。

作为科学的经济学

经济学作为一门科学，它所得出的结论几乎和人们的直觉是不一样的。几乎每一个人，都对于自己脑中的直觉或固有的意识有着刻骨铭心的感情，当看到和自己想法不一样的文章时，往往不是去思考这个观点是从何而来，有没有道理，而往往是为了反对而反对。这从另一个角度说明中国普及科学的方法论还有很长的路要走。

为什么根据经济学分析逻辑所得的结论往往和一般民众的直觉不一致呢？其实这是一个好玩的问题。许多人把经济学家，尤其是芝加哥学派的经济学家，视为异类，原因就是在于经济学思维显著异于人的一般思维。经济学思维，或者说强调经济学思维的芝加哥学派的思维特点是什么呢？他们坚持经济学是一门科学，并坚信按照科学的逻辑可以分析人类行为。科学是探寻因果关系的，即会去思考造成这种现象的原因是什么。而一般人的直觉思维只看到果，而不会去细致思考造成这种现象的原因是什么，这就造成了一般人往往喜欢直接管制结果。例如，如看到价格上涨，就主张管制价格。下面进一步举例说明之。

如看到口罩的价格上涨，许多人的感觉是商家在发国难财。既然是商家在发国难财，那么限制价格的上涨就行了。而经济学的思维方式则要求我们去分析为什么口罩的价格会上涨。如果我们无法解决导致口罩上涨的原因，就无法真正解决口罩价格上涨的问题。压制口罩价格并不是一个解决口罩价格上涨的良好方式，因为该政策并没有直接针对口罩价格上涨的因素。如果压制口罩的价格，不仅不能解决口罩价格上涨的问题，还会产生其他的后果。这意味着经济学的思维还会进一步思考，口罩价格管制将导致什么样的结果。

口罩如此，彩礼同样如此！现在农村嫁女收取的彩礼费非常高，许多人认为这是生养女儿的家庭在卖女儿，更让许多男同胞娶不起老婆，是不忍孰不可忍。因此主张对彩礼金额进行管制。关键问题是造成农村彩礼高的原因是什么？如果不针对原因，只是规定彩礼的最高限额，这些娶不起老婆的男同胞就能娶得到老婆吗？经济学的思维方式会分析农村彩礼高的原因，也会思考如果对彩礼进行金额管制，将出现什么样的结果。

因此，强调因果逻辑是经济思维最重要的特点，也是经济学作为一门科学的具体体会。

药店遍地的经济学

在西安交大一村、二村到三村之间的交大街上，短短 200 多米的地方，竟然有 5 家药店。每天从办公室到交大三村家里的半小时路上，竟然会有 7 家药店。药店的数量现在几乎比便利店的数量还多。为什么这几年药店数量大增？让我们从一个经济学的经典习题开始，解释遍地药店背后的经济学？

在芝加哥学派经济解释的经典题目库中，有这样一些题目："银行为什么会建造非常气派的大楼，并进行豪华装饰？为什么超级市场不这样做？为什么我们在大街小巷都可以见到（自助）银行密密麻麻的分布？"一个比较有说服力的解答是政府对银行的存款存在最高利率限制。最高利率限制使得银行无法通过增加存款利率的形式竞争储户，只能进行非价格竞争，将银行大楼造得富丽堂皇，进行豪华装修，增加人们存取款时的尊严感，是一种非价格竞争；将银行开在你家门口，增加你存取款的便利性，也是一种非价格竞争。

遍地药店背后的经济学原因与遍地银行的原因非常类似：政府对售药行业的管制。政府对售药行业的第一个管制是牌照管制（数量管制），规定取得售药牌照的药店需要具备一定的条件，这使得能取得牌照的药店的数量有限。第二个管制是最低价格限制，这个限制未必是明的，但一定会存在，原因就在于如果药店出售的药品价格低于医院药房出售的价格太多，明显会伤害包括医院在内的诸多利益集团的利益。在这两个限制之下，取得牌照的药店会通过多开门市部、利用会员制增加消费者的品牌忠诚度、提升服务品质等非价格竞争而不是价格竞争的形式增加市场份额。

讲到这里，一定会有学生说："老师，你错了，你说的管制一直是存在的。近几年，随着国家医药体制改革，发放的牌照数量增加了，这才是药店数量增加的真正的原因。"是的，你们的反驳非常有道理,但这并不意味着我的分析逻辑有问题。下面让我们在上述分析框架下对该问题进行拓展研究。

原先牌照发放的门槛很高，使得能得到牌照的药店数量非常少。在政府背后强制力量的维持下，这些企业之间往往会勾结形成卡特尔，维持总的门市部数量，共同分享垄断的超额利润。多开门市部是需要付出代价的：一方面是门面、员工和物流等成本增加，另一方面是竞争加剧对包括本企业在内的其他门市部利润有影响。

近几年，随着医药体制的改革，药店取得牌照的门槛降低，具有牌照的药店的数量增加。随着企业数量的增加，维持卡特尔需要付出的代价也随之大量增加，卡特尔也越来越难维持。用经济学专业术语讲，就是药店的市场结构从寡头垄断慢慢转向垄断竞争。在价格竞争仍然受到限制的情况下，多开门市部等非价格竞争形式逐渐成为药店之间的主流竞争形式。

上述分析仅仅基于理论分析。因为没有深入了解过医药行业，可能存在不当之处，还望批评指正。

套利与无差异原则

在现实世界中，自利的行为人在各个方向不断地寻找套利的机会。无论是超市新开结账闸口，还是机场安检新开安检闸口，你会看到有一堆人会向新的闸口奔去，在非常短的时间内，新开闸口排队人数就会和已经开的闸口持平。因此，无论你在超市准备结账，或者在飞机场准备过安检，不管去排哪个队，速度是相差无几的。如果你有一笔钱，无论是去开旅馆还是餐馆，资本预期回报率是相等的。你是司机，无论开出租车还是大卡车，或者网约车，期望的工资应该是相等的。尽管西安无论在历史、环境、发展机会等方面和上海存在巨大的差别，但这种差别已经体现在房价差别之中，无论是上海还是西安，在综合考虑各种因素后，从宜居性的角度看，差别已经不大。

上述的种种现象表明，真实世界已经是套利均衡或者讲接近套利均衡，兰兹伯格称之为“无差别原则”。

无差别原则可以解释很多生活中的现象。例如，现在网约车非常普遍，不少出租车司机为此非常生气，认为是网约车让其收入大幅度下降，情况是否如此呢？其实，出租车司机找错了发泄的对象。按照无差别原则，出租车司机的报酬与其大货车或者从事非司机工作的报酬是一样的。网约车的出现的确对出租车的业务造成很大的冲击，在短期，出租车司机的收入会减少，但因为收入减少，一些出租车司机会用脚投票，离开该行业，该行业司机会出现供不应求，报酬就会上升（表现为份子钱的减少）。因此，只要出租车司机替代性职业选择的报酬没有发生下降，最终的结果是网约车的出现不会影响出租车司机的收入。那么谁是网约车大量出现的受损者呢？

按照套利和无差别原则，每个自利的行为人都在不断地寻找并抓住套利的机会，这意味着激烈的套利竞争会使套利的收益无限地接近于零。套利套利，有利才会去套。最终这个大家都去抢的利被谁拿走呢？经济学认为，所有的利都会流向固定要素的持有者。这个结论和税收的负担的主要承担者还是补贴的主要接受者均是缺乏弹性一方的结论相一致。

弹性用来衡量当市场条件变得不利时，行为人离开市场的愿望和能力，也衡量当市场条件变得有利时，行为人进入市场的愿望和能力。从套利的角度看，当利出现时，富有弹性的一方会有大量新增行为人进入市场进行套利，而缺乏弹性的一方则只有少量，甚至没有新增行为人会进入市场进行套利，竞争的结果就是利被缺乏弹性的一方拿走。在某种程度上，可以将弹性理解为套利能力。弹性越强，套利能力越强；弹性越小，套利能力越弱。但悖论就在于，套利能力越强的一方，对利的争抢也会越激烈，竞争的结果反而是套利能力弱的一方得利。对于征税，当市场条件变得不利时，富有弹性的一方套利能力比较强，他们可以快速地离开这个市场，而缺乏弹性的一方因为套利能力有限，不得不承担绝大部分不利。

基于上述分析，在网约车大规模出现后，是出租车牌照的所有者，而不是出租车司机，承担了网约车出现对出租车市场的不利。原因就在于：出租车牌照是固定的，这意味着对出租车司机的需求是固定的，即需求弹性为零，而出租车司机因为可以套利，供给富有弹性，不利将全部由弹性为零、无法套利的出租车牌照拥有者承担。

如何在套利的世界中让自己过得更好呢？根据上面的分析，在套利的世界中，缺乏弹性，即竞争较少的一方往往可以获得更多的利，因此，增加自己相对于别人市场需要的独特性是获得更多利的基础，如与众不同的视野、别具一格的才能、拥有别人所不知道的信息等。许多独特性来自天赋，如姚明打篮球的天赋；也有许多独特性来源于后天长时间的干中学，如一些教学名师不断地思考如何上好一门课，并不断应用于教学实践，从而形成受学生欢迎的独特教学风格，别的教师无法通过简单模仿获得这种风格（即套利），这就使得这些教学名师受到的竞争较少，其也容易在教学市场中获得竞争优势；还有的独特性来自对稀缺资源的垄断性拥有，如拥有稀缺的执业牌照、垄断某种资源的供给或需求等。

经济增长的果实会落在土地所有者身上

经济增长的果实最终会落在土地所有者的身上，这在经济学中是一个重要的命题。对这个命题可以用套利和弹性的角度进行解释。

假设某国有 A 和 B 两个地区，原先两地处于均衡状态，即不存在人口的净流动。但从某一刻开始，A 地区的经济增长速度快于 B 地区，造成 A 地区工人工资高于 B 地区。当两地区工人的工资存在差别时，工资较低的 B 地区工人会向 A 地区流动套利。在此时，A 地区工人数量增加，对房屋的需求也会随之增加，对房屋需求的增加会造成房租和房价的上涨，而房租和房价的上升会降低 B 地区的工人向 A 地区转移套利的期望收益（期望工资减去房租）。但是只要在 A 地区工作的期望收益高于 B 地区工作的期望收益，工人就不会停止流动。因此，这个过程直到 A 和 B 两地工人的期望报酬相等为止才结束。

在套利结束后，可以发现：A 地区的房租和房屋价格上升，

B 地区的房租和房屋价格下跌，而无论是 A 地区还是 B 地区的工人的工资和期望报酬均会上升。因此，A 地区的房屋所有者和土地所有者的福利会因为房租和房价上涨而得益，而 B 地区的房屋所有者和土地所有者的福利会因为房租和房价下跌而受损，而工人的福利则会因为工资的增加而增加。

如果某国有很多地区，如果 A 地区的经济增长率相对高于其他地区，则其他地区的房租和房价下跌有限，即房屋所有者和土地所有者的损失有限。同理可得，劳动力能够获得的收益也有限。收益中的绝大部分被 A 地区的房屋所有者和土地所有者拿走，即经济增长的果实最终会落在土地所有者的身上。

孙中山先生受到美国经济学家乔治 · 亨利的影响，在其提出的三民主义中有一条叫平均地权，其核心内容是“土地的增值归公”。其背后的经济学就是上述的经济增长的果实最终会落在供给非常缺乏弹性的土地的所有者的身上，资本和劳动要素能获得的经济增长的好处有限。从某种意义上讲，土地所有者是“不劳而获”，加上土地供给高度缺乏弹性（甚至无弹性），将其增值归公，并不会造成社会福利的损失。

相关例子很多。例如西安交通大学南门的水果店生意非常好，许多人第一反应就是这家水果店赚了很多钱。答案其实是否定的。因为地段好，商人对这个地段的争抢也非常激烈，这会使得房租价格不断上升。最终，商人在该地段经商能拿到的收益与在其他地段持平，而房东则拿到了地段好的全部好处。

婀娜多姿的美女与外部性

春天到了，你在公园的一个凳子上坐着，一个穿着汉服的美女，婀娜多姿地缓缓走在凳子前面的小路上。走近了，你隐约能闻到香水的味道。这是什么？这是一种外部性。因为她影响着你，但你并没有为此向她付费或向她要求补偿，即她以不通过市场机制的方式影响着你。

下面我们就以该现象为例，说明外部性的一些性质。

第一，外部性比一般的经济学教科书所描述的更加普遍。一般而言，只要是人的行为，都会对其他人产生影响，且绝大多数影响不是通过价格机制，即存在所谓的外部性。比如在春天的午后，许多女性穿得花枝招展走在街上，就会对你产生影响。又比如，在凌晨，你回家开门关门，就会对你的邻居产生影响。

第二，经济学认为成本是主观的，价值也是主观的。这意味着婀娜多姿的美女走过你的身边，你对这个影响的评估，即价格判断也是主观的。对于绝大多数的男性而言，婀娜多姿的美女走过你的身边，对你造成的影响是正面的，即美女的该行为具有正外部性。当然，不同年龄段的男性，对该正外部性的评估可能会存在差别；对于潜心修佛的男性而言，美女的该行为可能对该男性没有任何影响；对于脆弱的心刚受美女伤过的男性而言，可能在这段时间，脑中存在美女是“蛇蝎”这样一个标签，美女的该行为可能对该男性造成负面影响，即美女的该行为具有负外部性。

第三，外部性并不必然需要政府干预。传统经济学认为，在存在外部性的情况下，私人提供的商品数量低于或高于社会最优的数量，即外部性意味着市场失灵，因此需要政府去纠正外部性，通过征税或补贴的方式促进社会福利最优化。事实上，像美女婀娜多姿影响周围人这样的外部性是普遍存在的，如果只要有外部性就需要政府干预的话，政府干预的成本也会非常高。原因在于：政府对于美女行为对周围人的影响的价值缺乏明确的信息，加上政府的干预行为本身也需要付出代价。因此，从成本收益的角度看，政府不介入影响比较小的外部性，比如美女穿着的花枝招展对周围人产生的外部性，是一种明智的选择。

第四，科斯认为，在无交易成本的情况下，外部性可以通过交易实现内部化，但真实世界必然存在交易成本，通过交易实现外部性内部化的成本可能远远大于外部性所造成的社会福利的损失。在本例中，如果美女认为自己的行为给周围造成了正外部性,她就会和你进行协商,要求你对她的外部性进行补偿。协商过程本身就需要付出两个人的时间等方面的成本，这当然是交易成本。另外，你为了不补偿美女的花枝招展对你的正面影响，你会否认她的行为对你有正面影响，甚至会在协商时向她表明，她的行为让你感觉到非常不适，或者说你盯着美女看，让美女心理得到极大满足——这对美女是正外部效应，需要她给你补偿。因此，信息成本也是交易成本的重要组成部分。在此时，任由外部性的存在对于双方而言是一种理性的选择。

第五，通过交易实现外部性内部化的前提是确定产权，但确定产权本身也需要付出代价。美女花枝招展、婀娜多姿所带来的美的产权是谁的？是美女的吗？还是坐在凳子上的你的？法律如果将人的所有行为都确定产权的话，司法体系将不堪重负。

第六，外部性的存在是否会造成美女展示美的行为减少呢？答案刚好相反。原因就在于，你看婀娜多姿的美女是给你带来了正外部，你看美女行为本身也给美女带来了正外部性。这两个正外部性不断相互促进，使得理性的个体不断给社会增加美的因素。

为什么商品的定价往往是 0.99 元而不是 1 元?

几十年前有人发明了心理定价（psychological pricing）法，就是将商品定价为 X+0.99 元而是不是直接定价为 (X+1) 元，例如将苹果定价为 5.99 元一斤而不是直接定价为 6 元一斤。

从逻辑上讲，很少有人会在意 0.01 元，即 1 元和 0.99 元的定价对消费者而言几乎是无差异的，但现实是，这种定价方法往往使商品的销售量大增。这意味着在即将突破整数时，这 1 分钱的需求价格弹性非常大，比其他地方 1 分钱的需求价格弹性要大得多。

许多人从心理学的角度对这种定价方式进行了分析，也有一些行为和实验经济学家基于这种定价方式，认为人是非理性的。秉承传统价格理论的经济学认为人是理性的，我们日常生活中被认为行为人是非理性的现象，其实是我们没有抓住行为人所面临的约束。价格理论的作用就是将人们所认为的这些“非理性现象”纳入理性选择的框架。那么心理定价法能否在理性的框架下得到合理的解释呢？答案当然是肯定的。

消费者在做出选择时，面临着多重约束，其中非常重要的约束是信息。价格是商品非常重要的信息。消费者收集信息是需要付出代价的，因此理性的消费者会收集信息直到边际成本等于边际收益这个点。从价格的角度看，消费者最关心的一定是第一个数字，因为这个数据的信息给其带来的收益是最大的，其次才会是第二个。这意味着消费者对于价格便宜还是贵的第一反应一定是看第一个数字，即消费者对定价中的第一个数字特别敏感。1比0大，就会让消费者形成0.99比1小很多的感觉，从而使该商品的销售量不成比例地增加。这就是商品的定价往往是X+0.99元而不是X+1元的原因之所在。

总之，因为行为人获取信息需要付出代价，长时间的演化所形成的理性选择使消费者形成最关注第一个数字、以第一个数字来判断商品贵还是便宜的直觉，以节约收集信息的成本。心理定价法尽管看上去是利用了消费者的非理性，其实仔细思考可以看出，该定价法仍然可以在理性选择的框架下得到解释。

为什么医生会问你的职业？

去医院看病时，医生在看病之前往往会问：“你住在哪里？职业是什么？有没有医疗保险？”病人会如实向医生报告自己此类个人信息。这些信息对治疗有用，医生也可以利用这些信息了解病人的支付意愿和能力，对支付能力和支付意愿强的病人开比较贵而疗效好的药，而对支付能力和支付意愿弱的病人开比较普通的药。这就是典型的一级价格歧视，即收取每个消费者愿意支付的最高价格。律师、会计师等职业具体的定价操作也遵循相似的逻辑。

医生能够进行一级价格歧视是因为每个病人都是独立的，病人之间不存在相互套利的可能性。职业、医保和住址等信息则可以告诉医生病人的支付意愿和支付能力。

相较于非完全竞争市场的统一定价，一级价格歧视可以最大限度将消费者的剩余转化为生产者的利润，且在该歧视下社会福利也较高。这是因为那些在统一定价下无法取得医疗服务的病人，在一级价格歧视条件下也能取得医疗服务，因此这是一种最理想的定价方式。

一级价格歧视一般被认为是一种理想状态，在现实中比较少见。而在互联网时代，一些原先没有办法进行一级价格歧视的市场，也可以进行一级价格歧视。一些大型应用软件，如客户关系管理系统和ERP系统，开始进行一级价格歧视。对于一些大型客户，仍采取出售一年使用权等形式销售，而对一些小客户，则采取按照登录次数进行收费的形式，从而实现定价沿着需求曲线移动，即一级价格歧视的目标。

典型的一级价格歧视还有，汽车销售公司对支付意愿强烈的消费者直接出售汽车，但对支付意愿不强烈的消费者则租车给他们，按次收费。

微软对预装软件如何定价?

去买电脑，会发现现在的电脑基本上都预装了微软WINDOWS的家庭版。这给我们消费者带来很大的便利，因为预装软件会比我们每个消费者独立去买相关软件便宜，而且也比较方便。

微软对于向单个消费者出售WINDOWS的定价策略是非常清楚的，即按照每类群体的支付意愿实施三级价格歧视，如对学生群体进行打折销售等。一般的价格歧视策略是无法应用于预装软件的采购的，那么微软对于预装软件应该如何进行定价呢?

我们一直在强调的是，价格歧视的核心是将消费者剩余转化为生产者剩余。如果按照传统的需求曲线进行定价，微软是无法将消费者剩余转化为生产者剩余的。那么微软应该如何定价呢?

微软的定价策略是按照一条新的需求曲线进行定价。对于这条需求曲线，一般的微观经济学或管理经济学教科书是不讲的，弗里德曼在其微观经济学著名教科书《价格理论》中曾经推导过该需求曲线，这就是全部或否（all or nothing）需求曲线。具体见下图。

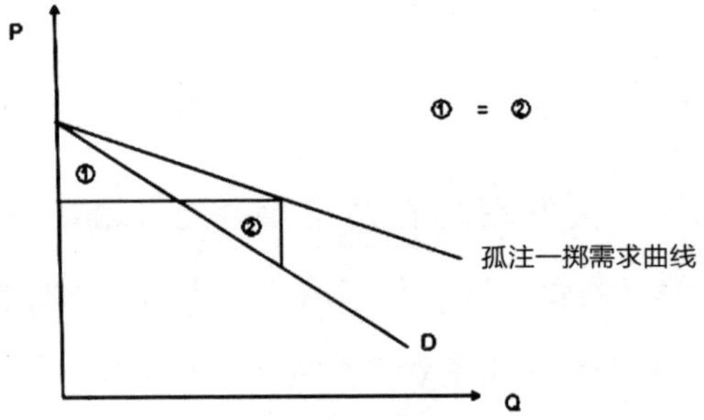

①是传统需求曲线的消费者剩余，也是微软希望转换为利润的部分。②和①是全等三角形。通过连接传统需求曲线与纵轴的交点与②这个三角形最右上点，就可以得到全部或否需求曲线。

在得到全部或否需求曲线后，电脑厂商愿意购买多少预装软件，微软就按该需求曲线确定出售的价格。通过这样的定价策略，微软可以将全部的消费者剩余转化为生产者剩余。

非货币代价与三级价格歧视

三级价格歧视是按照各群体的需求价格弹性来定价的，即对需求价格弹性较大的群体收取低价，而对需求价格弹性较小的群体收取高价。尽管上述定价规则在逻辑上非常清楚明了，但可操作性比较差。哪个群体是需求价格弹性大的？哪个群体是需求价格弹性小的？对比往往无法做出判断。

那么有没有简单的方法可供厂商定价决策使用呢？答案当然是有的。回到需求定理中的“价”，可将其定义为代价，并认为成本包括货币成本，也包括非货币成本。将“价”的概念进行延伸，可以发现，三级价格歧视应该对非货币代价高的收取高价，非货币代价低的收取低价。通过这种方式的处理，进行三级价格歧视更具有可操作性。原因就在于分析某市场消费者的弹性是大还是小可能要投入很多的时间和精力，而分析某市场消费者的非货币代价高还是低则比较容易。下面我们举例说明之。

第一个例子：电影院对学生打折销售电影票。我们可以粗略地将电影市场区分为学生市场和在职人员市场。对于学生而言，除非是考试季，看电影的时间成本几乎可以忽略不计，因此，看电影的最大成本是货币代价；而对于在职人员而言，看电影的最大成本是放弃的收益，即非货币代价。因此，从电影院的角度来讲，降价（降低货币代价）销售，能吸引的在职人员有限，因为对于在职人员而言，看电影的成本只是降低了一点点，而对于学生而言，就是大幅度地降低了看电影的成本。

第二个例子：超市对商品打折销售。其实我们去购买商品，除了货币代价外，还需要付出时间代价。因此，超市的商品其实对非货币代价低的人价格是较低的，而对非货币代价高的人价格未必是低的。超市降低价格，对非货币代价低的人而言有吸引力，而对非货币代价高的人而言，未必就有吸引力。因此，超市促销的目标群体是时间成本低的群体，如已经退休的老人。超市更应该对其经常购买的商品推出促销活动。

第三个例子：航空公司会对外出旅游的顾客收费较低，而对商务旅行的顾客收费较高。一般的分析认为商务顾客的弹性较低，而外出旅游的顾客的弹性较高。没有错！那么能不能用非货币代价这个角度去理解呢？其实也是可以的。假设有人去杭州旅行会待 4 天，有人去杭州从事商务工作也会待 4 天。谁在杭州的住宿等费用较高？一般而言，是商务顾客。因此，同样去杭州，商务顾客在杭州期间的费用要高于旅游者。对商务顾客而言，机票加在杭州期间的总费用要大于旅行顾客。同样的飞机票降幅，对旅游者而言去杭州的总费用的下降幅度要大于商务旅客。因此，航空公司应该对商务旅客收取高价，而对非商务旅客收取低价。

旅游景点应该对国外游客免费吗?

中部某省出台政策，省内几个著名的5A景点对国外游客免门票，而对国内游客正常收费，引起网上骂声一片。这与十几年前中国各大景点的定价形成鲜明的对比。那时，国内的景点对国内游客的门票价格要远低于国外游客。

到底哪一种定价方式才是合理的呢？是对国内游客比对国际游客收费高一点、低一点还是两者一样？本文将从定价策略的角度对此进行分析。

对不同的群体收取不同的价格，是典型的三级价格歧视。按照一般的微观经济学或管理经济学教科书的定义，三级价格歧视是按照各群体的需求价格弹性来定价的，即对需求价格弹性较大的群体收取低价，而对需求价格弹性较小的群体收取高价。尽管上述定价规则在逻辑上非常清楚明了，但可操作性比较差，因为对哪个群体需求价格弹性大、哪个群体需求价格弹性小往往无法做出判断。就本案例而言，我们就无法凭借常识或教科书中的经济学判定本国游客和外国游客谁是弹性比较大的一方。

那么有没有简单的方法可供定价者决策思考呢？答案当然是有的。具体而言，无论是国外游客还是国内游客，到某个景点去游玩，其付出的不仅仅是门票费，还要付出很高的交通等其他成本。相对而言，国外游客的交通等其他成本更高。对于交通成本较低的国内游客而言，取消门票收费，能够降低的游玩的成本幅度较大，其来该地区游玩的可能性会大幅度增加，而对于交通成本较高的国外游客而言，取消门票收费，能够降低的游玩的成本幅度有限，其来该地区游玩的可能性并不会大幅度增加。这意味着旅游景点应该对外国游客收取高价，而对国内游客收取低价。二十年前中国各大景点的定价策略是正确的，而中部某省的定价策略是错误的。

总之，尽管在现实生活中，我们往往无法判断哪类消费者的需求是高弹性的，哪类消费者的需求是低弹性的，但我们仍然可以对消费者进行价格歧视。具体的法则是对非货币代价（在本例中是交通成本）高的消费者收取高价，而对非货币代价（在本例中是交通成本）低的消费者收取低价。相对于弹性法则，该定价法则简单易懂、可操作性强。

苹果为什么会推出 iPod touch？

三级价格歧视实施的条件，是两个市场可以区隔。其实，厂商本身就能够将一个市场区隔为两个不能相互套利的市场，以实现三级价格歧视，苹果公司就是其中的高手。

苹果手机的成本主要是研发成本，生产手机的边际成本并不高。我们知道定价与成本无关，取决于消费者的购买愿望和能力（需求）。因为苹果手机具有消费者愿意购买的独特性，即具有很强的市场势力，按照企业利润最大化的单一定价规则，苹果手机的定价并不低。因为苹果手机价格较高，许多愿意出价高于手机边际生产成本的消费者因为定价高于其愿付价值而没有去购买苹果手机。如果苹果公司能对两类消费者进行有效的区隔，就可以实行三级价格歧视。关键就在于如何进行市场区隔。

苹果公司的处理方法是通过产品品质差异区分市场，具体就是，降低商品的品质，推出除了没有电话功能，其他功能相同的 iPod touch。因 iPhone 和 iPod touch 的品质存在差异，需求价格弹性较低的消费者仍会购买价格较高的 iPhone，而需求价格弹性较高的消费者则会购买价格较低的 iPod touch，从而实现有效地区隔市场，按照需求价格弹性进行不同定价的三级价格歧视目标。

值得强调的是，单纯从成本的角度讲，iPod touch 要比 iPhone 高，因为苹果公司是按照具有最优效果的产品，即 iPhone 来设计产品的，为了降低产品的品质，推出品质较差的 iPod touch，需要额外投入成本来去掉 iPhone 的部分功能。

按照产品的品质来区分市场在三级价格歧视中是比较普遍的。例如，下载工具迅雷是按照最快下载速度进行设计和硬件投资的，但为了进行价格歧视，它额外设计程序，对非会员降低下载速度，以实现三级价格歧视。同样，微软的 OFFICE 软件的定价分专业版和家庭版等都是基于产品的品质来区分市场。

网络购物的核心竞争力

经济学是一门可以解释真实世界的学问。为了理论联系实际，在某一年的管理经济学考试中，我出了这样一题：

> 如何理解在需求曲线中的价格？为什么经济学认为需求曲线既可以解释市场行为，也可以解释非市场行为？举例说你理解需求曲线中的价格对于三级价格歧视有何重要意义？在上述分析的基础上，试分析网络购物是如何构建对传统购物方式的竞争优势的？

为了传播经济学理念，在这里，我讲一下我心目中这道题的答案。失当之处，还望批评指正。

需求定理是指“价升量跌”，在一般的教科书中并没有对价进行专门的说明。为解释真实世界现象，拓展经济分析方法的应用空间，我们可以将价格定义为代价。因此需求定理可以理解为当行为人需要付出的代价越大，对某种行为的需求就越少，即从事某种行为的可能性就越低。

需求定理可以用于解释市场行为的这一点确定无疑。购物所付出的金钱是价格，也是代价，需求定理当然适用。值得强调的是，价格是代价，但代价不仅仅是价格，即使去购物，也需要付出非货币代价，比如时间和体力等。因此，代价可以理解为货币价格和非货币价格之和。此可以解释一些现象。比如，家门口便利店商品的价格远高于离家较远的大型超市，但便利店的生意同样很好，其背后的原因就是尽管去便利店购物需要付出的货币代价较高，但非货币代价却较低，总的购物代价未必会高于去大型超市。由此可得：即使是市场行为，在具体的经济解释时，也需要将其拓展至“价是代价”，而不能局限于货币价格。

人类的许多行为并没有经过市场交易，因此没有货币价格，但这并不意味着需求定理不能应用到这些行为的分析之中。只要是人类行为，就一定有选择，也一定会有代价（非货币价格），需求定理同样适用。因此，经济学不仅可以研究市场行为，也可以研究非市场行为。

三级价格歧视是对消费者进行分类，对于需求价格弹性高的群体，收取的费用比较低，对于需求价格弹性低的群体，收取的费用比较高。在现实中，三级价格歧视是非常普遍的一种定价策略。电影院的周末和晚上定价高于工作日日间定价，其背后的原理就是三级价格歧视。但在实际应用中，价格制定方往往很难知道某类群体的弹性。怎么办？应用代价等于货币价格和非货币价格之和这个定义，可以通过分析各群体的非货币代价来决定向各群体收取的费用。同样的价格降幅，非货币代价较高的群体降低的总成本很少，而非货币代价低的群体降低的总成本较多。这就使得降价促销对非货币代价较低的群体作用较为明显。因此，对非货币价格高的群体，可以收取较高的费用，而对非货币代价较低的群体，可以收取较低的费用，以此来实现三级价格歧视。例如，大学生看电影的非货币价格较低，而在职人员看电影的非货币价格较高，因此，电影院往往对大学生看电影有打折优惠。

传统的商业竞争主要集中于货币价格的竞争，对于非货币价格能够降低的幅度非常有限。这使得消费者购物的总成本能够降低的幅度有限。网络购物相较于传统的商业竞争，其主要优势在于大幅度地降低了购物的非货币价格，从而大幅度地降低了消费者购物的总成本，进而取得了对传统购物方式的竞争优势。

解决中国当前宏观经济困境的路在何方?

宏观经济学关注的核心问题是长期经济增长和短期经济波动。解决长期经济增长问题和短期经济波动问题有着不同的政策工具。但进入21世纪，尤其是2008年美国次贷危机以来，世界性的人口老龄化等问题造成的创新乏力引起的长期经济增长放缓和短期经济衰退纠结在一起，使得世界各主要国家在宏观经济政策选择上面临工具不足的问题。平稳经济周期的短期政策工具，如货币政策和财政政策在解决经济衰退的作用上边际递减效应明显，逐渐趋向于无效。这意味着宏观经济政策只有同时解决长期和短期面临的问题，才能有效地解决当前的宏观经济困境。

中国当前的宏观经济形势与世界主要发达国家的宏观经济形势类同,也面临着长期经济增长乏力和短期衰退的双重压力。2008年刺激经济的四万亿以及地方政府的海量配套资金尽管在短期内起到了拉升中国经济的作用，但不久之后，地方债务问题、国有企业产能过剩等问题使政府债务，尤其是地方政府债务成为经济危机的隐性导火索。这也使得财政政策的作用空间显著缩小，以量化宽松为特点的货币政策逐渐成为中国应对经济衰退的主要政策。宏观经济学的货币中性理论表明，应对长期经济增长问题，货币政策无效。在长期经济增长乏力和短期衰退并存的今天，货币的超发并没有起到刺激经济复苏的作用，反而给中国经济带了极大的脱实就虚隐患。

如何解决中国现在的宏观经济困境呢？有没有同时解决中国现阶段所面临的短期经济衰退和长期经济增长乏力的宏观经济政策呢？答案是：有。是什么呢？全面放开人口管制，对生养小孩进行补贴，并将政府投资集中于中小学和医院等人力资本投资相关领域。因为生养小孩在短期看能刺激消费，从长期看能增加人力资源总量。该政策既针对短期经济衰退，也针对长期经济增长，是解决中国当前宏观经济困境的唯一路径。下面分短期和长期两个角度对该政策的作用进行解读。

拉动中国经济的“三驾马车”为消费、投资和出口。世界经济不景气，出口已经无法像20世纪、21世纪初一样成为将中国经济拉出泥潭的重要力量。为摆脱经济衰退继续进行大量的投资，最终的结果是进一步扭曲资源配置并加大产能过剩的程度，最终伤害经济的长期增长。因此，对于“三驾马车”而言，比较可行的是消费。但在人口结构老化的大背景下，民众的消费意愿受到严重的限制。人的消费是按照一生进行优化的，在未来养老问题没有得到切实有效解决的情况下，刺激消费的政策不可能真正起到作用。如果全面放开生育管制，并对生养小孩进行补贴，一方面生养小孩的过程本身就是消费的过程，另一方面生养小孩的过程也是缓解未来中国养老危机的过程——养老保险基金可持续性增加可以让居民敢于将自己存放的用于未来养老的钱用于现阶段的消费，进而达到刺激消费的作用。在乘数效应的作用下，放开生养小孩的政策可以成为解决短期经济衰退的有力工具。

从长期看，小孩数量的增加是人力资本的增加。中国长期经济增长乏力的重要根源之一是人口结构的老化造成的抚养比上升和创新能力的下降。小孩数量的增加一方面可减缓人口老龄化的趋势,为中国长期经济增长和创新提供人力资源的基础，另一方面将人口规模优势维持的时间更长，为细化分工结构，维持制造业的竞争力奠定基础。

中国教育、医疗等人力资本投资相关行业的发展长期受到种种限制，使得入学难、看病难等问题突出。这极大限制了人们的生育意愿。为更有效地实现利用人口增长解决当前宏观经济困境的目标，政府应加大对这些行业的投入力度，或者在行业准入等方面放开管制，为民众生养小孩解决后顾之忧。

这个政策需要的政府投资高吗？让我们核算一下。如果

5000亿用于医院和学校建设，5000亿用于生育补贴，在第二胎及以上每孩补贴5万的基础上，可以让中国增加1000万个小孩。这就够缓解甚至解决中国短期波动和长期经济增长问题了。这可比2008年4万亿的投资好多了：低成本高收益，何乐而不为呢？

投资而不是消费，才是拉动经济增长的动力！

什么才能拉动经济增长？在中国的新闻媒体甚至很多学者的演讲和发表的论文中，都提到拉动经济增长的“三驾马车”的说法。“三驾马车”是指消费、投资和净出口。这是一个非常严重的谬误，因为消费并不具有促进经济长期增长的效果，反而会减少未来的产出。这个谬误不仅影响了许多经济学家的思考方式和政策建议，甚至深刻地影响着政府宏观政策的制定，对中国的长期经济增长产生不利影响。

在当前宏观经济短期衰落和长期增长动力不足交织在一起的情况下，为了经济的长期健康发展，宏观经济政策不应该只关注短期经济衰退的解决，更应该关注如何为长期经济增长奠定良好的基础。鼓励消费尽管可能有利于解决短期经济衰落的问题，但一定不利于长期经济增长。鼓励包括私人企业固定资产投资、人力资本投资（尤其是人口数量投资），才能在解决短期经济衰落问题的同时，解决长期经济增长动力不足的问题。

（一）消费不可能促进经济增长

宏观经济学的任何一本主流教科书都不存在消费是拉动经济增长动力的说法。消费一定是反增长的，不可能是促进经济增长的动力。

造成“三驾马车”这种错误说法的原因在于对GDP核算的误用。GDP核算既可以从支出的角度去理解，也可以从生产和收入的角度去理解。从支出的角度讲，GDP可以分解为消费、投资、政府购买和净出口。从生产的角度讲，GDP其实是衡量一个国家总供给能力的指标。在每一期的GDP中，用支出法和生产法衡量的GDP应该是一样的。“三驾马车”，即把消费作为拉动经济增长动力的说法，错误之处应该来源于对此恒等式的误用。具体的原因在于：经济增长是长期动态的过程，从长期和动态的角度看，消费一定不利于长期经济增长。一年或两年GDP的增长并不是经济增长，只有长期持续性的GDP的增长才是经济增长。未来的经济取决于未来的资本存量，即现在的储蓄和投资，在现在GDP数量既定的情况下，消费越多，储蓄（和投资）就会越少。因此，消费是反增长的，只有投资才是未来经济增长的基础。

其实用奥派所提出的迂回生产概念很容易理解这一点。一个人在早上用手抓了两条鱼，他可以立即在中午全部消费完，但下午仍只能用手去抓鱼，即不会实现经济的增长。这个人现在可以现在中午时只消费一条鱼，下午花时间去做渔网，并在晚上消费另外一条鱼。第二天，这个人的抓鱼效率就会得到很大的提升。这就是迂回生产——在克制消费的过程中，资本增加，未来的生产效率会提高，未来的供给能力会增加。这是克制消费进行投资具有经济增长效应的一个例证。

宏观经济学可以分为短期分析和长期分析。短期分析关注经济波动，长期分析关注经济增长。

凯恩斯主义的（短期）经济波动理论关注总需求分析。该理论认为价格刚性和工资黏性，使得经济体在短期可能出现有效需求不足现象。这就会造成经济衰退。凯恩斯主义强调应用包括促进消费在内的总需求管理来平稳经济波动。但在长期，不存在价格刚性和工资刚性,市场不会出现总需求不足的现象，总需求和总供给一定是平衡的，一个国家经济增长一定是总供给能力的增加。因此，即使是凯恩斯主义者，也不可能认为消费是拉动经济增长的动力。

新古典主义的经济波动理论，比如 RBC（真实经济周期理论）认为总供给冲击是造成短期经济波动的原因，而正向的供给冲击，如技术进步等，则推动着经济增长。因此，该理论关注技术进步，关注供给侧改革，更不可能认为消费是拉动经济增长的动力。

总之，对于长期经济增长，宏观经济学家存在广泛的共识，那就是长期经济增长的动力是投资，消费是反增长的。经济增长是一个国家总供给能力不断增加的动态的长期过程，总供给能力的增加来源于投资，即克制现在的消费以增加储蓄，为未来资本的增加，即总供给能力的提升奠定基础。因此，消费一定不会是促进长期经济增长的动力，消费一定是反增长的。将消费作为拉动经济增长的动力，是错误地将凯恩斯的短期波动理论理解为长期经济增长理论，是理论认识上的一种谬误。

（二）什么是投资

既然在宏观经济中不存在消费拉动经济增长的可能性，要拉动经济增长，就必须依靠投资。下一个问题又出现了：能拉动经济增长的投资是什么？

宏观经济学对投资的定义其实是狭义的，主要包括企业的固定资产投资、家庭的住房投资和企业的存货投资。当然有一部分投资，即政府用于高速公路等基础设施的投资，被纳入政府购买（政府投资）部分。这些投资——无论是企业的固定资产投资和存货投资，还是政府对基础设施的投资——均意味着整个社会未来供给能力的增加。这些投资能拉动经济增长，是显而易见的事情。

但除了上述投资外，能拉动经济增长的投资其实还有不少，甚至在宏观经济学中被纳入消费部分的一些产出，其实也属于投资的范畴。理解这一点的核心在于投资所形成的资产的价值，是未来现金流的折现。一项支出，能带来未来现金流，就属于广义的投资范畴。具体原因在于：该资产未来的现金流来源于未来的产出（供给能力）因该投资所形成资产的存在而增加的边际值。

比如，家庭对小孩子数量和质量的投入，即养小孩的投入，在国民收入核算过程中被纳入消费部分。其实，养小孩，无论是数量投入还是质量投入，都能带来未来的现金流，都意味着要素投入数量和质量的增加，即未来供给能力的增加，都属于投资的范畴。经济学将其称为人力资本投资。

在一般人眼中，人力资本投资往往等同于对教育的投资。其实，对健康的投资也是一种很重要的人力资本投资。诺贝尔经济学奖获得者福格尔的研究表明，长期经济增长的一个重要途径是通过更好的营养改善健康状况。他的研究发现，总体营养状况的改善对英国 1790—1980 年间人均收入增长的贡献约为 30%。因此，健康状况的改善同样能带来未来的现金流，同样是投资，是人力资本投资的一种。

总之，要实现经济的长期健康发展，投资是核心环节。但对于投资，宏观经济学的定义其实是不全面的——投资不仅包括物质资本的形成,其实也包括人力资本(健康和教育)的形成。而在宏观经济学中，对投资的定义却只包括物质资本的形成。

（三）中国现在仍应该坚持用投资拉动经济增长

近几年，包括中国经济在内的全球经济几乎都面临短期经济不景气和长期经济增长乏力的问题。为解决当前宏观经济的困境，国内一些学者提出中国经济应该实现由投资带动经济增长向由消费带动经济增长的转变。这种政策建议是非常不可取的。它即使在短期内能带动经济走出不景气，也无法实现经济的长期增长，甚至对长期经济增长带来非常不利的影响。

美国是世界上最大也是最强的经济体，美国的强大并不是因为美国的消费能力强，而是因为美国有全世界最大、最强的供给能力。综合国力的竞争并不是消费能力的竞争，而是供给能力的竞争。现在中国正处在中华民族伟大复兴的关键时期。中华民族的伟大复兴是以供给能力的不断持续快速增长为基础。为实现供给能力的持续增长，中国当然需要坚持投资导向，而不是消费导向。

从长期的角度看，萨伊定理告诉我们，供给自己会创造需求。只有供给能力的持续增长，消费能力才会持续增长。强调消费，而不是投资，并不会带来未来供给能力的增长，消费能力的增长也是无源之水。

许多人因为 2008 年 4 万亿投资的负面影响，认为投资并不会带来经济的长期增长，这是一种错误的观点。首先强调一下，4 万亿投资对于 2008 年中国经济走出美国次贷危机的负面影响起到了非常关键的作用，也使中国成为拉动经济全球经济增长的主要引擎。不能以事后 4 万亿的一些不良影响来否认当时 4 万亿投资的积极作用。

4 万亿投资给中国经济带来负面影响的原因并不在于投资本身，而是这些投资没有有效拉动私人投资。这使得投资的效率低下，造成现在经济的一些困境。这并不是投资本身的错误，而是投资的主体和投资方向的问题。要知道投资不仅是指政府的基础设施投资，也不仅是指国有企业投资。投资是一个非常广泛的概念，甚至在一些宏观经济学国民收入核算中被纳入消费部分的产出（比如生养小孩的支出），其实也是属于广义投资的范畴。

中国现在正在进行供给侧改革。供给侧改革的实质目标是增强一个国家未来的供给能力。进一步推进改革开放，其实就是释放供给侧活力，即增加包括民营经济和家庭在内的各行为主体投资的积极性，为未来的供给能力的增加（即经济增长）奠定基础。

未来供给能力的增加，需要以投资为基础。从现阶段的角度看，中国可以从以下几个角度入手，推进投资的增长，进而为经济的长期健康发展奠定基础：

1. 减税和简政放权，为私人投资创造比较好的制度环境，让私人企业敢投资。

2. 进一步推进基础设施建设，尤其是医院和学校，为包括健康投资和人口数量与质量投资在内在的人力资本投资提供良好的公共物品。

3. 鼓励生育。这项政策不仅能促进短期消费的增加，带动经济走出短期不景气，还能通过人力资本投资，形成人力资本，促进中国经济的长期可持续发展。这里仍需要强调一个大家都习以为常的误区，以为只有人口质量的投资才是人力资本投资，其实人口数量的投资同样也是人力资本投资，甚至是更重要的人力资本投资。

在现阶段，最值得投资的东西是什么？

每次给学生上课，尤其是给在职学生上课或做报告，总会有学生问："老师，在现在这样的经济形势下，最值得投资的是什么？"我的回答是："从经济学的角度看，在套利的世界里，几乎没有什么东西具有超额的回报率。这是因为你能想到的投资机会其他人都已经想到过了，你将既定的钱投资到任何一个投资渠道，最终所能获得的预期报酬都将是无风险利率加上风险和期限溢价。"这是经济学的标准回答，但是否是答案的全部呢？

其实并不是。在当今世界，存在一个投资品，其回报率非常高。这种投资品这就是生养小孩，即投资于小孩子数量。强调一下，是这种投资是多生小孩，而不是对既定小孩子的质量投资，因为对小孩子进行质量投资的回报并不高。

具体可以从以下几个角度分析。

中国长时间实行计划生育，使得许多愿意生养多个小孩子的家庭，因为政策限制，不得不将原来准备生养多胎的钱用于储蓄或对既有小孩子的质量投资，因此，储蓄（投资于金融资产）和对小孩子质量投资的边际回报远远小于投资小孩子数量。这意味着政府对小孩子数量的管制，使得投资于小孩子数量的回报一定远远超过现在所有的投资品。

经济学认为，要素的报酬与其边际产出相等。现在资本的边际回报即利率，非常低，这意味着全世界都存在资本过多现象。资本的边际回报率低，则意味着另外一种要素——劳动的边际回报率会非常高。这就使得一个套利的机会存在于市场之中：一个家庭通过向资本市场借款用于生养小孩子，等到小孩子长大成人后，用其劳动收益偿还借款。

因此不用费尽心思地想如何实现资产的保值增值，生养小孩就是最好的保值增值手段。

AI 技术能够解决中国人的养老问题吗?

在人口持续老化的今天，养老问题成为学术界与一般民众均关心的热点问题。但在养老问题上，存在许多似是而非的观点，其中有代表性的观点认为：尽管人口老化造成中国养老的困境，但技术，尤其是 AI 技术的快速进步可以协助中国解决养老问题，让我们能够有一个比较安详的晚年。这种观点的谬误之处在哪里呢？本文从 AI 技术需求和供给两个角度对此问题进行初步的说明。

从需求面上讲，人口结构老化未必会增加对 AI 的需求。什么是需求？需求是愿望和能力的统一。单纯的愿望并不构成现实的需求，要将愿望转化为现实的需求，需要具有购买愿望的人具有真实的购买能力。现在的问题是，在人口结构不断老化的情况下，具有购买愿望的人是否还具有购买能力？在任何一个时期，所有的消费都来自当代劳动力的产出。人口不断老化意味着从事生产的劳动力占总人口的比重减少，一个人的产出需要负担更多人的消费。一个国家的民众是否还会有足够的支付能力去支付用于养老的 AI 产品？毕竟人口结构老化对社会的影响是全方位的，不仅体现在养老费用的剧增，还体现在医疗费用的剧增，而 AI 仅仅是养老的其中一部分而已。因此，人口老化并不必然意味着对 AI 的需求会增加。

从供给面的角度看，技术创新是年轻人的事情，人口老化会压制技术创新和新技术的使用。因为老年人天然是保守的，而年轻人天生是富于创新力的。以人口老化领先于中国的日本为例，日本出现了“失去的”30 年多年，其背后的深层次原因是人口的老化使得日本在互联网时代的技术竞争中落后于中国和韩国。日本并不是没有新技术和新商业头脑的人，但几乎所有的新技术和新商业模式是建立在法律的边缘地带上的，老龄化导致的保守氛围压制了年轻人对新的技术和新的商业模式的应用，甚至将这些创新的年轻人送进了监狱。随着中国人口老龄化的加剧，可以预见的是，社会氛围将日趋保守，对创新的容忍程度降低。这对中国 AI 产业的发展带来非常不利的影响，也可能使中国像日本丧失互联网时代一样丧失 AI 时代。因此，AI 的供给未必能实现让中国人安稳养老的目标。

解决中国的养老问题，无论如何都有赖于民众生养足够多的后代。这是根本，其余都是锦上添花。

经济学思维及其培养

（一）什么是经济学思维

随着市场经济的普及，经济学成为一门显学，但经济学的数学化又让许多人对经济学望而却步。即使是经济学原理课程，也充斥着不少的数学内容。作为一种专业的训练，借助分析、代数和几何可以降低经济学的门槛，为批量培养学生奠定基础。但经济学的核心是一种看问题的方法，是一种思维的工具，过分对数学和几何工具的强调不利于经济学思维的普及——毕竟不是每个对经济学有兴趣的人都是经济学专业的学生。经济学在形式上的科学化，也往往使专业的学生将注意力放在相关工具的学习上，忽视经济学思维的培养。一个经济学专业的毕业生，其经济学思维能力可能与没有学过经济学的同学几乎毫无差别，这种现象也非常普遍。

作为一名经济学教师，在上课，尤其是面向非专业学生讲授经济学原理的过程中，我会不断强调经济学思维的培养是经济学教育的重要任务。学生时常会问我下面的问题：什么是经济学思维？如何像经济学家一样思考？

说句实话，这个问题把我问倒了。作为一个注重经济解释的经济学教师，经济学思维已经像吃饭睡觉一样内化为我的本能，在接触到任何真实世界的现象时，我的第一直觉反应一定是经济学的。但要我具体讲什么是经济学思维，如何才能像经济学家一样思考，就像要一个乒乓球国手讲如何用物理学解释打好球一样的感觉。无论如何，学生的问题是一定要回答的。本文就我对这些问题的一点小思考进行总结，求教于各位大家。

我用三本书的书名回答这个问题。

第一，**“反常识经济学”**。我在上课过程中时常开玩笑说，我问你们对一些现象的解释，你们认为答案是 A，选择 B 就对了。经济学分析所得的结论，即使不是全部，也大部分与一般民众的直觉反应不一致。尽管经济学思维所得的结论常常是反常识的，但这些结论却来自逻辑推理，本身的逻辑是自洽的。经济思维的力量来自逻辑的力量，经济学思维是一种逻辑思维，经济学训练是最好的逻辑训练之一，当然是最有趣的逻辑训练。

第二，**“一切皆有价”**。诺奖获得者贝克尔认为上帝目光所及，一切皆可交易，均是经济学可以研究的范围。经济学可以研究人类一切行为，人类行为一定遵循价升量跌的需求定理。

这里的价不仅仅是指狭义的市场价格，而是代价的意思。只要是人的行为，就一定有选择，也就一定有代价。即使是一项非市场行为，没有市场价格，也有代价，需求定理也一定适用。基于此，经济学可以分析爱情、婚姻、家庭、生育、犯罪等与人行为相关的行为。

第三，**“赤裸裸的经济学”**。经济学作为社会的医生，往往将社会温情脉脉背后血淋淋的一面用缜密的逻辑解剖出来，赤裸裸地呈现给大家。例如，经济学思维认为最低工资法伤害的是真正需要帮助的穷人，禁止血汗工厂和童工是伤害而不是帮助穷人和儿童。经济学关注一件事情背后的动因，而不是结果。一般民众看到结果不如意，就想限制结果的发生。但经济学思维认为，如果不从根本上入手，所有的限制会适得其反。一般民众看的是短期是不是符合道德原则，经济学思维关注一项政策的长期后果。例如，经济学就认为，帮助血汗工厂的工人和童工的最好方式购买血汗工厂和童工生产的商品，因为这样可以提升对血汗工厂工人和童工的需求，最终增加他们的报酬。

（二）如何培养经济思维？

相对于经济分析工具的传授，经济学思维的培养非常困难。如何培养一个学生（无论是专业的还是非专业的）的经济学思维一直是经济学教学和普及中的难点。作为一名长期从事经济学教学和普及的教师，在这里结合自己的学习和传播经济学思维的经验，谈谈我自己对如何在比较短的时间内具备良好的经济学思维这个问题的认识。

第一步是了解经济学的一些基本原理和概念。这可以通过阅读一些原理书获得。但是现在的问题是经济学原理教科书几乎都是对体系的介绍为主，很少适合培养学生的经济学思维。保罗 · 海恩的《经济学的思维方式》从培养学生的经济学直觉的角度来讲，是一本比较好的教科书。此外，曼昆的《经济学原理（微观部分）》在原理的介绍方面也不错。兰德斯伯格的《微观经济学：价格理论的观点》尽管是从使用工具角度写的，但其几乎全部是按照经济解释的框架组织教学材料。当然，我所编写的以经济学思维能力培养为核心的教科书《经济学的思维方式》也不错。

第二步，精读几本经典的经济解释方面的书，如兰德斯伯格的《反常识经济学》系列，戴维 · 弗里德曼的《弗里德曼的生活经济学》等。这些书的经济解释干净漂亮。

第三步，尽可能多阅读书面上可以见得到的经济散文。作为一个人，能够看到或想到的经济现象非常有限，而这些经济散文给你提供了经济解释的案例。但在阅读这些书的时候，在看到这些作者对现象的描述后，可以将书合上，先按照原理和精读的几本书的观点去试着解释，接着看你的解释和书中的解释有何差别，哪个更有道理。经过几本书的训练后，你会发现，其实市面上见到的经济学者写的经济解释的书，大同小异，质量良莠不齐,你的经济解释能力其实已经不亚于许多书的作者。

第四步，举一反三地想类似的现象。经济解释能力中很重要的一环是类比思维能力，即在看到一种现象后，能快速和你以前看到的现象解释联系起来。例如，看到书为什么非借不能读的经济解释后，立即联想，看现实生活中这种案例多不多。很多呀！西安人为什么很多人还没有去过兵马俑，而外地人一定会去？就是这个道理。

经过这些步骤的实践，你会发现你的经济解释能力已经得到突飞猛进。这时，如果要进一步提升自己的经济解释能力，难点在于知识储备已经不足了。这时就需要阅读张五常的《经济解释》，对经济学的核心概念进一步打磨。

经济学的目标是什么?

经济解释，即用经济学的思维解释人类行为是经济研究的出发点，也是经济学作为一门学科存在的价值之所在。经济解释的目标是用一套经济学工具为人类各种各样的行为提供一套具有内在逻辑的解释。

人类现象纷繁复杂，如果理论不能深入人类行为的本质，就需要针对不同的现象发展不同的理论。这实际上是就事论事，并不是理论，并没有任何的解释力。人之所以为人，必定有一套适合所有人的行为逻辑在里面。经济学的目标就是找到这套行为逻辑，对各种现象提供简洁明了的解释。因此，复杂的现象只能用简单的逻辑去解释才具有生命力。

许多人会觉得经济学对现象的解释非常怪，是反直觉，因此是胡说八道。其实具有解释力的好理论是具有内在逻辑一致性并具有广泛解释力的理论。理论往往是反直觉的，如果科学的解释可惜通过人简单的直觉就能感受到，那还需要那么多的科学家吗？人人都是科学家了！可惜，在许多民众的心中，反直觉的理论一定是错误的，就像我无论如何都想不通为什么速度最快是光速，但对于物理学家而言，这是科学的常识。对于经济解释，一定会人基于直觉接受不了的，接受不了并不意味着经济解释错误，就像我接受不了速度最快是光速并不意味着物理学是错误的一样。经济解释是一种逻辑，而不是直觉。看经济解释有没有道理，是看逻辑是否自洽，是否能解释现象，尽管这个解释往往不符合你的直觉。经济解释的力量是逻辑的力量。因此，经济学训练是最好的逻辑训练之一，当然是最有趣的逻辑训练。

许多人会觉得经济解释过于简化，脱离实际，没有解释力。对于这个质疑的回答是，科学一定是对现实的某种程度抽象。尽管就一些现象而言理论的抽象会失去其细节，但科学解释的关键就在于抽象程度越浅，能够推广应用的空间就越小；抽象程度越深，能够推广应用的空间就越大。你看到苹果向下落，就仔细研究苹果的形状、重量、体积等特征以及风的速度等，提出苹果向下落的原因之所在，这也是理论，但其解释力也就仅仅被局限于苹果为什么向下落。而牛顿的万有引力理论，同样是从苹果往下落这个现象出发，但该理论可解释的现象就多得多了，尽管就苹果现象而言，风速的大小会影响苹果下落的速度这个细节并没有被牛顿的万有引力所考虑。经济解释的目标就是从人的行为中抽取出决定人行为的真正本质的东西，对千奇百怪的人类行为用一套逻辑进行解释。抽象程度越高，能解释的现象就越普遍。经济解释的力量是直接渗透到人类行为最本质的决定因素去解释人类行为的力量，手起刀落，干净利落。一般民众和其他社会科学家对经济解释进行攻击的理由往往是经济解释过于极端，忽视了社会的复杂性。其实，这种攻击就像攻击应用牛顿万有引力去解释苹果为什么向下落时没有考虑风速对苹果下落速度那样可笑。

像经济学家一样思考？

许多学了一定经济学知识的人，发现尽管对经济学基本知识和概念有一定的了解，但不知道经济学如何用于分析真实的世界。作为一名已经从事现代经济学普及工作十余年的老师，在这里谈谈我自己的一点心得。

前几天，我一直在思考一个真实的现象，就是清代袁枚在《黄生借书说》中所提出的“书非借不能读也”。这句话现在大家几乎是耳熟能详。能广泛流传说明其中一定有其道理在里面。经济学是否能解释这句话呢？说话实话，我想了一天，一直隐隐约约地好像抓住了点什么，又好像没有抓住什么。真正让我想通这个道理的是，我想起了张五常教授曾经讲过的排队看清明上河图的例子。其实“书非借不能读”的道理和你排队时间越久，看清明上河图的时间也会越久的道理是一样的。当想到这一点后，答案呼之欲出：不看借来的书的成本比较高，而不看自己所买书的成本比较低，由此就解释了为什么“书非借不能读”。因此，培养经济分析能力，需要牢记的第一点是：普天之下无新鲜事，你所研究的问题其实别人早就研究过，你需要做的事情仅仅是将自己的问题和别人所研究的问题有机地联系起来。

在想通这一点后，就可以进行联想了，而联想是培养自己经济学感觉非常重要的一步。相似的现象还有哪些呢？想了一下，非常多。

第一个类似案例：许多西安本地人没有去过兵马俑，而外地到西安的人一般都会去兵马俑游玩。

第二个类似的案例：西安电子科技大学的学生主要在新校区，新校区在郊区，而西安交通大学的学生在城里。一个从西安电子科技大学毕业到西安交通大学读书的学生就说，他在西安电子科技大学到西安市区逛一次街，一定会买几件衣服，而到西安交通大学后，逛街就很少买衣服了。

第三个类似的案例：社会学家做实证研究发现，再婚的女性再婚年龄越早，其和前夫所生小孩的死亡率越高。

在进行联想后，这个经济解释就会深深地印入你的脑海。在未来遇到看上去风马牛不相及而实际上相似的案例的时候，你就会分析了。这就是培养经济分析能力所要牢记的第二点：无论是自己想到的，还是看书看到的面向真实世界的经济解释，只要你觉得其解释合理，就应该联想一下这种解释还能用到哪些地方。

其实，每个经济学者由于其知识结构的不同，对于同一个现象会有不同的解释，你不能说某个解释一定是对的，某个解释一定是错的，可能这些解释均抓住了一些重要的方面。例如，对于书非借不能读，我问郭誉森教授。郭老师尽管对成本的概念了解得非常深，但他的解释却完全不同。他认为借来的书是马上需要读的书，现在有用的书，而买的书却未必，即借书和买书的目标不一样。这种解释其实也非常有道理，而且也可以推演到很多现象的解释。如你买的房子可能空置很久，而租的房子可能马上就会入住，因为你买房子的原因是多元的，而租房子的目标很明确，那就是住。这就是培养经济分析能力需要牢记的第三点：不要局限于一种经济解释，要多接触多比较对同一现象的不同解释。思考和比较有利于比较全面地构建经济思维。

附录：书非借不能读？

“书非借不能读”这句话是否隐含着什么经济学道理呢？因为我的经济学原理类教科书《经济学的思维方式》刚好写到成本部分，就试着用成本的概念来解释一下这句中国人挂在嘴边的话背后的经济学。

经济学眼中的成本是主观成本，也是一种未来的成本，即机会成本。假设现在我面临一个选择问题：要不要把借来的书读掉？如果我现在不读这本借来的书，我下一次想读这本书的时候，成本会很高，因为我可能不得不再次去借这本书。再次去借书付出的时间、精力和货币成本就是我现在不读这本借来书的成本，而这个成本可能会很高，这意味着我现在不读这本书的成本很高。如果书是自己买的，现在不读，下一次阅读并不需要付出借书的时间、精力和货币成本。而购买书的成本在做决策时已经是沉没成本，并不会进入决策考虑之中。这意味着相较于借来的书，现在不读自己已经购买的书的成本很低。

不读借来书的成本很高，而不读自己购买书的成本很低。基于需求定理，我们就可以解释“书非借不能读”。

学习经济学能帮我们赚钱吗?

经济学能否帮忙大家赚钱，是值得仔细思考的一个议题。

如果学经济学可以赚钱，为什么现实中被称为经济学家的群体中属于高收入阶层的比重并不高？对这个问题的回答是：经济学家属于高收入阶层比例不高这个事实并不意味着学习经济学不能帮助我们赚钱。原因有以下几点：

1. 经济学家可能局限于自己的所掌握的信息，并不知道自己所掌握的经济学知识是可以用来赚钱的。经济学家在讲授经济学的基本原理和案例时，因为缺乏具体的管理实践，讲授的往往是普适性的经济思维，但听课的学员，尤其是在职的学生，他们会不停地结合自己的管理和决策实际进行思考，往往会发现其中的有用之处。

2. 经济学者往往集中于高校、科研院所和政府研究部门。对于经济学家而言，其实存在着一个自我选择的过程。他们为了规避风险，所以选择比较稳定的工作。赚钱是和企业家才能联系在一起的，愿意承担风险是企业家最重要的特征之一。因此，并不是经济学思维不能赚钱，而是具有良好经济学思维的经济学家往往属于风险规避型的人，不愿意承担赚钱过程中可能出现的风险。

3. 作为一个理性人，其追求的目标是效用最大化，而在效用函数中，不仅仅只有钱，还有声誉、做学术本身的快乐、影响社会或启迪民众等。在时间和精力有限的情况下，经济学家分配到直接赚钱目标的时间和精力等资源未必会很多。因此，在许多时候，经济学家属于高收入阶层的比重不高，并不是经济学不能赚钱，而是经济学家投入直接赚钱事情上的时间和精力有限。

经济思维为什么能帮助我们赚钱呢？

1. 经济思维是看待世界的简洁而有力的思维工具。你对这个世界是如何运行的了解越深，越容易从真实世界中发现赚钱的机会。

2. 如果问明天和近期股市会怎么样，经济学家的回答绝不会强于一般人。经济思维的强项在于对未来趋势的判断。例如，张五常教授在 1995 年就预测 10 年后世界粮食价格会快速上涨，而粮食价格在 2006 年果然快速上涨，其分析的逻辑就是经济学最简单的需求、供给和均衡。

3. 许多经济学知识，比如定价策略、机制设计、拍卖理论在企业管理中有着广泛的应用空间，对企业提升管理能力、增加利润的作用明显。如著名的经济学家范里安就被谷歌聘为首席经济学家，其研究的一个重要领域就是互联网时代的定价和竞争策略。谷歌公司聘请其担任首席经济学家的原因就在于其经济学知识可以应用于商业竞争的实践，可以为企业增加利润。

为什么农民的田地是“东一块西一块”的?

美国著名价格理论和经济史学家麦克洛斯基发现在欧洲中世纪，农奴（农民）耕种的土地被分成东一块西一块，而这种现象同样在古代中国和现代中国长时间大量存在。

田地东一块西一块会极大地增加农民的劳动投入，而这些劳动看上去对产出没有直接贡献，因此可以将其视为非生产性的。如果将田地分到一起，可以减少农民的劳动浪费，进而增加整个社会的产出和福利。

如果田地东一块西一块这种制度安排是无效率的，为什么无论在西方还是东方，在传统农业社会均长时间存在这种现象呢?

大家认为的第一个原因可能是田地的肥瘦程度不一。肥瘦搭配的分田方式可能有利于公平，但问题是在中国古代，田地多按照产量而不是实际面积确定“亩”，即以“产量亩”计量，因此在确定田地数量的时候已经考虑了田地质量的因素。

此外，从经济学的角度看，存在既可以将每家的田地集中到一起，又可以解决土地肥瘦不同问题的方法。具体做法是：如果某块田地比较肥，就少分一点；如果某块田地比较瘦，就多分一点。总存在一个均衡点——在该均衡点，对农民来说，少的肥田和多的瘦田之间无差异。

大家认为的第二个原因可能是田地远近不同。每家远近搭配同样有利于公平，但经济学同样可以采用远一点的土地多分一点、近一点的土地少分一点的办法解决土地远近不同的问题。

这意味着无论土地肥瘦还是远近，均可以通过某种办法来进行调整，从而既将每家的田地集中到一起，又解决土地肥瘦和远近不同的问题。因此，上述两者均不是田地被分得东一块西一块的真正原因之所在。

真正的原因是田地的风险不一样。如果一家的田地山上有，山下河边也有，那么发生涝灾的时候，尽管山下河边的田地可能颗粒无收，但山上田地的收成有保证；同样，发生旱灾的时候，尽管山上的田地可能颗粒无收，但山下河边的田地因有水灌溉而收成有保证。通过将“鸡蛋放在不同篮子”的风险规避策略，无论旱灾还是涝灾发生，农民均能有基本收成。因此，田地东一块西一块地分配是为了解决风险问题，而由此增加的农民非生产性投入相当于农民购买稳定收成的保险金。

每次讲到这里，总有学生说，老师，在我们那里（关中农村），田地是分到一起的，你的讲法是错误的。其实，学生的说法反而证明了风险分担理论的科学性。相对于江浙等地，关中因有沣惠渠等的灌溉以及台风等气候灾害较少，旱涝保收，古代被称为“天府之国”。而江浙等地，夏天不是旱就是涝，对风险规避的需求要远大于关中地区。这就造成了陕西关中农村每家田地集中，而江浙农村每家田地分散的局面。

有一次，河南大学杨荷老师在讲该议题时，有一些经济学系和社会学系的老师指出交易成本也可能是田地东一块西一块的原因之所在。该说法认为，即使在最初每家每户的田地是分到一起的，但随着时间推移，在分家和土地买卖的长期作用下，每家每户的田地不可能长期在一起。在这时，田地的碎片化，造成通过交易来促使田地重新整合到一起需要付出很高的交易成本。因此每家田地的分散化，是土地的整合交易成本较高的结果。该解答可能在一定程度上也能说明土地的分散化的原因。但风险规避应该是造成该现象的主导性因素。

历史中的经济学

经济思维与历史现象研究

加里·贝克尔等学者开启了波澜壮阔的应用经济学分析工具研究人类行为的经济帝国主义之旅，而对历史现象的研究则是经济学帝国主义的重要组成部分。道格拉斯·诺斯和罗伯特·威廉·福格尔等人就因为量化历史的研究而获得诺贝尔奖。在大数据时代，数据的可得性大为提高，计量经济学方法和大数据分析方法在量化历史研究中得到广泛的应用。数据分析当然在量化历史研究中很重要，但数据分析并不是量化历史（或者讲经济学分析工具在历史研究）中的全部，经济思维在历史现象研究，尤其在选题和分析中的重要性也不能被低估。下面举例说明之。

（一）

福格尔对奴隶制度的研究是开创性的。尽管该研究受到一般民众和其他学科学者的非议，但从经济逻辑的角度看，福格尔的结论其实是显而易见的。奴隶制度下奴隶的生存状态并没有那么恶劣，甚至在废除奴隶制度后，奴隶的生存状态反而恶化。从经济思维的角度看，其实就是以下几点。第一，奴隶主对奴隶是有产权的，对工人没有产权，即奴隶是自己的财产，而工人则不是。相较于别人的东西，一个人对自己的东西会使用得更加小心。比如，对于自己的车和租赁来的车，当然自己的车会更加小心地驾驶。第二，在美国，奴隶生存状态的改善是与美国禁止奴隶进口相联系，原因就在于在禁止奴隶进口后，美国国内的黑奴的价格上涨，奴隶主对奴隶的使用更加小心。这就像自己的车的价格越贵，你会开得越小心一样。因此，从经济思维的角度看，其实不需要数据，也可以得出类似的结果。

福格尔的研究反常识，但没有反经济思维（逻辑）。结合数据和经济逻辑，也更容易理解福格尔对奴隶制的研究。福格尔对奴隶制的研究能不能进一步应用和拓展呢？答案当然是可以的。

在历史学界，对于中国古代是否存在奴隶制度以及那个时代是否可以称为奴隶制度存在争论。以郭沫若为代表的历史学者认为，夏、商、周是中国历史上的奴隶制度时期，原因就是在这几个朝代，尤其是商，大规模存在人殉和以人为牺牲品的现象。如果从奴隶本身对奴隶主有很高价值的角度看，奴隶主不会大范围、持续地以人殉的方式毁坏自己有价值的东西，因此，从这个角度讲，以人殉作为奴隶制存在的证据并不成立。从历史文献看，这些作为牺牲品的人，应该是战俘而不是奴隶。在中国历史上，存在大量坑杀战俘的现象，如秦在长平坑杀几十万赵国的俘虏，项羽也曾经坑杀二十万秦军俘虏。而将战俘作为牺牲品献于祖庙则是历朝历代都在做的事情。如果存在人为牺牲品就是奴隶制度的话，那么整个中国古代史应该都是奴隶制度。当然，如果将具有属人（人身依附关系）性质的合约称之为奴隶契约，那么，夏、商、周下的封建制度，当然就是奴隶制度，因为层层封建就是层层签订奴隶（属人）契约的过程。以封建制度最为典型的周为例，周王与诸侯、诸侯与大夫均有委质为臣的策命制度。

（二）

主流观点认为，母系社会存在的原因是在初民社会，男性打猎，女性采集。用两性生产活动所能提供的热量衡量，女性的产出较高且稳定，而男性的产出较低且非常不稳定。这意味着女性的劳动生产率高于男性，表现在社会的权力结构上也是女性地位高于男性，在婚姻、财产和权力继承上形成以女性为主的母系社会。这个观点其实从经济逻辑的角度讲，是不成立的。

第一，相对于女性，男性有体力上的优势。在工具缺乏的初民社会，体力上的优势意味着男性在生产率上对女性有绝对优势。

第二，如果男性打猎活动的生产率要远远低于女性采摘活动的生产率，那么，男性为什么不转换生产活动，也从事效率更高的采摘活动呢？因此，男性打猎活动的生产率远低于女性采集活动的生产率可能是一个伪命题。

第三，有学者认为，打猎所得肉类蛋白对于人类的生存非常重要，而相对于女性，男性在打猎上具有比较优势，因此，是男性而不是女性从事生产率较低的打猎活动。这种观点同样有问题——要男性从事维持人类生存必需但生产率较低的打猎活动，给男性的报酬应该是使男性放弃其他工作的最高代价，即男性从事采集果子能得到的收入。这样，反映在社会权力结构中，男性至少应该和女性平等。

所以，在初民社会，男性生产率不一定低于女性；即使男性打猎的生产率低于女性采集的生产率，也不构成母系社会形成的基础。

那么，母系社会形成的真正原因是什么呢？原因就在于在初民社会，社会生产率较低，一个男性无法给一个或多个女性及其子女提供足够的生存资源，只有诸多男性一起才能维持诸多女性及其子女的生存，群婚制是不得已的选择。在群婚制下，母子关系是确定的，但父子关系却无法推断。这样，父系传承无法顺利实施，只能实施确定亲子成本较低的母系传承，在社会权利结构上也就表现为女性高于男性。

（三）

尽管从时间长度看，母系社会实施的时间远远长于父系社会，但母系社会存在男性的体力（即生产率）要优于女性但在社会权力结构中男性却低于女性这样一个内在矛盾，或者讲不稳定的因素。

随着社会生产力的发展，一些男性已经有能力提供足够的资源保证一个或多个女性及其子女的生存。为减少其基因延续上的风险，他们往往对女性进行排他性占有，父子关系也就容易确定，父系传承也就可以借此建立。加之在父系社会，男性的生产率优势能够与权力优势相匹配。此时，社会往往会从不稳定的母系社会演化为更为稳定的父系社会。

“经济学帝国主义”将经济研究的视角转向一切人类行为。贝克尔就曾经讲过“上帝目光所及，皆可交易”。经济学为我们观察人类社会提供了独特的视角。历史现象作为曾经发生过的人类行为，其行为背后的动因当然也可以用经济学思维进行分析。不仅经济学发展出来的计量方法可以应用到历史现象的解释之中，简单经济学逻辑对于解释历史现象也非常重要。中国古代历史现象繁多，这是经济学研究的宝藏。

秦始皇为什么要大规模修筑王陵？

台湾清华大学赖建成教授的《西洋经济史趣味》是本人最喜欢的书之一。该书一些对应用经济学分析方法研究历史的论文进行了细致的梳理和总结。通过简单的逻辑推理，这本书将我们习以为常的历史现象给予了新的解释，手起刀落，干净痛快。从文章的背景介绍到分析逻辑说明，从论文优缺点评述到推演与应用，均体现作者的独具匠心。尽管其介绍的一些文章本人也曾经阅读过，但将这些精挑细选的文章放到一起进行分析和解读，还是给人带来强烈的震撼。

在本文中，我将《为什么欧洲的教堂要盖这么大、这么久？》拓展至秦始皇为什么要不惜人力修筑宫殿、王陵和长城并采取重农抑商的政策，供读者批评指正。

在《为什么欧洲的教堂要盖这么大、这么久？》一文中，三位作者对中世纪欧洲为什么花费几百年时间建造超大型教堂进行了解释。其理由是在欧洲封建中世纪，在各封建政权上占据主导地位的是天主教，为防止竞争性力量（其他宗教）对其构成威胁，天主教通过修建大教堂的形式消耗社会剩余资源，使社会资源不足以撑起两个相互竞争的宗教，从而保持其垄断地位。那么相同的逻辑能否用于分析秦始皇浪费人力、财力修建一系列大型工程和采取有悖于帝国财政的重农抑商政策呢？

秦始皇一统六国后，征集大量劳动力给自己修建阿房宫和陵园。《史记·秦始皇本纪》记载："隐宫徒刑者七十余万人，乃分作阿房宫，或作丽山。"其在经济政策上则重农抑商。在后世历史学家的评述中，秦因暴而失天下，而滥用人力是其暴政的一个重要内容。但值得怀疑的是：作为一个希望秦王朝能够一直延续下去的皇帝，秦始皇及其有效率的行政团队会不知道大规模使用和浪费人力会影响其统治？为什么秦始皇会如此不惜人力修建宫殿和陵墓呢？其成本和收益的权衡又体现在哪里呢？

从中外历史看，流氓无产者是社会动乱之源，因为他们从事暴力活动的成本低收益高。在秦统一中国时，六国军队中有大批青壮年被释放出来。这批人中不少成为社会中的流氓无产者。这些人如果与六国复辟势力相联系，将会对新生的统一政权产生极大的威胁。因此，如何处理这批人成为统一的新政权面临的首要问题。通过大兴土木消耗这些在灭国战争中释放出来的流氓无产者以防止竞争性力量的出现成为秦始皇政权的理性选择。对此，拉特摩尔在《中国的亚洲内陆边疆》中有着清醒的认识："秦修建长城的起因是由于中国内部情势的发展，而不是草原对中原地区的压迫。因为只有修建长城等需要大量人力的工程，才能清除许多旧的武装和新的无地农民。"因此，可能的情况是，如果秦王朝不将这些旧的武装和新的无地农民在军队的监视下进行无助于生产的修建陵墓和宫殿等消耗性行为，各地此起彼伏的动乱早已经将秦王朝葬送。秦始皇没有想到的是，在其死亡后不久，中央政权内部就因内乱处于瘫痪的状态。在农民起义的带动下，封建残余势力、旧的武装和新的无地农民相结合，葬送了秦王朝。

在春秋战国时期，商业出现了大发展，出现了一批富可敌国的商人。这些商人的行为，如白圭、吕不韦等深刻地影响着春秋战国时期各国力量的强弱。尽管在商鞅变法时期，秦就确立了重农抑商的政策，但这些政策在秦统一中国以前并没有得到彻底实施。这意味着商人占有政府之外的资源，而这些资源对于秦在列国体系下获取竞争优势具有重要的意义。

当秦统一中国后，商人，尤其是豪富的商人独立于国家的财富就立刻成为新政权可能的威胁。钱可以购买商品，也可以购买武装。如果这些商人与六国的残余贵族势力和无地农民相结合，就可能会颠覆新生的秦政权。为防止这种情形出现，在统一后，秦王朝除了将各地的豪富家族共十二万户迁到首都咸阳加以监视，还将各地未集中的富民集中在“闾左”，强制他们担负繁重的贱役，以消耗他们的财富，并严格实施重农抑商政策，防止商人做大，从而限制政府体制外的资源，预防竞争性政权的出现。尽管这些政策会伤害帝国的经济，但对于维持秦帝国的统治具有重要的意义。

由此也可见中国与统一、分裂相联系的重商与抑商政策的循环：在统一时期，商人是潜在的竞争性力量，因此，压制商业的发展尽管有害于经济，但有利于维持中央集权的统治；在分裂时期，财政对于各分裂政权而言，无论是维持其统治还是重新统一中国均具有重要的意义，重商也就成为各分裂政权的必然选择。

在秦之后，中国历代王朝为消除潜在的威胁，维持自己的统治，大多采取与秦王朝相似的政策。以汉为例，从汉高祖刘邦开始的150多年间，前后9次以“徙陵”的名义，大规模地将各地豪强名家与一定财产以上的富户迁移到京城附近监视，在景帝和武帝时期相继诛杀游侠头目，不允许豪强族居，以消除潜在的反叛威胁。汉武帝更是将经济政策从自由放任调整为管制经济，以夺取商人的利益，限制政府体制外资源的规模。

总之，尽管秦因暴失天下，但这并不意味着秦始皇时期浪费人力财力和采取重农抑商等政策不具有经济理性。而分析的关键在于各种政策对维持统治的成本收益之间的影响。

为什么中国古代总是北方统一南方？

“话说天下大势，分久必合，合久必分。”古典名著《三国演义》中的第一句话道尽了中国古代统一与分裂循环的历史。分析中国古代的统一与分裂的循环，可以发现，东汉末期是其中的一个转折点。在东汉之前，中国各分裂政权之间的对峙往往是东西之间的对峙。这反映在当时，矛盾和冲突往往发生在经济实力相近的关东和关中之间；而南方相对于关东和关中，在经济上处于绝对劣势，无法形成一个经济军事集团与关东或关中抗衡。东汉之后，则转换为南北对峙，造成这种现象背后的原因是随着南方长时间的开发，经济实力开始上升，逐渐缩小与北方的经济差距，并逐步实现了经济上的反超。在此时，南方已经具备形成一个与北方相抗衡的经济与军事集团的能力，而北方只有联合关中和关东的力量，才能与南方经济军事集团形成均势。因此，东西对峙也就转变为南北对峙。

与此相对应的是，在南北对峙及随后的统一中，往往是北方统一南方，唯一的例外是明初北伐成功。为什么是北方统一南方而不是相反？

一个典型的解释南北方军事实力的差距。但问题是：军事力量对比并不是总有利于北方，为什么南方在军事实力强的时候，也没有统一北方？

国家规模理论认为，国家规模的扩张同样取决于成本与收益的权衡。秦在统一六国后，进军岭南，而不是占据更近的草原地区，背后是成本收益的考量；在农耕游牧对峙中，是游牧民族而不是农耕民族是对峙中战略上的主动进攻方，同样取决于两民族对于发动战争成本与收益之间的权衡。在南北对峙中，双方对于是否要主动发动统一战争仍在进行着成本收益的权衡。

在各分裂政权之间经济与军事力量相近的情况下，统一几乎是不可能的事情。因此，我们看到的统一战争往往发生在某方在军事上取得不对称优势的时候。尽管如此，统一战争中的人力和物力消耗仍是惊人的，准备发动统一战争的一方可能要集中近乎全部的资源用于战争准备。发动这样的战争能够获得的收益的大小成为该割据政权是否愿意付出如此高代价进行统一战争的关键。南方相对于北方较为富庶，这意味着北方通过战争成功实现统一的回报较高，而南方通过战争实现统一的回报较低。因此，北方的割据政权有动力在军事上处于优势时发动战争统一中国，而南方的割据政权即使占据军事上的优势，也不愿意，或者不能够发动战争统一中国。

从集体行动的逻辑的角度讲，在南方割据政权，即使最高统治者。或最高统治阶层中的一些人基于青史留名的理想，希望以武力统一中国，也会面临以本土官僚和士绅集团或明或暗的反对，因为他们是发动统一战争的主要成本负担者，且因北方相对贫瘠，他们在统一战争后能够获得的收益有限，他们往往是南方统治者发动统一战争的最大阻碍。北方的本土官僚和士绅集团面对南方巨额的财富时，即使其只能获得统一战争成功后的部分收益,但该收益可能已经超过了其所需付出的成本，因此他们的利益与要求统一的最高统治者的利益是一致的，他们往往是北方统治者发动统一战争的助力。

浙江省财政厅前厅长翁礼华先生曾经在其专著《大道之行:中国财政史》中问过一个非常好玩的问题：为什么农民起义军的进军路线为从贫瘠的地区向富庶地区时容易成功，而从富庶的地区向贫瘠地区时往往失败？各位读友，心中的答案应该呼之欲出了吧？

战争决策从来都是一种非常复杂的事情，背后充满着各种成本收益的权衡。北方而不是南方成为中国分裂割据状态的终结者，原因也在于此。

中国古代统一和分裂的经济学解读

“话说天下大势，分久必合，合久必分。”决定中国古代统一与分裂的因素是什么？为什么在早在春秋战国时期诸子百家中就形成大一统思想？为什么在秦汉之后，统一会成为历史发生的主流？本文基于成本收益的视角，对中国古代为什么统成为历史发展趋势进行经济学解读。

中国古代统一之规模经济基础

统一的收益为大国的规模经济，即随着规模的扩大，统治单位领土的成本下降。就古代中国而言，尽管政策的协调与管理、本土市场规模等公共品的规模经济在促进统一过程中起着重要的作用，但特殊的地理和气候条件，使得大国风险承担能力和国防规模经济的作用得以凸显。黄仁宇“中国在公元之前统一，而且自嬴秦之后，以统一为正轨，实有天候和地理的力量支撑着”之说就说明了这一点。

1. 治水和抵御风险。公元前651年著名的葵丘之会规定：“无曲防，无遏籴。”各诸侯国不得修建有碍邻国的水利，不得在天灾时阻碍谷米的流通。为什么对于中国而言，“无曲防，无遏籴”会如此重要呢？

按照气候学之通例，“若雨量之增减达百分之二十五则作物已受伤害，若达百分之四十则将无收获可言”。根据竺可桢的统计，西北地区各地雨量平均变率达百分之三十五，灌溉也就成为当地农业生产的基础。“华北平原之情形亦未能如何之良好”。这就使得中国，尤其是华北地区成为水旱的重灾区。根据黄仁宇的统计，在1911年之前的2117年内，官方记录的水灾有1621次，旱灾有1392次，即平均每年有灾荒1.392次。在抵御旱涝等各种灾难方面，与小国相比，大国具有显著的优势。“统一政权可以通过动用储备、丰歉地区间的调剂以及安置灾民异地就食等方法解决，统治区狭小的政权就缺乏回旋的余地。”

“通常河流的水内夹带着5%的泥沙已算相当多……而黄河的流水曾经有过465%的记录。其中一条支流曾在一个夏天达到了难于相信的含沙量635%。所以黄河经常淤塞河床，引起堤防溃决泛滥，造成大量生命与财产损失。这河流的水量在洪水期和枯水期间幅度的变化又大，更使潜在的危机经常恶化。”因此，治水成为古代中国，尤其是黄河流域面临的重大现实问题。东汉明帝永平十三年（公元70年）的治水诏说：“左堤疆则右堤伤，左右俱疆则下方伤。”治理黄河需要中央集权的大一统政府调集多方面的资源进行全流域的综合治理，其治理成本也远非小国所能承担。

2. 抵御游牧民族。“公元前215—公元1684年，中国和北方游牧民族之间发生了1109次重要军事冲突。”在农耕游牧民族之间的长期对峙中，面对游牧民族军民合一所产生的军事上的比较优势和“得其地，不足以为利；得其民，不可调而守也”的现实，中原农耕王朝多采取修建长城等以防守为主的治边政策防止游牧民族的入侵。“转输北河，率三十钟而致一石”，“卒徒筑治，功费久远，不可胜数”。修建长城和沿边防守的巨额人力和资源消耗对农耕民族构成巨大的财政压力，统一的大国相较于分裂的小国更有人力和物力抵御游牧民族的入侵和骚扰，中央集权也有利于统筹安排各种资源抵抗游牧民族的入侵和骚扰。

中国古代统一之管理成本基础

规模经济加上中国的地理条件等，为统一成为中国古代历史发展主要趋势提供了一种可能，但“与中国中心论认为中国注定要成为一个统一帝国的观点相反，春秋战国时期的多国体系事实上在近三个世纪的时间里保持着适度的稳定”。要将“定于一”转化为现实，需要以组织国家的交易成本降低为条件，而春秋战国和秦汉时期中央集权制的构建和“车同轨，书同文，行同伦”等政策的实施有效地降低了组织国家的交易成本，使大一统局面最终成为现实。

1. 中央集权制。

春秋战国时期，各国在长时间的对峙和战争中，为在竞争中获得相对优势，纷纷进行制度创新。其中，最主要的制度创新是郡县行政体制和以科层为核心的有效率的官僚制度。

在封建时期，国家规模的扩大会导致国家内部组织成本的急剧上升，从而抵消国家规模增加的收益。而郡县制作为对封建世袭制的否定，有效地解决了组织内部因封建治理所导致的高成本问题，降低了国家规模扩张的成本。对于郡县制的意义，王夫之这样写道：“郡县之制，垂二千年而弗能改矣，合古今上下皆安之，势之所趋，岂非理而能然哉。”

郡县制能够推行，又与官僚制度相联系。基于战争等竞争的压力，从战国初期开始，各国普遍任用法家进行变法。变法的首要和核心内容就是“建立中央集权的科层制国家，并采取择优录用的方法来选择科层制内的官员”。而“中央集权制的诞生标志着国家历史上具有决定性意义的转折点，因为它有助于减少行政成本、强制征税和征兵、强化对民众的监督和防止民众的反抗”。这一切均意味着制约国家规模扩大的内部组织成本的降低。

因此，“官僚制和郡县制并非大一统的产物，相反，它们恰恰是大一统得以构建起来的支撑性制度”。

2. 车同轨，书同文，行同伦。

“兼并易能也，唯坚凝之难焉”。秦和汉形成统一国家后，为维持中央集权的大一统局面，采取了“车同轨，书同文，行同伦”为代表的一系列制度安排，这些制度安排的实施进一步降低了组织国家的成本。秦汉后各王朝基本继承和改进了秦汉时期有利于大一统中央集权的制度，从而形成“我国则秦汉以降，以统一为常轨，而分裂为变态”的局面。

许慎这样描写战国时期的文化差异：“分为七国，田畴异母，车涂异轨，律令异法，衣冠异制，言语异声，文字异形。”秦汉帝国以国家之力推行“书同文”“车同轨”和“罢黜百家，独尊儒术”等措施，减少了封建列国时期所形成的文化差异，减少了阻碍统一的“异质偏好成本”。

秦在统一之初就注重“行同伦”，注重全国社会风俗之整合，如在各地的刻石上，刻载着秦始皇“尚孝重农”“忧恤黔首”“严男女淫佚之防”等内容。在汉武帝“罢黜百家，独尊儒术”后，主张和维护大一统并更适合统治的儒家思想成为主流的意识形态，并以此为基础形成了中国人共同的行为准则和思想，“率土之滨，万里同风；国域之内，万民同俗”。这就有效地降低了国家组织的内部交易和管理成本。

“虽然是帝国儒家为精英文化的统一提供了基础，但为这种文化的传布和延绵提供物质基础条件的却是表意性的汉语文字。正因为如此，中国成为古代世界中唯一一个能够借助非常有限的基础硬件就得以将广土众民抟成一体并延绵悠久的国家。”而除统一文字有利于文化的传播外，“这种统一文字由于中国文字所具有的特质而被实践证明是一种非常有效且持久的国家统一的黏合剂”。这种特质就是汉字非拼音的特点，该特点使其容易克服方言的差异和其他更大的语言障碍，有利于汉民族和大一统局面的形成。

秦统一后实行的“统一度量衡”和“车同轨”措施则降低了各地区贸易往来的成本，为形成统一的市场提供条件。“在这么大的空间上，建立一个统一性的政府，其本身就具有明显的规模经济，再佐以统一的度量衡、法令规则、文字与器械制式，以及水路交通路线之开辟，关卡之开放，使交易成本大为降低，为经济活动提供广泛的外部经济”。不仅如此，这些政策还有利于提高国家组织的行政效率和各地区之间的文化交流，促进统一文化的形成，降低国家组织内部的管理成本。

随着秦汉时期一系列政治、经济和文化整合措施的实施，统一的汉民族开始形成，从而为中国的大一统提供了坚实的民族和文化基础，制约国家规模扩张的异质，成本也得以降低。在此后，大一统的成本和收益的天平已经偏向收益，即钱穆所谓的“可见一统之局已成，纵使一时崩坏，其势不能仍归于分裂”。

财政与中国古代的统一分裂循环

“秦汉之后，中国历史一直在王朝兴衰和国家统一、分裂的循环往复中向前。”尽管在长期的历史进程中，统一成为中国历史发展的主流，但分裂仍不时出现，甚至在秦汉和隋唐两个大一统间存在三百多年的魏晋南北朝大分裂时期。为什么在大一统间会出现“一时崩坏”的现象？为什么“其势不能仍归于分裂”，即分裂不能成为常态？

分裂在于中央集权之瓦解。然中央集权之瓦解并不必然导致分裂局面之出现，可能新的王朝会迅速替代旧的王朝重新形成新的中央集权的统一国家。但如果这个过程延续时间过长，则会出现多个政权并列，即分裂局面出现。因此，分裂与朝代更迭出现的原因基本相同。

历史学者对中国古代朝代更迭（统一与分裂）提供了诸多解释，郭艳茹教授将其总结为五点，即统治者个人道德论、人口危机论、自然灾害论、财政危机论和财政制度论。其实，除统治者个人道德论外，其余四点均可以归结为因内在和外在压力所造成的财政破产。费正清将王朝循环的原因归结为“个人因素”和“经济和行政因素”两类，并认为从财政稳定、行政效能和军事力量等角度入手才能更好地解释中国的王朝循环。

大一统的利润来自其收益与成本之差。即使大一统的收益不变，组织统一国家的成本上升，也可能导致维持大一统成为得不偿失的行为。而长久的统一状态可能会造成国家组织成本的上升。

官僚体系的膨胀与寻租行为增加是造成国家组织和管理成本上升的最重要因素之一。金观涛和刘青锋认为，帝制中国的各个朝代随着时间的推移都免不了出现官僚体系膨胀、专制、腐败、土地兼并、恶霸横行等“无组织力量”的发展并最终导致王朝的垮台。郭艳茹则以明清为例，对组织国家的交易费用随着时间推移逐渐增加的内在制度逻辑进行了说明。

国家的组织和管理成本上升的第二个重要原因是人地比的变化。侯家驹认为：“中国两千年来都处于这种治乱循环中，其关键因子主要是人地比例。”

为说明人地比对治乱循环（统一分裂）的影响，我们可以构建经济模型逻辑推理如下。

假设民众有三种选择，即从事农业生产并缴税、受雇于政府充当士兵和从事非生产的暴力活动。政府的收入来自民众缴的税，支出为雇佣士兵防止民众反抗。民众和政府的目标函数均为收益最大化。在此假设下，我们可以分析人地比对中央权力瓦解的影响。

在在技术进步缓慢的古代社会，人地比决定着人均产出。在经过战乱的王朝初期，人口损失严重，地广人稀，劳动力的边际产量较大，劳动力从事强盗抢劫和起义等非生产性的暴力行为的成本亦较大，从事这些行为的人也较少，政府只需要雇佣少量的士兵防止人民从事非生产性暴力行为，军事支出对财政的影响也较少，政府对民众收的税收也较少，大治的局面就会出现，如汉初的文景之治、唐初的贞观之治等。随着时间的推移，人口数量增加，人地比降低，劳动力的边际产量减少，即从事非生产性暴力行为的成本降低，从事暴力行为的民众增加，政府不得不雇佣更多士兵防止暴力行为的发生，也就不得不增加对从事生产民众的税收，民众从事生产的收益进一步降低，更多的人转而从事非生产的暴力活动，从而进一步增加政府的财政压力。中央集权政府的财政破产、王朝循环或分裂的局面由此产生。在经过战争的动荡后，人口减少，人地比提高，新的循环又开始。

值得注意的是，气候变迁在影响人地比的同时也影响着中央集权的财政状况进而影响王朝循环和统一分裂。

历史学者很早就发现气候变迁影响王朝更迭和统一分裂。

现代科学技术的发展为历史气候数据的获得提供了基础。从葛全胜等综合应用多学科知识分析中国历朝气候变化的专著可知，气候变热与中原统一及对外扩张联系在一起，而气候变冷则与分裂和异族入侵相联系。在其他条件不变的情况下，气候变冷会导致以农耕立国的中原王朝可耕地数量即人地比下降，并导致可耕种土地平均亩产量的减少。这就增加了中原王朝的财政压力。与此同时，“气候变迁特别是气候变冷，导致中国古代北方游牧民族的几次大规模南下，直接影响了中国古代政局的演变”。造成这种现象的原因在于“如果其他条件不变，忽然生计不足，最大可能即是气候变化引起。北土植物生长期本已短促，塞外干旱，可以容忍的边际变化极为微小。气候一旦有变，愈在北边，愈面临困境，于是一波压一波，产生了强大的推力”。防御游牧入侵的军事支出进一步增加了中原王朝的财政压力。此时，内乱和外在军事压力的双重作用经常会使中原统一王朝的财政破产，王朝更迭或分裂的局面也就由此出现。

“在古代中国，保护的规模效益、协作治水、抵御风险、协调外部性以及对统一市场的需求，极大地提高了国家统一的收益，促使分裂的小国重新走向统一。”而这个过程的实现，有赖于组织国家成本的重新降低。

中国古代为什么重农抑商?

在港访学期间，认识了许多做经济史的朋友，非常荣幸。饶宗颐文化研究院的赵善轩老师送了我几本书，包括他自己的著作《司马迁的经济史与经济思想——中国的自由经济主义者》和《经济与政治之间——中国经济史专题研究》，以及宋叙五教授的几本书，如《西汉的农业和土地兼并问题》等。这让我回忆起和学生一起构建数学模型，从风险的角度切入分析中国古代土地兼并问题的往事。

作为一个超级宅男加书虫，一个人躲在宾馆开始了愉快的阅读旅程。本人关注中国古代的重农抑商问题，也就从宋教授的《先秦重农思想之研究》开始。宋教授在文中对中国先秦时期的重农思想和法国重农学派的重农思想进行了比较研究，而对从两个国家产生重农思想背后的时代约束的分析是该文的重要特色。在该文中，宋教授指出，秦国“地大人少”加上列国竞争是商鞅采取重农抑商政策背后的约束条件。俗话说：“开卷有益。”阅读宋教授的书让人受益匪浅。

学贵质疑。在看了宋教授的文章以后，有点疑问，求教于对中国古代重农抑商政策有兴趣的学者。

疑问是：为什么在秦统一中国后，汉代秦后，以至于在近代以前，重农抑商一直是中国的主流思想？毕竟在许多时候，王朝所面临的约束并非地大人少和列国竞争。宋教授就指出贾谊和晁错均主张粮食积蓄和劝民务农，但西汉文景之时面临的局势已经和秦代十分不同：“尽管实际情形已经不需要，但政策仍然在实行，思想亦加深入人心。”问题是：千年的重农抑商能否仅仅用思想的僵化来解释？正如宋教授自己在文中所提及的那样，孔孟和管仲重农，但不抑商，而商鞅是重农抑商。作为儒家思想占主导地位的中国古代，很难想象仅仅是因为思维惯性，统治者和官僚体系会采用法家的重农抑商，而不是儒家的重农不抑商的政策。

缺乏经济理性的政策能否长期存在？经济学的回答是否定的。那么重农抑商背后的经济理性是什么呢？

将中国古代统治者的目标函数定义为王朝的长治久安应该是一个合理的假设，因此，抑商还是不抑商取决于该政策是否有利于王朝的长治久安。那么重商或抑商对王朝统治有何影响呢？

一般而言，商业的发展有助于统治者增加税收，从而更有助于其提供更多的公共物品，这对维持统治有利。但商业的发展也给统治者带来以下几个非常不利的影响。

其一，商人既可以用钱去购买商品，也可以用钱去购买武力，而商人在政府控制之外的资源如果与失地农民相结合，可能会成为颠覆王朝的重要因素。因此，在汉初实施自由市场经济时，统治者也会在新旧帝王交替的时候，在帝王陵边成立新的郡县，将全国有钱有势的地方势力迁至此，以减少有钱的商人对国家政权的可能伤害。通过重农抑商，限制商人的财富，也限制商人的政治地位，以降低商人获取政治势力的可能性。其着眼点就在于限制商人用钱去购买武力的可能性，以减少政府被颠覆的风险。

这一点应该是中国古代重农抑商的最主要原因。证据是在中国历史上，重农抑商的程度在各个王朝之间存在差别。一般而言，在统一时期，重农抑商的程度较深，在分裂时期，重农抑商的程度较浅，甚至鼓励商业，比较典型就是两宋。其原因就在于商人手上的财富既是颠覆政权的力量，也是在政权竞争中取得竞争优势（维持割据政权）或统一国家的力量，毕竟战争靠的是财富和资源。在统一时，统治者为维持统治，会将重心放在防止商人的财富成为颠覆政权的力量，重农抑商的程度会较深；在分裂时，统治者为维持统治，会将重心放在取得商人的财富支持，以防止自己政权被兼并，或去兼并其他割据政权。

其二，在靠天吃饭的传统社会，重商既可能降低气候冲击等造成的粮食歉收所形成的社会动荡的风险，也有可能会加剧这种风险。例如，某地发生气候冲击，如果商业发达的话，商人会将粮食从别的地方运进该地，从而减少该地区发生灾害的概率，这对维持统治是有利的。但重商也有可能造成大范围种植回报更高的经济作物而不是粮食，从而使得这些地区应对不利气候冲击的抵抗力下降,这会增加这些地区社会动荡的风险。因此，重农抑商是两害相权取其轻的选择。

其三，中国古代征税效率低下，征收成本很高。相对而言，对固定的土地和农民的征收比较容易，而对流动的商业和商人的征收比较困难。尽管对商业和商人的征税可能较大，但监管成本也高，这就需要构建适合商业的征税制度。构建新的税收制度需要花费很大的成本，甚至可能需要整个官僚体系随之做出重大的调整和扩充。在综合考虑成本和收益的情况下，维持重农抑商的税制可能是一个理性的选择。

为什么古代中国出口的主要是丝绸和瓷器等奢侈品?

我们知道，在古代，中国和其他国家之间存在着广泛的贸易联系。中国古代的贸易之路被称为丝绸之路。为什么中国古代的贸易之路会被称为丝绸之路？因为中国当时出口的主要是丝绸和瓷器等奢侈物品。那么，中国古代文明在较长的时间内占世界领先地位，可以出口的商品很多，为什么古代中国出口的主要是丝绸和瓷器等奢侈品呢？

大家能想到的显而易见的答案是丝绸和瓷器的价格高，出口的利润大。不能说这个答案错误，但这个答案没有回答为什么丝绸和瓷器的价格高、出口的利润大。

对经济学有一点了解的朋友可能会增加一点内容，将交通成本纳入考虑的范畴。在考虑交通成本的情况下，交通成本高，使得出口一般商品变得得不偿失，出口丝绸和瓷器等奢侈品(高价商品）才真正有利可图。司马迁在《史记》中不是告诉过我们“百里不贩樵，千里不贩籴”吗？这个答案是经济学的回答。复杂一点的话，可以用生产成本、交通成本、收益和利润之类的概念构建理论模型进行论证。

那么，还有没有更简洁明了并且更具一般性的答案呢？当然有。下面我们就用需求定理简要说明之。

需求定理说价升量跌，价跌量升。其中的“价”，在一般的经济学原理教科书中并没有进行专门的分析。其实，要确切地理解需求定理，需要将“价”进行仔细的分析。需求定理中的“价”，其实是相对价格的意思。下面我们以一般的布匹和丝绸为例说明之。

在古代中国，假设 1 匹一般的布（以下简称布）的价格是 500 元，而 1 匹丝绸的价格是 5000 元。从相对价格的角度看，1 匹丝绸可以换 10 匹布。

假设要将丝绸或布运到遥远的地方，比如古代的阿拉伯，1 匹丝绸或布需要加上运费 5000 元。这意味着，在阿拉伯，1 匹布至少需要卖 5500 元才能保本，而 1 匹丝绸则需要卖 10000 元才能保本。进一步假设在阿拉伯，就是按照 1 匹丝绸 10000 元，1 匹布 5500 元的价格出售。由此可得，在阿拉伯，1 匹丝绸可以换 2 匹布（近似）。

在中国 1 匹丝绸的相对价格是 10 匹布，而在阿拉伯 1 匹丝绸则只能换 2 匹布。这意味着，从相对价格的角度看，丝绸在阿拉伯比较便宜，而布在中国比较便宜。

需求定理说，价升量跌。相对便宜的商品需求量较大。丝绸在阿拉伯地区比较便宜，而布在中国比较便宜。因此，古代阿拉伯相对于布，对丝绸需求量会比较大；古代中国则刚好相反。

总之，我们用经济学最简单的需求定理，就可以解释为什么古代中国出口的主要是丝绸和瓷器等奢侈品。

古人是如何保证子女给父母养老的？

在养老保险普及的今天，实现了所有年轻人给所有老年人养老，对子女养老的依赖已经降低。那么在缺乏社会抚养机制设计的传统社会，父母如何才能保证子女给自己养老呢？

从生命周期的角度看，人可以分为婴幼儿时期、青壮年时期和老年时期。人在青壮年时期养育小孩，并给父母养老，在自己老的时候，由已经长大成人的子女给自己养老。从博弈的角度讲，尽管在抚养过程中，子女会不断向父母表示自己愿意给父母一个可靠的晚年，但这种承诺是不可信的。原因就在于，父母在年老后，无法对子女不履行承诺进行惩罚——这意味着该承诺的实施完全依靠子女的自觉。从基因的角度讲，子女可能会因爱而履行该承诺，但总有不少人到晚年后因子女不履行承诺而陷入困境。这是否意味着先人无法从制度层面解决传统社会的养老问题呢？答案是否定的。

先秦时期就存在一个非常好玩的制度安排——“立尸制

度”。按照台湾学者干学平等人的解释，“立尸制度”为：“祖父死后，孙子手捧祖父的神主牌，站在台前接受父亲在台下跪拜”。

为什么要孙子替代已经死去的祖父接受父辈的跪拜？一些历史学者从昭穆制度，进而上推至母系社会二辈制族外婚去解释该现象。其实，从经济学的角度看，某种制度安排如何起源并不重要，其能够长久存在，背后一定存在着经济理性。“立尸制度”的经济理性就在于，老人让孙子替代自己成为儿子不执行承诺的惩罚方，即隔代惩罚机制。如果儿子不孝，没有承担起给自己养老的责任，尽管老人无法对儿子进行惩罚，但父辈的不孝是会被成长中的孙子看在眼中的。父亲对自己的祖父孝，孙子未来也会对父亲孝；父亲对祖父不孝，孙子未来也可以对父亲不孝。利用这种惩罚机制，促使儿子遵守孝的承诺，履行养老义务。

总之，“立尸制度”作为一种礼仪，在特定的场合，以神圣的形式，已经过世的老人借助孙子的眼睛，对儿子的孝道行为是否有愧进行最后的总结，以对儿子的不孝行为进行威慑。

尽管“立尸制度”在现代社会仍有遗存，如由长孙肃穆地捧祖父或祖母的骨灰或肖像，但其基本仪式在汉代以后就已经消失。

为什么该制度在汉代后会逐渐消失呢？从经济学的角度

看，在汉代，尤其是汉武帝“罢黜百家，独尊儒术”后，不孝入刑，由政府代替老人对子女的不孝行为进行惩罚，已经不需要作为自我惩罚机制的隔代惩罚机制，该制度的经济理性也就丧失了。

封建与殖民

夏、商、周是中国历史上封建时期，而其中周最为典型。《左转》记载："昔周公吊二叔之不咸，固封建亲戚，以藩屏周。""封"土而"建"国，"封"之本义起始于"丰"字。在甲骨文与金文中，其字形状如"植树于土堆"，故"封"是"疆界""田界"之意。"建"乃由"封"而来。"建"字可见于金文，指"建国立法"。古文献中之"封建"即"分封制"。

周为什么要实施封建制？"西周的封建，实以少数部族控御广土众民而设立。"[①] 原因就在于周是远离文化中心的西部内陆的小邦，而商是中原大国，周在灭商后面临如何控制广袤的领土的问题。当时的中原，人少地多，东夷、南蛮、西戎、北狄等少数民族和华夏族之间交叉错杂地生活在一起。为更好地统治广袤的领土，周代的政策就是分封建设。"西周国家新

① 许倬云：《许倬云观世变：论中国文化的特质》，广西师范大学出版社，2008年版，第284页。

地缘政治框架的形成和一个真正稳定力量的出现全赖以周地方封国的建立。”[①] 各方诸侯以周王为共主，对周天子有朝拜、纳贡赋、供劳役、助出征等义务；周王将土地和人民赐予诸侯，既有保护诸侯的义务，也有剥夺诸侯爵位、削地和贬爵的权力。

封建制的优势在于以下几点。

第一，因地制宜。各诸侯国的统治者可以按照所在国地域和文化特点调整自己的统治方式，以更好地开拓领土，维持国内稳定。“这些封国有着一定的政治和军事灵活性，他们是王室统治东部平原以及更远地区倾向于暴乱的人口的有效工具。”[②]

第二，激励机制。诸侯治理地方的收益除了非常少的部分上交周王外，其余部分留为己有，以激励治理好诸侯国。各诸侯在分封初期都是带领少数的人去陌生的地方开拓疆土，周围异族环绕，面临的风险非常大，甚至有诸侯在与异族战争中战死。如果没有足够的报酬，或者给予诸侯固定的报酬，诸侯在陌生的环境下开拓疆土的动力就会不足。

封建制度是非常好的殖民制度。殖民面临的风险较大，而

---

① 李峰:《西周的灭亡——中国早期的地理和政治危机（增订本）》，上海古籍出版社，2016 年版，第 72 页。

② 同上书，第 300 页。

封建制治理结构与联产承包责任制类似，在高度不确定的环境下，给开疆拓土，治理好殖民地区提供了一个强有力的激励。殖民需要面对的是文化和环境与母体存在较大差异的地区，需要按照本地特色，进行因地制宜的治理。周王室在封建诸侯时，要求“启以夏政，疆以戎索”、“启以商政，疆以周索”，体现的正是这一点。正是因为封建制在治理上的优势，周通过封建殖民，不断利用诸侯拓展政治势力和领土，实现了小邦统治广袤土地的目的。历史也表明，在周克商后的一百年间，周实现了迅速崛起和壮大。

封建制治理是一种良好的殖民制度，但也存在着如下无法克服的弊端。

诸侯国对周王室的离心力越来越大。尽管周王室设计了一整套基于血缘或类血缘的复杂而精巧的礼仪系统来调整周王室（中央）和诸侯（地方）之间的关系，但这种纽带会随着时间的推移逐渐松弛。《礼记》就这样写道：“君子之泽，五世而斩。”“随着血缘纽带的松动，封建制度下授予这些地方封国的高度自治权已经开始使他们演变成独立的政权，从此不再唯王命是从。”[①] 即使是血缘纽带，也需要以周王室具有对诸侯的压倒性力量为前提，“在一个非常根本的层面上，位于东部

① 李峰:《西周的灭亡——中国早期的地理和政治危机（增订本）》，上海古籍出版社，2016年版，第125页。

中心的强大王室的存在，为中央王室与地方封国之间的关系提供了举足轻重的稳定力量。”[①] 在西周中期周王室军事力量衰落后，诸侯国摆脱周王室控制的趋势就变得非常明显。“随着时间推移，中央授予诸侯的行政管理自治权逐渐滋生出一种离心力。这种离心力不但打消了诸侯支持中央政权的积极性，甚至激使他们同中央公认对抗”[②]，“从长远来看，当诸侯在各自的领域内站稳脚跟，并且开始视自己的利益重于王室利益时，他们已然成为周王室的竞争者，而周王的控制力自然也就随之弱化”[③]。

封建制度是一种殖民制度，统治核心区为周王室和与周王室关系最密切的诸侯，其可以拓展的生存空间有限，经济与军事力量的增长往往受到限制。统治的外围因可以拓展的生存空间较大、经济与军事力量的增长受到的限制较少，往往会取得国与国之间竞争的优势。尽管在统治的前期，周王室对诸侯，尤其是外围的诸侯有着压倒性的军事力量优势，但随着时间推移，“两者之间的实力对比逐渐朝着有利于诸侯的方向发展，因为居于中心地位的周王室后来已无拓宽领土的空间，而各诸

---

① 李峰:《西周的灭亡——中国早期的地理和政治危机（增订本）》，上海古籍出版社，2016 年版，第 124 页。

② 同上。

③ 同上书，第 99 页。

侯却可以向其周围的无主地拓展”[①]。这一点可以从战国时期，尤其是后期，能够统一中国的只有一直处于外围的秦和楚看出。

在封建殖民制度下，地方反噬中央这个内在缺陷不仅仅表现在周王室与诸侯之间，也表现在诸侯公室与大夫之间、大夫与家臣之间。鲁公室与三恒、三恒与阳虎等例子均说明了这一点。

诸侯赴封地时，周王室会给其一定数量的民众用以征服和统治封地原本就存在的土著。诸侯与土著之间既有战争，也有和平共处。随着时间推移，诸侯带来的（商）周文化和本土文化会融合交汇，形成一种新的本土文化。这种文化与周文化之间会随着时间推移而出现巨大的差异。例如，到战国后期，同出于周的七国的文化已经演化到“田畴异母，车涂异轨，律令异法，衣冠异制，言语异声，文字异形”。这种文化上的差异同样成为诸侯对周王室的离心力。

总结上述原因可以看出，封建殖民制度本身存在自身无法克服的缺陷，力量对比的变化会使得地方反噬中央成为其不可避免的宿命。

作为殖民制度的封建制度既使周作为西垂小国快速扩张和崛起，也使其在随后不得不面临地方反噬中央的局面。

---

① 许田波：《战争与国家形成：春秋战国与近代早期欧洲之比较》，上海人民出版社，2018年版，第3页。

作为治理结构的封建制度

周代是中国古代封建治理的典型。封建治理的特点是，周王与诸侯之间签订合约，规定诸侯对周王的义务，也规定归其所有的人群和土地。

"至少在周初，分封制度甫开始发展时，诸侯封建'封人'的性格强于'封土'的性格，诸侯的地著性还不强固"[①]，"西周的封建国家并不建立于领土主权之上，而在于领有一群人口"[②]，因此，西周式封建治理的特点是属人原则，即诸侯是周王的人，大夫是诸侯的人。既然是属人原则，也就意味着上层封建主需要负责下层的全部事项，如生老病死、个人发展等。

"男之对侯，有隶属的意义；子之对伯，有庶长的分别"[③]。

---

① 许倬云：《西周史（增补二版）》，生活、读书、新知三联书店，2018年版，第167页。

② 许倬云：《许倬云观世变：论中国文化的特质》，广西师大出版社，2008年版，第60页。

③ 许倬云：《西周史（增补二版）》，生活、读书、新知三联书店，2018年版，第178页。

封建治理架构存在下级对上级（诸侯对周王，大夫对诸侯）的人身依附关系，或者从合约的角度看，周王与诸侯、诸侯与大夫等之间的合约带有属人的奴隶合约性质。中国传统的封建社会也类似奴隶社会。

封建治理方式必然是人治，而不是法治。上层会按照其所拥有的全部信息管理下属。例如，一个下属在历史上表现良好，这次出现大错，可能只进行小的惩罚；一个下属在历史上表现很差，这次出现小错，就可能面临大的惩罚。相对于法治，封建式人治社会有其优势和劣势。

封建治理的优势在于以下两点。

第一，在封建治理下，上层会按照下层的平时表现选择奖惩的强度。因此，该制度是充满着人情味。

第二，在封建人治社会，上层和下层之间的激励是兼容的，即下层的表现直接影响上层的收益。因此，在封建人治社会，上层会按照下层的个人能力和品质、平时表现等将其放置在能给自己（上层）带来最大收益的岗位。

因此，从人的生存状态角度看，封建人治社会人的生存状态会比较好。

封建治理的劣势在于：上层要负责下属的生老病死的全部，管理单个人的成本非常高。在信息有限的情况下，人管理人的极限是十人。随着管理人数的增加，管理所需的等级越多，治理的链条就会越长，治理成本会非线性增加。因此，仅仅是人数的增加就会造成封建治理的高成本。

与封建治理的人治相配合的“礼”。“礼”用来规范人的行为。“礼”的核心是差别，而不是等同，即每个层次的人有不同的行为规范，以此来维持封建治理的稳定。“礼仪中最重要的自然是策命礼。经由这个典礼，周王对其臣属，赏赐种种恩命，一次又一次地肯定了主从的关系。”[①]

在封建制度下，“上对下有礼，下对上尽忠”。下级封建主忠于上级封建主，对于维持封建制度的稳定至关重要。按照黄宗羲的观点，春秋战国与西周的一个重大区别是西周强调忠于上级封建主，而春秋战国时期则忠的概念瓦解。

封建治理存在法律，但一般情况下不公布法律。上层封建主需要按照下层的综合历史和现在的表现来定奖励和惩罚，必须赋予上层较大的执法权，甚至一定程度的立法自由。如果公布法律条文，上层封建主就无法按照下层民众的历史表现对其奖惩，就会造成封建制度的破产。子产“铸刑书于鼎，以为国之常法”，其实是封建治理走向中央集权治理的标志性事件。

① 许倬云:《西周史(增补二版)》,生活、读书、新知三联书店,2018年版,第184页。

子产为什么要“铸刑书于鼎，以为国之常法”？

子产是中国法制史和政治史绕不开的人物。公元前 536 年 3 月，郑国执政子产率先“铸刑书于鼎，以为国之常法”，将郑国的法律条文铸在具有王权象征意义的大鼎上，并公之于众，令国民周知。这是中国历史上第一次正式公布成文法。

那么子产为什么要“铸刑书于鼎，以为国之常法”呢？关键在于子产所处时期是中国从封建制走向中央集权制的转型时期。

那么，接下来一定要回答的问题是：为什么在封建治理结构下不需要或不能公布法律，而在中央集权的治理结构下需要或能够公布法律呢？

首先需要强调的是，封建与中央集权没有优劣之分。它们仅仅是两种治理国家的方式而已，两者在特定的历史条件下均有其适合生存之处。对于这一点，笔者将另文说明。下面将重点放在回答前面所提问题之上。

封建治理架构，存在下级对上级的人身依附关系。进一步言说，封建社会是一种典型的人治社会，上层对下层有生杀大权。相对于法制社会，人治社会有其优势和劣势。人治社会的优势在于上层和下层之间激励是兼容的，即下层的表现直接影响上层的收益。因此在人治社会，上层会按照下层的个人能力和品质、平时表现等将其放置在能给自己（上层）带来最大收益的岗位。在奖惩时，上层会综合考虑下层的平时表现和该次表现。如某下层平时表现很好，但这次将事情干砸了，上层可能会综合考虑其以前的表现而减轻对其的惩罚；又如某下层平时表现很差，这次又将事情干砸了，上层可能会综合考虑其以前表现而加重惩罚。因此，在封建人治下，上层会按照下层的平时表现选择奖惩的强度，该制度充满着人情味。但该制度是综合历史和现在的表现来定奖励和惩罚，必须赋予上层较大的执法权甚至立法的自由，如果公布法律条文，上层封建主就无法按照下层民众的历史表现定奖惩，会造成封建制度的破产。

封建制度存在激励兼容的优势，也存在信息成本较高的劣势。因为在封建制下，上层需要综合历史和现在的表现定奖惩，历史信息的获得依赖长期的观察，所以，封建制下每个上层管理下层的人数极限是十人，过多则无法明确了解下层的历史和现在的表现。

在中央集权制下，官僚体系仅仅是代替皇帝牧民，县令和郡守等地方官员对下层并无所有权，即双方之间并无奴隶契约存在。因为民众不是自己的，县令和郡守的权力来自更上层官僚的授权，即下层的表现和自己的收益之间的关系变弱，地方官员就不会像封建主那样尽职对待民众，收集民众信息的收益下降，即地方官员没有积极性按照某民众的历史表现给民众以奖惩，按照现有信息给民众以奖惩也就成为顺其自然的事情。此外，封建制度下官员需要了解民众的历史和现在信息，对信息要求高，需要付出的司法成本也大。而在中央集权下，官员只需要了解现在的信息就可以给民众以奖惩，需要的信息少，管理成本下降，一个官僚可以管理的人数也急剧增加。因此从管理的效率讲，中央集权是一个管理上的重要技术创新。在中央集权下官僚只需要按照现在的信息给以奖惩。他们将法律公布，要求民众现在和未来不要违反法律，就可以进一步降低司法成本。因此，在中央集权下政府公布法律是一个理性的行为。

这就是子产“铸刑书于鼎，以为国之常法”背后的经济学。

越王勾践为什么要杀文种和范蠡

“飞鸟尽，良弓藏；狡兔死，走狗烹；敌国破，谋臣亡。”《史记·越王勾践世家》这句话道尽了谋臣的悲哀。那么，为什么越王勾践要杀文种和范蠡？

第一个解释来自司马迁的记载。顺利逃脱勾践屠刀的范蠡在离开越国时留给文种留了封信。他在信中这样写道：“越王为人长颈鸟喙，可与共患难，不可与共乐。”意思是越王本人刻薄寡恩，可以共患难，但不能共富贵。这是从越王勾践本人的性格的角度去解释为什么其会在灭吴后会将屠刀伸向功臣文种和范蠡。

第二个解释是杀功臣并不是越王勾践才做的事情，历代帝王杀功高震主的功臣多了去了。如刘邦杀韩信，明初皇帝大规模杀功臣等。主要目的在于防止这些功臣的功绩和威望会对自己及后代的统治造成不利影响。

从某种角度讲，上述两种解释均具有一定的解释力，但可能有更为根本的理由使文种和范蠡必死或必须离开越国，而这需要从春秋后期的特定制度约束讲起。

越王勾践在灭吴后，具备了称霸的实力，而称霸需要杰出谋臣的辅助。文种和范蠡在灭吴过程中的表现证明他们具有不亚于齐桓公时期的鲍叔牙和管仲、秦穆公时期的百里奚、晋文公时期的狐偃和先轸等人的才能。如果在灭吴后能继续得到他们的辅助，勾践的霸业应该能维持较长的时间。作为试图称霸的勾践应该非常清楚知道，秦国在霸主秦穆公死后，“以子车氏三奄息、仲行、针虎为殉，皆秦之良也”（《左转》），造成秦国的霸业无法持续。因此，富有政治抱负的勾践心里应该明白，如果在灭吴后杀文种和范蠡，会对越国的霸业造成不可估量的损失。既然这样，勾践为什么还要杀文种和范蠡呢？

原因就在于越王勾践时期处于三家分晋的前夜，是中国历史上“礼坏乐崩”的时期。在该时期，封建制度逐渐走向解体，而中央集权制度的两大支撑性制度，即郡县制和官僚制，仍处于萌芽发展状态。在封建制度运行良好的时期，可以利用裂土封侯的政策酬谢文种和范蠡对灭吴的功绩，但晋国有六大夫把持朝政，鲁国有三桓凌驾于国君之上，齐国的田氏代齐也在逐步进行之中。种种现象表明，在封建危机严重的春秋末期，如果用裂土封侯的形式酬谢文种和范蠡两位功臣，越国也极有可能出现其他诸侯国出现的大夫实力强于公室的情况，这对于勾践而言是无法容忍的事情。如果在此时，君主具有绝对权威的中央集权制已经发展成熟，勾践也能通过不裂土封侯，而是封赏爵位和官职的形式重用文种和范蠡，实现酬谢文种和范蠡并使其继续为越国称霸服务的目的，勾践也不需要背上残杀功臣的恶名。但是因为此时君主式中央集权制仍处于萌芽阶段，勾践无法选择既不裂土封侯，又能酬谢文种和范蠡的方案。因此，将需要酬谢的对象，即灭吴功臣文种和范蠡进行肉体上的消灭，成为越王勾践的唯一可行选择。

总之，从勾践的角度看，尽管杀文种和范蠡会对越国的霸业造成不利影响，但不杀文种和范蠡对越国的伤害会更大。因此，杀文种和范蠡是在特定历史条件下越王勾践的理性选择。个体的行为是复杂的，会受到多种因素的影响，因此，在分析历史上个体的行为时，既要考虑个人特征，也要考虑行为人选择所面临的约束。

封建式治理与中央集权式治理的对比

第一，与封建制度下上层封建主拥有下层民众（小封建主）的所有权不同，在中央集权制度下，官僚体系仅仅是替代皇帝牧民，县令和郡守等地方官员对下层并无所有权，即双方之间并无奴隶契约存在。县令和郡守对民众没有所有权，其权力来自更上层官僚的授权，使得治下民众的表现和县令和郡守收益之间的关系变弱，地方官员不会像封建主那样尽职的对待民众，民众的生存状态变差。

第二，在封建制度下，封建主需要了解民众的历史和现在信息以便于给以奖惩，但收集信息要求高，成本也大。在中央集权制度下，地方官员没有积极性按照民众的历史表现给民众以奖惩，只会按照现有信息给民众以奖惩，这使得在中央集权式管理体系下，治理民众只需要现在的信息，治理和管理民众的成本下降。官员只需要将法律公布，要求民众现在和未来不要违背法律即可，进一步降低了司法成本，因此在中央集权下政府公布法律是一个理性的行为。在封建治理走向中央集权治理的过程中，子产“铸刑书于鼎，以为国之常法”是其中最重要的标志之一。

第三，封建制度下的属人原则让位于中央集权制度下的属地原则。如果一个人犯罪，属人原则和属地原则有何差别？在属人原则下，一个人在外地犯罪，则由司法机关等通知其上级，告知其犯罪事实，由其上级决定对其处罚的力度。在属地原则下，一个人在外地犯罪，则由当地的司法机关按照其犯罪事实对其进行处理。

第四，封建制度下对人的管理让位于中央集权制度下对事的管理。在封建制度下，上层人管理的是下层人的全部，即使是管理事，管理原则也不是就事论事。这意味着：即使某一件事下层办砸了，只要以前办的事情比较牢靠，给予的处罚也比较小；反之，即使某一件事办得非常漂亮，只要以前办的事情比较的差，给予的奖励也会比较少。在中央集权制度下，即使管理的是人，管理原则也是就事论事，不看历史表现，只看这件事情下层办得怎么样。

第五，封建制度下上层人管理下层人的全部让位于中央集权制度下官员管理人的部分。在封建制度下，上层人管理的是下层人的全部，下层人生老病死的全过程都由上层人负责。在中央集权制度下，官员对人的管理实行条块化分割。这使得诸多的管理者管理一个人，每个管理者只负责管理一部分，同时，一个管理者管理诸多人的一部分。管理的专业化使得一个官僚可以管理的人数急剧增加。因此，中央集权是一个管理上的重要技术创新，管理效率得到很大的提升。

总之，无论是封建式治理还是中央集权式治理，都是一种管理的方式，无所谓优劣之分。在不同的环境下，不同的治理方式的成本不一样，关键在于选择合适的治理方式。中央集权式的治理信息成本低，管理专业化，但民众的生存状态变差。因此两种治理方式各有利弊。

为什么游牧民族是主动进攻方？

由于特殊的地理条件，在近代之前，游牧民族一直是威胁华夏农耕民族生存和发展的最主要的外在因素之一。“公元前215—1684年，华夏农耕民族和北方游牧民族之间发生了1109次重要军事冲突。”[①] 农耕民族和游牧民族之间的关系史也就成为中国古代史最重要的组成部分之一。出击草原、修建长城、和亲、朝贡贸易、互市等构成了农耕民族和游牧民族之间异常复杂的关系。历代中原农耕王朝在处理与草原民族关系问题上存在很大的共性。那么，如何理解隐藏在这些共性背后的逻辑与必然？本书将应用经济学分析方法分析出击草原、修建长城、朝贡贸易、和亲等政策背后的经济理性。

首先分析为什么在历史上进攻方往往都是游牧民族。

---

① 邓刚：《最新中国经济史研究评述》，《比较》2020年总第20辑，第156–158页。

第一，由于地理条件和降雨量不同，游牧区和农耕区形成了截然不同的生产方式和生活方式。虽然游牧民族和农耕民族的生产在很大程度上都受制于自然条件，但游牧民族的自然条件和农耕民族相比无疑更差。勒尼·格鲁塞在《草原帝国》中认为，“这地区的气候条件时常是很可怕的，在那里十年之中总有一年水要干涸，草要萎黄，牲畜要死亡，人也随之饿毙”，为此，“游牧人民定期性地向农业区域侵犯便成了一种自然法则”。对于农耕民族来讲，主动侵犯游牧区，“得其地不足以供给，得其民不足以使令”（朱元璋：《皇明祖训》），除非有特别的军事价值或者有可农耕的土地，掠夺或占领游牧区并不符合农耕民族的理性。因此，游牧民族和农耕民族之间的战争，基本上都是以游牧民族为主动进攻方的掠夺和以农耕民族为防守方的反掠夺。即使是主动出击草原，农耕民族的目的仍然是通过惩罚减少游牧民族对农耕民族的掠夺。

第二，游牧民族具备军事和生产合一的特点。他们上马则备战斗，下马则屯聚牧养，从小到大在马鞍上度过一生，平时用来照料畜群和积累捕猎上的精力，战争时可以立刻用来摧毁敌人。流动性、马上作战的优势及弓箭射击的准确性等战斗力都可以在游牧民族日常生产和生活中得到训练。对于定居的农耕民族来讲，生产和军事是不一致的，为了获得同样的战斗力，农耕民族将不得不训练更多的军队，花费更多的转化成本。“只有在特定的时期，在经过多年有伤于他们定居经济的战争后，产生了职业骑兵，才能和草原上‘天然’骑兵相抗衡”。因此，从组织军事的成本上看，游牧民族较低而农耕民族较高。

我们可以用拉铁摩尔在《中国的亚洲内陆边疆》一书中的话来总结游牧在军事上的优势：

> 在这种斗争中，游牧民族有两样东西的协助：一个是整个人口及财产的机动性，使之能够躲避从定居社会侵入草原的远征；另一个是游牧骑兵的机动性，使他们能够有力地袭击定居社会。这两件事除去完全的军事重要性外，还有其经济的重要性。定居民族要装备一个机动的远征军，其代价较游牧民族要大得多。游牧民族可以用毁坏作物、掠劫谷仓、俘获居民的方式对对方加以重创。而他们在逃避进攻时，可以通过移走帐篷、赶走牲畜减少损失。

第三，亚当·斯密在《国富论》中认为，游牧多余暇，而农民余暇较少，因此，游牧民族的军事训练成本要小于农耕民族。由于农耕民族训练的缺乏，大多数人都养成了不好战的习性。而农业所积累的财富，却不免引起游牧民族的侵略。因此，勤勉而因此富裕的国家，往往是最会引起四邻攻击的国家。

第四，美国著名经济学家杰克·赫舒拉发在研究冲突经济学时，提出了著名的“暴力的悖论”（paradox of power），即相对较穷的一方因为从事军事的边际收益相对从事生产的要高，因此，其也容易将其初始禀赋中相当大的部分用于军事侵占。相对农耕民族，游牧民族较穷，它也就在两民族的对峙中容易成为主动进攻的一方。

因此，直到近代，作为农耕民族的华夏民族，最主要的外来威胁是北方草原民族的侵略和骚扰。

直接统治草原为什么不可行？

一劳永逸地解决游牧民族对农耕民族的掠夺和骚扰的方法是将草原地区纳入农耕民族的统治之中。但与农耕区相比，草原地区面积辽阔，人口稀少，自然条件恶劣，即使农耕民族出击草原成功，也没有在那里建立起长时间的有效统治。直接将游牧民族纳入中原民族的统治，以彻底解决草原游牧民族问题并不是一种理性的选择。下面具体论述之。

假设农耕民族占领了草原，统治成本是统治草原后增加的统治成本，即等于统治草原后统治全国的成本减去没有统治草原时统治全国的成本。这主要包括以下两个部分：一是控制草原部落不造反的成本,包括军事成本和给草原的代理人的报酬；二是草原进入农耕国家的版图后对统治农耕区的不利影响。经过长时间的选择和调整，农耕民族统治者最终选择了儒家文化作为主流的思想意识形态。静态的儒家文化适应农耕文明“重乡厚土”的特点，有效地降低了对农耕地区的统治成本。但静态的儒家文化无法适用于不断流动和变化中的游牧文明，这就需要中原统治者发展（或学习）与草原文明相适应的文化去统治草原，成本不会很低。同时，动态的游牧文明会不断地在意识形态上冲击儒家文化，反而会增加统治者统治农耕区的成本。

基于此，拉铁摩尔在《中国的亚洲内陆边疆》一书中说："汉族必须应付那些有害于他们已经建立的文化和社会发展的环境，这也限制了他们所能占领的土地范围"；"由此产生了一个永恒的矛盾，使在历史上掌握长城边疆的民族和国家——无论是汉族还是其他民族——不得不做出一个决定，是选择精耕的农业经济，还是选择粗放的游牧经济。历史上屡次出现试图调和两者的社会或国家，但没有一次能够成功。"

直接统治草原的收益来自草原税收和草原民族对农耕区的不侵略等方面。草原地区人少地广、土地贫瘠的特点决定了收税的收益很小，甚至为负。因此统治草原的收益主要体现在对农耕民族的不侵略上。但关键在于，中原统治者通过在农耕区的边缘防守，同样可以（至少是部分）达到这个目标，而且成本要低得多。也正是基于此，强盛的汉唐就不止一次地出击草原，并把版图扩大到远离长城的草原地区，但这些主动进攻的主要目的仍在于消灭草原部落的有生力量，以解除（从实际效果看是暂时解除）草原的军事力量对农耕地区的威胁。

"问题不是中国征服草原，或是草原征服中国并建立帝国，而是控制匈奴和汉族关系的问题。”由于控制草原的高成本、低收益，在清代之前，除来自草原的元朝之外，各个朝代都未能长时间地控制草原并在草原建立有效的统治。即使是草原入主中原（或部分中原）的政权，如辽、金等也无法长时间同时控制草原和农耕区，其也被草原上新兴的游牧政权所灭。因此，“游牧民族的统治到中国以后，他们就脱离了本身权力的根源，转而依赖笨重而易遭受攻击的农业机构。因此，当开发定居文明社会的利润减退时，他们也和其他朝代一样，被叛乱或新的游牧民族的入侵摧毁”。

因此，对于农耕民族而言，关键在于防止游牧民族对农耕区的入侵和骚扰，而不是占领整个草原。能采用的手段主要有以下三种：一是对游牧民族的掠夺进行惩罚，即减少其掠夺收益；二是修建长城等防御工事，即增加其掠夺成本；三是以和亲、称臣和朝贡等为形式的用金钱购买和平，即增加游牧民族选择和平的收益。

出击草原是农耕民族的理性选择吗?

出击草原是农耕民族对游牧民族的入侵和骚扰进行惩罚，以达到降低游牧民族入侵的预期收益，减少其对农耕地区掠夺的目的。对于农耕民族来讲，出击草原的最优解是出击草原的边际成本等于边际收益（即被掠夺走的财富的减少）的那个点。

首先分析农耕民族出击草原进的收益。

法经济学认为，为减少犯罪行为的发生，罚金的数额必须与所侵害的利益或罪行的严重性成正比，并与逮捕的概率成反比。同理可得：农耕民族为了实现通过惩罚减少游牧民族入侵和骚扰的目的，惩罚的强度必须与游牧民族所侵犯的利益或罪行的严重性成正比，并与游牧民族被成功惩罚的概率成反比。

但问题是，当农耕民族面对游牧民族军队的流动性和马上作战能力时，在战争中获胜即实现成功惩罚的概率不会很大。即使实现了成功惩罚并迫使游牧民族俯首称臣，战争赔款也是贫瘠的游牧民族所无法承受的。同时，草原地广人稀，人们居无定所，在考虑控制成本的情况下，农耕民族占领游牧区也不是一个理性的选择。因此，为实现有效的惩罚，农耕民族所能实行的有效措施就是破坏游牧民族的战斗力，使其丧失侵犯农耕区的能力。由此所形成的恐吓效果，使得游牧民族在战斗力得到一定程度恢复的情况下，也不敢对农耕区进行大规模的掠夺和骚扰。这也正是历史上农耕民族所实行的，如汉武帝对匈奴的战争就使匈奴在很长时间内丧失了进犯农耕区的能力和胆量。

美国汉学家卜德在《秦国与秦帝国》中说："欲使他们（游牧民族）受到惨痛失败，中国的军队（农耕民族）就要进攻至戈壁沙漠的北边……他们安放财产，即畜群的地方。"征兵与训练成本、战争准备和进行中的后勤保障[①]等执行惩罚的成本构成巨大的预算约束，使得农耕民族只有在异常强盛时才能把这种惩罚手段纳入可供选择的制度集中。在中国历史上农耕民

---

① 王莽将领严尤对出击草原的后勤保障之难有过深刻的论述，《史记·匈奴传》记载其观点如下："发三十万众，具三百日粮，东援海代，南取江淮，然后乃备。计其道里，一年尚未集合，兵先至者聚居暴露，师老械弊，势不可用，此一难也。边既空虚，不能奉军粮，内调郡国，不相及属，此二难也。计一人三百日食，用糒十八斛，非牛力不能胜；牛又当自赍食，加二十斛，重矣。胡地沙卤，多乏水草，以往事揆之，军出未满百日，牛必物故且尽，余粮尚多，人不能负，此三难也。胡地秋冬甚寒，春夏甚风，多赍釜鍑薪炭，重不可胜，食糒饮水，以历四时，师有疾疫之忧，是故前世伐胡，不过百日，非不欲久，势力不能，此四难也。辎重自随，则轻锐者少，不得疾行，虏徐遁逃，势不能及，幸而逢虏，又累辎重，如遇险阻，衔尾相随，虏要遮前后，危殆不测，此五难也"。

族为了实现膺惩或防御的目的大规模反击草原游牧民族的有汉武帝、唐太宗、明成祖和清康熙、乾隆等帝王。这几个时期都是农耕民族强盛的时期。尽管如此，从具体实施效果看，在打击游牧民族的同时，农耕民族自身也被战争推入内外俱疲的境地。例如，汉武帝与游牧民族的战争使得“举高惠文景七十余载之积蓄，一朝尽罄，遂成汉室第一次之衰相”（钱穆，《秦汉史》），并引发了十分严重的财政危机，“终武帝一朝，为寻求收支平衡的努力就一直未曾停止过”（费正清，《中国：传统和变迁》）。又如，明成祖五出漠北，苦战多年，大大削弱了蒙古军队的战斗力，但明朝的人力和物力同样耗费巨大，综合国力大为削弱，其后继者被迫采取收缩的政策。这些还都是出击草原的成功案例。如果出击草原失败，对农耕民族经济的破坏当然会更加严重。

因此，拉铁摩尔正在《中国的亚洲内陆边疆》一书中说：“中国最稳固的政权如果企图深入游牧地区，也会超过其本身的能力”。综合考虑边际成本（执行惩罚的成本）和边际收益（减少被掠夺的损失），加上预算约束，通过惩罚来实现减少草原民族的掠夺并不是一种理性选择。

修建长城的经济学分析

饮马长城窟，水寒伤马骨。往谓长城吏，慎莫稽留太原卒！官作自有程，举筑谐汝声！男儿宁当格斗死，何能怫郁筑长城。长城何连连，连连三千里。边城多健少，内舍多寡妇。作书与内舍，便嫁莫留住。善待新姑嫜，时时念我故夫子！报书往边地，君今出语一何鄙？身在祸难中，何为稽留他家子？生男慎莫举，生女哺用脯。君独不见长城下，死人骸骨相撑拄。结发行事君，慊慊心意关。明知边地苦，贱妾何能久自全？

——陈琳

（一）修建长城的成本和收益

常言说："不到长城非好汉。"作为民族象征的长城已经融入了我们的血液中。长城又是饱受非议的——孟姜女哭长城的传说表明普通民众对修建长城持负面评价。在历朝历代，官僚和士大夫阶层对是否应该修建长城也不时爆发争论。在近现代，更有一些学者将长城视为民族闭塞的根源。那么该如何看待长城在农耕民族和游牧对峙中的作用呢？

纵观中国历史，从秦始皇统一中国前各诸侯国修建长城开始，直到明代，几乎每个朝代都曾修建长城。即使在强汉盛唐，长城的修建也没有停止过。一些从草原入主中原的少数民族政权，如北魏、辽、金等，也在其统治中原期间修建长城，以防止草原上其他民族入侵其所控制的中原地区。可见，修建长城是农耕民族防止草原民族侵略和骚扰的一种常用方法。那么，修建长城是不是一种理性行为呢？

农耕民族修建长城等防御性工事是为了增加草原民族掠夺农耕民族财富的难度，减少游牧民族掠夺的预期收入。在草原民族的资源能用于入侵中原农耕区进行掠夺、用于生产和用于对中亚与东欧的掠夺这样三个用途的情况下，当资源投入这三种用途的边际收益相等时，资源处于最优配置状态。长城的修建使得游牧民族要投入更多的资源才能侵入中原农耕区进行掠夺，从而降低游牧民族掠夺中原农耕区的期望收益。此时，游牧民族将调整资源的使用方向，将更多的资源配置到生产领域和相对容易掠夺的中亚和东欧，使得资源的配置重新恢复有效状态，这就降低了游牧民族对中原农耕区掠夺的频率和强度。

具体地讲，在修建长城的情况下，游牧民族只有攻陷长城才能进入中原农耕区进行掠夺。在没有重武器的情况下，攻破长城是一件很困难的事情。而在进攻长城的过程中，草原民族的行踪也容易暴露。通过狼烟、烽火等预警措施和军队的快速调动，农耕民族的军队可以快速实现游牧民族军队的正面接触，从而使流动的战场变为固定战场，游牧民族的流动性优势被相对抵消，长时间在马上生活所形成的骑兵优势在进攻长城时无法体现。因此，长城的修建“迫对手屯兵高墙坚壁之下，攻坚步战，弃长就短，从而有效地遏制游牧民族的入侵”。与此相对应，农耕民族的军队可以依托长城作为防守的据点，发挥自身资源、财富、技术和人口方面的优势，增加击败草原民族军队的概率。

总结而言，长城的修建有效地减少了游牧民族掠夺中原农耕区的预期收益，减少了游牧民族的骚扰和掠夺。这就是修建长城的收益。例如，在秦代，始皇帝“北筑长城而守藩篱，却匈奴七百余里，胡人不敢南下而牧马”（汉代司马迁，《陈涉世家》）。

当我们考虑修建长城的成本的时候，对长城的负面评价就层出不穷。在中国的文学史上，不乏描写修建长城对普通百姓生活造成负面影响的诗篇。汉代王莽将领严尤认为：“秦始皇不忍小耻而轻民力，筑长城之固，延袤万里，转输之行，起于负海，疆境既完，中国内竭，以丧社稷，是为无策”（《严尤谏》）。现代学者姚有志等列举了秦始皇时代、汉武帝时代、隋末和明末修建长城和百姓起义之间的关系，认为修建长城的本意是为了防御外侵，卫国保民，但在修建的过程中却往往使百姓苦不堪言，社会矛盾激化。

但值得注意的是，秦始皇除了在修建长城之外，在其他方面也动用了大量的人力物力。元代马端临在《文献通考·兵考一》中这样写道：秦“既并天下……是时，北筑长城四十余万，南戍五岭五十余万，骊山、阿房之役七十余万。兵不足用而后发谪矣”。因此，暴政和滥用人力的确是秦二世而亡的主要原因，但修建长城所用人力占其所动用的总的人力的比例并不高，把长城的修建视为秦二世而亡的重要原因并不成立。汉武帝在“内兴礼乐，外勤征伐，费用浩繁”导致国力衰退的情况下，在太初年间，仍用修建长城而不是主动出击的方式防止匈奴的掠夺。可见，从成本的角度讲，修建长城比在汉武强盛时期的对外用兵支出要小。

当我们在思考长城的战略价值时，不能仅考虑修建长城的巨额成本，还应该同时考虑在不修建长城的情况下，为达到修建长城条件下的防御效果，农耕民族所需要支付的成本。

具体而言，在没有修建长城的情况下，为了防止游牧民族的入侵，农耕民族即使不主动出击，也需要设置一支数目庞大的常备军于边疆。这支常备军的人数要远大于修建长城情况下达到同样防守效果所需的人数。因为在没有长城作为依托的情况下，游牧民族军队的流动性和马上作战能力成为农耕民族军队最大的威胁。当胡人掠夺，“不救，则边民绝望而有降敌之心。救之，少发则不足；多发，远县才至，则胡又已去。聚而不罢，为费甚大；罢之，则胡复入”（汉司马迁，《史记》）。此时，农耕民族的人力和物力的损耗就会远大于修建长城和有长城作为依托情况下的人力和物力的消耗。如宋代就因燕云十六州的丢失而缺乏修建长城的地理条件，从而导致防守的高成本，100多万的常备军耗费了历史上最富朝代近80%的财富。宋代曾经在北方边疆地区通过修建塘泊、广开水田、增种榆林与柳林等方式以希望替代长城的功能，但这毕竟没有办法抵挡辽金的铁骑。

因此，虽然修建长城耗费了农耕民族大量的人力和物力，但其仍然是农耕民族防御游牧民族入侵和骚扰的众多方式中成本最低的。

（二）长城该修在哪里？

长城与“400毫米等雨线”基本重合，而“400毫米等雨线”刚好是农耕区和不足以发展农业的草原地区的分界线。《辽史·营卫志》云："长城以南，多雨多暑，其人耕稼以食，桑麻以衣，宫室以居，城廓以治；大漠之间，多寒多风，畜牧畋鱼以食，皮毛以衣，转徙随时，车马为家。此天时地利所以限南北也。"

下面我们分析为什么长城刚好是游牧和农耕分界线，即与"400毫米等雨线"基本吻合。

生产者会将产量扩大到边际收益等于边际成本之时，一个国家也会将规模扩展至边际收益等于边际成本那一点。"400毫米等雨线"就是农耕民族扩张的边际成本等于边际收益之点。

首先，我们分析将长城修建在"400毫米等雨线"以北的地区的成本和收益。由于不适合农耕，在长城地区屯田和移民戍边的可能性比较小，这使得守卫长城的成本上升。与此同时，"400毫米等雨线"以北的地区的草原地区由于不适合农耕，对于农耕民族来讲，价值很小。因此，将长城向草原地区推进在增加很多的成本的同时增加收益有限。这就意味着在"400毫米等雨线"以北修建长城的边际成本大于边际收益。理性的农耕民族不会把长城修在草原上，除非该边际扩张部分有非常重要的战略价值。

对于这一点，美国汉学家拉铁摩尔在《中国的亚洲内陆边疆》中这样写道："在完成对中国的征服之后，秦国要决定哪些地方应该包括在帝国之内，又有哪些不该包括在帝国内。只有适合新帝国的标准，可用来作为基地的精耕农业地区，才可以作为中国的土地来统治。鄂尔多斯草原——大草原的突出部分，向南伸入中国内地，却是一个例外。汉族占领它是出于军事战略的考虑，也是要保护宁夏绿洲。”

如果我们把长城向农耕区内移，情况会怎么样？

从短时间看，由于长城离统治核心区的距离变近，军队及后勤的运送方面的成本会下降，加上此地的自然条件优于“400毫米等雨线”附近，戍边和军囤的成本也会较低，因此，将长城修建在“400毫米等雨线”以南会减少后勤和守卫方面的成本——这是长城内移的收益。其所放弃的“400毫米等雨线”以南的适农土地的收益则是其成本。

从长期看，由于有大量的适农土地在长城之外，在没有税赋的引力下，会有大量农民到长城外耕种这些土地。如果这些农民及其所生产的财富被草原部落掠夺或者被纳入草原民族的统治，草原部落的财富和军队等就会大量增加，技术就会提高。这就会有效地提升游牧民族的军事实力，从而提高其对农耕民族的入侵和骚扰的频率和强度，迫使农耕民族进一步增加防守和军事的力量投入，从而抵消了离统治核心区较近而产生的在后勤及防守等方面成本的降低的好处。宋代就是一个很好的例子。

总之，对于农耕民族，无论是将长城北移还是南移，边际成本均会大于边际收益。因此，农耕民族的最优选择是在“400毫米等雨线”附近修建长城。

气候变迁与长城边界的变动之间的相关性同样说明了这一点。明长城的位置较秦汉长城，有大幅度的整体南移，它的中段地区最为明显。秦汉将长城推至河套以北，但明长城则退至鄂尔多斯南端，南移达 2—3 个纬度。剔除明代和秦汉的国力、军力的差异因素，我们可以从气候变迁中找到答案。据计算，历史上的寒冷期，草原南界要向南移 200 多千米。原先宜农的地区，会因气候的寒冷而致歉收、衰落，沦为新主人的牧场。历史地理学者的研究表明，秦汉是中国历史的温暖期，而明朝则对应着寒冷期。因此，历史上气候冷暖的周期性波动，引起草原与农耕区的交替南推北进，也引起各代修建的长城的南推北进。

（三）长城的对内功能

在人们的常识中，修建长城的目的是阻碍游牧民族的入侵和骚扰，但这并不是事情的全部。修建长城的另一个目的是划定农耕民族所能统治的最大土地范围，防止农业人口进入草原，维护其对内统治。

从中国历史文献看，直到周末才有中原诸侯国与游牧民族战争的记录。一个符合逻辑的推理是：草原社会的形成本身与汉族的扩张紧密相连。汉族的扩张把原来一种“比较落后的民族”居民逼走，使他们逐渐进入一种草原社会。在春秋战国早期，草原社会也没有真正形成，也没有侵占中原地区的实力，否则，相互征战的诸侯国，将是具有马上优势和流动性优势草原民族的“盘中餐”。王明珂先生甚至认为，正是长城造就了“华夏”和“夷”的内部自我认同。在长城沿线生活的居民，在其在修建长城之前都从事半耕半农的生活，但在长城修建后，长城之内的民众认同华夏和农耕，而在长城之外的则认同夷和游牧。

从这个视角讲，修建长城是中原农耕民族自我选择边界的结果。在长城修建的初期，草原民族并没有成为中原农耕文明的真正威胁，至少不是最大威胁。因此，可能是农耕民族基于理性权衡的自我封闭造就了农耕和草原的对立和冲突。

值得进一步强调的是，农耕民族的自我封闭是一个理性行为。拉铁摩尔在《中国的亚洲内陆边疆》一书中说：“帝国的边界，不只是划分地理区域及人类社会的界限，它也代表了一个社会发展的最大限度。”在边界确定以后，农耕民族不光要限制草原民族进入农耕区，也要防止农耕地区的居民进入草原。“在长城外的汉人会成为朝廷的负担，而他们的事业，不论其为农为商，对少数民族的贡献要比对中国社会的贡献大……因此，为了阻止汉人从事对少数民族有利的活动，就必须把汉人限制在中国内地范围之内，并把少数民族人限制在边界之外。”“因此，长城可以说是国家要稳定边疆的一种努力，用以限制汉族的活动范围，并隔绝草原民族。”

（四）气候变迁与长城的失效

长城的失效主要有以下两种形式：一是长城为北方游牧民族所破，草原民族入主中原或与中原统治者争夺中原农耕区的控制权，如历史上著名的有“五胡乱华”等；二是清朝在没有修建长城的情况下，仍能有效地防止了游牧民族的入侵，甚至将游牧民族也纳入其统治之中。下面分两节分析长城的失效。

对于游牧民族来讲，资源配置的最优点为既定资源投入进犯中原农耕区的边际报酬等于投入生产的边际报酬。在修建长城的情况下，投入进犯中原资源的边际报酬会下降，为实现资源的最优配置，游牧民族不得不将部分资源从军事领域转移至生产领域。长城的防御加上游牧民族军事投入的减少，降低了游牧民族攻破长城的概率。费正清就认为：“如果辅以足够的兵力，长城确实能抵挡胡骑南下。”（《中国：传统和变迁》）

但是，在农耕民族内部爆发严重内乱的情况下，统治者将没有足够的兵力和财力去同时实现镇守长城和镇压内乱的目的。此时长城的防御能力下降，游牧民族的资源应用于入侵农耕民族的边际收益上升，军事支出也会随之增加。在长城防御能力下降和游牧军事投入增加两重因素的共同作用下，胡骑也往往能破长城而南下。费正清同样写道："中国第一帝国解体之后，准农业区的胡人以及北方的游牧民族不费吹灰之力就突入中原，他们在此寻找更好的牧场或抢劫杀掠。"（《中国：传统和变迁》）

另外一个导致胡骑破长城而入的原因是草原民族从事生产的边际收益下降。从优化条件可知，从事生产的边际收益的下降会增加游牧民族军事投入，骚扰和掠夺中原农耕区的概率也会随之提高。

对于靠天吃饭的游牧民族来讲，导致其从事生产收益下降的最重要因素是气候。学者的研究表明，中国历史上的气候变迁深刻地影响着农耕民族和游牧民族之间的关系。竺可桢综合历史资料发现，五千年来，我国的气候曾经出现过周期性的波动，可分为极其明显的四个温暖期和四个寒冷期。在温暖期，平均气温比寒冷期高 3—5℃，降水量也随之增多，农业文明发达。第一温暖期对应仰韶文明和安阳殷墟时期，是农业文明的兴起和发展时期；第二、第三、第四温暖期则分别对应春秋战国和秦汉、隋唐、元。秦汉和隋唐是农业文明发展的鼎盛期，也是农耕民族大规模出击草原的时期。寒冷时期，气温比正常时期要低1℃，降水量也减少数百毫米。这四个寒冷期也分别对应着草原游牧民族对中原入侵。第一时期为周代初期，对应的是“南夷和北狄的交战”；第二时期为东汉三国南北朝，对应的是“五胡乱华”；第三时期为两宋，对应着辽、夏、金及宋之间长时间的纷争；第四期为明，对应的是满族入关。

中原农耕区的内乱和气候的变迁使得投资于军事掠夺资源的边际收益相对增加，或投资于生产的边际收益相对减少，由此导致了修建长城后所形成的军事均势被打破，长城也往往为游牧民族所破。

值得进一步强调的是，气候变迁与农耕民族的内乱同样存在相关性。气候变冷，农业产出下降，社会矛盾激化，内乱也随之而生。

因此，气候变冷使得农耕区和游牧区生存条件恶化，在导致农耕民族内乱增加的同时，也提高了游牧民族入侵和骚扰的强度和频率，并最终导致长城的失效。“气候的周期性运动足以影响历史，这个周期性运动只能在历史听任其发展和黄河的防线放松的时候，才能发生作用。”（雷纳·格鲁塞：《蒙古帝国史》）

长城失效并不意味着长城没有战略价值。毕竟内乱和气候因素集中到一起导致草原游牧民族入主中原并不是历史的常态，长城在其绝大部分的历史时间里起到了防御草原民族入侵的功能。

（五）明修长城清修庙？

清朝是中国历史上少数几个不修建长城的朝代。清朝为什么不修建长城呢？康熙帝自豪地认为，修建长城并不能消除边患，巩固国防的根本“在于修德安民”（《清圣祖实录》）。修建和防守长城是一件劳民伤财的事情，通过施恩于喀尔喀蒙古，使之防备北方边疆，较长城更为坚固。葛剑雄认为，康熙这种政策较修建长城更优。姚有志等认为，清代基本的治边政策是“乱则声讨，治则抚绥”（《清圣祖实录》），把恩德治边放在更加突出的位置，以仁德感化草原民族是其强边固国的基本之策。

盛洪则用“明修长城清修庙”来评价明清两朝对草原民族的政策差异。他认为明代用技术（长城）抵挡不了外患，而清朝则通过制度（修建“外八庙”，即宗教的、结盟的制度安排）解决了边患问题。

这些论述在一定程度上揭示了清朝草原政策的成功之处。满洲人和蒙古人的关系介于臣属和盟友之间，满人对中原的统治其实是满蒙联合统治。对在入关前就已经统治蒙古草原的满人统治者而言，其对于游牧民族军事的优缺点有很深的认识，因此能设计出一系列的制度来防止草原游牧民族的反抗①。

但在这里仍需要注意以下三点。

第一，在中国历史上不乏草原民族入主中原或占领农耕区北部的例子，这些草原民族同样具有如何控制草原的知识，但这些草原民族除了蒙元外，无一例外地在得到农耕区不久，就失去了对草原地区的控制，并被后起的草原部落所灭，如辽被金所灭、金被蒙古所灭等。

第二，历史上不乏游牧民族在入主中原后修建长城的先例。例如，在“五胡乱华”时期，统一华北地区的鲜卑族建立的北魏政权同样通过修建长城的方式来对抗来自草原的柔然的入侵。

第三，满人统治草原的不少政策，如分而治之等其实明代也曾经使用过。

“经济、军事或者技术变革的一个重要结果，就是扩大或缩小了其有利可图的控制范围或其所扩展的有利可图的保护范围，并由此促进（或阻碍）了政治组织的建立或扩大。”（罗

① 这些政策包括为了限制其灵活性，清代限定蒙古各部的活动范围。为了防止蒙古各部的联合形成对农耕区的威胁，其对蒙古各部采用了分而治之的方法，采用结盟的方法打击叛乱分子，同时很小心地不让一个蒙古的首领总揽大权。

伯特·吉尔平：《世界政治中的战争与变革》）清朝控制草原进而不需要修建长城的真正原因是军事技术的变迁，即热武器在军事上的广泛应用。

热武器的应用改变了军事的相对效能，降低了从农民向士兵转化过程中的训练成本。以前，为了能和草原部落对抗，农耕区不得不训练大量军队，尤其是骑兵，且其军队战斗力与草原民族的军队相比，常处于绝对的下风。农耕区的财富优势并不能有效地转化为军事优势，农耕民族也不得不通过修建长城的方式来防止草原民族的掠夺。热武器的出现使得两民族的相对战斗力发生逆转。农耕区的财富和技术优势开始转化为军事优势，进攻草原和控制草原的成本得到了下降。

热武器在军事上的广泛应用大幅度降低了农耕民族主动出击和控制草原的成本，加上“胡萝卜加大棒”的制度安排，使得农耕区在清朝时最终摆脱了游牧民族的入侵和骚扰，并实现了对游牧区的有效控制。长城作为一种防守工具也在此时失去了其在军事上的价值。

因此，长城是在所有可供选择的方案中能以成本最低的方式达到减少游牧民族入侵和骚扰的方案。长城战略价值的丧失与约束条件（气候、内乱和热武器等）的变化密切相关，但这并不能否认长城在特定历史条件下的战略价值。

朝贡贸易、和亲和称臣纳贡的经济学

除了偶尔为之的出击草原和经常性的修建长城之外，在中国的历史上还出现了一种“特殊国与国关系”的方式，以应对游牧民族的入侵和骚扰，且这种方式会随着农耕游牧力量强弱对比的不同而有所差异。在农耕民族比较强盛时一般采取朝贡贸易的形式，即“四夷来朝”，在实力相当时常采取被当代不少人非议的和亲手段，在农耕民族衰落时则会采取臣服等屈辱的形式。

在这些不同的形式中，农耕民族的地位有高有下，表现形式也各异，但却蕴含一个重要的共同点：中原地区向游牧地区无偿转移财富，用通俗的话表达就是用金钱购买和平。钱穆在《秦汉史》中就指出和亲并不是靠所谓的甥舅名义，而是通过财富的转移来缓解匈奴的南侵愿望。在和亲的过程中，汉朝要向匈奴“奉金千斤”，同时还要“岁奉匈奴絮、缯、酒米、食物各有数”《史记 · 匈奴列传》。在“怀柔远人”名义下进行的朝贡制度则是一种“厚往薄来”和“予多取少”的体系。余英时先生就认为维持朝贡制度的费用比此前的和亲制度要高得多。从经济学的视角看，该差额相当于中原农耕统治者“购买”“君臣主从”名分的代价。以南宋为代表的称臣纳贡，交纳岁币，财富转移的效果就表现得更加明显。

在这些形式中，朝贡贸易存在的时间最长，并附加较多“名分”等表层内容。本部分将分析朝贡贸易的作用机制。

从世界经济史的角度看，通过购买获得和平的例子并不鲜见。如英国面对同样具有流动性和军事生产合一性的北非海盗对地中海的抢劫时，就采取了露骨的行贿方法来保证航线的安全。

鉴于农耕游牧对峙的长期存在，我们可以将农耕民族和游牧民族之间的关系看作一种无限次重复博弈。博弈的规则是农耕民族定期无偿地向游牧民族提供一定数量的财富，以换取草原民族对农耕区减少骚扰。只要草原民族的骚扰超过一定的限度，农耕民族就永久性地停止这种无偿转移财富的行为，即停止向游牧民族朝贡。在这种情形下，只要农耕民族向游牧民族转移的净财富数额少于被游牧民族掠夺走的或出击草原的战争消耗，同时游牧民族得到净财富的折现值大于其掠夺中原民族所得，双方就会理性地选择和平。

对于中原政权来讲，与被掠夺走的巨额财富和军事行动的高额支出相比，维持朝贡体系的庞大费用就显得不是那么大了。

而且，为了控制朝贡体系的成本，历朝历代对朝贡的次数和规模也都进行了严格限制。朝贡贸易的种类也被严格限制在有限的民用产品上，以防草原民族在得到农耕区的财富后军事实力得到快速增强，进而对农耕区形成更大的威胁。因此，农耕民族通过对朝贡贸易所转移财富的数量和种类的限制，将朝贡贸易控制在其所能承受的范围内，并尽可能消除朝贡贸易对农耕民族造成的不利影响。

对于游牧民族来讲，朝贡贸易则意味着巨大的利益。他们不仅可以从中原政权获取大量的赏赐物品，而且也往往借朝贡之名，行贸易之实。因此，减少甚至不进行对农耕区的掠夺以维持朝贡体系也成为游牧民族的理性选择①。

在朝贡体系下，中原民族可以实现“怀柔远人”以固边防的目的，游牧民族则可以得到他们所迫切需要的中原地区的财

① “有一个著名的比喻说，抢劫不是切蛋糕，而是在瓷器店里争斗。计算损失的时候，除了要算抢走的东西，还要算店里砸坏的东西；争斗就是要请保安，就要购置保安器材，还要抚恤伤亡，筑长城和军费开支便属此类；发生在瓷器店里的争斗越多越狠，开店便越来越少，瓷器的生产和流通就要萧条。这是更大的损失，也是更无谓的损失——谁也得不到好处的损失”。当这种谁也拿不到的损失越大，双方就越会选择和平贸易。从吴思《明长城的投资与收益——“战、守、和”及抢劫的政治经济学》可以知道，对于游牧民族来讲，存在着吴思所谓的“俺答定论”，即“尽管拥有军事优势，互市仍然比抢劫合算，对统治集团尤其如此”；对于农耕民族，和平的收益则更大。而且，农耕民族可以通过禁止关贸的形式促使游牧民族约束其抢劫行为，通过长时间的试探，双方容易实现和平（贸易）这个均衡点。当然，互市和朝贡贸易存在区别，但和平是两者的共同点，因此，同样的分析也适合朝贡贸易。

富，保持边境地区和平也就成为双方一致的选择。这也正是定型于汉的朝贡制度能一直延续到清朝的真正原因。很难想象如果没有经济理性的支撑，光靠“四夷来朝”的虚名，会让一项制度延续近2000年。

至明清时期，来自海上的威胁日益增强，如何消除这些威胁也就成为中原统治者必须面对的重要问题。来自海洋的威胁和来自草原的威胁一样具有流动性及军民合一的特点，农耕民族将其纳入统治也同样面临高的征服成本和统治成本。基于此，朱元璋在《皇明祖训》中就这样写道：“四方诸夷，皆限山隔海，僻在一隅，得其地不足以供给，得其民不足以使令。”他列出了包括大小琉球在内的不征之国。明成祖朱棣违背朱元璋之意，派郑和七下西洋，显示海上军队实力，产生了很大的威慑效果，减少了来自海上的威胁。但与出击草原一样，下西洋的高成本导致的得不偿失而被放入历史的另册。防御为主的海禁和得名让利的朝贡贸易成为明清处理来自海上威胁的主导性政策。虽然现在不少人将中国代的落后归因于海禁所导致的闭关锁国，但我们不能以形势已经变化的后世来苛求先人。

因此，朝贡体系并不是打肿脸充胖子的行为，而是在冷兵器时代中原民族应对来自草原民族和大海的入侵和骚扰的理性选择。与其收益相比，所付出的代价和苦涩是值得的和微不足道的。

贸易是战争的替代吗?

农耕游牧关系的经济学分析受到许多读者的喜欢，但也有一些经济学者提出批评，其中有代表性的意见是游牧民族入侵中原是农耕民族将游牧民族和中原地区之间贸易通道堵塞的结果，如果游牧民族能够顺利地交换到农耕民族生产的商品，其就不会主动进攻农耕民族。事实是否如此呢?

主流经济学认为为得到一种商品，可以自己生产，也可以交换。这在存在第三者强制执行的世界里可能是比较合适的，但并不是所有的世界都存在强制执行的第三方保护我们的财产（产出）。况且即使在存在第三者强制执行的世界里，我们自己仍需要投入一定的资源防止自己的生产或交换所得到的商品被偷或者被抢。也正基于此，1990 年代以来，一门关于资源在冲突（军事）与生产（和贸易）之间配置的经济学冲突经济学得到了蓬勃发展，并应用于产权的形成、生物竞争、起义、国家统一与分裂、土地改革乃至殖民地瓦解等诸多议题。赫舒拉发、格拉斯曼和阿拉西纳等为该领域有代表性的经济学家。

中国古代的农耕游牧关系，是一种典型的缺乏第三者强制执行的霍尔布斯丛林状态。无论是游牧民族还是农耕民族，都需要将资源投入生产（交换）和军事。

对于游牧民族而言，如果自己生产商品比较便宜，他们就会通过生产获得该商品；如果通过与农耕民族贸易取得商品比较便宜，他们就会通过贸易获得该商品。如果通过生成或贸易获得商品都不便宜，他们就通过掠夺获得该商品。

尽管并不是游牧民族在任何时候都是抢劫便宜，如吴思就曾经提出过所谓的“俺答定论”，即“尽管拥有军事优势，互市仍然比抢劫合算，对统治集团尤其如此”，但游牧民族所具有的特征往往使抢劫而不是贸易可能成为一个成本较低的选项。

农耕民族拥有财富的数量要远远多于游牧民族，这使得如果游牧民族军事掠夺成功，能够争抢到的财富数量较多，即从事掠夺的收益很高。

农耕民族生产条件较为优越，生产率较高。游牧民族生产率的相对劣势，使得其将资源用于军事的机会成本较低。这就是杰克·赫舒拉发提出的著名命题——“暴力的悖论”。

游牧民族军民合一性程度高，“上马则备战斗，下马则屯聚牧养”（《元史·卷五十一》）。这意味着游牧民族组织军事的成本低。

游牧民族的马上流动性使得其在与农耕民族的对峙中取得军事上的优势，即在对峙中获胜的概率较高。即使游牧民族在军事对峙中失败，其损失也有限。“……游牧骑兵的机动性，使他们能够有力地袭击定居社会……游牧民族可以用毁坏作物、掠劫谷仓、俘获居民的方式对对方加以重创。而他们在逃避进攻时，只要移走帐篷，赶走牲畜，就可以减少损失”。

游牧民族在军事上的意味着游牧民族从事掠夺这种军事行为收益较高，成本较低。掠夺而不是贸易可能是游牧民族的理性选择。

在上述的框架下，我们就能很好理解中国古代农耕民族的治边政策背后的经济理性。如何才能减少游牧民族的掠夺行为呢？解决的方案可以从增加掠夺的成本，或减少掠夺的收益入手。和亲与朝贡贸易等其实是为了增加游牧民族掠夺的机会成本，修建长城等则既是为了增加其掠夺的成本，也是为了减少其掠夺的收益。

在该分析框架下，其实可以得出这样一个结论：修建长城其实增加了游牧民族掠夺的成本，降低了其掠夺的收益。这意味着在修建长城的情况下，游牧民族将资源配置于军事掠夺的收益下降，配置于生产和贸易的收益增加。因此，从这个意义上讲，修建长城反而能促进游牧通过贸易而不是抢劫的方式获得农耕民族的产品。

总之，在冲突经济学的分析框架下，贸易并不是战争的替代，是选择战争（掠夺）还是生产（和贸易）取决于成本收益的权衡。从逻辑上讲，修建长城反而能促进游牧民族选择贸易而不是战争。

中华民族为什么爱好和平？

不少学者在总结中华文化时，将“爱好和平”作为中华文化的重要象征，如余秋雨就提出了“中华文化不远征”论。翻开中国历史，在中华民族的战略选择中，构成中华民族的主体——汉族以修建长城来替代远征，以朝贡贸易来替代武力征服，表现出以守为主的非扩张特征，而将统治重点放在安内上，强调“中华治而四夷服”。本文试图结合历史，从经济学的角度分析为什么以“不远征”和朝贡贸易为代表的和平文化会成为中华文化的主流。

（一）

经济学认为组织的规模取决于扩张的成本和收益的权衡。作为重要组织的，国家也遵循这样的逻辑。

“从最早的文明开始，国家和帝国就已经寻求扩张并把它们的统治扩张到它们的邻邦，以求增加它们在经济中的份额。”“在当今世界大规模提高农业生产率之前，来自农业和向帝国进贡的巨大经济盈余的一个主要功能就是扩大领土控制。因此，在其他条件相等的情况下，一个帝国领土扩展及政治控制越大，可征税的盈余就越多，帝国的力量就越大。”[①]但随着扩张的不断进行，从某一点开始，边际成本也开始上升[②]。最终的国家规模取决于边际成本和边际收益的权衡。因此，“它（边界）代表一个帝国组织发展的最大限度”[③]。

当国家达到其组织规模的最大限度时，扩大规模也就成为一种得不偿失的行为，但总有一些统治者出于青史留名的考虑，试图突破这种限制。农耕民族在与边疆民族长期对峙中形成的经验总结，和平的非远征文化会对统治者的冒险行为形成强有力的制约。

---

① 罗伯特·吉尔平：《世界政治中的战争与变革》，世纪出版集团上海人民出版社，2007年，114和118页。

② 边际成本递增规律。但这里要注意的是，边际成本递增并不必然从一开始就出现，它可以在生产超过某一点时出现，即边际成本递增规律是指边际成本递增肯定会出现，而不是指在生产的所有阶段都是边际成本递增。应用于此，我们可以发现，当国家规模超过某一点时，继续增加领土面积，边际成本开始递增，而在该点之前，边际成本可为不变或递减。

③ 拉铁摩尔著，唐晓峰译：《中国的亚洲内陆边疆》，江苏人民出版社，2005年10月，157页。

（二）

农耕民族在适农区扩张成本是低的，而收益是高的。“在经济上，这个过程是累积的，因为每得到一块新土地，就可以扩大一次农耕。在社会上，这个过程是回报的增加，因为它支持了大量家庭对财富及权利的占有，同时给已经有财有势的家庭以更多的财富和权势。在政治上，这个过程是向心式的发展，因为对于国家来说，扩张所获得的利益大大多于所付出的成本。”[①] 基于扩张的收益高于成本，向适农区不断扩张也就成为华夏民族的理性选择。

夏、商两个朝代的国土基本局限于黄河流域。夏、商、周时的中国是“封建”而不是中央集权，统治的组织形式极其松散。同时，夏、商、周的“国家”（部落）数目逐渐减少，说明了在各个“国家”（部落）之间存在着残酷的兼并战争。

更残酷的战争发生在春秋战国时期。各诸侯国的扩张和兼并在两个方面展开：首先是将各自的统治区域延伸到东夷、西戎、南蛮、北狄等少数民族统治区域。中国先秦文献不断地提及周边少数民族对中原各诸侯国的骚扰及各诸侯国的反击。从这个视角看，好像是少数民族骚扰在先，诸侯国反击是自卫。

---

①[美]拉铁摩尔著，唐晓峰译：《中国的亚洲内陆边疆》，江苏人民出版社，2005年10月，158页。

而事实则是，中原各诸侯国在适农区的扩张使一直在这些地方繁衍生息的少数民族的生存受到了极大的威胁，为此，反击中原各诸侯国的扩张也就成为其必然的选择。如果这些少数民族也有文字留存下来，这段时间的记载就会是各中原诸侯国不断掠夺其赖以生存的土地，同化和驱逐这些地方居民。否则，我们无法解释伴随着东夷、西戎、南蛮、北狄的“进攻”，各诸侯国的领土面积在不断扩大。也正是基于此，拉铁摩尔一针见血地指出，“狄戎入侵”的累积结果其实是中国的土地扩张。[①]当这些适农区基本上进入各诸侯国之后，继续扩张的道路只能在各诸侯国之间进行，从周初的诸侯林立到战国七雄再到秦统一中国，就是适农区内部整合的过程。

在秦汉帝国，尤其在汉武帝扩张之后，适农区已基本进入中原王朝的统治范围。王明珂这样写道：“到了汉代，华夏族群边缘大致已移到华夏能生存的生态极限，或华夏政治控制力的极限；东至海，北连大漠与草原，西接青藏高原边缘，南至两广云贵地区。大漠、草原是游牧的世界，不适于华夏式农业的发展，自然被排除在华夏边缘之外。”[②]在当时的军事和管

---

① 拉铁摩尔著，唐晓峰译：《中国的亚洲内陆边疆》，江苏人民出版社，2005年10月，225页。

② 王明珂：《华夏边缘：历史记忆与族群认同》，广西师范大学出版社，2013年11月。

理技术下，进一步向游牧区扩张，就会出现边际收益小于边际成本的现象，农耕民族的理性选择就是停止扩张。例如，秦在统一六国后，并没有大规模出击离其统治核心区关中较近的草原地区，而是千里迢迢，出击岭南。这就说明对于汉民族而言，适合农耕是将领土包含在统治区的必要条件。在强汉盛唐，中原农耕民族曾不止一次地出击草原，但均没有在草原上建立起长久的有效统治。因此，农耕民族更多的是基于震慑、惩罚草原民族对农耕的入侵和骚扰的目的，而不是扩张领土。

“400mm 等雨量线”是我国半湿润与干旱气候的分界线，又是农耕区和不适于发展农业的草原区的分界线。农耕民族曾经不止一次突破“400mm 等雨量线”，但并没有在草原地区建立长期的有效统治。游牧民族也曾入主中原，但在取得农耕区后迅速转化为农耕民族，并与草原新兴游牧民族在“400mm 等雨量线”附件形成新的对峙，农耕民族的防守工具——长城与“400mm 等雨量线”相吻合也就成为一种必然。

基于此，拉铁摩尔认为并不是汉族不喜欢扩张，而是自然环境制约了汉族的扩张：

和一切强大文化一样，汉族要为自己创造一个共同的亲缘关系以形成最佳的环境。因此，当汉族成为独立的历史势力时，就继续不断地寻求一个更大的‘汉族环境’。在某些地区，他们找到了这种等待他们发展的环境。在某些地区，他们可以改造环境，利用中国精耕农业的灌溉及排水方法，去满足他们的需要。一些地区只能勉强达到他们的环境标准。而另外有些地区，则完全不容许汉族生活方式进入……拒绝汉人的主要环境是草原，草原社会是抵抗中国社会的最坚决的组织。①

（三）

在中华民族的版图基本定型后，中原统治者也曾有过不少突破现有统治区域的尝试，如汉武帝对匈奴的长期战争、王莽对草原的战争、明成祖朱棣对草原和越南的战争等，但这些扩张和战争并没有实现战争的预期目标，反而将农耕统治区的财政拖入内外俱疲的境地，最后不得不借助修建长城和朝贡贸易等形式重新恢复以前的疆域。这从另外一个角度说明秦汉所确定的边界在当时生产和军事技术条件下的合理性。这些试图突破现有边界的行为的失利反过来强化了中国的非远征文化。例如《资治通鉴》讲，汉武帝晚年对多年征战对百姓的不利影响做了深刻的反思，并且表示将不再征战。司马光对此的评论则是如果没有这些反思，汉武帝和秦始皇就没有什么区别。朱元璋在《皇明祖训》中列出了若干不征之国，以防止后代实施得

---

① 拉铁摩尔著，唐晓峰译：《中国的亚洲内陆边疆》，江苏人民出版社，2005年10月，178–179页。

不偿失的扩张行为而危及其对农耕区的统治。朱棣扩张的失利则说明朱元璋限制农耕民族扩张政策的合理性。

非战和不远征文化会随着农耕民族的军事技术进步而变化。如满族入主中原后，一方面通过满蒙联合统治的形式拉拢草原贵族，另一方面通过日益成熟的热武器应对不服从的草原贵族，从而成功地将统治区扩张到草原地区。康熙和乾隆年间对准噶尔和大小和卓的战争很明显已经背离了中国传统的不远征文化,但这种现象并不能说明清朝之前中原统治者非理性的，而是说明在管理和军事技术进步的条件下，国家的最优规模已经扩大，出击草原并将其纳入统治区已经成为中华民族的理性选择。

在以农耕民族为主体的中华民族面对来自海洋的威胁时，鉴于出击海洋的得不偿失，明清一直以守代攻，同样采取了非远征的和平文化。这是中华民族在特定历史时期面对资源约束，维持自己统治的理性选择，后人不能以改变了的约束条件苛求前人。

因此，从经济学的视角看，造成中华民族和平文化的根源在于，在经过血腥的开拓后，到秦汉时期，适农区大多已被纳入了农耕民族统治的范围，在当时的军事技术和管理水平下，已经没有疆域（尤其是在北部和西部）值得我们去开拓，和平的非远征文化正是对这种现实的反映，而这种和平文化在形成后就会对非和平的远征行为产生约束作用。

《孟子》的分工和交易思想初探

作为儒家经典，《论语》和《孟子》等对中国传统政治思想及现实政治有着重要的影响。与《论语》相比，《孟子》更多地涉及齐家、治国、平天下的政策选择，其经济思想也较远较《论语》丰富和系统。孟子的义利观、恒产论、井田制论等均对后世影响深远。

阅读《孟子》可以发现，分工和交易构成孟子经济思想的重要组成部分，而其与农学许行等人思想的交锋集中体现了孟子对交易和分工的看法。本文试图以现代经济学为坐标系，以孟子和许行的争论为核心，结合孟子的其他论述，分析孟子分工交易思想的本质。

值得强调的是，尽管有学者认为现代经济学根源在于中国传统思想，但更确切地讲，中国传统文化典籍中的不少思想和现代经济学的分析方法或结论相一致，但这些思想大多零星出现，并没有出现作为专门学问的经济学。《孟子》亦是如此。

以现代经济学为坐标，可以清楚地看到《孟子》分工交易思想的重点，也能通过经济学经过长时间发展起来的经济逻辑检验孟子和许行的争论的焦点及正误等问题。

本文的核心内容分为三个部分：第一，分析孟子关于分工的种类、分工和交易的互利性以及分工交易对社会繁荣的影响等方面的观点；第二，从价格管制的角度分析孟子“物情论”与现代经济学价格形成机制之间的相似之处；第三，分析《孟子》中关于“求食”之志和“有功于子”之间关系的相关论述与看不见的手定理之间的异同。

（一）分工与交易

《孟子》的分工和交易思想集中体现在孟子与陈相的争论之中。在《孟子 · 滕文公上》中，陈相向孟子转述许行之言，认为滕君贤明但“未闻道”，理由是其没有“与民并耕而食，饔飧而治”，而是通过“厉民而以自养”。孟子则通过层层反问，得出“劳心者治人，劳力者治于人；治于人者食人，治人者食于人”是“天下之通义”这个结论，并以劳心者尧、舜、禹等人的事迹为例，说明劳心者心怀天下，为“大人”之事，并没有足够的时间去耕种。而正是因为劳心者无暇耕种，劳力者才能在经济上做到“中国可得而食也”，在人伦上实现“父子有亲，君臣有义，夫妻有别，长幼有序，朋友有信”的美好社会。

仔细分析孟子对分工和交易的看法，可见其包含以下几层意思。

1. 分工和交易具有劳力者之间的分工、劳心者和劳力者之间的分工、劳心者内部分工这三种形式。

孟子通过反问的形式，通过陈相之口，得出“百工之事固不可耕且为也”，即农耕和百工之间存在着必然的分工，如果百工和耕种同时进行，结果必然是“害于耕”，以此说明在劳力者内部实现分工的合理性。

随后，孟子顺其自然地将分析重点引申到劳心和劳力者之间的分工上，提出“然则治天下独可耕且为与”的疑问？认为天下之事有“有大人之事，有小人之事”，大人之事“劳心”，小人之事“劳力”，劳心者和劳力者之间也需要分工。他以尧之时为例，反问道：（劳心者）“虽欲耕，得乎？”“圣人之忧民如此，而暇耕乎？”劳心者因忙于公事而无法耕种，说明劳心者“食于民”的合理性。

孟子对于劳心者之间的内部分工，并没有明确的说明，但在论证劳心者操劳之事时，说尧“举舜而敷治焉”，“舜使益掌火”，“禹疏九河”，“后稷教民稼穑，树艺五谷”，“使契为司徒，教以人伦”。可见在孟子心中，劳心者内部也存在一个合理的社会分工。

2. 分工和交易是互利的行为，交易双方均从交易中得益。就劳力者之间的交换而言，孟子说道："以粟易械器者，不为厉陶冶；陶冶亦以其诫器易粟者，岂为厉农夫哉？"由此可见，孟子认为农耕和百工之间的商品交换不存在"厉"，即一方得益另一方受损的现象。但不存在"厉"并不足以保证双方之间会出现交换，所以，随后孟子形象地反问："且许子何不为陶冶，舍皆取诸其宫中而用之？何为纷纷然与百工交易？何许子之不惮烦？"这就引申出交易是一种互利行为，正是能从交易中得益，许子才"不惮烦"地与百工交易。

在《孟子 · 滕文公下》中，孟子通过著名的"通工易事"命题，对贸易是互利行为做进一步的说明："子不通工易事，以羡补不足，则农有余粟，女有余布，子如通之，则梓匠轮舆，皆得食于子。"

当然，孟子所谓的交易得利不止包括百工和农耕之间的交换。在孟子看来，劳力者和劳心者之间的分工以及交易同样存在互利性。"中国可得而食也"以及"父子有亲，君臣有义，夫妻有别，长幼有序，朋友有信"是劳心者"益烈山泽而焚之，禽兽逃匿"，"瀹济漯，而注诸海；决汝汉，排淮泗，而注之江"，"教以人伦"的结果。因此，"劳心者"得食于"劳力者"也是一种分工和交易，也有利于参与交易的双方。将上述说明翻译成现代经济学语言，就是政府通过提供公共物品来换取百姓的税收，对于百姓而言，同样有利。

基于同样的理由，孟子认为“入则孝，出则悌，守先王之道，以待后之学者”的士，参与了劳心者和劳力者之间的分工，也应该得食于“劳力者”。

3. 分工和交易对于一国的繁荣具有重要的作用。“且一人之身，而百工之所为备，如必自为而后用之，是率天下而路也。”这就意味着一个人需要各种工匠生产的产品，如果都要自己生产才能享用，那是要把天下人都领向贫困的道路。这就意味着孟子已经知道一个富足的社会离不开分工和交易。

从上述分析可知，孟子的分工和交易理论阐述了分工和交易不存在一方收益，一方受损的现象，即分工和交易是互利的行为，分工和交易对一国繁荣具有重要意义等观点。其核心思想与亚当·斯密开创的现代经济学无异。其见解之深刻，论述之清晰有力，在中外古代学者中比较少见。

但孟子的分工和交易理论尽管正确地指出了一个富足的社会离不开分工和交易，但其并没有从学理上阐述为什么富足社会离不开分工和交易，也就没有将其扩展和延伸到现代经济学中“贸易创造价值”的命题。同时，孟子尽管在分工和交易问题上具有深刻的见解，但其并没有认识到商人在交易中的价值，在其著名的“龙断”论中，孟子就反对小商贩在公开市场上的小投机行为，将其称之为“贱丈夫”。加上《孟子》第一段在回复梁惠王时就答复：“仁义而已矣，何曰言利！”这一切均使得《孟子》的分工和交易理论并没有促使中国成为一个“农商皆本”的社会。

（二）物情论与价格形成机制

交易离不开价格，孟子和陈相随后的讨论就围绕商品的价格与价值问题展开。

陈相说：“从许子之道，则市贾不贰，国中无伪。虽使五尺之童适市，莫之或欺。布帛长短同，则贾相若；麻缕丝絮轻重同，则贾相若；五谷多寡同，则贾相若；屦大小同，则贾相若。”

孟子则回答：“夫物之不齐，物之情也。或相倍蓰，或相什百，或相千万。子比而同之，是乱天下也。巨屦小屦同贾，人岂为之哉？从许子之道，相率而为伪者也，恶能治国家？”

从现有的讨论看，大多数学者的认同孟子的观点，并从马克思主义经济学的角度认为与西哲亚里士多德一样，孟子把商品的价格或价值看成是商品内在的“情”决定的，并认为这种“情”有着“倍蓰”“什百”“千万”的关系。因此，尽管孟子并没有对“情”做进一步说明，但分析仍闪耀着天才的光辉。

从现代经济学的视角看，孟子和许子之间的争论与现代经济学中价格管制和市场价格形成机制的相关分析相类似。我们以一个假设性的情形说明之。

假设滕君基于“市贾不贰，国中无伪。虽使五尺之童适市，莫之或欺”的良好愿望，接受了许行等农家的游说，规定“布帛长短同，则贾相若；麻缕丝絮轻重同，则贾相若；五谷多寡同，则贾相若；屦大小同，则贾相若”，那么在滕国的市场上会出现什么样的结果?

不同的“布帛”“麻缕丝絮”“五谷”“屦”之间在客观上会存在着品质的差异，即孟子所谓的“夫物之不齐，物之情也”。在政府管制以前，一些人会以较高的价格购买品质较好的商品，一些人会以较低的价格购买品质较差的商品。不同品质的同种商品之间会存在各自的均衡价格，各自处于市场出清状态。“或相倍蓰，或相什百，或相千万”，说明不同品质的同种商品在市场出清价格上存在很大的差异。而当政府规定同一种商品数量相等则价格相若之时，人们就会发现，品质存在较大差异的商品不得不以相等的价格交易。该种商品的购买者均会购买品质较高的商品，而该种商品的提供者则只愿意提供品质较低的产品，即孟子所谓的“巨屦小屦同贾，人岂为之哉”。其结果是品质较高的商品供不应求，而品质较劣的则供过于求。价格管制使市场无法恢复均衡，推行许行政策的结果必然是“乱天下也”。

通往地狱的道路总是由美好的愿望所铺就。为实现“市贾不贰，国中无伪”的美好愿望的“许子之道”，“虽使五尺之童适市，莫之或欺”未必会出现，“相率而为伪者也”则必然会出现。

尽管在上述的分析中，我们应用的是现代经济学的语言和推理逻辑，但《孟子》中的论述推理过程与我们上述推理相同。可见，尽管孟子并不了解现代经济学的价格理论，但其“物情论”与现代经济学对价格和价格管制的认识相近。

（三）《孟子》和看不见的手定理

亚当·斯密通过分工和交易得出了著名的看不见的手定理：“基于自利，屠夫、酿酒者和面包师提供了我们的晚餐，我们都知道那绝非基于社会关怀。每个人都只想到自己……但是在一双看不见手的引导下，个人的自利心反而能促进社会福祉。自利心不但对社会没有什么坏处，甚至比社会关怀更能确保社会福祉。我很少遇到真正热心公益的生意人，事实上这样的生意人确实不多，或者，只要几句话就可以劝阻他们不这么做。”这段话包含着两层意思：利己之心通过分工和交易实现利他，进而提升整个社会福利的效果；利己之心比利他之心更能实现提升社会福利的效果。

孟子在分工和交易上的真知灼见能否有助于孟子推理出和亚当·斯密看不见手定理相似的结论呢？孟子人性本善和重义轻利的思想是否会阻碍孟子思考利己和利他之间的关系呢？从《孟子》中，我们可以看到，孟子在思考分工和交易之后，也对利己和利他之间的关系做了论述，具体出现在孟子和彭更的谈论之中。彭更问孟子："梓匠轮舆，其志将以求食也；君子之为道也，其志亦将以求食与？"孟子反问道："子何以其志为哉？其有功于子，可食而食之矣。且子食志乎？食功乎？"彭更回答道："食志。"孟子进一步反问："有人于此，毁瓦画墁，其志将以求食也，则子食之乎？"彭更回答道："否。"孟子于是说："然则子非食志也，食功也。"从上面的谈论可以看出，在孟子眼中，"梓匠轮舆"尽管其志在"求食"，但在"食功"而非"食志"的社会中，以分工和交易为中介，客观上就会产生"有功于子"的美好结果，即其"求食"的自利性会导致他人福利的上升。

对比，《国富论》和《孟子》对利己和利他之间关系的论述可以看出以下几点：

1. 尽管孟子主要主张人性本善、重义轻利，但其并没有否认人的"求食"即自利之心，只是强调"求食"的过程要符合"义"。因此，其也基于"求食"之志得出与主张"自利之心"

《国富论》相似的结论。

2.《孟子》分析了“求食”之志会产生利他的行为，但其并没将利己和利他之间的关系扩展到分析整个社会福利。

3.《国富论》中看不见的手定理还蕴含着利己之心比利他之心更能提升社会福利的命题，在《孟子》并没有相似命题，而且主张人性本善的《孟子》也不可能提出这样的命题。

从上面的分析可知，尽管《孟子》从分工和交易得出“求食”之志会在客观上产生“有功于子”的利他效果，但其并没有像亚当·斯密那样认为人的“自利心”比“利他心”更能提升社会福利。

（四）结论

本文以孟子和许行的争论为核心，分析了孟子的分工和交易思想、物情论以及《孟子》中关于“求食”的相关论述与看不见的手定理之间的差别。

从上述分析可知：

1.孟子对分工和交易有着深刻的认识。在孟子眼中，不光农耕和百工之间存在着分工，“劳力者”和“劳心者”之间以及“劳心者”内部也存在分工；分工和交易是互利的行为，交易双方均从交易中得益；分工和交易对于一国的繁荣具有重要的作用。

2. 从价格管制的角度解读孟子的物情论，可以发现孟子对价格及价格形成机制的理解与现代经济学相近。

3. 孟子和亚当·斯密均从分工和交易出发，得出利己心在客观上产生利他效果这样的结论，但其并没有像亚当·斯密那样认为人的“自利心”比“利他心”更能提升社会福利。

4. 孟子对商人在分工和交易中的价值认识不清。他以性本善和重义轻利作为其立论的出发点，妨碍了其对商人以及市场机制运行的正确认识。

纵论芝加哥学派

邓新华老师写了一篇公众号文章《芝加哥学派最后一个大佬的孤独》，该文认为“现在芝加哥大学经济学系还在，但芝加哥学派已经不在了”。尽管张五常教授并不是芝加哥大学经济学系的博士，但其与弗里德曼、科斯等芝加哥学派大佬有着广泛和深入的交流。可以讲，芝加哥学派是张五常经济学思想的重要来源之一。因此，邓新华老师称张五常先生为“芝加哥学派最后一个大佬”。对于张五常先生能不能被称为“芝加哥学派最后一个大佬”可能会有争议，但芝加哥学派传承的消亡却是不争的事实。

芝加哥学派曾经在经济学界有着广泛的影响。弗里德曼的实证主义方法论和货币主义、贝克尔对非市场行为的经济学分析、斯蒂格勒的产业组织和管制理论、卢卡斯的理性预期和新经济增长理论、舒尔茨的农业经济学与人力资本理论等影响都很大。在群星闪耀时，芝加哥学派涌现了诸多诺贝尔经济学奖得主，潜移默化地改变着经济学者对世界的认识和价值取向，极大地拓展了经济学研究的深度和广度。“芝加哥小子”在智利的实验、里根总统的供给侧改革等集中体现了芝加哥学派学理对现实经济政策的影响。无论在经济理论上还是在经济政策上，芝加哥学派几乎占据了1970年代到1990年代经济学界的半壁江山。

芝加哥学派为什么能够兴起？芝加哥学派有什么独特的地方呢？为什么芝加哥学派会逐渐衰落？这些题目非常宏大，不是我这样仅仅了解芝加哥学派皮毛的芝加哥学派粉丝能够回答的。但是，对芝加哥学派兴衰原因的探究不仅具有学术史意义，也具有重要的现实价值。本人不才，试着就这些问题提供自己粗浅的解释，以抛砖引玉。希望有更多的学者参与这个问题的回答，也希望芝加哥学派的学术能在中国发扬光大，为中华民族的伟大复兴贡献芝加哥学派的力量。

（一）芝加哥学派为什么会兴起

研究芝加哥学派为什么会衰落，先要谈芝加哥学派为什么会兴起。

1929—1933年席卷整个资本主义世界的经济危机使得经济学界开始大范围质疑市场机制的有效性。凯恩斯主义因时代需要而生，并迅速占据了理论和政策的主流地位。伴随着凯恩斯主义而来的是宏观上的大政府及高福利国家和微观上几乎无处不在的政府管制。在言必凯恩斯、言必政府管制的时代，芝加哥学派从学理上对以凯恩斯主义为代表的大政府主义和政府干预主义的荒谬之处进行深入研究，为当时的西方世界保存了自由竞争的火种。1970 年代，大政府主义、高福利国家和政府管制使得西方国家的国家竞争力停止不前。与此同时，凯恩斯学派的宏观政策无法解决 1970 年代出现经济滞涨现象。而早在 1960 年代后期弗里德曼等人就预测到了经济滞胀现象的发生，并提供了相应的政策建议，使得芝加哥学派声名鹊起，星星之火开始燎原。为解决国家竞争力不足的问题和经济滞胀等问题，芝加哥学派也开始受到政界的青睐。美国里根总统和英国撒切尔夫人等人推动的供给侧改革，使西方世界，尤其是美国，在极短的时间内摆脱了高福利国家的泥潭，极大地提升了西方世界的竞争力，为美苏争霸中美国最终胜出奠定了坚实的制度和经济基础。

因此，芝加哥学派的兴起本身就是因时代而生的，是时代造就了芝加哥学派。

（二）弗里德曼与芝加哥学派

一个学派要成大气候，一定有核心人物，弗里德曼就是芝加哥学派的灵魂人物。

20世纪前期的经济学，是哈耶克和凯恩斯的年代；而20世纪后期的经济学，是萨缪尔森和弗里德曼的时代。从学术贡献的角度讲，尽管弗里德曼以宏观经济学（货币理论）闻名于世，其实他在经济学研究方法论、微观经济学（价格理论）和统计等方面也做出了重要的贡献。弗里德曼文笔优美，口才卓越，善于向一般民众普及经济学理念。尽管其普及性著作《资本主义与自由》出版后饱受非议，但其越挫越勇，在其后出版音像作品《自由选择》，开利用新传媒技术传播经济学知识和理念之先河。《资本主义与自由》、音像作品《自由选择》及其同名著作的广泛传播，为普及自由市场经济理念，提升芝加哥学派在民间和政界的影响力起到至关重要的作用。

弗里德曼在自传《两个幸运的人》对芝加哥大学经济学系的回忆中这样写道："芝加哥大学经济系一直被公认是自由市场经济学的研究中心。经济系理所当然地享有这一赞誉，因为在这一时期内，经济系有着主张这一理论的杰出教授，而且他们成功地发展了这一理论。但是他们始终是少数。经济系的特点是政策观点多样化而不是追求一致性。"因此，并不是芝加哥大学经济学系绝大多数的学者都主张自由经济，而是在凯恩斯政府干预主义占据经济学界主流地位的情况下，其他学校即使有主张自由经济的学者，也无法像当时的芝加哥大学有诸多具有共同的自由市场经济理念的著名学者聚集在一起。芝加哥大学以弗里德曼、斯蒂格勒、迪莱克特为代表的一批顶尖学者旗帜鲜明地高举经济自由主义的大旗，在经济学界独树一帜，从而使芝加哥大学的经济学系以芝加哥学派而闻名于世。

作为将芝加哥学派带入辉煌的核心人物，弗里德曼具有惊人的人格魅力和领导才能，使一群具有不同知识背景和专业优势、以追求卓越为目标的杰出经济学家围绕在其周围，使芝加哥大学经济学系（包括法学院和管理学院的一部分老师）成为一个主张自由市场经济的堡垒，几乎是被凯恩斯政府干预主义经济思想包围下唯一的堡垒。在凯恩斯主义和福利国家 1970 年代爆发重大危机之时，芝加哥学派自然而然地成为主张自由市场经济学者和民众心中的明灯。

1980 年代以来，西方经济学思潮和政策取向逐渐从凯恩斯一家独尊走向以凯恩斯为代表的政府干预主义和减少政府干预的经济自由主义并存的局面，如现在的宏观经济学教学基本上是凯恩斯主义和古典主义并重。主张自由经济的经济学家数量和大学逐渐增加，芝加哥学派自由市场经济理念的稀缺性下降，芝加哥学派的影响力也随之下降。

随着弗里德曼等人逐渐退出学术界，引领学派发展的学者，如卢卡斯、贝克尔等人在学术声望和社会影响力等方面和老一代芝加哥学派代表人物存在一定程度的差距，芝加哥学派缺乏领军的灵魂人物，其影响力也必然衰退。

（三）价格理论、博弈论与芝加哥学派的兴衰

1940年代实证和计量经济学兴起，并在经济研究中取得越来越重要的地位。芝加哥学派在实证和计量经济学的发展过程中并没有缺席，如弗里德曼本人就在统计方法上有着重要的贡献，其名著《美国货币史》就应用美国历史数据说明了货币政策的改变会对实际经济产生影响，即说明了一个重要的宏观经济学命题——在短期，货币是非中性的。芝加哥学派和凯恩斯学派的争论涉及经济学逻辑和数据是否支持等几乎所有理论和实证方面。

尽管芝加哥学派以货币理论（宏观经济学）中的货币学派、理性预期理论和真实经济周期理论等闻名于世，但其独门秘籍或者讲立派之本却是其独特的价格理论。价格理论给予经济学者最底层的经济思维，是分析真实现象的强大工具。价格理论功底是否深厚直接决定一个学者在经济学研究道路上能走多远。即使是宏观经济学（货币理论），其背后的支撑力量也是价格理论。在当时，芝加哥大学汇集了世界上最顶尖的价格理论大师。例如，弗里德曼因其货币理论而广为周知，但他还是一流的价格理论大师。他曾亲自传授研究生第一门价格理论

课程，而按照学生笔记整理出版的《价格理论》教科书风靡一时。斯蒂格勒、贝克尔等人也曾教授过价格理论，并出版过相应的研究生教材。值得强调的是，贝克尔的《经济理论》即使是现在，仍是最好的中高级微观经济学教科书之一。其突出的特点就在于将微观理论和真实世界现象紧密结合，训练学生应用经济理论构建简明扼要的数理模型以分析真实现象的能力。

从 1960 年代开始，博弈论开始兴起。但芝加哥学派比较主流的观点认为，经济学的目的是解释真实现象，博弈论对真实现象并不具有解释力。这一点可以从张五常对博弈论的排斥中可以看出。随着时间的推移，博弈论、信息经济学和委托代理理论等几乎重构了微观经济学（价格理论）。斯坦福大学和纽约大学等经济学科抓住了博弈论兴起的机会开始崛起，实现了后发优势。芝加哥学派对博弈论的排斥则使其丧失了价格理论研究的领导和核心地位。

芝加哥大学在价格理论方面研究和教学的衰落是相对的衰落。有 Kevin Murphy、 Steven Levitt 和 John List 等一批价格理论方面的高手为支撑，芝加哥大学在价格理论的研究和教学等方面仍处于世界最顶尖的大学之列，只是与芝加哥学派价格理论最兴盛期相比，失去了独霸价格理论江湖的气势，也失去了芝加哥学派价格理论的不少特色，而这一切可能与一位学者被逼离开芝加哥大学经济学系有关。

（四）麦克洛斯基与芝加哥价格理论教学传承

江湖传言，迪尔德丽 · N. 麦克洛斯基在被迫离开芝加哥大学经济学系时曾放言：“从此以后，芝加哥大学的价格理论将和某某大学一样烂。”麦克洛斯基的离去也许代表着卓越并别具特色的芝加哥大学价格理论训练传统的衰落和逐渐消亡，芝加哥大学的价格理论训练开始和主流的平庸合流。

因为喜欢张五常教授的经济学，喜欢经济解释，自己也不断尝试应用经济学解释真实现象。自以为经济学感觉不错，就拿着一些经济解释跑到郭誉森老师那里吹牛，被出身芝加哥学派的郭誉森教授所“鄙视”。他的意见是：能用自然语言来表述经济分析逻辑，并不意味着经济解释能力已经很强了；真正的经济解释不仅是给一般民众看的，也需要在经济学界得到认可；既具有经济学直觉，又能用经济学的语言表述出来，才说明一个人的经济解释能力过关了；芝加哥大学的价格理论训练，就是通过高强度、多层次训练，使学生真正掌握价格理论的精髓。

郭老师在西安交通大学金禾经济研究中心是迪莱克特般的存在——他述而不作，思想深刻，知识面广，经济学感觉超好。从我接触的几个“芝加哥小子”看，未必每个人都持有自由市场经济的理念，但都具有对真实的现象的敏锐观察力和分析能力。张五常先生在对芝加哥学派的描述中。也认为，芝加哥学派的特点其实并不在于其在经济学上偏市场的保守主义倾向，而是反对黑板经济学，关注真实世界的经济解释。

郭老师曾在芝加哥大学经济学系最辉煌的1970年代攻读博士学位，经历过芝加哥大学残忍的价格理论训练和资格考试。他对芝加哥大学经济学系训练价格理论的卓越教学理念念念不忘，而他最推崇的价格理论老师就是迪尔德丽·N.麦克洛斯基。迪尔德丽·N.麦克洛斯基尽管后来也出版了教科书，但在当时，教学用的是她油印的习题集。

大家可能会问：习题集有什么稀奇的！每个读学位的经济学系学生都被要求做大量的习题，求约束条件下的最优，求比较静态——这不是经济学的看家本领吗？

迪尔德丽·N.麦克洛斯基的训练方式不是这样的。她的习题集中的习题许多来源于真实现象，可以对学生进行从自然语言的经济逻辑解释到粗糙建模（用简单的经济数学刻画经济逻辑），再到完整建模（比较细致用经济数学语言进行刻画，基本上是从假设到模型构建、推导和结论的全过程）的各层次的训练。

这个过程与学者进行学术研究的过程类似。一般而言，经济学者首先是观察到某一需要解释的真实现象，接着会试图用经济逻辑去解释它，再次则是通过不断的粗糙建模实验去检验各种经济逻辑和进一步建模分析的可行性，在找到一个比较好的建模分析后，再对模型进行进一步的精细化，转化为经济数学语言或学术论文的语言。

这种训练方式对学生而言是残酷和痛苦的，但这个过程也是高强度构建一个人经济思维的过程。芝加哥价格理论的资格考以难以通过而闻名于学术界，一些没有通过资格考的学生转到其他名校，成了学术明星，甚至还有获得诺贝尔经济学奖的。但从某种程度上讲，通过数以百计甚至千计基于真实现象的习题来训练学生的经济逻辑和粗糙建模能力，可以使学生快速地实现对真实现象的经济逻辑和经济模型解读。即使遇到新的现象，学生也不会有太多恐惧心理，可以快速入手进行研究。对少数习题进行深入而全面的经济建模和分析，可以培养学生建模技巧、深入研究和论文写作等各方面的能力。这是用主流的高级微观经济学教科书和论文训练学生很难做到的——要知道，学了价格理论（高级微观经济学）课程，却并不知道如何使用这些工具和思维的学生并不在少数。

这种价格理论的传授方式也许并不是迪尔德丽 · N. 麦克洛斯基的专利——无论是弗里德曼、贝克尔和墨菲等人的价格理论训练也具有类似的特点，从贝克尔和墨菲合著的《经济理论》教科书中可以看到这种训练方式的影子。这种训练方式对老师时间和精力投入、教学资料的累积、经济解释能力和建模技巧等有着全方面的要求。迪尔德丽 · N. 麦克洛斯基应该是将这种教学方式运用得最好的价格理论老师。这也是她在被迫离开芝加哥大学时认为芝加哥大学伟大的价格理论传统会因为她的离开而衰落乃至丧失的底气所在。

与其研究一样，其教学也具有传承。一种教学方式和教学文化的中断，对学生培养和学术研究的影响在短期可能并不明显，但必然会有长期的影响。迪尔德丽 · N. 麦克洛斯基对芝加哥学派的影响可能被低估了。

（五）从师承的角度看芝加哥学派的衰落

张五常教授在回忆其在 UCLA 攻读博士学位时，曾经三次听了阿尔钦的价格理论。阿尔钦问他为什么听那么多次，张五常的回答是，价格理论的知识可以在教科书中学到，但阿尔钦是如何思想的，并无法通过教科书学到。也许这才是课堂教学的价值，也是技术变革下慕课等在线课程无法真正取代课堂教学的原因之所在。

弗里德曼、科斯和麦克洛斯基等人反对黑板经济学，注重真实世界的经济学。弗里德曼、麦克洛斯基等人的价格理论教科书在当时也曾经风靡一时，但思想的传承可能并无法仅仅通过教科书进行。课堂教学及课下交流不限于简单知识，还提供知识背景和思考方式的训练。老师是如何切入去思考这些真实现象的？老师自己曾经做过什么样的尝试？这些真实现象是否存在其他解释？这种解释还能应用到什么样的现象解释之中？这些训练对学生的影响可能远远大于教科书所提供的成熟和体系化的知识。

麦克洛斯基等人所倡导的以真实现象为核心的价格理论教学在芝加哥大学曾经是主流，但在其他高校可能仅仅是点缀。而麦克洛斯基的离开意味着这种教学方式在芝加哥大学的衰落。

也许即使麦克洛斯基没有被逼离开芝加哥大学，这种教学方式也会衰落。在博弈论和信息经济学重构价格理论后，有限的教学也必将大量分配于博弈论的内容。比较静态分析在传统价格理论中占据重要地位。我曾经在课堂上问过上过高级微观经济学课程的学生，在一般形式或特殊形式但没有解析解的情况下，能不能做比较静态分析。学生的第一反应是不行，或者可用数值模拟，而答案却是往往可以。其实这也不能怪学生。现在主流的高级微观经济学教科书中，博弈论和信息不对称等内容所占比重越来越高，即使提及比较静态分析求解，篇幅也很少，而这些内容曾经是主流高级微观经济学最核心的内容之一。基于这种教学传统，学生在构建经济理论模型时，更多的是从博弈论等角度切入而不是传统的价格理论建模方式。

各经济学学派学术影响力其实和学者寿命、师承等关系巨大。好的学问因为师承不足未必会流传下去，而庸俗的学问可能会因为学生数量居多而占据主流之位。即使在芝加哥学派如日中天的时候，像芝加哥大学经济学系那样教授价格理论的高校其实也不多（阿尔钦和赫舒拉发时期的 UCLA 应该是）。这意味着在各大学的讲台上，芝加哥大学的教学内容并没有占据主流。从师承的角度讲，芝加哥学派在与哈佛、普林斯顿等大学的竞争中已经处于绝对劣势，其影响力衰退也是必然的事情。也许这就是区域和产业经济学分析热点问题之一的产业聚集在学术界的具体体现吧。起点也许就决定了终点。尽管芝加哥学派借势而起，但其无法在规模上与哈佛、普林斯顿等高校的主流经济学相比，辉煌之后必然会走向衰落。

（六）道之不存，术之当道

芝加哥学派的衰落其实不仅是一个学派的衰落，而是以价格理论和货币理论为代表的整个理论经济学开始衰落。经济研究的核心从“道”（经济逻辑）转化为“术”（数据发展和实证研究），经济学已经从“经济逻辑为王”的时代转变到“数据为王”的时代。在道（思想）之不存、术（技术）之当道的今天，任何以思想取胜的学派都必将衰落。芝加哥学派如此，奥地利学派也是如此。

广受关注的哈佛大学经济学系发生了两件大事。第一件是作为经济学系的压轴课程的“经济学原理”课程即将换老师了，长达十四年的“曼昆经济学时代”将宣告结束。第二件是哈佛大学经济学系 2019 年的新课程“用大数据解决社会和经济问题”的选修学生人数和影响力直追“经济学原理”课程。

在计算机不存在，或者使用计算机成本很高，数据非常有限的 20 世纪早中期，经济学研究的核心是经济理论的构建和分析，衡量一个学者水平高低的标准是经济学理论的构建水平和经济分析能力。弗里德曼在自传中，就曾经提及在 1940 年代，芝加哥大学招聘教授，他和斯蒂格勒一起去应聘，他被聘了，而斯蒂格勒没有被聘，其中的原因就是当时芝加哥大学有一些教师认为，斯蒂格勒研究集中于实证，缺乏有影响力的理论构建。当然，后来斯蒂格勒也进入芝加哥大学担任教职，并在 1982 年获得诺贝尔经济学奖，并与弗里德曼并称为芝加哥学派顶峰时期的领军人物，在产业组织和政府管制领域做出了重要的贡献。

在经济理论素养决定学术江湖地位的年代，芝加哥大学经济学系对价格理论的强调和独特的价格理论训练方式奠定了其在理论经济学江湖中的霸主地位。而弗里德曼正是从价格理论基础缺乏这个角度攻击凯恩斯主义的价格和工资刚性假设没有坚实的理论基础，并基于价格理论和经济逻辑推理出传统的菲利普斯曲线不成立，在宏观经济学领域复兴了强调小政府的古典主义。

得益于计算机硬件和软件的快速发展，处理数据的成本越来越低，以分析数据为核心的计量经济学在经济研究中的重要性不断上升。经济学界对理论构建的兴趣日益下降。用“拿数据说话”取代“经济逻辑不会说谎，而数据会说谎”成为一种信仰。经济学研究范式发生着重大转变。在面对学术争论时，数据实证结果而不是经济逻辑成为判断理论对错或是否有说服力的主要依据。目前这个“实证”取代“理论”的过程不仅没有结束，在大数据时代，反而有不断加速的趋势。

芝加哥学派在价格理论等方面积累的优势无法转化为数据时代经济学研究的优势。芝加哥学派的衰落只是经济学理论研究衰落的一个缩影。无论是一个人还是一个学派，都不可能与大势相抗衡。在起风的时候，芝加哥学派借势而起；但现在，风停了！

（七）高入门门槛与芝加哥学派的衰落

在学术界衰落的不仅是芝加哥学派，奥地利学派等也是如此。奥地利学派或芝加哥学派的衰落是指其在经济学界影响的下降。当然，相对于奥派在经济学界一直处于非主流的边缘地位，芝加哥学派在弗里德曼和斯蒂格勒时期其江湖地位其实非常接近以萨缪尔森等为代表的新古代综合派，或者讲，从江湖地位的角度讲，那时芝加哥学派非常有可能成为经济学的主流学派。从这个角度讲，奥派没有兴起过，也就没有衰落过，而芝加哥学派的衰落则是显而易见的。

无论是奥派还是芝加哥学派在民间仍有很大规模的粉丝量。在互联网时代，随着学习门槛的下降，爱好者之间的聚集效应可能反而使其影响力上升。在微信群中，我见到了许多民间的经济学爱好者，在接触到奥派或芝加哥学派的思想后，无可救药地爱上了芝加哥学派或奥派。

为什么芝加哥学派在经济学界的影响力会衰落？谢作诗教授的观点是并不是芝加哥学派衰落了，而是主流经济学堕落了。我的观点与谢作诗兄不一致。人都是理性和自利的，经济学家同样如此。芝加哥学派被经济学界边缘化，是因为相对于现在的主流经济学，成为芝加哥学派或奥派的经济学家需要付出的代价要远远高于成为主流经济学家。

看上去张五常和科斯不用数学，弗里德曼和贝克尔等人用的数学也非常简单，芝加哥学派的门槛很低，其实这是一种对芝加哥学派的误解。尽管主流经济学现在用的数学和统计很多，但对于经济学专业的学生和老师而言，这些工具可能并不是一个很高的门槛。当然，纯数理经济学方向需要的数学难度大，门槛高，这是另外一个问题。芝加哥学派的经济学要有小成，需要对现实有很敏锐的洞察力，需要对传统价格理论有非常好的掌握，并能够将价格理论活学活用于真实世界，并能应用经济学学术语言（经济模型）表达出来，没有非常长时间的积累其实很难做到。

从教学的角度来讲，借助数学工具的经济学（价格理论）教学比较简单，容易在教学中推广，即使不通过课堂教学，数学基础好的学生自学也可以达到很强的高度和深度。高度依赖思想的经济学（价格理论）教学很难，需要很好的师承，需要不断地和老师进行思想的碰撞。师承和课堂成为思想传承不可少的一环，其门槛其实更高。这也是迪尔德丽 · N. 麦克洛斯基等人对芝加哥学派学术传承如此重要的原因所在。

在道（思想）之不存、术（技术）之当道的今天，学术发表的重点也已经从道转化为术。芝加哥学派学者要有小成，所花费的时间和精力要远远高于技术派。即使小有成就，可能也会因为技术程度不够与主流接轨而被期刊拒绝；即使文章能发表，刷文章的速度也无法与技术派相比，而发表的数量和质量则决定着一个学者的学术生命。除非有一批有深邃思想的学者以经济解释能力而不是技术作为判断论文质量的标准，否则，以芝加哥学派的方式进行学术研究就是自绝于经济学界。在芝加哥学派鼎盛时期，这种机会昙花一现，而现在，这种机会没有了。

奥派从来没有取得经济学界的主流地位，其原因和芝加哥学派的衰落是一致的。比芝加哥学派更高的进入门槛，加上学术界一直以来的边缘地位造就的比芝加哥学派更严重的发表困难，以经济学作为职业的教师和研究人员常常无法以奥派思想作为在学术界生存的基础。

好的学术未必会流行，不好的学术未必不会流行。流行与不流行其实是众多学者理性选择综合起来的结果。芝加哥学派的衰落和奥派一直在学术边缘徘徊就充分说明了这一点。

（八）郭誉森教授眼中的芝加哥学派

我的经济学研究受到博士论文指导教师郭誉森教授的影响非常大。本系列文章的内容不仅来自我所阅读的芝加哥学派人物传记、学派史书籍，也来自日常和郭誉森教授的交流。

本系列文章发表后，我都用微信推给郭老师。他几乎每次见到我都会和我聊这个话题。当然，他一直劝我不要写这个主题——对于芝加哥学派，千人有千种看法。弗里德曼今天的看法和昨天的看法可能不一样，连弗里德曼自己可能都不知道是如何想的。这使得研究学术史非常困难，做点实事可能才是复兴芝加哥学派的王道。尽管如此，我还是决定写完芝加哥学派为什么衰落系列的文章，因为我喜欢芝加哥学派。作为一个芝加哥学派的粉丝，我将所理解的芝加哥学派写出来，未必对，但至少普及了一些芝加哥学派的思想。另外，他也不断和我讨论芝加哥学派为什么会衰落，其中一些观点我已经放入前面的论述之中。下面专门讲一下上面论述没有涉及的部分。

郭老师指出，我上次讲的迪尔德丽·N. 麦克洛斯基如何讲授价格理论这部分有一个小的错误。他说，迪尔德丽·N. 麦克洛斯基的价格理论中的习题，一些来自真实世界，还有很大一部分来自经济解释方面对经典学术论文的改写。对学术论文的改写这部分对于训练学生的经济思维同样很重要。这些类型的习题数量同样巨大。学生只要做了这些习题，在知识面、经济直觉和建模能力方面就会有很大的提升。这些习题让学生自己先去想这些问题的答案，如果有兴趣，再和原始文献做对比，就会知道学术界如何思考这些问题，为什么要这样构建模型，如何写学术论文。这种训练可以实现经济思维、快速建模和精细建模的多角度训练。

郭老师在聊天中并没有涉及芝加哥学派的方法论，但他认为，芝加哥学派的核心是对价格理论的坚守，其中最重要的是理性的坚守。对于理性假设的质疑不仅出现在非经济学界，主流经济学家对理性假设也存在诸多的质疑。他们认为人的行为既具有理性的一面，也具有非理性的一面。郭老师认为，芝加哥大学的学者，包括弗里德曼、贝克尔和舒尔茨等人，其重要的学术贡献是应用价格理论的分析逻辑，将一些其他人认为的非理性现象纳入理性分析的框架，如舒尔茨对传统社会农民理性的研究，贝克尔对成瘾、犯罪等现象的研究。现在做实验和行为经济学研究的人非常聪明，但经济学没有学好（即没有真正掌握价格理论的精髓），观察到一些所谓的不理性的现象，就认为人是不理性的，并提炼出一些所谓的定理。现在芝加哥学派的传承已经消亡。芝加哥学派的学者真正应该做的事情是用传统的价格理论，将现在实验和行为经济学描述的所谓非理性的现象纳入理性分析框架。搞笑的是，现在的芝加哥大学竟然有学者因为研究行为和实验经济学拿到诺贝尔奖，从（老）芝加哥学派的角度看，这是芝加哥学派的堕落和耻辱。郭老师这几年指导学生应用天演论（演化论）的方法分析行为和实验经济学的一些命题。当然，从我个人的角度看，这些尝试并没有让我满意，但并不意味着未来的学者不能将其纳入理性选择的分析框架之下。这也是郭老师为什么让我不要“浪费时间”写关于芝加哥学派衰落的系列经济散文，而应该集中用价格理论研究所谓的非理性现象，将这些现象纳入理性选择的框架下，认为这才是一个真正的芝加哥学派传人或者在学术界的粉丝（我不敢自称芝加哥学派传人）应该做的事情。

（九）非主流地位、语不惊人死不休与芝加哥学派的衰落

郭老师认为我所写的关于芝加哥学派的学生规模比较小，以致在学术界的影响力无法与主流经济学相抗衡的解释可能抓住了芝加哥学派衰落的原因。他还提及芝加哥学派的师生在面对游走于主流经济学之外的地位时的行为模式是一把双刃剑：一方面扩大了芝加哥学派的影响力，另一方面主流经济学家无法接受芝加哥学派的行为模式。主流经济学家抵制芝加哥学派的思想，进一步使其无法取得经济学界的主流地位。

芝加哥学派的教师和学生接受过价格理论的坚实训练，认为价格理论是解释人类行为的最有利的武器，并试图用价格理论解释一切人类行为和真实现象。他们对于传统主流经济学对现象的解释普遍不满，认为自己的解释更好，更具有普遍意义。但芝加哥学派在经济学界并没有占据主流地位。无论在大学课堂上还是在新闻媒体中，芝加哥学派往往以一种负面的形象出现。如新闻媒体在介绍弗里德曼时，会将其说成“极端保守的诺贝尔经济学奖获得者”。而在介绍萨缪尔森等人时，就将其说成“著名经济学家，诺贝尔奖获得者”。这使得芝加哥学派的学者有一种激愤的心态：我的东西比你的好，你无知者无畏，还不断攻击我的东西！因此，芝加哥学派的许多学者具有传教

士和殉道者的悲壮心态。斯蒂格勒甚至出版过一本名为“经济学布道家”（《The Economist as Preacher》）的书。利用各种机会向主流经济学家或一般民众讲授芝加哥学派的理念，讲授价格理论及其在真实现象中的应用，成为芝加哥学派学者心中的执念。阅读芝加哥学派学者的自传和传记可以深深体会到这种悲壮之气。

对此，郭老师在其回忆芝加哥学习生活的文章《弗里德曼活在洪水猛兽的年代》中就这样写道：

跟他一样，芝加哥大学经济系里的这群人，丝毫不改对市场的坚信，依然极力主张“小政府”。这让“弗里德曼式”的我们看起来就像一群洪水猛兽，是被包围的一群，其他学校的人根本不愿搭理。

这种不屑与孤立，让萨缪尔森曾经如此调侃：“虽然弗里德曼也这样认为，并不就代表他一定不对。”

但是我们什么也不在乎，什么也不怕，斗志昂扬，四处辩论。在课堂上，在研讨会上，在校园旁边的咖啡馆里，在跟其他学校朋友们的饭桌上，有我们的地方就有热烈辩论。我们好像永远是桌子的中心，话题的中心。有我们在，其他学校其他专业的学生往往闭上嘴巴，其他话题则自动消失。

很难想象，在被包围与被孤立的经济系内部，理念则是如此统一，气氛热烈而友好。不仅学生之间互相辩论，学生和老师也可以当庭辩论。上下一心，共同追求真理，虔诚，平等，甚至也带着一些悲壮。

这种气氛不仅是在经济系，芝加哥大学的其他院系也同样偏于保守，比如法学院就曾发起过“回归宪法”的呼吁。值得一提的是，弗里德曼夫人的兄长迪莱克特，就是法学院的第一位经济学家，科斯后来也在那里任教。

那真是一个让人难忘的年代！是最艰难的年代，也是最出风头、最激动人心的年代！

芝加哥学派师生将传统价格理论奉为圭臬，积极传市场经济之教，但传教本身就容易引起人的反感。芝加哥学派基于价格理论推导出来的具有强烈反直觉的特点，其学术论点往往与人的传统道德和传统观点相违背，许多道德感强的人无法接受其观点，进而也不会认同芝加哥学派的分析逻辑，甚至讨厌芝加哥学派将价格理论应用到非市场行为的经济解释。又因为处于非主流的弱势地位，芝加哥学派的学者一定会强调其有别于主流经济学的地方，语不惊人死不休，在博得人眼球的同时，也容易引起长时间接受主流经济学熏陶的学者的抵制。

弗里德曼辩才无碍，妙笔生花，逻辑清晰，思维敏锐，辩论或争论中能非常快速地抓住对手的漏洞，往往给人造成智商上的被碾压感。网上流传的弗里德曼的演讲视频充分体现了这一点。后来拿到诺贝尔经济学奖的芝加哥大学学生布坎南也这样写道："弗里德曼以聪明绝顶的论辩与分析主导一切，让学生只能沦为第四流的模仿者。"斯蒂格勒语言幽默，长时间专注于经济学说史的研究，擅长讲经济学界的冷笑话，引起许多主流经济学家的讨厌。将价格理论的应用全面而深刻地延伸到婚姻、家庭、犯罪、生育、社会交往等诸多非市场行为的贝克尔，在一定程度上给芝加哥学派带上了魔教的色彩。许多习惯于分析市场行为的经济学家很难接受贝克尔的离经叛道。后来给其带来巨大声誉的博士论文《歧视的经济学》就不被哈佛大学经济学审稿专家所接受，被哈佛大学出版社拒绝。

总之，芝加哥学派的非主流地位使得其特色更加鲜明。这使得其在学术界、政界和一般民众中吸引到一批拥趸同时，必然会出现数量更为惊人的反对者。爱者爱之如宝，恨者恨之入骨。这一点在国内同样存在。如张五常，被爱之者称为"学究天人"，而被恨之者骂为"老糊涂"。

本人喜欢经济解释，就不断写经济散文，并开设自己以传播价格理论及其应用为核心的公众号"鱼眼看经济"。一天，一个关系非常好的朋友劝我说："老鱼，你的文章，像什么《不允许女性上桌不是对女性的歧视》等，是片面的深刻。这些现象现在早就不存在了，还研究它干什么！"这可能代表了许多人的看法。当然，我接受他“深刻”的评价，绝对不接受他“片面”的评价。一种现象在历史上长久存在过，背后一定有其经济理性，用价格理论将这些现象背后的理性揭示出来，是芝加哥学派的铁粉应该做的事情。当然，我那朋友对我的评价已经很客气了，没有用“胡说八道”这样的词。我相信一定是有人用这个评价来评价我的经济散文的。

郭老师云：“凯恩斯主义的潮水退去，露出来的，便是一直坚守在沙滩上的弗里德曼们。”而芝加哥学派的潮水退去，露出来的却是一地砂石。悲壮的殉道之旅却最终收获一地鸡毛！这是芝加哥学派的不幸，也是价格理论的不幸，更是理论经济学的不幸。

（十）芝加哥学派的核心理念是保护市场竞争

尽管芝加哥学派曾经兴盛过，在国内也有数量不少的拥趸，但其实许多人，包括芝加哥学派的信奉者，对芝加哥学派的一些思想存在严重的误解，比较典型的误解是芝加哥学派只保护富人的利益，不关注穷人的福利，芝加哥学派一定是华尔街和大企业财团的代理人。

其实，芝加哥学派真正的主张并不是保护富人，而是保护市场的竞争性。这是完全不同的两个概念，也意味着完全不同的政策含义。

的确，芝加哥学派强烈反对工会组织，认为工会组织是非生产性的食利组织，其存在会造成经济运行效率的低下，但这并不意味着芝加哥学派不关注穷苦工人的福利。工会和穷苦工人之间并不能画等号，反对工会组织甚至更能维护穷苦工人的福利。其中的要点就是工会组织是熟练工人组织起来的卡特尔，它的目标是维持熟练工人的高工资和高福利，这种高工资和高福利不但伤害资本家的利益，更伤害穷苦工人的利益。具体的理由是工会组织为维持其成员的高福利，会在劳动力市场采取限制进入的方式以减少竞争。这种限制进入的方式包括最低工资制度，劳动合同的集体谈判制度，职业牌照等。这种限制进入的政策减少了穷苦的非熟练工人的就业机会，也就无法使非熟练工人通过干中学成为高收入的熟练工人的可能性。

芝加哥学派反对熟练工人组建工会这样的卡特尔组织的目标是维持劳动力市场的竞争性，而不是为了保护非熟练工人的利益，但反对工会组织的学术观点却在客观上有利于真正需要保护的非熟练工人。不能将工人视为一个整体，片面地视芝加哥学派反对工会组织就是反对工人，反对社会穷苦大众。

芝加哥学派以市场运行的效率，即维持市场的竞争性为最高准则，既反对劳动力市场卡特尔式的垄断组织工会，也反对产品市场上大企业集团或大企业集团之间采取卡特尔等垄断行为，伤害消费者利益，降低市场运行的效率。不要忘了，芝加哥学派领军人物之一的斯蒂格勒作为当时最顶尖的产业组织专家，走在反垄断理论和实践的最前沿。当然，对于什么样的行为是反竞争的垄断行为，芝加哥学派进行了大量的研究，如法学院的迪莱克特的经典分析案例就是搭售行为不属于垄断行为——这是另一个层面的事情。

芝加哥学派反对政府过度干预经济，不仅仅是因为凯恩斯主义和高福利制度降低了市场运行的效率，还因为政府干预经济的背后的真正目标往往不是其所标榜的维护穷人利益、降低市场失灵程度等，而是提升产业进入门槛，降低市场的竞争性，维护垄断资本的利益。

与一般人的观点相反，大企业往往不是维持竞争的力量，而是减少竞争的力量。这是因为大企业集团有足够的能力和政府相结合，通过种种方式限制产业竞争的强度，维持其垄断地位，获得超额利润。因此，芝加哥学派反对政府干预经济，以防止政府与大企业结合伤害市场的竞争性，也反对大企业利用其垄断地位实施各种限制竞争或反竞争的策略。

大政府（政府干预经济）的最大支持者（得益者）其实是大企业家集团，一般的底层民众次之。而受到伤害最深的是中小企业家。如里根总统能够问鼎总统宝座，其实是成功突破以华尔街为代表的大企业家和大银行家财团以及底层高福利制度受益民众的双重围堵的结果，其支持力量是中小企业家和中产阶级。所以有人说，里根总统是街头的小商小贩一票一票地把他送入白宫的。

总之，保护市场的竞争性是芝加哥学派的核心理念。这使得芝加哥学派既警惕工会这样的劳动市场上的垄断组织，也警惕大企业和大政府结合起来在产品市场上的垄断。芝加哥学派以维持市场竞争性为最高准则，既不帮富人说话，也不帮穷人说话，而是帮市场说话。

（十一）芝加哥学派的本质特点

许多人将芝加哥学派视为一个整体。其实，被称为芝加哥学派的学者，在学术偏好和方法上存在巨大的差异，如弗里德曼的部分均衡和卢卡斯的一般均衡，从科斯和张五常等认为效用理论并不必要，到贝克尔对效用理论的坚守与灵活使用。从这个角度讲，芝加哥学派内部的差异不亚于主流经济学内部的差异，甚至差异更大。那么这些学者为什么会被称为芝加哥学派呢？千人有千个答案。在这里，我试图给出我的答案。

第一，对价格理论的坚守。

芝加哥学派学者奉价格理论为圭臬，弗里德曼、贝克尔、斯蒂格勒、麦克洛斯基、迪莱克特等学者在价格理论上不断打磨拓展，并通过非常有特色和有效率的方式讲授给学生，使芝加哥大学经济学系学生在价格理论的知识传承上普遍优于其他大学。诺贝尔奖获得者布坎南就这样写道："就在短短几个星期后，可能在1946年2月中旬左右，我对整个经济体系如何运作的理解，已经有了相当程度的改变。我第一次能够用市场经济秩序的原理来思考问题。由于对竞争性结构模型运作有了认识，我在对实地观察的经济问题提出建设性批评时，有了可以参考的标准。我第一次称得上是一位经济学者了。"

但这种差别并不构成芝加哥学派和主流经济学的重大差别。价格理论，即微观经济学，是所有经济学专业的入门课程，几乎所有的经济学家也赞同价格理论在经济学教学和研究中的核心地位。但是，主流经济学对价格理论的理解往往局限于市场行为，芝加哥学派认为只要是人的行为，就一定有规律（同一性），而价格理论是刻画人行为的最好的理论。价格理论不仅能够用来分析市场现象，也能够分析传统意义上经济学不能分析的非市场现象，比如家庭和生育行为、政治行为、犯罪行为等。在芝加哥学派价格理论的滋养下，贝克尔教授成为非市场行为的经济解释集大成者，"经济学帝国主义"的开创者。

芝加哥学派将价格理论运用到各种各样的人类行为，拓展其应用空间。当然，真实现象不断涌现，也有许多人类行为到目前为止并没有能在价格理论的分析框架下得到合理的解释，但芝加哥学派坚信，即使现在不行，未来也必定会有学者用价格理论解释这些现象。这就是芝加哥学派对价格理论的坚守的真正含义。

因此，芝加哥学派与非芝加哥学派主流经济学的一个关键差别在于是否能够将价格理论贯彻到包括非市场行为在内的所有人类行为的分析，芝加哥学派有这个信心，而主流经济学未必。主流经济学甚至自我设限，反对将价格理论应用到非市场的人类行为的分析之中。

第二，对实证主义科学方法论的坚守。

科学的方法论是一种容易引起误解的概念。像奥派，他们就认为经济学并不是自然科学，因此不能用自然科学的研究方法。他们使用一种带有很强哲学思辨性质的方法，即其所谓的先验演绎的方法，并称他们的方法才是科学的方法，其他经济学派使用的并不是科学的方法。

芝加哥学派在方法论上与主流经济学相同，借鉴的是自然科学的研究方法，即实证主义方法。但相对主流经济学，芝加哥学派对实证主义科学方法论的坚守更为彻底。

芝加哥学派和主流经济学其实从方法论上讲都受到波普尔的证伪主义的影响。科学的方法论是基于假设构建理论，推导出可供检验的含义（命题）；如果命题通过检验则暂时接受，如果不能通过检验则修改假设。弗里德曼在其引起广泛讨论的

《实证经济学的方法论》的论文中认为："经济学作为一门实证科学，是一种暂时被接受的、关于经济现象的概括体系。"判断理论的好坏或真伪，不能"通过其假设的真实性来检验"，只有通过考察该理论所取得的预测（命题或推论）能否通过事实检验。一个好的理论，假设未必要真实，但命题或推论一定要经过事实的检验。这是一种彻底的实证主义方法论。

价格理论以人是理性和自利的假设作为理论分析起点。从方法论上讲，这个假设是否真实并不重要，只要按照该假设推导出来的命题能通过实证检验就可以了。我们并不能直接去否认该假设的合理性，只有在按照该假设推理出来的命题无法通过实证检验时，才能去修改该假设。即由 A 推导出 B 是一个理论框架，为了否认该理论框架，我们不能直接用非 A 去否认该理论，只能通过非 B 去推导出非 A 去否认该理论框架。

尽管如此，无论经济学界，还是非经济学界，仍有人不断地以该假设不符合现实去否定价格理论的理性和自利假设的合理性，进而否定传统的价格理论。这种现象在实验和行为经济学兴起后达到顶峰。这是非常荒谬的！尽管不必要，但芝加哥学派价格理论的最大贡献之一就是不断地将一些所谓的传统意义上人们所认为的非理性现象纳入理性的分析框架，用价格理论提供合乎逻辑。并能通过事实检验的解释。

尽管主流经济学在方法论上与芝加哥学派并无显著差异，

但从不少主流经济学家对理性和自利假设的质疑和对实验和行为经济学的态度可以看出，其实主流经济学对实证主义方法论并不彻底。尽管芝加哥学派可能只有弗里德曼和张五常等专门论述过科学的实证主义方法论问题，但对实证主义方法论的坚守和信奉却是芝加哥学派的显著特征。

第三，对真实现象经济解释的坚守。

科学的目标是解释现象。真实世界是检验经济理论的实验场。经济学自斯密以来就有关注真实现象的传统。古典经济学集大成者马歇尔也非常关注真实世界的经济解释。

20 世纪以来，以萨缪尔森为代表的主流经济学在经济学的数学化方面做了大量的工作，使得经济学在形式上越来越具有所谓科学的特征。这些工作对于经济学的知识累积和知识传承均具有重要的意义。但与此相联系的是，只关注经济学形式上的美，而不关注真实经济现象的黑板经济学逐渐成为经济学教学和研究的主流。将万层高楼建立在没有真实基础的流沙之上，容易使经济学成为学界自娱自乐的工具，丧失影响社会的能力。

芝加哥学派的科斯提出反对黑板经济学，主张研究真实世界的经济学，张五常则进一步将此定义为经济解释。

对真实现象的经济解释的坚守是芝加哥价格理论传承的重要特征。芝加哥学派的价格理论教学就是通过大量基于真实世界的案例和故事去培养学生的经济解释能力。为了真实世界的经济分析，弗里德曼等芝加哥学派的经济学家对马歇尔的价格理论传承进行了大量的细致打磨，以使经济学能够解释真实现象。这一点可以从弗里德曼的《价格理论》教科书中看出。

千人心中有千个其理解的芝加哥学派。作为博士导师是芝加哥学派出身的芝加哥学派粉丝，我所理解的芝加哥学派在许多地方可能并不符合真实的芝加哥学派。但对于真实的芝加哥学派到底是什么样子的，又有谁能够讲清楚呢？将在经济学说史上留有鲜明足迹的芝加哥学派写出来，让更多的人了解芝加哥学派，可能就是本系列经济散文的价值所在。